权威·前沿·原创

皮书系列为
“十二五”“十三五”国家重点图书出版规划项目

中国社会科学院创新工程学术出版项目

法治蓝皮书
BLUE BOOK OF RULE OF LAW

中国法治发展报告 No.17（2019）

ANNUAL REPORT ON CHINA'S RULE OF LAW
No.17 (2019)

主　　编／陈　甦　田　禾
执行主编／吕艳滨
副 主 编／王小梅

社会科学文献出版社
SOCIAL SCIENCES ACADEMIC PRESS (CHINA)

图书在版编目(CIP)数据

中国法治发展报告. No. 17，2019 / 陈甦，田禾主编
. --北京：社会科学文献出版社，2019. 3
（法治蓝皮书）
ISBN 978-7-5201-4446-9

Ⅰ. ①中… Ⅱ. ①陈… ②田… Ⅲ. ①社会主义法制-研究报告-中国-2019 Ⅳ. ①D920. 0

中国版本图书馆 CIP 数据核字（2019）第 040805 号

法治蓝皮书
中国法治发展报告 No. 17（2019）

主　　编 / 陈　甦　田　禾
执行主编 / 吕艳滨
副 主 编 / 王小梅

出 版 人 / 谢寿光
责任编辑 / 曹长香
文稿编辑 / 周永霞

出　　版 / 社会科学文献出版社 · 社会政法分社（010）59367156
地址：北京市北三环中路甲 29 号院华龙大厦　邮编：100029
网址：www. ssap. com. cn
发　　行 / 市场营销中心（010）59367081　59367083
印　　装 / 天津千鹤文化传播有限公司

规　　格 / 开　本：787mm × 1092mm　1/16
印　张：25. 5　字　数：382 千字
版　　次 / 2019 年 3 月第 1 版　2019 年 3 月第 1 次印刷
书　　号 / ISBN 978-7-5201-4446-9
定　　价 / 128. 00 元

法治蓝皮书编委会

官方微博 @法治蓝皮书（新浪）

官方微信 法治蓝皮书（lawbluebook） 法治指数（lawindex）

官方小程序 法治指数

技术支持 北京蓝太平洋科技股份有限公司

主要编撰者简介

主　编　陈　甦

中国社会科学院学部委员，法学研究所所长、研究员。

主要研究领域：民商法、经济法、物权法、公司法与证券法。

主　编　田　禾

中国社会科学院国家法治指数研究中心主任，法学研究所研究员。

主要研究领域：刑法学、司法制度、实证法学。

执行主编　吕艳滨

中国社会科学院法学研究所研究员、法治国情调研室主任。

主要研究领域：行政法、信息法、实证法学。

副主编　王小梅

中国社会科学院法学研究所副研究员、法治国情调研室副主任。

主要研究领域：行政法与行政诉讼法、传媒信息法、司法制度。

摘　要

《中国法治发展报告 No. 17（2019）》全面归纳了2018年中国立法、行政、司法及刑事、民商、经济和社会领域的法治状况，专题分析了2018年中国司法体制综合配套改革、法院“基本解决执行难”、犯罪形势、人权保障、证券市场、自由贸易港及自然和文化遗产保护等的进展，系统总结了改革开放四十年中国民商法治、劳动法治和司法体制改革的成效和经验，并对2019年中国法治发展形势进行了预测和展望。

本年度“法治蓝皮书”继续推出多部法治指数评估报告。中国社会科学院法学研究所法治指数创新工程项目组以门户网站为依托，通过网站观察、电话验证等方法并辅之以依申请公开等途径，对机构改革后的49家国务院部门和31家省（自治区、直辖市）政府、49家较大的市政府、100家县（市、区）政府的政府透明度，最高人民法院、31家省（自治区、直辖市）高级人民法院、49家较大的市中级人民法院的司法透明度，最高人民检察院、31家省（自治区、直辖市）人民检察院、49家较大的市人民检察院的检务透明度，4个直辖市、27个省会（自治区首府）城市和5个计划单列市公安机关的警务透明度，以及全国10家海事法院的海事司法透明度进行了评估，对其中的成绩、问题和发展趋势进行了分析。

“枫桥经验”被誉为中国政法综治战线的一面旗帜，是被实践证明了的一整套行之有效的社会治理方案。本年度“法治蓝皮书”围绕坚持和发扬“枫桥经验”，推出多部法治国情调研报告，对新时代“枫桥经验”的实践、内涵与价值进行了分析，对各地创新发展“枫桥经验”的实践进行了总结。

目录

Ⅰ 总报告

Ⅱ 专题报告

Ⅲ　改革开放四十年

Ⅳ　法治指数

Ⅴ 法治国情调研

皮书数据库阅读**使用指南**

总 报 告

General Report

B.1

2018年中国法治状况与 2019年形势预测

中国社会科学院法学研究所法治指数创新工程项目组*

摘 要： 2018年，是中国实行改革开放40周年，也是十九大开局之年，中国进一步完善了依法治国领导体制，立法、法治政府、司法体制改革、刑事法治、民商经济法治、社会法治等全面推进，在全面推进依法治国的方方面面大踏步前进，取得了显著成效。2019年，仍需着力突破制度瓶颈，深入完善配套措施，助力经济建设，推动基层社会治理法治化。

* 项目组负责人：田禾，中国社会科学院国家法治指数研究中心主任、法学研究所研究员；吕艳滨，中国社会科学院法学研究所研究员、法治国情调研室主任。项目组成员：马可、王小梅、王祎茗、邓丽、卢超、田纯才、任蕾、刘小妹、刘洪岩、刘雁鹏、祁建建、李霞、张鹏、张忠利、林潇潇、岳小花、胡昌明、钟维、姚佳、栗燕杰、徐卉、黄芳、黄忠顺、窦海阳（按照姓氏汉字笔画排序）。执笔人：王祎茗，中国社会科学院法学研究所助理研究员；田禾；吕艳滨。

关键词： 全面依法治国 法治政府 司法体制改革 社会法治

2018 年，中国迎来了改革开放 40 周年。40 年来，中国始终坚持解放思想、实事求是、与时俱进、求真务实，坚持马克思主义指导地位不动摇，坚持科学社会主义基本原则不动摇，经济上取得了举世瞩目的成就。40 年来，中国的法治建设蓬勃发展，全面依法治国深入推进，中国特色社会主义法律体系日益健全，人民当家作主的制度保障和法治保障更加有力，人权事业全面发展。2018 年是十九大开局之年，也是落实全面推进依法治国总目标，建设中国特色社会主义法治体系、建设社会主义法治国家的关键一年。中央全面依法治国委员会成立并召开第一次会议，这是健全党领导全面依法治国的制度和工作机制，继续推进党的领导制度化、法治化，把党的领导贯彻到全面依法治国全过程和各方面，为全面建成小康社会、全面深化改革、全面从严治党提供长期稳定法治保障的重要制度安排。可以说，2018 年，中国在全面推进依法治国的方方面面大踏步前进，取得了显著成效。

一 立法工作

2018 年可谓中国立法较为繁忙的一年，立法机关为落实全面推进依法治国的任务要求，在完善宪法及其实施机制、助力深化改革、完善经济监管、加强生态环境保护等方面成效突出。

（一）完善宪法及其实施机制

2018 年，十三届全国人大一次会议审议通过的《宪法修正案》，确立了科学发展观、习近平新时代中国特色社会主义思想在国家政治和社会生活中的指导地位，完善了依法治国和宪法实施举措，充实了坚持和加强中国共产党全面领导的内容，修改了国家主席任职方面的有关规定，增加了有关监察委员会的各项规定。为彰显宪法权威，激励和教育国家工作人员忠于宪法、遵守宪法、维护宪法，加强宪法实施，《全国人民代表大会常务委员会关于实行宪法宣誓制度的决定》作了修订。根据宪法有关规定，十三届全国人大一次会议决定设立全国人民代表大会宪法和法律委员会，在继续承担统一审议法律草案等工作的基础上，进一步承担推动宪法实施、开展宪法解释、推进合宪性审查、加强宪法监督、配合宪法宣传等工作职责。

（二）为深化改革加强立法

2018 年，机构设置、职能配置方面的立法得到完善。《监察法》审议通过标志着国家监察体制改革初步完成。修改后的《刑事诉讼法》完善了刑事诉讼与监察的衔接机制，对监察机关移送起诉的相关程序作了规定，以保障顺利推进国家监察体制改革。

为保障机构改革过程中行政机关职责与工作平稳有序调整，《全国人民代表大会常务委员会关于国务院机构改革涉及法律规定的行政机关职责调整问题的决定》对机构改革过程中及之后的职责衔接作了明确。《全国人民代表大会常务委员会关于修改〈中华人民共和国国境卫生检疫法〉等六部法律的决定》《全国人民代表大会常务委员会关于中国海警局行使海上维权执法职权的决定》《全国人民代表大会常务委员会关于修改〈中华人民共和国野生动物保护法〉等十五部法律的决定》根据机构改革的需要，对有关法律进行了修改。《国务院关于国务院机构改革涉及行政法规规定的行政机关职责调整问题的决定》进一步明确了机构改革过程中的职责调整问题。此外，配合机构改革，国务院发布《国务院关于修改部分行政法规的决定》，对 10 部行政法规的部分条款予以修改。

为适应深入推进公务员分类改革的需要，立法机关修订了《公务员法》，对推行公务员职务与职级并行制度以及干部选拔任用制度、公务员分类管理、公务员聘任制改革给予法律确认和巩固，为建设高素质专业化干部队伍提供法治保障。

在司法体制改革方面，《人民陪审员法》进一步完善了人民陪审员制度，修订后的《人民法院组织法》《人民检察院组织法》则为员额制改革提供了法律依据。《全国人民代表大会常务委员会关于设立上海金融法院的决定》对上海金融法院的管辖范围、人员任免等作出了规定。2018 年 12 月，十三届全国人大常委会第七次会议对《法官法（修订草案）》和《检察官法（修订草案）》进行了审议。

（三）为完善经济监管立法

新通过的《电子商务法》在立法过程中，始终坚持促进发展、问题导向、规范与保障并重的原则，立足于促进电子商务健康可持续发展，解决发展中面临的突出矛盾和问题，规范电子商务主体的经营行为，注重强化电子商务消费者的保护力度。

为统一知识产权案件裁判标准，进一步加强知识产权司法保护，优化科技创新法治环境，加快实施创新驱动发展战略，十三届全国人大常委会第六次会议通过《全国人民代表大会常务委员会关于专利等知识产权案件诉讼程序若干问题的决定》。国务院公布了修订的《专利代理条例》，提升专利代理质量、将专利代理人的称谓改为“专利代理师”、放宽专利代理行业准入条件、遏制“黑代理”现象、倡导提供专利代理援助服务等，成为此次修改的亮点。

进一步修改完善税法。修订后的《个人所得税法》首次规定对工资薪金、劳务报酬、稿酬和特许权使用费等四项劳动性所得，实行综合征税。《车辆购置税法》和《耕地占用税法》获得审议通过，按照税制平移思路，保持现行税制框架和税负水平总体不变，仅对个别征税事项作相应调整，将规范这两个税种的暂行条例上升为法律。

（四）为加强生态环保立法

十三届全国人大常委会第四次会议通过《全国人民代表大会常务委员会关于全面加强生态环境保护 依法推动打好污染防治攻坚战的决议》，要求各级人大及其常委会以法律的武器治理污染，用法治的力量保护生态环境。

2018 年通过的《土壤污染防治法》明确了土壤污染防治应当坚持预防为主、保护优先、分类管理、风险管控、污染担责、公众参与的原则。根据 2018 年 3 月 19 日国务院公布的《国务院关于修改和废止部分行政法规的决定》,《河道管理条例》《防治海岸工程建设项目污染损害海洋环境管理条例》《水库大坝安全管理条例》《城市供水条例》《森林法实施条例》《病原微生物实验室生物安全管理条例》《濒危野生动植物进出口管理条例》《防治海洋工程建设项目污染损害海洋环境管理条例》《防治船舶污染海洋环境管理条例》和《消耗臭氧层物质管理条例》等生态环境保护领域的相关行政法规得到了修改和完善，加强了保护力度，明确了严管责任。

（五）为弘扬爱国主义精神立法

为加强对英雄烈士的保护，传承和弘扬英雄烈士精神、爱国主义精神，培育和践行社会主义核心价值观，激发实现中华民族伟大复兴中国梦的强大精神力量，全国人大常委会通过的《英雄烈士保护法》明确规定，国家保护英雄烈士，对英雄烈士予以褒扬、纪念，加强对英雄烈士事迹和精神的宣传、教育，维护英雄烈士的尊严和合法权益。

二　法治政府

2018 年，中国法治政府建设稳步推进，党和国家机构改革自上而下有条不紊地进行，行政立法更加规范，“放管服”改革取得新进展，行政执法规范化程度继续强化，行政复议体制改革持续探索推进，行政诉讼制度实现重大突破。

（一）落实机构改革，适应新时代发展

自 1982 年以来，历次党和国家机构改革始终沿着适应和推动经济体制和社会管理改革的主线，聚焦经济调节、市场监管、社会管理、公共服务、生态环境保护等政府基本职能。

2018年，为进一步适应改革需要、优化权力运行，中国启动了新一轮党和国家机构改革。党的十九届三中全会通过了《中共中央关于深化党和国家机构改革的决定》和《深化党和国家机构改革方案》。十三届全国人大一次会议审议和批准了《国务院机构改革方案》，揭开了新时代深化政府机构改革的序幕。此次改革，在力度上体现了重塑性，范围上体现了系统性，重点上体现了针对性，思路上体现了延展性，机构整合上体现了专业性，职能配置上体现了整体性，改革举措上体现了层级性，改革内容上体现了国际性，实施步骤上体现了梯次性，保障措施上体现了配套性、法治性，堪称改革开放40年来历次机构改革中最有远见和魄力的一次。

职权法定是现代法治的基本理念。《中共中央关于深化党和国家机构改革的决定》明确，实施机构改革方案需要制定或修改法律的，要及时启动相关程序；依法依规完善党和国家机构职能，依法履行职责，依法管理机构和编制，确保改革在法治轨道上运行。为此，全国人大常委会《关于国务院机构改革涉及法律规定的行政机关职责调整问题的决定》与国务院《关于国务院机构改革涉及行政法规规定的行政机关职责调整问题的决定》从不同层面对国务院机构改革涉及行政法规规定的行政机关职责调整问题予以明确。

根据中央的统一部署，中央和国家机关机构改革已在2018年底前落实到位，省级党政机构改革方案均已在2018年9月底前报党中央批准，2018年底前机构调整基本到位。各省省级以下党政机构改革由省级党委统一领导，在2018年底前报党中央备案。地方党政机构改革的全部任务将在2019年3月底前基本完成。

（二）加强行政立法，重视规范和监督

行政立法是中国立法体系的重要组成部分。对行政法规、地方性法规和司法解释开展备案审查，是宪法法律赋予全国人大常委会的一项重要职权，是全国人大常委会履行宪法监督职责、保障宪法法律实施、维护国家法制统一的一项重要工作。2017年12月，十二届全国人大常委会第三十一次会议首次听取了全国人大常委会法工委关于十二届全国人大以来暨2017年备案

审查工作情况的报告。此举既是落实党的十九大报告明确提出的加强宪法实施和监督、推进合宪性审查工作、维护宪法权威的重要举措，也是备案审查制度的一次历史性突破。

为实现备案审查工作进一步规范化制度化，全国人大常委会目前正在研究起草备案审查工作规定，明确了规范性文件的界定、人大备案范围、规范性文件被撤销或者纠正后的溯及力等问题。此举对各级人大开展备案审查工作将起到极大的推进作用。

针对近年来各地各部门乱发文、出台“奇葩”文件的现象，国务院办公厅印发了《关于加强行政规范性文件制定和监督管理工作的通知》，对行政规范性文件的概念、制定程序、监督管理作出全面、系统规定，将行政规范性文件制发和管理全面纳入法治化轨道。国务院办公厅还印发了《关于全面推行行政规范性文件合法性审核机制的指导意见》，进一步明确了行政规范性文件合法性审核机制。

（三）借助司法解释，推动行政诉讼制度

行政诉讼作为法治政府实践的风向标，行政诉讼的运转状态直接反映了中国行政法治的未来前景。新《行政诉讼法》实施三年多来，新法中诸多制度设计依然处于磨合阶段，为此，2018 年行政诉讼制度在司法解释领域有突出的发展。

《最高人民法院关于适用〈中华人民共和国行政诉讼法〉的解释》进一步明确了行政诉讼受案范围的边界，细化明确了原告与被告的诉讼主体资格，进一步增强了简易程序与调解制度的可操作性，提升了法律适用性与可操作性。司法解释还就行政机关负责人出庭应诉、复议机关作共同被告、规范性文件附带审查等制度，进行了专项详细规范。该司法解释的出台将极大激励和促进中国行政诉讼的制度活力，其制度调试与实践运行也获得了更高维度的规范指引。

此外，最高人民法院、最高人民检察院联合发布了《最高人民法院、最高人民检察院关于检察公益诉讼案件适用法律若干问题的解释》，详细阐

释了行政公益诉讼的案件适用类型、启动要件、证明材料以及判决类型等诸多事项，使得《行政诉讼法》第25条第4款过于原则化的公益诉讼制度规定，有望在各地司法实践中逐步统一标准，打破行政公益诉讼制度在各地司法适用中参差不齐的状态。

（四）深化“放管服”改革，转变政府职能

“放管服”改革旨在推动政府职能深刻转变，使市场在资源配置中起决定性作用，是一场重塑政府和市场关系、刀刃向内的政府自身革命，也是近年来实现经济稳中向好的关键一招。

按照2018年国务院大督查总体安排，在各地区各部门开展全面自查的基础上，国务院对各地贯彻落实党中央、国务院重大决策部署情况开展实地督查，其中一个重要方面就是深化“放管服”改革情况，重点是简政放权事项落地、完善事中事后监管、优化政务服务、减税降费等工作情况，并全面开展营商环境重要指标调查。督查结果表明，各地在简政放权的同时，创新和加强事中事后监管，监管效能不断提升，但在一些地方还存在“文放实不放、明放暗不放”等问题，一些已出台的政策尚未及时落地，一些审批关口还需监管到位，“信息孤岛”还需进一步打通，一些地方政府部门的工作作风还需改进。

为深入推进简政放权、放管结合、优化服务改革，加快政府职能深刻转变，国务院推进职能转变协调小组更名为国务院推进政府职能转变和“放管服”改革协调小组，为国务院议事协调机构。在各地区各部门深化“放管服”改革的基础上，统筹研究推进政府职能转变和“放管服”改革重要领域、关键环节的重大政策措施，研究拟提请国务院常务会议审议的有关重要事项，协调推动解决重点难点问题，指导督促各地区各部门落实改革措施，更大限度激发市场活力、调动人的积极性和社会创造力。

（五）推行三项制度，规范行政执法行为

以阳光执法、规范执法、依法执法为重点，2017年国务院组织开展了

行政执法公示制度、执法全过程记录制度、重大执法决定法制审核制度试点。三项制度试点工作在总结试点经验后取得了成效，为法治政府建设奠定了基础，对于确保政府依法履行职责，规范行政执法行为，约束自身权力，最大限度地减少权力滥用，具有十分重要的作用。

作为贯彻落实党的十九大精神、加快建设法治政府的一个重要举措，2018 年三项制度在全国各级行政执法机关全面推行。三项制度试点工作形成的宝贵经验正在融入全国所有执法机关的日常执法活动中。

行政执法与精准普法相结合，创新了执法与普法方式。上海市司法局《行政执法过程中精准普法的工作指引》规定，在发生拒不配合行政执法等情形时，行政执法单位（人员）可通过约见或主动登门等方式，对行政相对人的法人代表或主要领导进行约谈。被约谈的情形包括，在同一年度内两次以上违反同一法律规定、拒不配合行政执法、接受行政处罚态度恶劣或其他突出问题。约谈将着重围绕其违法行为所涉及的事实认定、证据采纳、法律适用、社会危害等开展普法教育，推动行政相对人选择符合法律规定的解决方案或整改措施。行政执法过程中开展精准普法的主要方式，有主动告知式普法、答疑解惑式普法、释法说理式普法和行政约谈式普法。

三　司法体制改革

司法体制改革是不断推动中国特色社会主义司法制度发展和完善的关键环节，是不断规范司法权力运行、加强司法机关能力建设，维护司法公正、提升司法公信力的重要保障，也是全面依法治国的重要方面。党的十九大以来，党中央在推进司法体制改革方面提出了一系列新任务，明确了新时代司法体制改革的总蓝图、施工图。2018 年，司法体制改革进一步落实中央确定的新任务，在各方面取得明显进展。

（一）落实司法体制改革总体部署

2018 年 2 月，党的十九届三中全会审议通过《中共中央关于深化党和国家机构改革的决定》和《深化党和国家机构改革方案》，对中央政法委、最高人民检察院、司法部等机构改革作出明确规定，为新时代司法体制改革提供了组织保障。8月24日，中央全面依法治国委员会召开第一次会议重申深化司法体制改革，深入研究司法责任制综合配套改革方案，加快构建权责一致的司法权运行新机制。

2018年1月22日召开的中央政法工作会议提出，从四个方面推进全面深化司法体制改革，即深入推进司法责任制，加快构建权责统一的司法权运行新机制；深入推进诉讼制度改革，在更高层次上实现公正和效率相统一；深入推进公安改革和司法行政改革，提高维护安全稳定和服务经济社会发展的能力；深入推进严格规范公正文明执法，努力营造公正、透明、可预期的法治环境。

2018年初召开全国法院工作会议、全国检察长会议、全国公安厅局长会议，司法部正式印发《关于加快推进司法行政改革的意见》，对新时代各机关司法改革顶层设计和部署作出安排。

（二）配合做好国家监察体制改革

根据十九届三中全会提出关于组建国家监察委员会的要求，2018年3月初，全国四级检察院反贪、反渎和预防部门职能、机构及44151名检察人员已全部按时完成转隶①。《监察法》审议通过以及《刑事诉讼法》修改，为监察体制改革提供了明确的法律依据。

（三）继续深化司法责任制改革

司法责任制改革是司法体制改革的“牛鼻子”。2018年，《人民法院组织法》《人民检察院组织法》完成修订，法官、检察官员额制改革在法律层面得到确认，为深化司法责任制改革提供了坚实的制度保障。2018年6月，

---

① 参见《最高人民检察院工作报告——2018年3月9日在第十三届全国人民代表大会第一次会议上》，http：//www.spp.gov.cn/spp/gzbg/201803/t20180325_372171.shtml，最后访问日期：2019年1月24日。

最高人民法院印发《关于人民法院立案、审判与执行工作协调运行的意见》，对进一步明确人民法院内部分工协作的工作职责，促进立案、审判与执行工作的顺利衔接和高效运行作了部署。为确保司法责任制改革落地见效，最高人民法院还专门印发了《关于进一步全面落实司法责任制的实施意见》《关于健全完善人民法院主审法官会议工作机制的指导意见（试行）》。

（四）加强司法人财物保障

人财物是司法良性运行的基础。2018 年，从设立专业化审判机构、内设机构改革、统一职业资格考试等方面加强了司法的人财物保障。

推动设置专门的司法机构或者部门也是推进司法改革的重要内容。2018 年最高人民法院设立国际商事法庭，牵头组建国际商事专家委员会，支持"一带一路"国际商事纠纷通过调解、仲裁等方式解决，推动建立诉讼与调解、仲裁有效衔接的多元化纠纷解决机制。根据中央全面深化改革委员会通过的方案，上海金融法院、北京互联网法院、广州互联网法院相继挂牌。

最高人民检察院也遵循满足人民群众需要、突出专业导向、实行捕诉一体、坚持统一规范的原则，对内设机构进行了重塑。为推动人民检察院办理公益诉讼案件，中央全面深化改革委员会第三次会议审议通过《关于设立最高人民检察院公益诉讼检察厅的方案》，强调设立最高人民检察院公益诉讼检察厅，要以强化法律监督、提高办案效果、推进专业化建设为导向，构建配置科学、运行高效的公益诉讼检察机构，为更好地履行检察公益诉讼职责提供组织保障。

2018 年，中国启动首次国家统一法律职业资格考试工作。初次担任法律类仲裁员，以及行政机关中初次从事行政处罚决定审核、行政复议、行政裁决、法律顾问的公务员，应取得法律职业资格，以体现上述职业的准司法性质和对公民、法人权利义务的保护。

（五）规范司法权力运行

司法公开向纵深发展。最高人民法院发布《关于人民法院通过互联网公开审判流程信息的规定》，明确要求人民法院审判刑事、民事、行政、国家赔偿案件的流程信息，应当通过互联网向参加诉讼的当事人及其法定代理人、诉讼代理人、辩护人公开。这为切实提升案件审理过程的透明度提供了明确的规范和指引。2018 年 9 月 1 日起，全国 31 个省（自治区、直辖市）法院和新疆生产建设兵团法院全部开始通过统一平台向当事人、代理人公开新收案件的审批流程信息，有效提升了案件审理过程的透明度，对于提升司法公信力意义重大。最高人民法院印发的《关于进一步深化司法公开的意见》则在此前各类司法公开文件的基础上，从进一步深化司法公开的内容和范围、完善和规范司法公开程序、加强司法公开平台载体建设管理、强化组织保障等方面，进一步对深化司法公开工作作出了新部署。

改革完善人民陪审员制度。新通过的《人民陪审员法》对人民陪审员选任、事实审和法律审区分、参审范围、退出和惩戒机制、履职保障等作出了规定，再次明确人民陪审员与法官有同等权利。最高人民法院印发的《关于深入贯彻落实〈中华人民共和国人民陪审员法〉的通知》就人民陪审员参加审判活动和人民陪审员的培训、管理、保障等作出了相应部署。此外，司法部、最高人民法院、公安部联合印发了《人民陪审员选任办法》，着眼于建设一支代表广泛、群众基础扎实的高素质人民陪审员队伍，优化选任条件，细化选任程序，增强选任工作的可操作性。

加强检察监督。2018 年，检察机关对审委会、法官的检察监督显著加强。一是加强对审委会的监督。自最高人民检察院检察长与分管民事行政检察工作的副检察长一同列席最高人民法院审委会开始，2018 年各级检察院检察长、副检察长列席各级人民法院审委会讨论民事案件 385 件次。二是加强民事诉讼监督。2018 年，人民检察院对明显超标的执行、消极执行、选择性执行、违法处置被执行财产等违法情形提出检察建议，部署开展民事非诉执行监督专项活动，重点监督民事非诉法律文书执行中的违法情形，促进仲裁、公证规范化。三是强化对刑事诉讼的监督。2018 年检察机关对刑事诉讼监督的加强主要从公诉举证、在押人员合法权益、强制医疗、刑事申诉等方面开展。四是完善检察机关公益诉讼。最高人民检察院、最高人民法院

《关于检察公益诉讼案件适用法律若干问题的解释》明确了检察机关是以“公益诉讼起诉人”的身份提起公益诉讼，并且细化检察公益诉讼案件的受理程序，落实立案登记制等。2018 年，检察公益诉讼办案量大幅提升，1～11 月，全国检察机关共立案公益诉讼案件 89523 件，提出检察建议和发布公告 78448 件、提起诉讼 2560 件，在保护国家利益和社会公共利益方面发挥着越来越大的作用。

（六）充分保护人民群众诉权

1. 保障和规范律师庭审活动和诉讼权利

最高人民法院、司法部发布《关于依法保障律师诉讼权利和规范律师参与庭审活动的通知》，重点对庭审阶段的律师权利保障和执业行为规范进行了规定，使律师参与庭审活动更加有章可循，强调各级人民法院及其工作人员要尊重和保障律师诉讼权利。

2. 打击滥用诉权的虚假诉讼

最高人民法院、最高人民检察院公布《关于办理虚假诉讼刑事案件适用法律若干问题的解释》，对无中生有，采取伪造证据、虚假陈述等手段捏造民事法律关系、虚构民事纠纷的六种典型虚假诉讼行为予以严厉打击。

3. 推动构建多元纠纷化解机制

为应对社会快速发展时期社会矛盾纠纷易发多发的状况，人民法院将多元化纠纷解决机制作为裁判方式的一种重要补充。

中央政法委负责人在纪念毛泽东同志批示学习推广“枫桥经验”55 周年暨习近平总书记指示坚持发展“枫桥经验”15 周年大会上提出，坚持发展新时代“枫桥经验”，加快推进基层社会治理现代化，努力建设更高水平的平安中国，不断增强人民群众的获得感、幸福感、安全感。

2018 年 2 月，最高人民法院开发建设的人民法院调解平台在全国法院试运行。当事人可在人民法院调解平台上提出调解申请，法院可将类案推送给适合调解案件的当事人，引导当事人选择调解方式解决纠纷。

中央政法委、最高人民法院、司法部、民政部、财政部、人力资源和社会保障部发布《关于加强人民调解员队伍建设的意见》，对乡镇（街道）人民调解委员会调解员的任职条件等作了规定。

最高人民法院联合有关部门印发《关于在部分地区开展涉侨纠纷多元化解试点工作的意见》《关于全面推进证券期货纠纷多元化解机制建设的意见》《关于确定首批纳入"一站式"国际商事纠纷多元化解决机制的国际商事仲裁及调解机构的通知》，进一步明确了有关领域多元化纠纷化解的机制。

（七）全力攻坚"基本解决执行难"

2018 年是"基本解决执行难"的决战之年。自 2016 年以来全国法院掀起"决胜执行难"的执行风暴，加大执行力度，充分利用信息化手段，解决制约法院执行的体制机制障碍。为补充供给执行规范，最高人民法院在本年度出台了《关于执行和解若干问题的规定》《关于执行担保若干问题的规定》《关于人民法院确定财产处置参考价若干问题的规定》等 12 部专门调整执行程序的司法解释或司法解释性质的规范性文件。为强化基本解决执行难长效机制，十三届全国人大常委会将民事强制执行法列入立法规划中的第二类项目。2018 年 10 月 24 日，最高人民法院在十三届全国人大常委会第六次会议上作《最高人民法院关于人民法院解决"执行难"工作情况的报告》，对"基本解决执行难"工作的由来和任务目标、"基本解决执行难"工作取得的进展及成效、当前推进"基本解决执行难"工作存在的问题和困难向全国人大常委会作了全面报告。

2018 年，国家发展改革委、最高人民法院、原国土资源部发布《关于对失信被执行人实施限制不动产交易惩戒措施的通知》，共同对失信被执行人采取限制不动产交易的惩戒措施；相关部门与 12 家互联网金融企业共建对失信被执行人联合惩戒机制；国家发展改革委办公厅、最高人民法院办公厅、中国民用航空局综合司、中国铁路总公司办公厅发布《关于落实在一定期限内适当限制特定严重失信人乘坐火车、民用航空器有关工作的通知》，就失信人名单信息采集、执行、移除等予以规定。

（八）加快推进智慧司法建设

继2017年发布《关于加快建设智慧法院的意见》后，2018年，最高人民法院继续推动智慧法院建设。《关于进一步加快推进电子卷宗同步生成和深度应用工作的通知》在总结各地建设经验的基础上，编制了《电子卷宗随案同步生成和深度应用技术要求》，从建设和应用角度提供指导；编制了《电子卷宗随案同步生成和深度应用管理要求》，从组织实施角度进行规范。还总结了电子卷宗集中生成模式和分散生成模式的地方实践经验，供全国法院借鉴并结合实际尽快制定适合本院及辖区法院的工作模式。

最高人民检察院印发《关于深化智慧检务建设的意见》，明确了2020年底前、2025年底前的智慧检务发展规划。《全国检察机关智慧检务行动指南（2018～2020年）》对2020年底前全面构建新时代智慧检务生态提出了路线图。

2018年，司法部也研究部署“数字法治、智慧司法”建设等网络安全和信息化工作，要求以融合为主题，最大限度整合资源，通过信息化手段优化资源配置，创新政务服务、法律服务模式，让人民群众在共享科技信息化发展成果上有更多获得感、幸福感、安全感。

四　刑事法治

完善刑事法治，一方面是通过打击违法犯罪行为，维护社会公共利益，保障社会公众和刑事受害人的合法权益；另一方面则是通过规范刑事司法权力，保障犯罪嫌疑人和刑事被告人的合法权益。2018年刑事司法发展呈现明显的制度化趋势，顶层设计日益完善。通过修正《刑事诉讼法》贯彻党的政策，总结认罪认罚的司法经验并将之上升为法律；通过《国际刑事司法协助法》和《刑事诉讼法》修正案规定的缺席审判制度，加强国际追逃追赃，推进反腐制度化；通过完善刑事陪审制，推进司法民主；通过加强对民营企业家及其产权的刑事司法保护，回应经济社会需求；通过开展新一轮扫黑除恶专项斗争，稳定社会秩序；通过推进刑事辩护全覆盖试点改革，贯彻以审判为中心的诉讼制度改革；通过完善刑事申诉公开审查，加强检察监督，维护当事人的合法权益。

（一）修改完善刑事诉讼制度

《刑事诉讼法》涉及国家在行使刑罚权过程中，对个人人身权利、财产权利、诉讼权利的保障、限制或者剥夺等重要内容。第十三届全国人民代表大会常务委员会第六次会议通过的《刑事诉讼法》第三个修正案为使《刑事诉讼法》与《宪法》相衔接、保障国家监察体制改革的顺利进行，调整了人民检察院的侦查职权，职务犯罪侦查权转隶国家监察委员会，保留了人民检察院对司法工作人员利用职权实施的非法拘禁、刑讯逼供、非法搜查等侵犯公民权利、损害司法公正案件的自行侦查权；完善监察案件与刑事诉讼的衔接，包括监察调查与审查起诉、留置与强制措施的衔接，保留了检察院退回补充调查权与自行补充侦查权；修改了侦查的定义，修改了关于贪污贿赂犯罪侦查期间律师会见、指定居所监视居住、技术侦查措施的规定等。为丰富反腐败和国际追逃追赃手段，加强反腐败国际追逃追赃的工作力度，该法建立了刑事缺席审判制度。此外，还创设了认罪认罚从宽原则以及与其配套的速裁程序、值班律师等新条文。

（二）开展“扫黑除恶”专项活动

2018 年，全国范围内开展了“扫黑除恶”专项活动，把打击黑恶势力犯罪和反腐败、基层“拍蝇”结合起来，涉及的范围广、犯罪数量多，聚焦重点地区、重点行业、重点领域，对黑社会性质组织犯罪组织者、领导者、骨干成员及其“保护伞”依法从严惩处，对涉黑涉恶问题尤其是群众反映强烈的大案要案依法查办。

中共中央、国务院印发的《关于开展扫黑除恶专项斗争的通知》以及中共中央办公厅、国务院办公厅印发的《全国扫黑除恶专项斗争督导工作方案》对扫黑除恶专项斗争作出部署。最高人民法院、最高人民检察院、公安部、司法部联合印发的《关于办理黑恶势力犯罪案件若干问题的指导意见》作出部署，充分发挥公、检、法、司的职能作用，密切配合，形成打击合力，加强预防惩治黑恶势力犯罪长效机制建设。

（三）加强国际刑事司法协助

为落实党的十九大精神，全面推进依法治国、推进反腐败国家立法、推进国际追逃追赃工作，第十三届全国人民代表大会常务委员会第六次会议通过《国际刑事司法协助法》，以加强国际合作，消除中国与外国打击跨国犯罪的制度障碍，为中国履行《联合国反腐败公约》《联合国打击跨国有组织犯罪公约》等国际公约和有关双边条约的义务提供国内法律依据，提高中国司法机关主动利用条约开展国际合作的意识和能力。

（四）依法保护企业家合法权益

企业家是推动社会经济发展的核心力量，2018 年司法机关加强对企业家及其产权的刑事司法保护。根据中共中央、国务院印发的《关于营造企业家健康成长环境　弘扬优秀企业家精神　更好发挥企业家作用的意见》，最高人民法院印发《关于充分发挥审判职能作用　为企业家创新创业营造良好法治环境的通知》，司法部印发《关于充分发挥职能作用　为民营企业发展营造良好法治环境的意见》，积极为民营企业发展提供坚实的法治保障、营造良好的法治环境。最高人民法院发布了 13 件人民法院充分发挥审判职能作用、保护产权和企业家合法权益的典型案例，展示了人民法院依法加强保护产权和企业家合法权益的决心和力度。

（五）推动律师辩护全覆盖

刑事案件律师辩护全覆盖试点工作是推进以审判为中心的刑事诉讼制度

改革和人权法治保障的重要举措，对于提升刑事法治具有重大意义，各地都在推进相关探索。2018 年 5 月，广东全面启动刑事案件律师辩护全覆盖，广东省高级人民法院和广东省司法厅联合制定《关于开展刑事案件律师辩护全覆盖工作的实施办法（试行）》，成为全国唯一实现全省三级法院刑事案件律师辩护全覆盖的省份。

（六）加强检察监督审判监督

在加强检察监督和审判监督方面，最高人民法院第三巡回法庭宣布，将进一步推进巡回区刑事申诉和再审工作，通过明确、细化刑法规则与刑事政策等措施，提高对错案危害性的认识，并重点解决再审开庭困难及立案标准等问题，切实纠正冤错案件。2018 年 5 月，最高人民检察院刑事申诉检察厅下发《关于深入推进刑事申诉公开审查专项督查活动的通知》，要求各级检察院刑事申诉检察部门持续加大刑事申诉案件公开审查力度，进一步扩大案件范围、简化操作程序。

（七）维护在押人员合法权益

在维护在押人员合法权益方面，最高人民检察院下发《关于在全国检察机关开展“监督维护在押人员合法权益专项活动”的通知》，要求通过监督监狱、看守所等执行机关依法、规范开展刑罚执行、刑事强制措施执行工作，严格保障在押人员合法权益。

（八）推进国家赔偿与司法救助

2018 年，各级司法机关合力推进国家赔偿和司法救助工作。近年来，最高人民检察院、最高人民法院公布的侵犯人身自由的刑事赔偿标准连年递增，体现了对冤案纠错和救济的重视。2018 年 5 月，最高人民检察院刑事申诉检察厅、最高人民法院均下发通知，要求各级检察机关刑事申诉检察部门、各级人民法院在办理侵犯人身自由的国家赔偿案件时，执行新的日赔偿标准 284.74 元，较上年度增加 25.85 元。2018 年 11 月，最高人民法院发布

10 件国家赔偿和司法救助典型案例，指导办理国家赔偿和司法救助案件时统一法律适用，保护当事人合法权益。

五 民商经济法治

2018 年，中国民商经济法治发展继续加强重点领域立法，保障改革成果落地，致力于构建良好的营商环境。

（一）立法司法回应重大理论问题和司法实践需求

2018 年民事法治的主要工作围绕民法典编纂和民事司法实践中亟待解决的问题展开。

民事立法方面，全国人大法工委在《物权法》《担保法》《合同法》《侵权责任法》《婚姻法》《继承法》等民事单行法以及相关司法解释的基础上，编纂《民法典各分编（草案）》，并分别体现为全国人大法工委民法室 2017 年 10 月 31 日和 2018 年 3 月 15 日的“室内稿”。草案涵盖“物权”“合同”“人格权”“婚姻家庭”“继承”“侵权责任”六编共 1034 条，于 2018 年 8 月 27 日由全国人大常委会委员长会议提交十三届全国人大常委会第五次会议审议，已进入公开征求意见阶段。

在司法解释方面，由于《民法通则》与《民法总则》对诉讼时效的规定不一致，为正确适用《民法总则》关于诉讼时效制度的规定，保护当事人的合法权益，结合审判实践，最高人民法院发布了《关于适用〈中华人民共和国民法总则〉诉讼时效制度若干问题的解释》，有效解决了新旧法并行造成的法律适用问题。

为正确审理涉及夫妻债务纠纷案件，平等保护各方当事人的合法权益，最高人民法院通过了《关于审理涉及夫妻债务纠纷案件适用法律有关问题的解释》，明确了夫妻债务的概念，“共债共签”成为夫妻债务认定的核心标准，并就如何认定家庭日常生活需要、举证责任分配、与第三人的关系等问题进行了厘清与明确。

最高人民法院还发布了《关于依法妥善审理民间借贷案件的通知》，以充分发挥民商事审判工作的评价、教育、指引功能，妥善审理民间借贷纠纷案件，防范化解各类风险。

（二）证券监管呈严格态势、缓解立法迟滞

本轮《证券法》修订工作自2013年启动以来始终处于呼之欲出状态，其间A股异常波动，很多制度需三思而后行，2018年仍列入“预备审议项目”，《证券法》修订工作再次延缓。在中国证券法律规范群中，规范性文件始终扮演着重要角色。2018年中国证券监督管理委员会在发行、上市公司、信息披露、市场交易等方面共发布几十个规范性文件，这些文件在“治理”市场中发挥着重要作用。比如，《中国证券监督管理委员会行政处罚听证规则》《区域性股权市场监督管理试行办法》《关于修改〈证券登记结算管理办法〉等七部规章的决定》《关于修改〈中国证券监督管理委员会行政许可实施程序规定〉的决定》《证券期货市场诚信监督管理办法》《关于修改〈首次公开发行股票并上市管理办法〉的决定》《关于修改〈首次公开发行股票并在创业板上市管理办法〉的决定》《关于修改〈证券发行与承销管理办法〉的决定》《关于修改〈中国证券监督管理委员会发行审核委员会办法〉的决定》《证券交易所管理办法》《证券公司融资融券业务管理办法》《证券公司和证券投资基金管理公司合规管理办法》《外商投资证券公司管理办法》《货币市场基金监督管理办法》《期货公司风险监管指标管理办法》等等。同时，2018年4月，中国人民银行、中国银行保险监督管理委员会、中国证券监督管理委员会和国家外汇管理局联合印发《关于规范金融机构资产管理业务的指导意见》，该意见对大资产管理时代发展具有积极意义。

证券监管部门对新股发行（IPO）继续从严审查，截至2018年10月中旬，A股IPO通过率为60.14%，与2016年、2017年两年相比大幅下降。保护中小投资者是市场监管的重要任务。2018年初，深圳证券交易所与上海证券交易所又就2017年《上市公司股东、董监高减持股份的若干规定》的相应

实施细则作出具体适用解释。在退市制度方面，ST 吉恩、*ST 昆机、*ST烯碳、中弘股份、*ST 长生等分别退市以及进入退市整理期交易。2018 年 11 月 16 日，深圳证券交易所发布《深圳证券交易所上市公司重大违法强制退市实施办法》，退市法治化、常态化已成为规范证券市场的另一项重要制度。

（三）完善商法立法，建设适应时代需求的商事环境

中国经济进入由高速增长转向高质量发展的全新阶段，在新时代背景下，要跨越中国经济发展阶段的关口、推动经济高质量发展，就必须不断增强中国经济创新力和竞争力，推进筑牢实体经济基础、实施创新驱动、深化改革等举措。商法是市场经济规则的主要承载者，契合时代主题、与经济环境变化相协调是商法发展完善的题中应有之义。回顾 2018 年度商法的发展，诸多领域发生了回应新时代背景的法治事件。

经中共中央、国务院批准，国家发展和改革委员会、商务部发布了《市场准入负面清单（2018 年版)》。这标志着中国全面实施市场准入负面清单制度，负面清单以外的行业、领域、业务等，各类市场主体皆可依法平等进入，这也是对外开放的重要举措。

营商环境就是生产力，法治是最好的营商环境。法治化、国际化、便利化的营商环境是实现高质量发展、实现治理能力和治理体系现代化的内在要求。进入 2018 年以来，各地各级政府持续推进“放管服”改革，部分地方在便利企业开办和经营、创新监管理念和方式、提供优质公共服务等方面取得了积极的成效，形成了有益的经验；国务院及时总结先进经验并进行推广，要求各地坚持问题导向和需求导向，对标先进、探索创新，持续优化营商环境；有关部委推动开展营商环境评价，力图构建中国特色营商环境评价体系，为打造世界一流营商环境高地提供目标引领。国务院印发《进一步深化中国（广东）、（天津）、（福建）自由贸易试验区改革开放方案》，梳理三地自贸试验区创新经验，为其进一步高质量发展指明方向，同时也为自由贸易区的进一步发展护航。2018 年 7 月，国家发展和改革委员会和商务部发布《自由贸易试验区外商投资准入特别管理措施（负面清单）（2018

年版）》，在更多领域试点取消或放宽外资准入限制，有利于更大范围的扩大开放。此外，国务院还印发了《优化口岸营商环境　促进跨境贸易便利化工作方案》。

资产管理业务有满足居民财富管理需求、增强金融机构盈利能力、优化社会融资结构、支持实体经济等方面的积极作用。近年来，中国金融机构和部分非金融机构开展资产管理业务十分活跃，但由于监管规则和标准不统一，出现了产品多层嵌套、刚性兑付等现象，一定程度上干扰了宏观调控，加剧了风险跨行业、跨市场传递。中国人民银行、中国银行保险监督管理委员会、中国证券监督管理委员会、国家外汇管理局联合印发的《关于规范金融机构资产管理业务的指导意见》体现了“实质重于形式”原则下实施功能监管的思路，直指分业监管下标准差异催生套利空间的弊端。

为健全完善金融审判体系，营造良好的金融法治环境，中央决定设立上海金融法院，管辖上海市辖区内应由中级人民法院受理的证券、期货交易、信托、保险、票据、信用证等第一审金融民商事案件以及其他若干类案件。上海金融法院的成立是继环境资源审判专门化之后又一审判工作专门化的改革举措，有助于聚焦金融工作服务实体经济、防控金融风险、深化金融改革的任务，提高金融审判的质量、效率和司法公信力，提升国际金融交易规则话语权，完善中国特色的金融司法体系。

（四）知识产权法治在司法和行政执法方面更有作为

为深入实施国家知识产权战略，加快建设知识产权强国，2018 年《商标法》《专利法》《著作权法》等方面的修法计划均有不同程度推进。但由于利益相关方博弈激烈、相关议题理论争议较大，立法进程较缓慢。

知识产权司法保护方面则呈现积极的改革态势。中共中央办公厅、国务院办公厅印发的《关于加强知识产权审判领域改革创新若干问题的意见》成为首个专门面向知识产权审判里程碑式的纲领性文件，确立了新时代人民法院知识产权审判工作的指导思想、基本原则、改革目标和重点措施。《最高人民法院 2018 年度司法解释立项计划》中包括了要求 2018 年底前完成的两项知识产权司法解释，即《关于审理专利授权确权行政案件适用法律若干问题的解释》和《人民法院关于办理知识产权纠纷诉前行为保全案件适用法律若干问题的解释》。

新一轮机构改革将国家知识产权局的职责、国家工商行政管理总局的商标管理职责、国家质量监督检验检疫总局的原产地地理标志管理职责整合，重新组建国家知识产权局，由国家市场监督管理总局管理，以解决商标、专利分头管理和重复执法问题，完善知识产权管理体制。知识产权审核登记紧扣“放管服”改革的主题。知识产权行政执法过程中，由行政机关负责查处侵权假冒案件，弥补知识产权司法保护的不足，已成为中国现阶段知识产权执法活动的显著特点。

（五）修改《个人所得税法》，进一步优化国家税收结构

2018 年《个人所得税法》完成修改，主旨在于优化税率结构、完善税前扣除、规范和强化税基、加强税收监管等。《个人所得税法》完善了有关纳税人的规定（确立了居民个人和非居民个人 183 天的判定标准）；对经营所得进行概括规定，不再细分相关主体；对税率进行一定修改，优化调整税率结构，包括综合所得适用 3% ~45% 的差额累进税率，经营所得适用 5% ~35% 的超额累进税率，利息、股息、红利所得，财产租赁所得，财产转让所得和偶然所得等适用 20% 税率；提高综合所得基本减除费用标准、设立专项附加扣除，包括新增劳务报酬所得、稿酬所得、特许权使用费所得以收入减除 20% 的费用余额为收入额，新增赡养老人支出为专项附加扣除，新增专项附加扣除的具体范围、标准和实施步骤由国务院确定，报全国人民代表大会常务委员会备案；新增反避税条款；新增纳税申报条款；新增相应信息披露程序等。2018 年 12 月，国务院发布《个人所得税法实施条例》，印发了《个人所得税专项附加扣除暂行办法》，国家税务总局发布了《个人所得税扣缴申报管理办法（试行）》。总体而言，本次个税修改涉及纳税人、税目、税率以及程序等多方面规定，充分反映社会经济发展程度以及税收的调节作用。

六　社会法治

社会法作为中国社会主义法律体系中的重要法律部门，在微观上以保护和实现公民的社会权利为己任，在宏观上则关乎民生福祉，也是让人民群众分享改革开放成果的重要方面。2018 年，中国继续在劳动就业、社会保障、弱势群体保护等方面完善法律制度、加强执法和司法保障。

（一）完善劳动就业与社会保障制度

就业是最大的民生。人力资源和社会保障部、国家发展改革委、财政部联合发布《关于推进全方位公共就业服务的指导意见》，提出要坚持就业优先战略和积极就业政策，提供全方位公共就业服务，做到公共就业服务城乡常住人口全覆盖、保障各类用人单位同等享有公共就业服务、完善对劳动者求职就业全程服务、加强对用人单位招聘用人全程指导、强化创业全程服务、实施就业援助全程帮扶、推行终身职业技能培训。

养老保险是群众关注的重大民生问题。人力资源和社会保障部、财政部印发《关于建立城乡居民基本养老保险待遇确定和基础养老金正常调整机制的指导意见》，着力解决城乡居民养老保险保障水平较低、待遇确定和正常调整机制尚未健全、缴费激励约束机制不强等问题。人力资源和社会保障部与财政部印发的《关于 2018 年提高全国城乡居民基本养老保险基础养老金最低标准的通知》启动了 2018 年统一提高全国城乡居民基础养老金工作，标志着城乡居民养老保险基础养老金正常调整机制开始运行。

（二）加强社会救助，保障生存发展权

社会救助是社会保障体系的重要组成部分，对于调整资源配置、实现社会公平、维护社会稳定有非常重要的作用。2018 年，中国继续加强社会救助体系。

《民政部办公厅关于开展社会救助综合改革试点的通知》致力于完善社

会救助制度，强化社会救助资源统筹，优化社会救助流程，加强社会救助能力建设，创新社会救助监督检查机制。

民政部、财政部、国务院扶贫办发布的《关于在脱贫攻坚三年行动中切实做好社会救助兜底保障工作的实施意见》要求，坚持精准扶贫、精准脱贫基本方略，坚持应保尽保、兜底救助、统筹衔接、正确引导，优化政策供给，完善农村低保、特困人员救助供养、临时救助等保障性扶贫措施，充分发挥社会救助在打赢脱贫攻坚战中的兜底作用，保障完全丧失劳动能力和部分丧失劳动能力且无法依靠产业就业帮扶脱贫的未脱贫建档立卡贫困人口的基本生活。民政部、国家发展和改革委员会、国务院扶贫开发领导小组办公室印发了《深度贫困地区特困人员供养服务设施（敬老院）建设改造行动计划》，加快推进深度贫困地区特困人员供养服务设施建设改造，提升特困人员集中供养服务能力，更好地发挥社会救助在脱贫攻坚中的兜底保障作用。

针对临时救助，民政部、财政部《关于进一步加强和改进临时救助工作的意见》致力于解决救助时效性不强、救助水平偏低、制度效能发挥不充分、工作保障不到位等问题。

为提升对残疾儿童的保障力度，《国务院关于建立残疾儿童康复救助制度的意见》对残疾儿童康复救助的对象、标准、程序等作了明确规定。

（三）推动医疗卫生行业管理法治化

医疗卫生关乎人民群众生命健康，必须依靠日益完善的制度规范行业活动。2018 年，《疫苗管理法（草案）》首次提请十三届全国人大常委会第七次会议审议，这是中国首次就疫苗管理立法。草案坚持疫苗的战略性和公益性，突出体现了对疫苗管理的特殊要求，明确规定国家对疫苗生产企业实行严于一般药品生产企业的准入制度，构建覆盖疫苗全过程和全生命周期的最严格监管制度，提高了违法者的违法成本，落实了市场主体责任，同时提出国家制定疫苗行业发展规划和产业政策，鼓励疫苗生产规模化、集约化，不断提升疫苗生产工艺和质量水平。

《国务院办公厅关于改革完善医疗卫生行业综合监管制度的指导意见》提出坚持政府主导、综合协调，坚持依法监管、属地化全行业管理，坚持社会共治、公开公正，坚持改革创新、提升效能等，明确了监管主体和责任，强化了加强全过程监管机制。

《国务院办公厅关于促进“互联网 + 医疗健康”发展的意见》则提出，健全“互联网 + 医疗健康”服务体系，完善“互联网 + 医疗健康”支撑体系，加强行业监管和安全保障。

（四）深入推进慈善法治精细化发展

为细化落实《慈善法》、深入推进慈善法治，2018 年中央及各部门持续活跃发布规范性文件，推动公益慈善行业发展。首先，政府和慈善组织信息公开皆有章可循。2018 年初国务院办公厅印发《关于推进社会公益事业建设领域政府信息公开的意见》，将社会关注度高、公益色彩浓厚的社会公共事业和福利事业纳入重点公开范围，并对脱贫攻坚、社会救助和社会福利、教育、基本医疗卫生、环境保护、灾害事故救援、公共文化体育 7 个领域的政府信息公开提出具体要求；民政部于 8 月印发《慈善组织信息公开办法》，对慈善组织信息公开的主体、内容、途径、要求等进行了详细规定，突出对慈善组织财产活动和公开募捐的信息公开，与《慈善法》和《慈善组织公开募捐管理办法》的相关制度形成合力，保护捐赠人、志愿者、受益人的合法权益，维护社会公众的知情权。其次，公益慈善信用体系构建提上日程。2018 年伊始，民政部发布《社会组织信用信息管理办法》，参考商事登记制度改革中企业信用信息管理的做法，加强社会组织信用信息管理；国家发展和改革委员会、中国人民银行、民政部等 40 个部门和单位联合签署了《关于对慈善捐赠领域相关主体实施守信联合激励和失信联合惩戒的合作备忘录》，建立慈善捐赠领域的信用信息共享机制，明确激励对象、激励措施和惩戒对象、惩戒措施，提升慈善公信力，营造良好的慈善环境，推动国家社会信用体系建设。最后，推动“互联网 +”在公益慈善领域的发展。民政部于 9 月针对社会组织、社会工作及志愿服务等领域存在的信息化基础薄弱、信息公开范围不广、互联网服务不充分的现实问题，印发《“互联网+社会组织（社会工作、志愿服务）”行动方案（2018~2020年）》。

《慈善法》在起草环节非常重视“法律责任”一章的设计，在实施阶段则应关注这部法律在具体诉讼实践中的应用和影响。在中国裁判文书网上，涉及“慈善法”的裁判文书不过二十余件，但有限的司法裁判文书同样能够在一定程度上显现公益慈善生态。例如，围绕捐助结余善款的归属与使用引发的慈善捐赠合同案例是社会热点和新闻焦点，对于理解、阐释和适用《慈善法》第57条“近似目的原则”有代表性意义。总体而言，慈善法律制度在中国司法诉讼中的代入影响虽不显著却很深远，正如慈善公益行业在整个社会生活中的影响与意义。

（五）生态法治立法司法执法力度空前

2018年环境立法成就斐然。首先，生态文明建设理念入宪，生态文明建设各项工作受宪法保障。本次修宪将“贯彻新发展理念”“生态文明”“美丽”等内容写入宪法序言，体现了党和国家对生态环境问题的高度重视，不仅对中国生态文明建设具有重要意义，而且为满足人民对美好生态环境的需要提供了宪法保障，为健全和完善生态环境法律制度体系提供了新的动力。

其次，以立法工作计划为载体，推动生态文明建设相关法律法规的立改工作。全国人大常委会生态立法活动进入活跃期。2017年修订后的《水污染防治法》从2018年1月1日起施行，《土壤污染防治法》已经由全国人大常委会审议通过并于2019年1月1日起施行。十三届全国人大常委会六次会议对《野生动物保护法》等15部法律进行了修改，配合2018年国务院机构改革的推进与落实，及时理顺和明确法律中所涉及的有关行政监管部门及其职责。

最后，环境执法日益有章可循，向规范化迈进。新一轮机构改革对环境执法机构影响巨大。《深化党和国家机构改革方案》明确把环境保护部的职责和其他六个部门相关的职责进行了整合，新组建的生态环境部统一行使各类污染排放监管与生态保护行政执法职责。这是自 2008 年 7 月国家环保总局升级为国家环境保护部后又一次重大机构改革。生态环境部成立中央生态环境保护督察办公室等部门，形成生态环保督察常态化制度。生态环境部印发《关于生态环境领域进一步深化“放管服”改革　推动经济高质量发展的指导意见》，突出进一步简政放权，加强环境监管执法。2018 年颁布了一系列环境执法部委规章，如《工矿用地土壤环境管理办法（试行）》《环境影响评价公众参与办法》《伴生放射性矿开发利用企业环境辐射监测及信息公开办法（试行）》《排污许可管理办法（试行）》；修订《建设项目环境影响评价分类管理名录》；废止《排污费征收工作稽查办法》等有关排污收费规章和规范性文件。通过《关于生态环境执法中建设项目“总投资额”认定问题的指导意见（试行）》《关于发布排污许可证承诺书样本、排污许可证申请表和排污许可证格式的通知》等文件的发布，执法规范化得到加强。此外，《打赢蓝天保卫战三年行动计划》《重点流域水生生物多样性保护方案》《农业农村污染治理攻坚战行动计划》等专门性方案的发布进一步推动重点领域的行政执法。

为深入贯彻中央关于“坚决打好防范化解重大风险、精准脱贫、污染防治的攻坚战”的重大部署，最高人民检察院印发《关于充分发挥检察职能　为打好“三大攻坚战”提供司法保障的意见》（高检发〔2018〕8 号）、《关于充分发挥检察职能作用　助力打好污染防治攻坚战的通知》等。

（六）强化公益诉讼制度建设与实践

2018 年，公益诉讼制度及其实践均有重大进展。中共中央、国务院、全国人大常委会、最高人民法院、最高人民检察院、自然资源部、生态环境部、民政部、司法部等均通过规范性文件推广公益诉讼制度。《中共中央、国务院关于全面加强生态环境保护　坚决打好污染防治攻坚战的意见》《关于全面加强生态环境保护　依法推动打好污染防治攻坚战的决议》以及《英雄烈士保护法》第 25 条、《土壤污染防治法》第 97 条等，为多领域公益诉讼制度确立了制度基础，《人民陪审员法》第16条明确规定公益诉讼一审案件适用七人陪审员制度。最高人民法院与最高人民检察院共有13部规范性文件涉及公益诉讼制度，国务院相关部委2018年出台的部门规范性文件与部门工作文件中，有9部涉及公益诉讼制度。

七 2019年法治发展预测

（一）全面推进依法治国，为深化改革开放保驾护航

自十一届三中全会以来，改革开放已走过探索起航到全面推进再到全面深化的四十年艰辛历程，于人而言“四十不惑”，对国家而言四十年虽有坎坷但始终向前的经历，也让这条发展道路的未来走向更加清晰。

改革开放伊始，面临复杂的社会环境和以往体制机制的惯性，其落实与推进主要依靠配套政策的出台；自1997年党的十五大正式提出依法治国基本方略起，法治则接过了“接力棒”，成为推动和保障改革开放的中坚力量与最大社会共识。法治是国家治理体系和治理能力现代化的集中体现，不断涌现的新的深化改革措施、“一带一路”倡议的提出，对法治发展提出了新的要求和挑战。

党的十八大提出了“全面深化改革开放”的目标和“全面推进依法治国”的任务，此后这两项目标和任务同步发展，彼此呼应，至今已取得了光辉的成就。十九大提出，全面依法治国是国家治理的一场深刻革命，必须坚持厉行法治，推进科学立法、严格执法、公正司法、全民守法。未来，法治建设仍将以此为重点，为全面深化改革、扩大开放保驾护航。为此，需要进一步整合地方层面的法治领导机构，加强组织领导，同时亟须建立科学有效的依法治国落实情况评价机制。

（二）突破现有制度瓶颈，确保改革与发展于法有据

改革持续走向深入，发展的脚步一直在加快，多项“呼之欲出”但长

期未能问世的法律制度也应相时而动，跟上改革的速度和发展的脚步。

例如，目前正在继续稳妥推进的民法典编纂工作，是完善中国民事法律体系的头等大事。在各个民事单行法的基础上，加紧制定一部科学的、先进的、符合中国特色社会主义初级阶段国情的民法典，是推进依法治国的重要步骤，也是必然方向。在民法典尚未编纂完成之前，应对民事法律规范的适用情况进行有效梳理，进一步推进案例指导制度。这不仅有利于法律抽象规定的具体适用，还可以根据实践的需要，弥补立法的缺陷以及法律规则的滞后问题。而在证券监管领域，虽然此前 A 股异常波动让修法须审慎成为共识，但《证券法》的修订久拖不决将会迎来更多新问题以致难以招架，市场也会面临更加不确定的风险。

又如，在将政府法制机构并入司法行政部门的机构改革背景下，如何深入推进行政复议体制改革、行政复议制度与行政诉讼等制度如何衔接都值得研究与关注；《行政复议体制改革方案（征求意见稿）》已经形成，《行政复议法》如何修改尚未提上日程。

再如，公益诉讼、私益诉讼之间关系的厘清与衔接应成为公益诉讼制度构建的重点任务。行政公益诉讼需要进一步整合嵌入传统诉讼框架，如何处理行政公益诉讼与传统主观诉讼模式在原告资格、庭审程序、证据规则以及判决类型等具体事项上的差异，从而避免两种诉讼模式下的规则适用冲突，仍需更为精细的程序设计。

（三）机构改革平稳落地，需要探索完善相关配套制度

中央和国家机关机构改革在 2018 年底落实到位，所有地方机构改革任务会在 2019 年 3 月底前基本完成。机构改革方案平稳落地，恰恰是相关配套制度逐步作出适应性修改的起点。改革后的机构运行势必会让原有制度“落伍”，如不及时作出制度调整，这种不协调将会日益突出，甚至影响机构改革的效果。例如，在影响较大的行政法领域，机构改革给行政规范性文件合法性审查、执法权限、行政复议与行政诉讼制度实施等，都带来一定的新问题，亟须立法加以调适和明确。

（四）深入完善配套措施，全面总结司法体制改革经验

以司法责任制改革为核心的司法体制改革正在全方位推进，是规范司法行为、维护司法公正、提升司法公信力的关键，今后仍需要进一步完善配套措施。司法责任制改革过程中，入额法官检察官的办案保障与办案质量提升、待遇落实情况、人身安全保障，法官助理遴选等晋升渠道畅通性、辅助人员保障问题等，仍需跟踪关注。执行工作是司法机关众多工作中至关重要的一环，关系到胜诉一方的权益实现和司法权威。最高人民法院用两到三年时间攻坚基本解决执行难，在构建执行联动大格局、提升查人找物与财产变现能力、规范执行行为等方面取得明显成效，未来还需要强化与完善强制执行立法，加强全社会联动机制，着力构建执行长效机制。

（五）打造法治营商环境，助力经济建设和对外开放

进一步优化营商环境是近年来中国经济建设的工作重点。早在2017年，习近平总书记就强调，要营造稳定、公平、透明、可预期的营商环境。2018年中央经济工作会议提出，统筹推进稳增长、促改革、调结构、惠民生、防风险工作，保持经济运行在合理区间，进一步稳就业、稳金融、稳外贸、稳外资、稳投资、稳预期，提振市场信心，增强人民群众获得感、幸福感、安全感。这些都需要切实优化营商环境，归根结底都与法治建设密切相关。

首先，应进一步依法规范行政权力、深化放管服改革，为经济社会发展保驾护航。2019年应加快落实2018年国务院办公厅下发的《关于聚焦企业关切 进一步推动优化营商环境政策落实的通知》的要求，营造公平竞争的市场环境，推动外商投资和贸易便利化，提高审批服务质量和办事效率，降低企业生产经营成本，保护产权，加强监管。其核心仍是“放管服”改革的题中应有之义，因此以优化营商环境为目标的“放管服”改革措施2019年势必在法律方面多有动作。

其次，给予新经济、新业态积极的法治回应。随着新业态、新模式的不

断涌现，政府监管的理念也在不断更新。2017 年国务院政府工作报告就提出，要“本着鼓励创新、包容审慎的原则，制定新兴产业监管规则”。2018 年 9 月 20 日，中共中央、国务院发布的《关于完善促进消费体制机制 进一步激发居民消费潜力的若干意见》更是三次提到了“包容审慎”监管。未来，对于新经济、新业态应采取积极审慎的监管策略，促进其在规则之下健康发展。

再次，将防范金融风险作为改善营商法治环境的重点。金融立法要有预见性、时效性，以适应互联网时代金融业态瞬息万变的发展趋势，而营商环境的改善却不可避免地以金融业的规范、健康发展为前提，金融法治建设必须解决好已经产生的问题并对未来可能产生的风险及时出台前瞻性的措施。

最后，强化知识产权保护对保障营商环境的重要性。《著作权法》《专利法》《商标法》等知识产权领域主要法律的修改将继续，这些法律修改或多或少涉及相关主管部门职能的调整和体制改革问题，推进或许不会很顺利。此外，要加大对知识产权侵权的处罚力度。企业在经营活动和品牌创建过程中，需要市场提供公平公正的环境，不能让侵犯知识产权的行为侵蚀品牌的无形资产。要彻底改变知识产权案件诉讼中维权难的状况。对侵权者的惩罚措施不能只体现在罚款的数量上，而应重点打击其侵权的能力，对严重和屡次侵权者，要限制其参与市场经营活动。北京、上海、广州三地的知识产权法院运行，将继续解决知识产权案件审理中周期长、举证难、赔偿低等问题，进行有益尝试，重大知识产权案件判决要引领社会和经济发展走向。知识产权行政管理体制改革释放的红利，也将加快推动品牌建设和创新驱动发展战略。

（六）防控社会风险，破解基层社会治理困境

2018 年，个别地方偶有发生群体性事件，表明当地政府政策出台、落实皆存在瑕疵，对群体性事件的处置能力仍待提升。近年来，各级党委政府在社会治理工作中不断遭遇的难题和困境表明，传统的社会治理手段和模式已经难以满足党和国家对社会治理提出的新要求，政府履职方面一些体制机

制性深层次矛盾亟待解决。

2018 年发生的多起危害公共安全事件应予以高度重视，即在社会矛盾集中凸显的转型期，社会风险管控面临严峻考验，亟须法治化的应对之道。

党的十九大报告提出，打造共建共治共享的社会治理格局，加强社会治理制度建设，完善党委领导、政府负责、社会协同、公众参与、法治保障的社会治理体制，提高社会治理社会化、法治化、智能化、专业化水平。足见推动社会治理新格局的形成法治责无旁贷，今后社会法治建设应从提升国家治理能力和治理水平的大处着眼，从规范政府决策、防控决策风险、紧急事件处置、社会关系修复等细微之处着手，建立起科学的社会风险评价机制，健全社会风险感知与防控体系，以期全方位提升治理体系和治理能力现代化水平。

专题报告

Special Reports

B.2
2018年的中国立法

刘小妹*

摘　要： 2018年的立法工作围绕"五位一体"总体布局和"四个全面"战略布局，适时修改宪法，为新时代坚持和发展中国特色社会主义提供有力的宪法保障；继续做好与改革相关的立法工作，确保重大改革举措依法有序推进、落实到位；加快推进基础性立法、重点领域立法，建立健全与现代经济体系相适应的法律制度；继续推进税收立法，积极落实税收法定原则；统筹推进社会、文化、生态等方面法律制度建设，加强备案审查工作，维护国家法制统一，中国特色社会主义法律体系不断完善。2018年的立法在数量、速度增长的同时，坚持党对立法工作的领导，积极完善立法体制机制，协调改

* 刘小妹，中国社会科学院国际法研究所研究员。

革与立法的关系，深入推进科学立法、民主立法、依法立法，进一步提高立法质量。

关键词： 中国立法　立法概况　立法展望

2018 年是全面贯彻落实党的十九大精神的开局之年，是改革开放 40 周年，也是本届全国人大及其常委会依法履职的第一年。立法工作围绕“五位一体”总体布局和“四个全面”战略布局，坚持在法治下推进改革、在改革中完善法治的理念，深入推进科学立法、民主立法、依法立法，进一步加快立法速度，提高立法质量，着力重点领域立法，加强备案审查工作，不断发展完善中国特色社会主义法律体系。2018 年，全国人民代表大会制定《宪法修正案》1 部，制定法律 1 部；全国人民代表大会常务委员会制定法律 8 部，修订法律 9 部，修改法律 38 部，通过有关法律问题的决定 6 项（见表 1）。国务院制定行政法规 5 部，修订行政法规 4 部，废止行政法规 5 部，修改行政法规 28 部（见表 2）；有立法权的地方人大及其常委会制定或修改地方性法规、自治条例、单行条例约 1200 件。

表 1　2018 年全国人大及其常委会立法情况

序号	颁布时间	法律/决定名称
1	2018 年 3 月 11 日	《宪法修正案》（制定）
2	2018 年 3 月 20 日	《监察法》（制定）
3	2018 年 4 月 27 日	《人民陪审员法》（制定）
4	2018 年 4 月 27 日	《英雄烈士保护法》（制定）
5	2018 年 8 月 31 日	《电子商务法》（制定）
6	2018 年 8 月 31 日	《土壤污染防治法》（制定）
7	2018 年 10 月 26 日	《国际刑事司法协助法》（制定）
8	2018 年 10 月 26 日	《消防救援衔条例》（制定）
9	2018 年 12 月 29 日	《耕地占用税法》（制定）
10	2018 年 12 月 29 日	《车辆购置税法》（制定）

续表

序号	颁布时间	法律/决定名称
11	2018 年 8 月 31 日	《个人所得税法》(修正)
12	2018 年 10 月 26 日	《刑事诉讼法》(修正)
13	2018 年 10 月 26 日	《人民法院组织法》(修订)
14	2018 年 10 月 26 日	《人民检察院组织法》(修订)
15	2018 年 10 月 26 日	《公司法》(修正)
16	2018 年 12 月 29 日	《农村土地承包法》(修订)
17	2018 年 12 月 29 日	《公务员法》(修订)
18	2018 年 12 月 29 日	《村民委员会组织法》(修正)
19	2018 年 12 月 29 日	《城市居民委员会组织法》(修正)
20	2018 年 4 月 27 日	《国境卫生检疫法》(修改)
21	2018 年 4 月 27 日	《进出口商品检验法》(修改)
22	2018 年 4 月 27 日	《国防教育法》(修改)
23	2018 年 4 月 27 日	《精神卫生法》(修改)
24	2018 年 4 月 27 日	《反恐怖主义法》(修改)
25	2018 年 4 月 27 日	《国家情报法》(修改)
26	2018 年 10 月 26 日	《野生动物保护法》(修改)
27	2018 年 10 月 26 日	《计量法》(修改)
28	2018 年 10 月 26 日	《大气污染防治法》(修改)
29	2018 年 10 月 26 日	《残疾人保障法》(修改)
30	2018 年 10 月 26 日	《妇女权益保障法》(修改)
31	2018 年 10 月 26 日	《广告法》(修改)
32	2018 年 10 月 26 日	《节约能源法》(修改)
33	2018 年 10 月 26 日	《防沙治沙法》(修改)
34	2018 年 10 月 26 日	《农业机械化促进法》(修改)
35	2018 年 10 月 26 日	《农产品质量安全法》(修改)
36	2018 年 10 月 26 日	《循环经济促进法》(修改)
37	2018 年 10 月 26 日	《旅游法》(修改)
38	2018 年 10 月 26 日	《环境保护税法》(修改)
39	2018 年 10 月 26 日	《公共图书馆法》(修改)
40	2018 年 10 月 26 日	《船舶吨税法》(修改)
41	2018 年 12 月 29 日	《产品质量法》(修改)
42	2018 年 12 月 29 日	《义务教育法》(修改)
43	2018 年 12 月 29 日	《进出口商品检验法》(修改)
44	2018 年 12 月 29 日	《预算法》(修改)

续表

序号	颁布时间	法律/决定名称
45	2018 年 12 月 29 日	《食品安全法》(修改)
46	2018 年 12 月 29 日	《电力法》(修改)
47	2018 年 12 月 29 日	《高等教育法》(修改)
48	2018 年 12 月 29 日	《港口法》(修改)
49	2018 年 12 月 29 日	《企业所得税法》(修改)
50	2018 年 12 月 29 日	《劳动法》(修改)
51	2018 年 12 月 29 日	《老年人权益保障法》(修改)
52	2018 年 12 月 29 日	《环境噪声污染防治法》(修改)
53	2018 年 12 月 29 日	《环境影响评价法》(修改)
54	2018 年 12 月 29 日	《民办教育促进法》(修改)
55	2018 年 12 月 29 日	《民用航空法》(修改)
56	2018 年 12 月 29 日	《职业病防治法》(修改)
57	2018 年 12 月 29 日	《社会保险法》(修改)
58	2018 年 2 月 24 日	《全国人民代表大会常务委员会关于延长授权国务院在实施股票发行注册制改革中调整适用〈中华人民共和国证券法〉有关规定期限的决定》
59	2018 年 4 月 27 日	《全国人民代表大会常务委员会关于设立上海金融法院的决定》
60	2018 年 4 月 27 日	《全国人民代表大会常务委员会关于国务院机构改革涉及法律规定的行政机关职责调整问题的决定》
61	2018 年 6 月 22 日	《全国人民代表大会常务委员会关于全国人民代表大会宪法和法律委员会职责问题的决定》
62	2018 年 6 月 22 日	《全国人民代表大会常务委员会关于中国海警局行使海上维权执法职权的决定》
63	2018 年 12 月 29 日	《全国人民代表大会常务委员会关于延长授权国务院在北京市大兴区等三十三个试点县(市、区)行政区域暂时调整实施有关法律规定期限的决定》

表 2　2018 年国务院行政法规立法情况

序号	颁布时间	行政法规名称
1	2018 年 3 月 2 日	《快递暂行条例》(制定)
2	2018 年 6 月 29 日	《人力资源市场暂行条例》(制定)
3	2018 年 7 月 31 日	《医疗纠纷预防和处理条例》(制定)
4	2018 年 10 月 10 日	《行政区划管理条例》(制定)
5	2018 年 11 月 6 日	《消防救援衔标志式样和佩带办法》(制定)

续表

序号	颁布时间	行政法规名称
6	2018 年 6 月 28 日	《奥林匹克标志保护条例》(修订)
7	2018 年 8 月 11 日	《全国经济普查条例》(修订)
8	2018 年 11 月 6 日	《专利代理条例》(修订)
9	2018 年 12 月 18 日	《个人所得税法实施条例》(修订)
10	2018 年 3 月 19 日	《私营企业暂行条例》(废止)
11	2018 年 3 月 19 日	《水污染防治法实施细则》(废止)
12	2018 年 3 月 19 日	《地质勘查资质管理条例》(废止)
13	2018 年 3 月 19 日	《种畜禽管理条例》(废止)
14	2018 年 3 月 19 日	《劳动教养试行办法》(废止)
15	2018 年 3 月 19 日	《国务院关于修改和废止部分行政法规的决定》(对 18 部行政法规的部分条款予以修改,对 5 部行政法规予以废止)
16	2018 年 9 月 18 日	《国务院关于修改部分行政法规的决定》(对 10 部行政法规的部分条款予以修改)

一　2018年立法概况

2018 年，十三届全国人大及其常委会、国务院及其各部门按照完善以宪法为核心的中国特色社会主义法律体系的要求，深入推进科学立法、民主立法、依法立法，紧紧围绕党中央和国务院的中心工作，遵循和把握立法规律，及时回应改革需求，着力提高立法质量，立法工作取得了重大成效。

（一）与时俱进修改宪法，发挥宪法在治国理政中的重要作用

宪法是国家的根本法，是治国安邦的总章程，是全面依法治国的总依据。改革开放 40 年来，宪法有力保障和推动了党和国家事业发展，同时宪法也必须随着党领导人民建设社会主义实践的发展而不断完善发展，这是宪法变迁的基本规律，也是宪法保持持久旺盛生命力的必然要求。2018 年 3

月11日，十三届全国人民代表大会第一次会议高票通过了《宪法修正案》，完成了宪法修改的重大历史任务，实现了中国宪法的又一次与时俱进。《宪法修正案》共21条，确立了习近平新时代中国特色社会主义思想在国家政治和社会生活中的指导地位，并及时将党的领导、发展目标、核心价值观、统一战线和民族关系、外交政策、宪法监督制度、宪法宣誓制度、国家主席任期制度、监察制度、地方立法制度等重大思想、理念和制度方面的新发展新变化纳入宪法。及时将改革成果和重大部署制度化、法律化，既符合宪法体现时代精神、反映现实需求、与时俱进完善发展的内在要求，又将为新时代坚持和发展中国特色社会主义、实现“两个一百年”奋斗目标和中华民族伟大复兴的中国梦提供有力的宪法保障。

此次宪法修改的重要内容之一，是增加有关监察委员会的各项规定，对国家机构作出了重要调整和完善。通过完备的法律保证宪法确立的制度得到落实，是宪法实施的重要途径。在十三届全国人民代表大会第一次会议上，先通过《宪法修正案》，然后再审议《监察法（草案）》，及时将宪法修改所确立的监察制度进一步具体化，是依宪治国的生动体现。《监察法》共9章，即总则、监察机关及其职责、监察范围和管辖、监察权限、监察程序、反腐败国际合作、对监察机关和监察人员的监督、法律责任和附则，共69条。主要规定了监察工作的指导思想和领导体制，监察工作的原则和方针，监察委员会的产生和职责、权限，监察权限和程序，以及加强对监察机关和监察人员的监督等重要内容。《监察法》的制定实施，将为新形势下反腐败斗争提供坚强的法治保障。

（二）坚持立法与改革相衔接、相统一，确保重大改革于法有据

及时将改革的成功经验上升为法律，是党的十八大以来立法工作的突出特点。2018年，全国人大常委会和国务院关于改革的立法项目依然是立法工作的重点和亮点。

一是推进和保障机构改革的立法。为全面落实党的十九届三中全会审议通过的《中共中央关于深化党和国家机构改革的决定》和十三届全国人大

一次会议批准的《国务院机构改革方案》，确保在法治轨道上有序推进机构改革，2018年4月27日全国人大常委会审议通过《全国人民代表大会常务委员会关于国务院机构改革涉及法律规定的行政机关职责调整问题的决定》，明确在有关法律修改前，调整适用现行有关法律规定和行政机关的职责工作承接等问题。4月27日，全国人大常委会还审议通过《关于修改〈国境卫生检疫法〉等六部法律的决定》，对改革急需、职责调整比较明确、各方面意见一致的相关法律条款进行修改。10月26日，全国人大常委会审议通过了《关于修改〈野生动物保护法〉等十五部法律的决定》，第二次对机构改革涉及的相关法律进行打包修改；制定了《消防救援衔条例》，贯彻落实公安消防部队、武警森林部队转制改革要求，实行专门的消防救援衔制度，加强国家综合性消防救援队伍建设。12月29日，全国人大常委会再次为落实机构改革要求，审议通过《关于修改〈中华人民共和国产品质量法〉等五部法律的决定》；为完善党领导下的基层群众自治制度和工作机制，修改《村民委员会组织法》和《城市居民委员会组织法》，将村民委员会、居民委员会的任期由三年改为五年，与村和社区党的基层组织任期保持一致。与此同时，2018年9月18日，为确保行政机关依法履行职责，国务院对机构改革涉及的行政法规进行了清理，并对《卫星地面接收设施接收外国卫星传送电视节目管理办法》等10部行政法规的部分条款予以修改。

二是深化“放管服”行政管理体制改革方面的立法。2018年，国务院进一步转变政府职能，持续推进简政放权、放管结合、优化服务改革，国务院对取消行政许可项目及制约新产业、新业态、新模式发展的行政法规进行了清理。经过清理，2018年3月19日国务院发布《国务院关于修改和废止部分行政法规的决定》，对《计量法实施细则》等18部行政法规的部分条款予以修改，对《私营企业暂行条例》等5部行政法规予以废止。12月29日，全国人大常委会为落实政府职能转变和“放管服”改革要求，审议通过《关于修改〈中华人民共和国电力法〉等四部法律的决定》和《关于修改〈中华人民共和国劳动法〉等七部法律的决定》，打包修改了11部法律。其中，《民用航空法》和《职业病防治法》的修改既涉及机构改革内容，又涉及政府职能转变和“放管服”改革内容①。

三是推动和保障司法体制改革方面的立法。深化司法体制改革，保证司法公正，提高司法公信力，是党中央作出的重大决策部署，是全面依法治国的重要任务。本届全国人大常委会高度重视通过立法、监督等工作推动和保障司法体制改革、促进司法公正。其一，全国人大常委会在总结改革试点经验的基础上，制定了专门的《人民陪审员法》。人民陪审员制度是人民群众了解司法、参与司法、监督司法的直接形式，也是人民法院弘扬司法民主、促进司法公开、保障司法公正、增强司法公信力的有力保证。制定一部专门的《人民陪审员法》，有利于扩大司法领域的人民民主，切实保障人民群众对审判工作的知情权、参与权、监督权，便于架起人民法院与人民群众的沟通桥梁，形成法官和人民陪审员的优势互补，实现司法专业化判断与群众对公正认知的有机统一，让人民群众在每一个司法案件中感受到公平正义。其二，修改《人民法院组织法》和《人民检察院组织法》，进一步完善人民法院、人民检察院的设置和职权，健全合议庭与独任法官、办案组与独任检察官运行机制，明确司法人员分类管理制度和法官、检察官员额制，突出法官、检察官办案主体地位，落实谁办案谁负责的司法责任制，为建设公正高效权威的中国特色社会主义司法制度提供了法律保障。其三，修改《刑事诉讼法》、制定《国际刑事司法协助法》。这次修改《刑事诉讼法》，主要是完善刑事诉讼与监察的衔接机制，建立刑事缺席审判制度，将认罪认罚从宽制度、速裁程序等经改革试点证明行之有效的做法上升为法律规范。新制定的《国际刑事司法协助法》，完善了我国司法协助体制，规范了相关部门在刑事司法协助工作中的管理职责，对深化司法领域国际合作、打击跨国犯罪具有重要意义。这两部法律都是反腐败国家立法的重要内容，为加强境外追逃追赃工作提供了有力的法律手段。其四，作出关于设立上海金融法院的决定，探索对金融案件实行集中管

① 参见傅政华《关于〈中华人民共和国产品质量法〉等 17 部法律的修正案（草案）的说明》，2018 年 12 月 23 日，中国人大网。

辖，推进金融审判体制机制改革，提高金融审判专业化水平。其五，审议通过关于专利等知识产权案件诉讼程序若干问题的决定，规定由最高人民法院统一受理专业技术性较强的专利等上诉案件，实现审理专门化、管辖集中化、程序集约化和人员专业化，进一步强化知识产权司法保护，为加强科技创新、建设科技强国创造良好的法治环境①。

四是适应深入推进公务员分类改革的需要，修订《公务员法》。推行公务员职务与职级并行制度，是党的十八届三中全会确定的重大改革任务，并经全国人大常委会授权，于2017年6月起在部分地区和部分在京中央机关开始试点。同时，干部选拔任用制度、公务员分类管理、公务员聘任制改革亦深入推进，这些改革成果需要通过修订《公务员法》来确认和巩固，进而为建设高素质、专业化的干部队伍提供法治保障。

此外，为在全国推开社会保险制度改革试点经验，全国人大常委会还修改了《社会保险法》；为有序推进改革，还作出了《全国人民代表大会常务委员会关于延长授权国务院在实施股票发行注册制改革中调整适用〈中华人民共和国证券法〉有关规定期限的决定》《全国人民代表大会常务委员会关于中国海警局行使海上维权执法职权的决定》等有关法律问题的决定，为改革提供法律依据和法治保障。

（三）继续推进市场经济立法，建立健全与现代化经济体系相适应的法律制度

为适应和把握中国经济发展进入新常态的趋势性特征，健全市场在资源配置中起决定性作用和更好地发挥政府作用的发展新体制，加快形成有利于创新发展的市场环境、产权制度、投融资体制、分配制度，2018年的立法围绕协调激发市场活力和提高政府效能两个要素，完善构建发展新体制的法律制度，市场经济领域立法仍然是立法工作的重点。

---

① 参见栗战书《在第十三届全国人大常委会第六次会议上的讲话》，2018年10月26日，中国人大网。

民法是改革开放的制度化成果，反过来也保护和指引着改革开放。编纂民法典是党的十八届四中全会提出的重大立法任务，是完善中国特色社会主义法律体系的重要举措。2018 年 8 月，全国人大常委会初次审议了民法典各分编（共 6 编 1034 条），充分肯定民法典各分编的编纂工作，普遍赞成各分编的总体考虑、结构安排和主要内容，也提出了许多修改建议。2018 年 12 月，全国人大常委会进一步分阶段审议了《民法典合同编（草案）》和《民法典侵权责任编（草案）》，民法典立法工作紧密推进。

2018 年 8 月 31 日，全国人大常委会审议通过了《电子商务法》，规范电子商务的主要模式和业态，明确电子商务经营者特别是平台经营者的义务与责任，规范经营者办理工商登记和免于登记的情形，严格禁止虚假宣传、强行搭售、通过搜索和竞价排名误导消费者等行为。《电子商务法》是一部鼓励、支持、创新、规范和保障电子商务健康发展的促进法，是一部维护广大消费者、平台经营者和平台内经营者合法权益，维护市场秩序和公平竞争的保障法。

2018 年 10 月 26 日，全国人大常委会修改《公司法》，专门对《公司法》第 142 条股份回购的内容进行了修改。一方面，删除了对股份回购原则上禁止的相关规定，删除了对用于奖励给本公司职工的股份回购的资金来源的限制规定；另一方面，补充完善允许股份回购的情形，适当简化股份回购的决策程序，提高公司持有本公司股份的数额上限，延长公司持有所回购股份的期限，补充上市公司股份回购的规范要求。此次修改，通过完善《公司法》有关资本制度的规定，赋予公司更多自主权，有利于促进完善公司治理、推动资本市场稳定健康发展。

“三权分置”是继家庭联产承包责任制后农村改革的又一重大制度创新，目前农村已有 30% 以上的承包农户在流转承包地，流转面积 4.79 亿亩①。为适应农村生产力发展的新要求、稳定和完善适合国情的农村基本经

① 数据来源于刘振伟《关于〈中华人民共和国农村土地承包法修正案（草案）〉的说明》，2017 年 10 月 31 日。

营制度，2018 年 12 月 29 日，全国人大常委会修订《农村土地承包法》，稳定农村土地承包关系，确认土地经营权实行“三权分置”，明确保护进城农户的土地承包经营权和农村妇女的土地承包经营权，这些规定赋予了农民充分而有保障的土地权利，也有利于发挥农村土地资源的效益，将为保持农村社会和谐稳定提供有力的法治保障。

此外，全国人大常委会审议了《专利法（修订草案)》《外国投资法（草案)》等，国务院制定了《快递暂行条例》《人力资源市场暂行条例》，修订《全国经济普查条例》《专利代理条例》，进一步完善构建发展新体制的法律制度。

（四）继续推进税收立法，逐步完善税收法律体系

为进一步发挥好个人所得税在调节收入分配和促进经济社会发展中的作用，2018 年 8 月 31 日全国人大常委会还修改了《个人所得税法》，推动个人所得税从分类税制向综合与分类相结合的税制转变，将工资薪金、劳务报酬、稿酬、特许权使用费等 4 项劳动性所得纳入综合征税范围，调整优化了税率结构，提高了综合所得基本减除费用标准，扩大了低档税率的级距，把教育、医疗、住房、养老等与群众生活密切相关的支出设为专项附加扣除项目，并相应健全了个人所得税征管制度。为保障新《个人所得税法》顺利实施，12 月 18 日，国务院对 1994 年制定的《个人所得税法实施条例》作了修改，包括加大对符合居民个人标准的境外人士税收优惠力度；对个体工商户等经营主体在计算经营所得时给予家庭生计必要支出减除；明确个人缴付符合国家规定的企业年金、职业年金，购买符合国家规定的商业健康保险、税收递延型商业养老保险的支出，以及国务院规定的其他项目可以依法扣除；优化与专项附加扣除政策相关的纳税服务，明确工资、薪金所得可以由扣缴义务人在扣缴税款时减除专项附加扣除，其他综合所得在汇算清缴时减除专项附加扣除，纳税人可以委托扣缴义务人或者其他单位和个人办理汇算清缴。

2018 年 12 月 29 日，全国人大常委会审议通过《车辆购置税法》和

《耕地占用税法》，按照税制平移思路，保持现行税制框架和税负水平总体不变，仅对个别征税事项作相应调整，将两个税种的暂行条例上升为法律。同时，全国人大常委会还审议了《资源税法（草案）》，听取个人所得税专项附加扣除有关情况报告，进一步落实税收法定原则。

（五）着力生态环境立法，推进美丽中国建设

环境问题是全社会关注的焦点。虽然十二届全国人民代表大会将环境立法纳入工作重点，制定了大量基础性、支架性环境立法，中国环境法律制度体系已基本形成；但是多年积累的生态环境问题仍然十分突出，生态环境保护仍滞后于经济社会发展，生态环境立法依然是十三届全国人大的重点立法领域。

2018 年 7 月 10 日，全国人大常委会通过《关于全面加强生态环境保护依法推动打好污染防治攻坚战的决议》，提出要建立健全覆盖水、气、声、渣、光等各种环境污染要素的法律规范，构建科学严密、系统完善的污染防治法律制度体系，建立健全最严格最严密的生态环境保护法律制度。2018 年 8 月 31 日，全国人大常委会表决通过了《土壤污染防治法》，对土壤污染防治的基本原则、土壤污染防治基本制度、预防保护、管控和修复、经济措施、监督检查和法律责任等重要内容作出了明确规定，特别是建立了土壤污染防治政府责任制度，确立土壤污染责任主体。《土壤污染防治法》的出台，填补了我国污染防治立法的空白，完善了中国生态环境保护、污染防治的法律制度体系。

（六）着力民生领域立法，加强权益保障

生命健康权是最大的民生。2013 年以来，中国在国家层面出台了一系列有关化解医疗纠纷、维护医疗秩序的文件、措施。2018 年 7 月 31 日，在总结实施情况的基础上，国务院制定了《医疗纠纷预防和处理条例》，加强医疗服务关键环节和领域的风险防控并建立医疗风险分担机制，规定多种解决医患纠纷的途径并突出调解的作用，设立医疗损害鉴定专家库并强调医学

损害鉴定意见的重要性，加强医疗机构的职责并严厉处罚违反诊疗规范的行为。

食品安全涉及每个人的健康。《土壤污染防治法》建立农用地分类管理制度，对不同类的农用地规定不同的管理措施，明确相应的风险管控和修复要求，是一部保障和实现人民群众吃得放心的法律。

2018 年，全国人大常委会还审议了《药品管理法（修正草案)》，用最严谨的标准、最严格的监管、最严厉的处罚、最严肃的问责为药品安全开出“猛药良方”，并规定了解决“救命药”等短缺药品、低价有效药品供应的保障机制；审议了《基本医疗卫生与健康促进法（草案)》，这是卫生健康领域的基础性法律，将为人民群众享有公平可及、均衡适宜、与经济社会发展水平相匹配的基本卫生健康服务提供法律保障；审议了《疫苗管理法（草案)》，提出对疫苗生产实行严于一般药品生产的准入制度，加强疫苗安全监管，保护人民群众身体健康。此外，从减税到网购，也都让人民群众获得感满满。可以说，用完备的法治保障人民权益、增进民生福祉，是十三届全国人大开局之年的立法亮点。

（七）加强文化立法，弘扬社会主义核心价值观

英雄烈士是中华民族的脊梁，他们的事迹和精神是中华民族的共同历史记忆和社会主义核心价值观的重要体现。2018 年 3 月，党中央印发《社会主义核心价值观融入法治建设立法修法规划》，明确要求制定英雄烈士保护方面的法律。4 月 27 日，全国人大常委会贯彻党中央部署，积极回应人大代表和人民群众关切，制定了《英雄烈士保护法》，以国家立法的形式维护英雄烈士的尊严和合法权益。

二　2018年立法评价

2018 年是十三届全国人大及其常委会依法履职的第一年。全国人大及其常委会、国务院及其部委、有立法权的地方人大及其常委会，紧紧围绕党

和国家工作大局，坚持科学立法、民主立法、依法立法，在保证立法质量的前提下加大工作力度、加快立法工作步伐，着力重点领域立法，积极做好涉及改革的法律立改废释和授权、决定等工作，不断推进以宪法为核心的中国特色社会主义法律体系的发展完善。

（一）坚持党对立法工作的领导，确保立法工作正确的政治方向

本届人大和政府的履职期恰是实现“两个一百年”奋斗目标的历史交汇期，立法工作必须坚持在党中央的集中统一领导下，深刻认识新时代带来的新形势新变化，深刻认识新时代提出的新任务新要求，自觉把立法工作放在党和国家事业大局来谋划、来推进，确保立法工作正确的政治方向。2018年的立法工作紧密围绕经党中央批准的立法规划和立法计划展开，及时为党和国家的中心工作提供立法指引和法治保障。

（二）充分发挥立法引领和推动改革的作用，确保改革于法有据

改革开放是当代中国最显著的特征、最壮丽的气象。2018 年是改革开放 40 周年，改革呈现全面发力、多点突破、蹄疾步稳、纵深推进的局面。如前文所述，2018 年全国人大及其常委会、国务院的立法工作，紧紧围绕服务改革发展与推进国家治理体系和治理能力现代化的大局，在保障党和国家机构改革、深化“放管服”行政管理体制改革、深化司法体制改革以及推进税制改革、金融体制改革、农村经营体制改革、生态环境督察体制改革等方面进行了大量立法。仅从数量上看，2018 年中央立法中有关改革的立法占比在 80% 以上，其中最为突出的是关于党和国家机构改革的立法，包括制定《宪法修正案》《监察法》《人民陪审员法》《消防救援衔条例》，修改《人民法院组织法》《人民检察院组织法》《村民委员会组织法》《城市居民委员会组织法》以及《刑事诉讼法》《公务员法》等法律，全国人大常委会还分四个批次对涉及机构改革的 28 部法律进行了打包修改，国务院对机构改革涉及的行政法规也进行了集中清理，打包修改 10 部相关行政法规。

（三）加快立法工作步伐，不断完善中国特色社会主义法律体系

在保证立法质量的前提下加大工作力度、加快立法工作步伐，是本届人大及其常委会对立法工作的一项重要要求。2018 年是本届全国人大及其常委会的开局之年，立法工作紧锣密鼓，立法成效初显。与 2017 年的立法数量相比，2018 年全国人大及其常委会制定宪法修正案 1 部、法律 9 部，比 2017 年增长 42.9%；修改（订）法律 47 部，比 2017 年增长 46.9%。这些立法中，既包括修改宪法的重大立法，也有填补立法空白的《土壤污染防治法》，更有聚焦改革的大量立法；这些立法，既生动体现了全国人大及其常委会在立法工作中的主导作用，更推进了以宪法为核心、与推进国家治理体系和治理能力现代化相适应的中国特色社会主义法律体系的不断发展完善。

（四）坚持立足实际，与时俱进、衔接有序地推进立法

坚持从中国实际出发，是中国特色社会主义法治必须坚持的原则。立法作为法治的基础环节，也应当立足实际，以问题为导向，与时俱进，精准立法。2018 年，全国人大通过了第五次宪法修正案，在中国特色社会主义伟大实践中，紧跟时代步伐，与时俱进地发展完善宪法，为开创新时代党和国家事业发展新局面提供有力的宪法保障；全国人大常委会平移上升两部税法条例，修改《个人所得税法》，按部就班推进税收法定原则。此外，民法典编撰、生态环境立法、互联网立法等立法工作，都按照立法规划和立法计划，衔接有序地推进。

（五）加强备案审查工作，维护国家法制统一

备案审查制度是保障宪法法律实施、维护国家法制统一的宪法性制度。2018 年，制定机关共向全国人大常委会报送备案行政法规、地方性法规、司法解释 1238 件，其中行政法规 40 件，省级地方性法规 640 件，设区的市地方性法规 483 件，自治条例和单行条例 33 件，经济特区法规 24 件，司法

解释18件。法制工作委员会共收到公民、组织涉及规范性文件的各类来信来函4578件，可以明确为审查建议的有1229件，其中属于全国人大常委会备案审查范围的有112件，占9.1%。112件审查建议中，建议对行政法规进行审查的5件，占4.5%；建议对地方性法规进行审查的63件，占56.3%；建议对司法解释进行审查的44件，占39.3%。没有收到有关国家机关提出的审查要求。共对22件审查建议书面反馈了研究情况和处理结果。2018年各地积极开展生态环保法规清理和制定工作，共清理发现存在与上位法规定不一致等问题需要研究处理的法规1029件，目前已总共修改514件、废止83件，还有432件已列入立法工作计划，拟抓紧修改或者废止①。这些数据表明，2018年全国人大常委会落实“有件必备”“有备必审”“有错必纠”工作方针，大力推进了备案审查工作，并通过备案审查工作，积极推动解决社会关注的现实问题，有效发挥了备案审查维护社会主义法治统一和权威的重要制度功能。

三 2019年立法展望

（一）继续推进合宪性审查工作，维护宪法权威

2018年3月通过的《宪法修正案》作出了关于设立宪法和法律委员会的规定。为推进此条宪法规定的实施，2018年6月22日，全国人大常委会审议通过《关于全国人民代表大会宪法和法律委员会职责问题的决定》，明确由宪法和法律委员会承担有关法律规定的原法律委员会的职责，同时赋予宪法和法律委员会宪法方面的工作职责，为推进合宪性审查工作提供基本依据。宪法和法律委员会机构的设立、职权的明确，为2019年合宪性审查工作的推进奠定了基础。全国人大常委会法制工作委员会《关于2018年备案

① 数据来源于《全国人民代表大会常务委员会法制工作委员会关于2018年备案审查工作情况的报告》，2018年12月24日，中国人大网。

审查工作情况的报告》指出："通过调研论证，各有关方面对废止收容教育制度已经形成共识，启动废止工作的时机已经成熟。"2019 年，收容教育制度涉及的全国人大常委会《关于严禁卖淫嫖娼的决定》和国务院《卖淫嫖娼人员收容教育办法》应予审查废止，并应由此确立合宪性合法性审查的相关程序和标准。

（二）完善国家机构组织立法，在法治轨道上有序推进机构改革

党的十九大和十九届三中全会对深化党和国家机构改革作出全面部署。推进机构改革离不开法治规范和保障。如前文所述，2018 年已经围绕机构改革开展了大量的立法修法工作，2019 年随着机构改革从中央到地方、从省区到市县的全面推进，完善国家机构组织立法，保障机构改革依法进行依然是立法的重中之重，具体包括：一要根据机构改革进程，按照成熟一批、修改一批的思路，及时做好全国人大及其常委会组织法、地方组织法以及涉及国家机构名称和职权的大量相关法律法规的修改完善工作；二要针对一些基层探索党政合并合署改革，明显违反组织法规定、于法无据、存在合法性问题的现象，统筹做好与改革相关的法律法规的立改废工作；三要把握立法规律，统筹运用好制定新法、全面修法、作出决定、打包修改、废止旧法等方式，注重法律之间、条文之间的协调衔接，做到改革和立法相统一、相促进。

（三）继续加强重点领域立法，法律体系不断完善

2019 年重点领域立法首推民法典分编立法、国家机构组织法立法、税收立法，此外与改革发展相适应，经济转型、社会与民生建设、文化发展、生态环境保护等领域立法的统筹推进依然是立法工作的重心。

按照计划，民法典草案将于 2020 年 3 月提请十三届全国人大三次会议审议，要实现到 2020 年制定出一部体例科学、结构严谨、规范合理、内容协调一致的中国特色社会主义民法典，2019 年是最关键的一年。

科学的财税体制是优化资源配置、维护市场统一、促进社会公平、实现

国家富强的制度保障。按照《贯彻落实税收法定原则的实施意见》的安排，到2020年要完成相关税收立法工作。由此，2019年将进一步着力推进资源税法立法，完善和细化个人所得税专项附加扣除规定，抓紧研究房地产税法立法等工作，着力于深化税收制度改革，落实税收法定原则，调节财富分配、抑制市场投机。

2019年的立法还将继续加强生态环境领域、安全领域、民生领域的立法，为人民日益增长的美好生活需要提供法治保障；继续加强文化立法，推进社会主义核心价值观入法入规；继续统筹推进经济、政治、社会、文化、生态立法，促进法律体系不断完善。

（四）坚持以人为本，探索研究新兴科技领域的立法

互联网技术是一场新的科技革命和社会革命，会带来一些新的问题，亟须从立法的角度予以研究和回应。本届人大已将个人信息保护、数据安全与管理、知识产权保护、网络平台治理等领域的顶层立法纳入五年立法计划。具体来说，在网络安全方面，《网络安全法》已经审议通过，需要进一步在此基础上出台关键信息基础设施保护、网络安全审查等配套立法；在个人信息保护方面，要尽快出台个人信息保护法，统一个人信息保护的总体规则；在数据管理方面，应当出台数据安全和数据管理的专门法律或者行政法规，对数据生产、收集、使用、转移等基本性问题，给出明确的规制；在知识产权保护方面，要尽快修订《专利法》《著作权法》等法律法规，以适应“互联网+”形势下知识产权保护的需要。此外，电信法、人工智能以及科技伦理等方面的立法也应在条件成熟时予以推进。

B.3

2018年中国人权法治发展：建设人类命运共同体

戴瑞君*

摘　要： 2018年是脱贫攻坚战三年行动的第一年，“消除贫困、共同发展”成为2018年人权法治发展的主题。中国的减贫政策和实践蕴含着丰富的人权理念：减贫目标以实现权利为导向；减贫政策注重发挥贫困人口的主体性；通过教育、提供社会保障、发动社会力量，建立消除贫困的保障体系。消除贫困意味着普惠、包容发展。为此，中国政府继续推进对残疾人、妇女、儿童等处境不利群体的人身权、财产权、受教育权、就业权、健康权、社会保障权、获得司法救济权等各项权利保障，促进人人共享发展成果。中国在保障本国人民生存权与发展权的同时，秉持人类命运共同体理念，继续为促进世界各国共同发展贡献智慧和力量。

关键词： 人权　消除贫困　包容发展　命运共同体

2015年11月29日，《中共中央　国务院关于打赢脱贫攻坚战的决定》指出，“确保到2020年农村贫困人口实现脱贫，是全面建成小康社会最艰巨的任务”。2018年6月15日，《中共中央　国务院关于打赢脱贫攻坚战三年

* 戴瑞君，中国社会科学院国际法研究所副研究员。

行动的指导意见》发布，以推动脱贫攻坚工作更加有效开展。2018 年是三年攻坚的第一年，本年度人权法治的发展围绕建设“消除贫困、共同发展的人类命运共同体”这一主题展开。

一　消除贫困

免于贫困作为一项基本人权已得到国际公约的确认，受到国际社会的肯定。《世界人权宣言》通过规定人人享有社会保障权、适当生活水准权、工作权、受教育权等具体权利，以确保实现人人免于贫困；《经济、社会和文化权利国际公约》规定，公约的缔约国有义务确保人人免于饥饿的基本权利和免于匮乏的权利。“消除贫困”是联合国 2030 年可持续发展目标的首要目标，消除一切形式和维度的贫穷是实现可持续发展的必然要求。贫困的广泛存在严重妨碍人权的充分实现和享有。减缓和消除贫困，是人权保障的重要内容。中国政府在减贫、脱贫方面的探索和实践，不仅是履行人权保障义务的内在要求，也是对全球可持续发展的积极推动和有效贡献。

2018 年 2 月 1 日，国家统计局发布数据，根据对全国 31 个省份 16 万户居民家庭的抽样调查，按现行国家农村贫困标准测算，2017 年末，全国农村贫困人口 3046 万人，比上年末减少 1289 万人；贫困发生率 3.1%，比上年末下降 1.4 个百分点[①]。精准扶贫、精准脱贫的政策措施初见成效，但因病、因残致贫比例居高，2020 年全面进入小康社会的任务依然十分艰巨。为此，2018 年，中国政府全方位采取措施，致力于消除贫困，早日实现全体人民免于贫困的权利。中国的扶贫脱贫举措蕴含着丰富的人权理念。

（一）确立以人权保障为导向的减贫目标，减贫与人权保障同步推进

《中共中央　国务院关于打赢脱贫攻坚战三年行动的指导意见》提出，

---

① 陈炜伟：《2017 年末全国农村贫困人口减至 3046 万人》，《人民日报》（海外版）2018 年 2 月 2 日。

未来三年脱贫攻坚的总体任务目标是实现贫困地区基本公共服务主要领域的指标接近全国平均水平，确保实现贫困地区人口享有住房、安全饮用水、适宜的人居环境等适当生活水平权；保障贫困地区儿童充分享有和实现受教育权；全面提供基本养老保险、基本医疗保险、大病保险等社会保障福利。全面促进“贫困人口生存权、发展权、受教育权、健康权、社会保障权、政治参与权等各项基本权利的综合保障，形成减贫与保障人权协同推进的良性局面”①。

（二）坚持权利导向，突出贫困人口主体性

群众动力是脱贫攻坚的基础。保障贫困者参与权，发挥贫困者的主体性，是精准扶贫、精准脱贫的前提。《中共中央　国务院关于打赢脱贫攻坚战的决定》将“坚持群众主体，激发内生动力”作为脱贫攻坚的一项基本原则，指出要“处理好国家、社会帮扶和自身努力的关系，发扬自力更生、艰苦奋斗、勤劳致富精神，充分调动贫困地区干部群众的积极性和创造性，注重扶贫先扶智，增强贫困人口自我发展能力”。《中共中央　国务院关于打赢脱贫攻坚战三年行动的指导意见》在指导思想部分再次强调，要“着力激发贫困人口的内生动力”；在工作要求中进一步明确“坚持扶贫同扶志扶智相结合。正确处理外部帮扶和贫困群众自身努力的关系，强化脱贫光荣导向，更加注重培养贫困群众依靠自力更生实现脱贫致富的意识，更加注重提高贫困地区和贫困人口自我发展能力”。

只有充分激发和调动贫困者的主体性、主动性和创造性，树立贫困者的自尊心和自信心，才能避免“等、靠、要”的惰性思想，避免陷入越扶越贫的恶性循环，才能巩固脱贫成果，实现可持续发展。

（三）综合施策，完善消除贫困的保障体系

《中共中央　国务院关于打赢脱贫攻坚战三年行动的指导意见》提出，

① 向巴平措：《在2018·北京人权论坛开幕式上的致辞》，中国人权网，www.humanrights.cn，最近访问日期：2018年9月30日。

通过发展生产脱贫一批，易地搬迁脱贫一批，生态补偿脱贫一批，发展教育脱贫一批，社会保障兜底脱贫一批，因地制宜综合施策。为此，各部门相继出台政策、相互配合，建立脱贫攻坚保障体系。在充分发挥政府作用、强化政府责任的同时，调动全社会的扶贫积极性，引导市场、社会协同发力，构建专项扶贫、行业扶贫、社会扶贫互为补充的大扶贫格局。

1. 保障贫困人口受教育权，提高自身脱贫能力

2018 年 1 月 15 日，教育部、国务院扶贫开发领导小组办公室印发《深度贫困地区教育脱贫攻坚实施方案（2018～2020 年）》，聚焦深度贫困地区教育扶贫，保障义务教育、发展学前教育、普及高中教育、加快发展职业教育，促使更多贫困学生接受更好更高层次的教育，都有机会通过职业教育、高等教育或职业培训实现家庭脱贫，教育服务区域经济社会发展和脱贫攻坚的能力显著增强。作为这一实施方案的配套措施，2018 年 2 月 11 日，教育部等五部门印发《教师教育振兴行动计划（2018～2022 年）》，把提高乡村教师素质作为一项主要行动，指出各地应以集中连片特困地区县和国家级贫困县为重点，为乡村小学培养补充全科教师，为乡村初中培养补充“一专多能”教师。此外，通过依法保障和提高教师的地位待遇，改进完善教育部直属师范大学师范生免费教育政策，履约任教服务期调整为 6 年等措施，为教育扶贫提供师资保障。

2. 完善社会保障体系，强化保障扶贫功能

因残致贫是减贫工作的攻坚重点。2018 年 1 月 7 日，中国残疾人联合会、国务院扶贫开发领导小组办公室、教育部、民政部、人力资源和社会保障部、原国家卫生和计划生育委员会等 6 部门印发《着力解决因残致贫家庭突出困难的实施方案》。该方案进一步强化了对贫困残疾人的兜底保障措施，要确保符合条件的建档立卡贫困残疾人全部纳入农村低保范围，加大对建档立卡贫困家庭重度残疾人的医疗救助；提出为 16 岁以上有长期照料护理需求的重度残疾人提供照护和托养服务；明确解决贫困家庭未入学适龄残疾儿童义务教育问题，确保到 2020 年实现残疾儿童义务教育入学率 95% 的目标；让因残致贫家庭进一步享受到资产收益扶贫政策。

2018 年 5 月 28 日，“中国儿童健康扶贫计划”发布。该计划主要针对全国 14 个集中连片特困地区贫困家庭儿童，由国家儿童医学中心牵头，国家卫生健康委员会医政医管局指导，福棠儿童医学发展研究中心联合各省份儿童医院、基层医疗卫生机构共同执行。根据该计划，将在未来两年基本实现完成上述地区建档立卡贫困家庭患病儿童的救治目标。

2018 年 6 月 26 日，人力资源和社会保障部、财政部联合印发《关于使用失业保险基金支持脱贫攻坚的通知》，决定从 2019 年 1 月 1 日起，将深度贫困地区失业保险金标准上调至最低工资标准的 90%；将深度贫困地区企业稳岗补贴标准由 50% 提高到 60%；将深度贫困地区参保职工技能提升补贴申领条件由累计参保缴费满 3 年放宽到满 1 年。

3. 动员社会力量，为消除贫困协同发力

2018 年 5 月 26 日，“为了母亲的微笑——幸福工程精准扶贫健康扶贫二十三载迹录展”在北京正式启动。这是中国首个以贫困母亲为救助对象的公益项目。截至 2018 年底，幸福工程已在 29 个省份的 825 个县落地开花，累计投入资金 16.6 亿元，救助贫困母亲 33.2 万人，惠及人口 142.7 万人，脱贫率 85% 以上，还款率 90% 以上。这项工程得到民政部、国务院扶贫开发领导小组的肯定和推广。

8 月 26 日，中国残联针对贫困残疾人这一特殊贫困群体，采取“十项举措”，持续开展贫困残疾人脱贫行动：一是强化贫困残疾人低保救助并保持脱贫后不脱保；二是落实政府补贴，帮助贫困残疾人都能享有农村医保和养老保险；三是确保贫困残疾人都能享有“两项补贴”政策并扩大政策覆盖面；四是持续开展贫困残疾人精准康复服务；五是“一人一策”帮助农村残疾儿童少年和贫困残疾人家庭子女能上学；六是兜底解决贫困残疾人家庭基本住房安全问题；七是加快实施贫困重度残疾人集中托养、日间照料和邻里照护，解放家庭劳动力，改善贫困残疾人基本生活；八是落实贫困残疾人家庭优先享有资产收益分配，稳定并巩固贫困残疾人家庭脱贫成效；九是加大贫困残疾人家庭无障碍改造力度；十是组织开展贫困残疾人脱贫东西扶贫协作。

（四）促进国际交流，向全球减贫贡献中国智慧和力量

“消除贫困是各国人民追求幸福生活的基本权利，中国作为世界上最大的发展中国家，一直是世界减贫事业的积极倡导者和有力推动者。”① 中国坚持将中国人民利益同各国人民的共同利益结合起来，在南南合作框架下向其他发展中国家提供力所能及的援助，支持和帮助发展中国家特别是不发达国家减少贫困、改善民生。2018 年，中国继续通过对外援助、项目合作、技术扩散、智库交流等多种形式，加强与发展中国家和国际机构在减贫领域的交流合作，一方面积极借鉴国际先进减贫理念与经验为我所用，另一方面履行减贫国际责任，积极落实联合国 2030 年可持续发展议程，对全球减贫事业贡献中国智慧和力量②。

2018 年 9 月初举办的中非合作论坛北京峰会通过了《中非合作论坛—北京行动计划（2019～2021 年）》，将“减贫经验交流”作为社会发展合作的一项制度化内容。为此，中国将继续举办“中非减贫与发展会议”“中非青年减贫与发展交流项目”等活动，不断加强减贫经验交流和共享。广泛动员中非企业、社会组织、研究机构等各方力量共同参与中非减贫合作，逐步建立政府间、社会间的多层次减贫对话机制。此外，中国还将继续举办减贫政策和实践研修班、提供减贫与发展专业学位教育项目，帮助非洲国家培养专业人才；合作开发减贫知识产品，派驻专家和志愿者提供技术支持。9 月 28 日，中非合作论坛北京峰会的成果文件《中非合作论坛——北京行动计划（2019～2021 年）》和《关于构建更加紧密的中非命运共同体的北京宣言》作为联合国大会正式文件散发，增进了世界各国对中国与非洲合作的理解与支持。

2018 年 9 月 18～19 日，北京人权论坛在京举行。与会代表围绕“消除贫困与生存权发展权的实现，中国的扶贫理念、成就、经验的人权意义，减

① 《“2018 · 北京人权论坛”举行，黄坤明出席并致辞》，新华网，2018 年 9 月 18 日。
② 参见《中共中央　国务院关于打赢脱贫攻坚战的决定》第七部分第 28 段。

贫的国际合作与人权保障，构建人类命运共同体与人权保障”等议题展开讨论，为中国和全球的减贫脱贫建言献策。会议强调，交流合作对全球减贫意义重大，有必要建立以合作共赢为核心的新型国际减贫交流合作关系。代表们纷纷肯定中国在减贫和参与国际人权治理方面的积极贡献，并表示愿在消除贫困领域继续保持和深化合作。

二　包容发展

消除贫困的核心要素不仅在于经济增长，更包括社会包容。包容发展要求消除歧视，减少不平等，人人共享发展成果，确保没有一个掉队。2018年，中国继续坚持开放、包容、普惠、公正的人权价值观，继续推进对残疾人、妇女、儿童等处境不利群体各项权利的尊重和保障，促进社会公平、包容发展。

（一）全方位保障残疾人权利

1. 进一步完善无障碍设施，保障残疾人出行

2018年1月11日，交通运输部会同住房和城乡建设部、中国残疾人联合会、全国老龄工作委员会办公室等7部门联合印发《关于进一步加强和改善老年人残疾人出行服务的实施意见》，明确到2035年推进交通运输无障碍出行服务建设的行动纲领，其中包括到2020年中国的铁路、公路、水路客运站、民航机场、城市轨道交通车站将实现老年人、残疾人无障碍设施全覆盖，基本形成交通运输无障碍出行服务体系，为残疾人融入社区生活创造条件。

2. 出台手语、盲文规范，保障残疾人表达权和受教育权

2018年7月1日，由国家语言文字工作委员会规范标准审定委员会审定的《国家通用手语常用词表》和《国家通用盲文方案》，经中国残疾人联合会、教育部、国家语言文字工作委员会同意，作为语言文字规范发布实施。《国家通用手语常用词表》和《国家通用盲文方案》的发布，“是国家

通用语言的丰富和补充，是对听力残疾人和视力残疾人使用手语和盲文的语言权利的保障；为他们平等充分参与社会生活，共享全面建成小康社会的发展成果提供便利，促进残疾人文化、教育事业的繁荣与发展”①。

此外，融合教育成为实现残疾人受教育权的发展方向。从 2017 年开始，中国残联在全国选择了六所高校开展残疾学生高等融合教育试点，希望通过两年的实验为高校开展残疾学生教育提供经验，为未来国家制定相关政策提供依据。据中国残联教育就业部副主任介绍，从 2015 年到 2017 年，中国共有 2.89 万名残疾学生通过全国高考被普通高校录取，其中 2015 年 8508 人，2016 年 9592 人，2017 年 10818 人②。

3. 注重康复救助，保障残疾人健康权

2018 年 7 月 10 日，国务院发布《关于建立残疾儿童康复救助制度的意见》，决定从 2018 年 10 月 1 日起全面实施残疾儿童康复救助制度。届时将对符合条件的 0 ~6 岁视力、听力、言语、肢体、智力等残疾儿童和孤独症儿童，包括经济困难家庭、儿童福利机构收留抚养的残疾儿童和残疾孤儿，提供手术、辅助器具配置和康复训练等救助。县级以上地方政府将残疾儿童康复救助资金纳入政府预算，中央财政对各地给予适当补助。到 2020 年，建立与全面建成小康社会目标相适应的残疾儿童康复救助制度体系，基本实现残疾儿童应救尽救；到 2025 年，残疾儿童康复救助制度体系更加健全完善，残疾儿童普遍享有基本康复服务，健康成长、全面发展权益得到有效保障。目前，全国已有 9 个省份建立了不同形式的残疾儿童康复救助制度。

在 8 月 25 日全国残疾预防日，中国残疾人联合会等 16 部门联合下发通知，决定以“残疾预防，从我做起”为主题开展宣传教育活动，让社会公众加强对残疾预防和康复知识的学习了解，掌握更多预防遗传和发育障碍、

---

① 教育部：《中国残联、教育部、国家语委联合发布〈国家通用手语常用词表〉〈国家通用盲文方案〉》，2018 年 5 月 21 日，http：//www. moe. gov. cn/jyb_ xwfb/gzdt_ gzdt/s5987/201805/t20180521_ 336625. html.

② 王琦：《我国有更多残疾学生进入普通高校接受高等教育》，新华社，2018 年 9 月 7 日。

疾病、伤害等致残的科学知识与方法，加强对残疾早期干预、治疗的认识，同时推进残疾康复工作更加专业化、规范化。

4. 提供便利和优惠，保障残疾人就业权

2018 年 1 月 12 日，中国残疾人联合会、国家发展和改革委员会等 15 家单位印发《关于扶持残疾人自主就业创业的意见》，从为残疾人自主就业创业提供合理便利和优先照顾、落实税收优惠和收费减免、提供金融扶持和资金补贴、支持重点对象和“互联网 +”创业、提供支持保障和就业服务等多个方面，明确了 20 余项促进残疾人自主就业创业、脱贫解困的扶持政策。

2018 年 4 月 23 日，教育部、国家发展和改革委员会、财政部、中国残疾人联合会联合印发《关于加快发展残疾人职业教育的若干意见》，要求以中等职业教育为重点不断扩大残疾人接受职业教育的机会，改进残疾人职业教育的办学条件，提高残疾人职业教育质量，加强残疾人就业指导和援助，鼓励用人单位雇用残疾人从事适当工作，不得歧视残疾人。

5. 保障残疾人获得司法保护的权利

为切实保障残疾人合法权益，方便残疾人参加诉讼活动，最高人民法院、中国残疾人联合会于 2018 年 8 月 2 日联合发布《最高人民法院 中国残疾人联合会关于在审判执行工作中切实维护残疾人合法权益的意见》，“旨在通过完善制度举措，充分发挥国家司法救助、法律援助、法律服务作用，切实保障残疾人平等、无障碍地充分参与诉讼活动，获得司法保护”①。

（二）优先保障儿童权利

1. 关爱留守儿童，促进儿童优先发展

2018 年 1 月 30 日，民政部下发《关于开展全国农村留守儿童关爱保护

① 孙航：《最高人民法院和中国残疾人联合会联合发布意见　切实保障残疾人平等充分参与诉讼》，《人民法院报》2018 年 8 月 3 日。

和困境儿童保障示范活动的通知》，要求“始终把儿童发展放在优先位置，以促进儿童全面发展为根本，以依法保护农村留守儿童和困境儿童合法权益为目标”，“着力打造一批领导重视、制度健全、机制有效、措施有力、服务规范的农村留守儿童关爱保护和困境儿童保障示范地区，为健全完善中国特色的儿童福利和保护制度积累经验、提供示范”。

8月，国务院同意建立涵盖26个部门的农村留守儿童关爱保护和困境儿童保障工作部际联席会议制度，加强对农村留守儿童关爱保护和困境儿童保障工作的组织领导和统筹协调，强化部门协作配合，为促进农村留守儿童和困境儿童的权利提供制度性保障。

8月31日，民政部发布数据显示，目前全国共有农村留守儿童697万余人，与2016年全国摸排数据902万余人相比，下降22.7%。与2016年全国摸底排查数据相比，全国农村留守儿童减少约205万人。但与此同时，义务教育阶段农村留守儿童比例从2016年的65.3%上升至2018年的78.2%[①]，对加强农村义务教育、确保义务教育均衡发展提出新的要求。

2. 加快乡村学校发展，保障儿童受教育权全面均衡发展

2018年5月2日，国务院办公厅印发的《关于全面加强乡村小规模学校和乡镇寄宿制学校建设的指导意见》指出，乡村小规模学校和乡镇寄宿制学校两类学校发展滞后，仍是教育的短板，迫切需要进一步加强。为此，该意见要求各省级政府、各部委及直属机构从布局规划、办学条件、师资建设、经费保障、办学水平等方面多管齐下，争取到2020年实现两类学校布局更加合理，办学条件达到所在省份基本办学标准，经费投入和使用制度更加健全，城乡师资配置基本均衡，乡村教育质量明显提升，基本实现县域内城乡义务教育一体化发展，为乡村学生提供公平而有质量的教育[②]。

8月28日，教育部部长受国务院委托，向全国人大常委会报告推动城

① 罗争光、胡梦雪：《全国现有农村留守儿童697万余人，两年间下降22.7%》，新华社，2018年8月31日。

② 《国务院办公厅关于全面加强向村小规模学校和乡镇寄宿制学校建设的指导意见》（国办发〔2018〕27号），2018年4月25日，第一部分第3段。

乡义务教育一体化发展、提高农村义务教育水平工作情况。报告提出，将“继续开展国家义务教育基本均衡督导评估认定，2018 年底努力实现全国 85% 的县（区）达到基本均衡，到 2020 年，比例达到 95%”①。

为监测全国义务教育实施的总体状况，2018 年 7 月 24 日，教育部基础教育质量监测中心首次发布《中国义务教育质量监测报告》。该报告呈现了中国义务教育阶段学生德、智、体、美和学校教育教学等状况，并对如何进一步提升义务教育质量提出建议②。

3. 开展未成年人司法救助，保护儿童健康成长

2018 年 3 月 6 日，最高人民检察院印发《全面加强未成年人国家司法救助工作意见》，对八类因本人或其抚养人遭受不法侵害等陷入困境的未成年人提供国家司法救助，根据未成年人身心特点和未来发展需要，给予特殊、优先和全面保护，促进未成年人健康成长。该意见特别强调，要尊重未成年人的人格尊严、名誉权和隐私权等合法权利，避免造成“二次伤害”③。

此外，司法部门依法惩治侵害未成年人的犯罪，加强对未成年人的司法保护。据最高人民检察院未成年人检察工作办公室提供的数据，2017 年 1 月至 2018 年 4 月，全国检察机关共依法批准逮捕侵害未成年人犯罪 4.42 万人，起诉 6.03 万人；依法批准逮捕发生在幼儿园的侵害儿童犯罪 181 人，起诉 231 人；批准逮捕发生在中小学校园的侵犯未成年人犯罪 3081 人、起诉 3923 人，对学校、社会培训机构等工作人员实施侵害未成年人犯罪的，依法提出禁止从事密切接触未成年人职业的量刑建议 102 人④。

---

① 陈宝生：《国务院关于推动城乡义务教育一体化发展　提高农村义务教育水平工作情况的报告》，中国人大网，2018 年 8 月 28 日。

② 《我国首份〈中国义务教育质量检测报告〉发布》，教育部网站，最后访问时间：2018 年 7 月 25 日。

③ 《最高检印发全面加强未成年人国家司法救助工作意见》，最高人民检察院网站，最后访问时间：2018 年 3 月 6 日。

④ 于潇：《最高检：去年 1 月至今年 4 月批捕侵害未成年人犯罪 4.42 万人》，正义网，2018 年 5 月 29 日。

4. 处置校园欺凌，建设安全校园

2017 年 11 月 22 日，教育部等 11 部门印发《加强中小学生欺凌综合治理方案》，旨在建立健全防治中小学生欺凌综合治理长效机制，有效预防中小学生欺凌行为发生。该治理方案对校园欺凌作出了明确界定，确立了处置校园欺凌应坚持教育为先、预防为主、保护为要、法治为基的基本原则，明确了学校在处置学生欺凌事件中的具体职责，建立教育行政部门牵头，司法机关、群团组织及其他有关部门共同参与的防治学生欺凌工作协调机制，依法依规及时恰当处置学生欺凌事件，确保把中小学生欺凌防治工作落到实处，把校园建设成最安全、最阳光的地方。

5. 制定行动计划，保障儿童健康权

为进一步保障母婴安全和儿童健康，国家卫生健康委员会于 2018 年 5 月 6 日发布了《母婴安全行动计划（2018～2020 年）》和《健康儿童行动计划（2018～2020 年）》。《母婴安全行动计划（2018～2020 年）》拟通过开展妊娠风险防范、危急重症救治、质量安全提升、专科能力建设、便民优质服务等行动，保障孕产妇和婴儿安全，降低孕产妇和婴儿死亡率。《健康儿童行动计划（2018～2020 年）》确立了儿童健康的具体目标，计划通过儿童健康促进、新生儿安全、出生缺陷综合防治、儿童早期发展、儿童营养改善、儿童重点疾病防治、儿童医疗卫生服务改善、儿童健康科技创新等行动促进儿童体格、生理、心理、社会适应能力的全面发展。

6. 规范从业机构行为，保障儿童福利

为加强儿童福利管理、维护儿童合法权益，2018 年 10 月 25 日，民政部部务会议通过《儿童福利机构管理办法》，自 2019 年 1 月 1 日起施行。该管理办法要求，儿童福利机构应当坚持儿童利益最大化原则，依法保障儿童的生存权、发展权、受保护权和受教育权等权利，不断提高儿童生活、医疗、康复和教育水平。儿童福利机构及其工作人员不得歧视、侮辱、虐待儿童①。

① 《儿童福利机构管理办法》第 4 条。

（三）依法保障妇女权利

1. 惩治性骚扰，保障妇女人身权利

性骚扰是一种针对妇女的暴力，是严重侵犯妇女人权和基本自由的行为。早在2005年，修订后的《妇女权益保障法》就明确了性骚扰行为的违法性。《妇女权益保障法》在妇女的“人身权利”一章明确，“禁止对妇女实施性骚扰”；并在“法律责任”部分规定，违反本法规定，对妇女实施性骚扰，“构成违反治安管理行为的，受害人可以提请公安机关对违法行为人依法给予行政处罚。受害人也可以依法向人民法院提起民事诉讼”。2018年9月5日公开征求意见的《民法典各分编草案（征求意见稿）》在人格权编“生命权、身体权和健康权”一章中，也对性骚扰问题作出规定：“违背他人意愿，以言语、行动或者利用从属关系等方式对他人实施性骚扰的，受害人可以依法请求行为人承担民事责任。用人单位应当在工作场所采取合理的预防、投诉、处置等措施，预防和制止性骚扰行为。”该草案有意进一步明确性骚扰行为的内涵，并进一步明确相应的法律责任，可以说是将依法预防和惩治性骚扰行为又向前推进了一步。

实践中，对调查属实的性骚扰事件，有关部门和单位也作出了较为积极的回应。然而，截至目前，尚未有一起高校性骚扰案件进入司法程序。法律保障妇女免遭性骚扰侵害的机制还需进一步完善和激活。

2. 推进农村妇女土地权益法制化，保障妇女财产权利

农村妇女的土地权益保护问题近年来持续受到关注。2016年，原国土资源部颁发《关于进一步加快宅基地和集体建设用地确权登记发证有关问题的通知》，其中规定：“农村妇女作为家庭成员，其宅基地权益应记载到不动产登记簿及权属证书上，农村妇女因婚嫁离开原农民集体，取得新家庭宅基地使用权的，应当依法予以确认登记，同时注销其原宅基地使用权。”①

---

① 《国土资源部关于进一步加快宅基地和集体建设用地确权登记发证有关问题的通知》（国土资发〔2016〕191号）第八部分。

2018 年 12 月 29 日，十三届全国人大常委会第七次会议审议通过《关于修改〈中华人民共和国农村土地承包法〉的决定》，在总结地方土地承包经营权确权登记试点工作经验的基础上，规定土地承包经营权证或者林业证等证书应当将具有土地承包权的全部家庭成员列入；进一步明确了妇女应该享有的土地承包权益。

2018 年 8 月 27 日提交全国人大审议的《民法典各分编草案（征求意见稿)》中并没有包含相关规定。因此，代表委员建议民法典分编的相关章节应当为包括妇女在内的家庭成员主张合法权益提供法律保障。一方面，在土地承包经营权书证书、宅基地确权证书中将全部家庭成员列入；另一方面，增加规定“具有集体经济组织成员资格的家庭成员平等享有家庭共有财产，但另有约定的除外”，实现农村妇女“证上有名、名下有权”，为维护妇女土地权益提供法律保障①。

三　构建人类命运共同体

（一）倡导人类命运共同体理念，推动建立公正包容的全球人权治理体系

“消除贫困，保障人权，实现共同发展，是人类命运共同体的应有之义”，也是《联合国宪章》和《世界人权宣言》所描绘的美好愿景②。

2018 年 2 月 28 日，中国常驻联合国日内瓦办事处和瑞士其他国际组织代表在联合国人权理事会第 37 届会议上发言，呼吁各方携手同心，共同推动构建人类命运共同体，推动建立公平、公正、开放、包容的全球人权治理体系。3 月 23 日，人权理事会通过了中国提出的“在人权领域促进合作共

① 参见朱宁宁《民法典分编应体现农村土地权益男女平等，实现农村妇女“证上有名、名下有权”》，《法制日报》2018 年 9 月 18 日。

② 向巴平措：《在 2018 · 北京人权论坛开幕式上的致辞》，中国人权网，www. humanrights. cn，最近访问日期：2018 年 9 月 30 日。

赢”的决议。决议采纳了“两个构建”的中国主张，即构建相互尊重、公平正义、合作共赢的新型国际关系，构建人类命运共同体。“两个构建不仅助推提升发展中国家在国际人权领域的话语权和议程设置能力，而且打通了人类命运共同体与国际人权的价值目标追求。”①

联合国经济、社会、文化权利委员会委员陈士球表示，中国“构建人类命运共同体”的理念已经进入国际人权理论体系；中国倡导的“发展促进人权”“健康促进人权”“对话促进人权”“和平促进人权”“合作促进人权”等主张写入了联合国人权理事会的决议；中国人权发展道路和成功实践的国际感召力日益增强，并开始发挥引导全球人权治理的作用②。

在2018年北京人权论坛上，与会外国代表也认为，中国在国际人权关系中的角色越来越重要，并在近几年开始在联合国的人权合作中发挥主导作用。2017年12月在中国召开的南南人权论坛就是一个成功的范例。它使发展中国家凝聚起来，共同推动国际人权事业的发展。当今的世界需要中国这样在人权保障方面取得巨大成就的国家参与国际人权治理，这对全球人权事业将会起到巨大的推动作用③。

（二）履行国际义务，促进各国共同发展，构建命运共同体

《经济、社会和文化权利国际公约》规定了国家通过国际援助与合作，特别是经济和技术方面的援助与合作，逐步实现经济、社会、文化权利，促进共同发展的义务。中国作为最大的发展中国家，长期以来，在保障本国人民生存权与发展权的同时，尽己所能，为其他发展中国家的发展提供力所能及的援助和支持，凸显中国负责任大国的担当。

中非合作论坛是中国履行援助与合作国际义务、促进世界各国人民经济

---

① 龚亮、龙军：《不断提升中国人权话语体系的国际影响力——专家研讨新时代中国人权话语体系的构建》，《光明日报》2018年4月13日，第4版。

② 姚亚奇、夏静：《“改革开放与中国人权事业的发展进步”研讨会：40年来中国实现人权事业发展历史性进步》，《光明日报》2018年7月19日，第3版。

③ 石冬冬：《汤姆·兹瓦特：中国的减贫成就是对全球人权事业的最大贡献》，中国人权网，2018年9月19日。

社会权利共同发展的集中体现，成为发展援助的典范之作。

2018 年 9 月 3 ~ 4 日，中非合作论坛北京峰会举行。中国与 53 个非洲国家的国家元首、政府首脑、代表团团长协商一致，通过了《关于构建更加紧密的中非命运共同体的北京宣言》。宣言重申“人类命运共同体”和“中非命运共同体”理念，共同倡议世界各国同心协力，构建人类命运共同体，建设持久和平、普遍安全、共同繁荣、开放包容、清洁美丽的世界，建设相互尊重、公平正义、合作共赢的新型国际关系，维护和促进世界和平与发展。与会各方一致承诺，加强集体对话，增进传统友谊，深化务实合作，携手打造更加紧密的中非命运共同体。

作为打造中非命运共同体的具体举措，中非论坛北京峰会通过了《中非合作论坛—北京行动计划（2019 ~ 2021 年）》。中国承诺在中非“十大合作计划”基础上，在未来三年和今后一段时间重点实施产业促进、设施联通、贸易便利、绿色发展、能力建设、健康卫生、人文交流、和平安全八大行动，支持非洲国家加快实现自主可持续发展。联合国开发计划署非洲区域局经济学家评价道，“中国对非洲承诺历来是言必信、行必果，中非合作论坛北京峰会的成功举办为非中关系发展注入了新动力”。①

结　语

2018 年，中国人权法治发展主题鲜明，重点突出，减贫、发展、共享成为人权治理的核心任务。然而，当今世界，“消除贫困、实现发展，让人人得以享有人权，依然任重道远”②。

消除贫困是一项系统的社会工程，需要协调推进经济、社会和文化权利以及公民权利和政治权利的保障与实现。展望未来，有关责任主体应善用法治思维和法治方式推进扶贫开发工作，制定完善扶贫开发法律法规；依循权

① 殷淼：《中非合作论坛北京峰会为中非伙伴关系注入新动力》，人民网，2018 年 9 月 10 日。
② 张军：《在发展进程中促进和保护人权》，《光明日报》2018 年 9 月 30 日。

利路径，全面激发贫困人口的主体意识，完善保障贫困人口权利的法律体系；进一步从人权层面总结减贫经验，反思个中教训，确定滋生贫困的结构性问题，将减贫与消除不平等联系起来，找准问题，精准施策，早日实现“人人共享发展成果、人民充分享受人权、实现人的全面发展”的美好愿景。

B.4

2018年犯罪形势分析及2019年预测

黄 芳*

摘 要： 2018年，中国的暴力恐怖犯罪呈下降趋势，总体呈现大局稳定、形势可控、趋势向好的态势；“扫黑除恶”范围广，犯罪数量多，覆盖重点地区、重点行业、重点领域，对黑社会性质组织犯罪组织者、领导者、骨干成员及其“保护伞”依法从严惩处；职务犯罪案件涉及领域众多，但增量有所下降；危害食品安全犯罪突出；电信网络诈骗犯罪治理成效明显。2019年，中国将从全面推开向纵深推进开展“扫黑除恶”、打击“保护伞”的专项斗争，对危害公共安全犯罪和恶性暴力犯罪加强预防工作，遏制破坏环境犯罪、保护食品药品安全、打击非法集资类犯罪、抑制电信网络犯罪抬头任重而道远。

关键词： 犯罪 职务犯罪 电信网络诈骗 犯罪形势

2018年，中国的犯罪态势总体上呈现以下特点。第一，经过不懈努力，中国的反恐怖斗争保持了良好态势，暴力恐怖犯罪呈下降趋势，虽然在一些地方仍有涉及恐怖犯罪的个案发生，但总体呈现大局稳定、形势可控、趋势向好的态势。到目前，中国已经构建起了较为完善的反恐怖主义

* 黄芳，中国社会科学院法学研究所研究员。

法律体系。第二，在全国范围内，中国开展了“扫黑除恶”专项斗争，把打击黑恶势力犯罪和反腐败结合起来，涉及的范围广、犯罪数量多，覆盖重点地区、重点行业、重点领域，对黑社会性质组织犯罪中的组织者、领导者、骨干分子及其“保护伞”依法从严惩处，对涉黑涉恶问题尤其是群众反映强烈的大案要案依法查办。第三，反腐败斗争继续不断深入开展，打击职务犯罪的力度有增无减，职务犯罪案件增量有所下降，中国继续加强反腐败方面的国际合作。第四，危害食品药品安全的犯罪案件仍时有发生。第五，针对电信网络诈骗犯罪，有关部门形成齐抓共管的整体格局，进行精准化、规模化、一体化打击，治理成效明显。

一　暴力恐怖犯罪呈下降趋势，预防成效显著

恐怖主义是人类文明的公敌。近年来，中国始终坚持“一手抓打击，一手抓预防”，在毫不动摇地坚持严打方针的同时，着眼于犯罪的预防，坚决把恐怖活动消灭在预谋阶段、摧毁在行动之前。2018 年以来，经过不懈努力，中国的反恐怖斗争保持了良好态势，暴力恐怖犯罪呈下降趋势。虽然仍有涉及恐怖犯罪的个案发生，但在全国范围内没有发生重大的恐怖犯罪事件。2018 年，呈现大局稳定、形势可控、趋势向好的态势[①]。

2018 年，为加强预防和打击恐怖犯罪，中国完善了相关的法律法规。5 月，最高人民检察院、最高人民法院、公安部、司法部联合下发了《关于办理恐怖活动和极端主义犯罪案件适用法律若干问题的意见》，细化了“准确认定犯罪”的内容，明确了公检法机关配合制约、互涉案件移交管辖等问题。修改后的《刑事诉讼法》第 391 条规定，对严重危害国家安全犯罪恐怖活动犯罪案件，经最高人民检察院核准的，可以适用缺席审判程序。截至目前，中国已经构建起了包括《刑法》《刑事诉讼法》《反恐怖主义法》

---

① 参见长余《根除恐怖主义和极端主义需要源头治理》，《人民日报》2018 年 11 月 1 日，第 9 版。

等在内的较为完善的反恐怖主义法律体系，各地也制定了相应的实施条例和办法。

虽然中国预防和打击暴力恐怖犯罪的措施成效显著，但鉴于该类犯罪严重的社会危害性，必须始终保持对各类暴力恐怖犯罪的严打高压态势，才能切实维护国家安全，保护人民群众的生命财产。

二　扫黑除恶范围广，犯罪数量多

黑恶势力的猖獗严重危害了社会稳定和人民群众的生命财产安全。为有效打击涉黑涉恶的犯罪行为，中共中央、国务院《关于开展扫黑除恶专项斗争的通知》要求，在全国开展为期三年的扫黑除恶专项斗争。其工作措施是：摸线索，打犯罪，挖“保护伞”，治源头，强组织。

为确保专项斗争在法治轨道上运行，最高人民检察院、最高人民法院、公安部、司法部联合制定的《关于办理黑恶势力犯罪案件若干问题的指导意见》规定了恶势力 7 类典型案件和 11 类常见伴生行为（案件）。

从中央到地方，全国上下高度重视扫黑除恶专项斗争，中央成立全国扫黑除恶专项斗争领导小组，由中央政法委牵头，中央 28 个单位参加。把打击黑恶势力犯罪和反腐败、基层“拍蝇”结合起来，聚焦涉黑涉恶问题突出的重点地区、重点行业、重点领域，对黑社会性质组织犯罪中的组织者、领导者、骨干成员及其“保护伞”依法从严惩处，对涉黑涉恶问题尤其是群众反映强烈的大案要案依法查办。最高人民检察院联合公安部挂牌督办 24 起重大涉黑案件，深入河北、河南、云南等地，实地督办和指导重大涉黑案件。到 7 月底，全国公安机关共打掉涉黑组织 514 个、恶势力犯罪集团 2993 个，破获刑事案件 3.4 万余起①。2018 年 1 ~9 月，全国检察机关共批准逮捕涉黑涉恶犯罪 1.7 万余件 5.7 万余人，提起公诉 6300 余件 3.2

① 参见彭飞《评论员观察：答好扫黑除恶的“综合试卷”》，《人民日报》2018 年 10 月 22 日，第 5 版。

万余人[①]。2018 年 1 月至 10 月底，四川省共摸排涉及黑恶犯罪线索 180 条，四川省检察机关共引导案件侦查取证 516 件，批准逮捕 593 件 2265 人，提起公诉 284 件 1460 人[②]。

三 职务犯罪案件增量有所下降，涉及领域众多

2018 年初，中国各地检察机关的有关职务犯罪部门转隶到纪委监察部门，中国的反腐败斗争进入了新阶段，坚持有腐必反、有贪必肃，构建“不敢腐、不能腐、不想腐”的体制机制。根据中央纪委、国家监委通报，2018 年 1 ~9 月，全国纪检监察机关共接收信访举报 259.9 万件次，立案 46.4 万件，处分 40.6 万人，包括省部级及以上干部 39 人，厅局级干部 2500 余人，县处级干部 1.7 万人，乡科级干部 6.1 万人，一般干部 7.5 万人，农村、企业等其他人员 25.1 万人。严重违纪涉嫌违法立案审查调查 3.6 万人次，占 3.2%[③]。

职务犯罪涉及的领域众多，突出表现在以下几个方面。①充当黑恶势力的“保护伞”。一些国家公职人员滥用手中权力，参与、包庇、纵容涉黑涉恶违法犯罪，有案不立、立案不查、查案不力，提供便利条件、帮助逃避惩处等。2018 年 1 ~9 月，全国检察机关共逮捕黑恶势力“保护伞”200 余人，起诉黑恶势力“保护伞”150 余人[④]。2018 年 1 ~8 月，全国公安纪检监察机构严肃查处公安民警涉黑涉恶腐败和充当黑恶势力“保护伞”问题，已立案调查涉黑涉恶民警 170 人，其中，采取留置措施或移送司法机关处理

---

① 参见彭波《前 9 个月检察机关批捕涉黑涉恶犯罪 5.7 万余人》，《人民日报》2018 年 11 月 1 日，第 9 版。

② 赵文:《下一步主攻：破“关系网”打“保护伞”》，《四川法制报》2018 年 11 月 27 日，第 A01 版。

③ 参见朱基钗《2018 年前三季度全国纪检监察机关处分 40.6 万人　包括 39 名省部级及以上干部》，http：//www.xinhuanet.com//2018 －10/20/c_ 1123587642.htm，访问时间：2018 年 11 月 28 日。

④ 参见彭波《前 9 个月检察机关批捕涉黑涉恶犯罪 5.7 万余人》，《人民日报》2018 年 11 月 1 日，第 9 版。

130人次[①]。②扶贫领域。上半年，全国各级纪检监察机关查处扶贫领域腐败和作风问题4.53万个，处理6.15万人。其中，给予党纪政务处分3.2万人，组织处理3万人，移送司法机关0.13万人。在查处的4.53万个问题中，腐败问题占42.16%，其中，截留挪用、优亲厚友、贪污侵占问题高发，分别占23.29%、19.34%、17.98%；吃拿卡要、行贿受贿问题分别占3.77%、2.76%[②]。③纪检监察领域。随着纪检监察部门权力的扩大，“灯下黑”的情况较为严重，纪检监察干部以案谋私、打听案情、过问案件、说情干预等情况，在全国范围内时有发生。例如，2018年前三季度，安徽省纪检监察机关就立案查处涉及纪检监察干部案件73件，给予党纪政务处分98人[③]。为打造过硬的纪检监察干部队伍，国家必须把纪委监督执纪的权力关进制度的笼子，严惩害群之马。

中国继续加强反腐败方面的国际合作。截至2018年底，中国与60多个国家缔结了刑事司法协助条约，与50多个国家缔结了引渡条约，还与不少国家以《联合国反腐败公约》为基础开展引渡合作，基本建成了追逃追赃法律保障网络。2018年11月30日，辗转六个国家历经13年逃亡的职务犯罪嫌疑人姚锦旗，从保加利亚被引渡回国。这是中国首次从欧盟成员国成功引渡涉嫌职务犯罪的原国家工作人员，也是国家监察委员会成立后成功引渡的第一案。12月14日，在中央反腐败协调小组国际追逃追赃工作办公室统筹协调下，在新西兰执法部门的协作配合下，“百名红通人员”之一蒋雷回国投案，这是第55名归案的“百名红通人员”。

四　危害公共安全犯罪不容忽视

近年来，中国公共交通发展迅速，但部分乘客安全意识、规则意识和法

① 《全国公安机关立案调查涉黑涉恶民警170人》，《中国纪检监察报》2018年8月11日，第1版。

② 周根山：《全国上半年共查处扶贫领域腐败和作风问题4.53万个　处理6.15万人》，《中国纪检监察报》2018年8月29日，第1版。

③ 《坚持“刀刃”向内　强化自我监督》，《安徽日报》2018年11月5日，第2版。

治意识淡薄，在车辆行驶过程中以辱骂驾驶员、抢夺方向盘甚至殴打驾驶员等方式干扰驾驶员安全驾驶，造成了严重的公共安全隐患。例如，湖南一辆开往长沙的客车上，一男子因错过站点要求驾驶员违规停车遭拒后，抢夺方向盘险致车辆失控。北京一名乘客在乘坐公交车时因坐过站，提出停车要求遭拒后，用整箱牛奶击砸驾驶员手部，驾驶员躲闪致使车辆偏离正常行驶路线，紧急刹车后，与一辆正常行驶的小轿车发生剐蹭，该乘客因涉嫌以危险方法危害公共安全罪被依法刑事拘留①。最为严重的是2018年10月29日发生在重庆万州的公交车坠江事件。2018年发生了多起校园恶性事件，如4月27日陕西米脂中学砍人案、6月28日上海世外小学持刀砍人案，10月27日重庆巴南区鱼洞巴县大道幼儿园砍人案等，都是犯罪嫌疑人对社会实施严重报复的恶性行为。学校是人员集中的地方，校园欺凌高发多发，学生们防范意识差，且后果影响范围广，这正是犯罪分子报复社会所追求的效果。

五　危害食品药品安全犯罪仍时有发生

从2014年4月起，长春长生生物科技有限责任公司在生产狂犬病疫苗过程中严重违反药品生产质量管理规范和国家药品标准有关规定，未按规定披露问题疫苗不符合标准以及停产和召回的相关信息等②。2018年10月16日，吉林省食药监局没收其违法所得18.9亿元，对涉案人员包括高俊芳在内的14名直接负责的主管人员和其他直接责任人员作出行政处罚，禁止其从事药品生产经营活动③。对于涉嫌犯罪的，由司法机关依法追究其刑事

① 《避免重庆公交坠江悲剧再现　如何预防乘客干扰驾驶违法犯罪行为?》，2018年12月6日，https://baijiahao.baidu.com/s?id=1619078063367926027&wfr=spider&for=pc，最后访问时间：2018年12月6日。

② 《证监会拟顶格处罚长生生物信披违法案》，新华社，2018年10月16日，http://www.gov.cn/xinwen/2018-10/16/content_5331369.htm?_zbs_baidu_bk，最后访问时间：2018年12月6日。

③ 《长春长生公司被处罚没款91亿　药品生产许可证被吊销》，新华社，2018年10月16日，http://finance.sina.com.cn/chanjing/cyxw/2018-10-16/doc-ifxeuwws4959611.shtml，最后访问时间：2018年12月6日。

责任。

食品和药品的安全是关系国计民生的大事。食品安全犯罪具有发案率高、方式多样，涉及面广、手段隐蔽，保密性强，组织严密、主体复杂等特点。2018 年，严重危害食品安全的事件依然较为突出。2018 年前 11 个月，全国检察机关共办理食品药品领域公益诉讼案件近 3 万件，在案件总数中的占比从试点期间不到 1% 增长到 34.02%，是试点期间的 360 倍[①]。

六　环境污染类犯罪突出

2018 年前 10 个月，最高人民检察院对包括湖南洞庭湖区下塞湖矮围“6・21”案件在内的 50 起环境污染案件挂牌督办。2018 年前 10 个月，全国检察机关共批捕污染环境类犯罪 3559 人、起诉 4939 人，同比分别上升 38.5%、31.67%；批捕破坏资源类犯罪 8459 人、起诉 26765 人，同比分别上升 44% 和 14.79%；办理生态环境和资源保护领域的诉前程序案件 33602 件，提起公益诉讼 1314 件，通过办案为国家挽回经济损失 171.5 亿元[②]。

2018 年 11 月 3 日 16 时左右，宁波舟山通州船务有限公司的“天桐 1 号”油轮靠泊泉港东港石化公司码头，拟接运东港石化公司工业用裂解碳九。晚上，裂解碳九从管壁破裂处外泄，凌晨，企业组织对围油栏内油污进行回收，使用吸油毡吸起泄漏物。根据调查，泉港化学品泄漏事故共造成 69.1 吨化学品泄漏。而在 11 月 8 日的通报中，这个数字却只是 6.97 吨，涉嫌瞒报。

东港石化公司、“天桐 1 号”油轮公司无视有关法律法规规定，没有履行企业安全生产的主体责任，是造成事故发生的主要责任、直接责任单位。公安机关对该公司包括法定代表人在内的 6 名企业人员和“天桐 1 号”油

① 彭波：《基层检察院公益诉讼全覆盖》，《人民日报》2018 年 12 月 27 日，第 9 版。

② 薛应军：《今年前 10 月批捕破坏资源类犯罪 8459 人》，《民主与法制时报》2018 年 11 月 24 日，第 1 版。

轮包括值班水手长在内的 4 名操作人员，以涉嫌“重大责任事故罪”，采取刑事强制措施，目前已批捕 7 名直接责任人员①。

七　非法集资类犯罪和传销类犯罪危害面广

非法集资类犯罪涉及范围广、涉案金额巨大、被害人数众多。2018 年 9 月 28 日，公安部开通非法集资案投资人信息登记平台，共披露 110 家非法集资案件平台。到 11 月 6 日，该平台显示，公安部新增 22 家非法集资案件平台。除去已被撤销的华融道外，目前共有 131 家立案平台的投资人可在信息登记平台上进行登记②。迄今，中国非法集资犯罪涉及的资金达数万亿元。在传销类犯罪方面，2018 年底爆发了轰动全国的“权健事件”，2018 年 12 月 28 日，天津市武清区市场监管局已对权健涉嫌虚假宣传的违法行为进行立案调查。2018 年 12 月 29 日，天津市函请国家市场监督管理总局全程监督并指导“权健事件”联合调查组工作。

八　电信网络诈骗犯罪治理成效明显

最高人民检察院 2018 年 11 月 9 日发布的《检察机关办理电信网络诈骗案件指引》规定，电信网络诈骗犯罪，是指以非法占有为目的，利用电话、短信、互联网等电信网络技术手段，虚构事实，设置骗局，实施远程、非接触式诈骗，骗取公私财物的犯罪行为。近些年来，电信网络诈骗犯罪持续高发，犯罪金额巨大，受害人数众多。腾讯发布的《2018 年第三季度手机安全报告》显示，本季度手机应用用户共举报骚扰电话近 1.17 亿次，较上年同期增长 25.73%③。大量公民个人信息被侵犯，其蔓延速度快、涉及地域

① 郃晓安：《泉州通报碳九泄漏事件处理结果》，《检察日报》2018 年 11 月 26 日，第 1 版。

② 《投资人注意了！非法集资案信息登记平台增至 131 家》，2018 年 11 月 6 日，https：//baijiahao. baidu. com/s? id = 1616382638866079821&wfr = spider&for = pc，最后访问时间：2018 年 12 月 6 日。

③ 钱一彬：《遏制信息骚扰要多些实招》，《人民日报》2018 年 11 月 22 日，第 14 版。

广，已经严重扰乱了社会正常秩序，侵害了人民群众的财产安全和其他合法权益，社会危害性极大。

2015 年以来，中国对电信网络诈骗犯罪重拳出击，在打击治理电信网络诈骗方面取得了显著成绩。全国共破获电信诈骗案件 31.5 万起，打掉犯罪团伙 1.6 万个，捣毁犯罪窝点 1.7 万个；查处电信诈骗违法犯罪人员 14.6 万人，检察机关批准逮捕 7.9 万人、起诉 7.7 万人；缴获涉案银行卡 28.7 万张、手机卡 32.2 万张，缴获赃款赃物折合人民币 47.4 亿元。公安部同人民银行密切配合，成功止付被骗资金 300 多亿元；公安部组织各地公安机关赴欧洲、非洲、中美洲、东南亚等 34 个国家和地区捣毁境外诈骗窝点 216 个，抓获犯罪嫌疑人 3159 人。工业和信息化部和中国电信、中国联通、中国移动拦截诈骗电话 8.7 亿次，关停诈骗电话 80.4 万个，联合公安机关劝阻客户 45.2 万人，直接挽回经济损失 20.3 亿元①。

2018 年各地也加大了对电信诈骗的打击力度。2018 年 1 月至 11 月 29 日，山东省公安机关共破获电信网络诈骗案件 6700 余起，破案数和查处违法犯罪人员数分别上升 5.86% 和 37.35%；打掉诈骗团伙 97 个，抓获犯罪嫌疑人 1183 名，涉案资金 3.6 亿元②。2018 年 1 月至 11 月 25 日，海南省共破获电信诈骗案件 1421 起（含省外案件 1000 起），同比上升 71.3%，抓获犯罪嫌疑人 579 名，同比上升 105.3%，打掉团伙 93 个、窝点 90 个，查扣银行卡 789 张、手机卡 888 张、其他电信诈骗设备 1151 台③。2018 年 1 ~ 10 月，浙江省公安机关共破获通信网络新型违法犯罪案件 2.7 万多起，刑拘犯罪嫌疑人 1 万多名，冻结涉案银行卡 12000 次、金额 10 亿多元④。

---

① 董鑫：《全国三年破获电信诈骗案 31.5 万起》，《北京青年报》2018 年 11 月 30 日，第 A03 版。

② 时培磊、刘贵增、马凯：《山东今年破获电信诈骗案 6700 余起，抓获嫌疑人 1183 名》，《齐鲁晚报 - 齐鲁壹点》，2018 年 11 月 29 日，http://3g.163.com/news/article/E1QFLSG900018AOP.html，最后访问时间：2018 年 11 月 30 日。

③ 良子、宋洪涛、陈炜森、田和新：《我省打击治理电信网络新型违法犯罪 全省今年已破获电信诈骗案件 1421 起》，《海南日报》2018 年 11 月 30 日，第 2 版。

④ 程潇龙：《浙江警方重拳打击通信网络新型违法犯罪 破案 2.7 万多起 刑拘 1 万多人》，《都市快报》2018 年 11 月 20 日，第 A14 版。

九 2019年预测

2019 年，中国主要犯罪的态势将呈现以下几个特征。

第一，持续深入扫黑除恶、打击“保护伞”。全国扫黑除恶专项斗争将从全面推开走向纵深推进的新阶段。以重点地区、行业、领域为突破口，以基层组织建设为着力点，以深挖彻查“保护伞”为关键点，进一步提高组织化、专业化、法治化、社会化水平，把扫黑除恶与反腐、“拍蝇”结合起来，确保扫黑与打击“保护伞”同步，进一步加强督导工作，广泛发动群众参与，加大源头治理力度，推动问题整改，从根本上遏制黑恶势力滋生蔓延。2019 年，督导工作将在全国全面开展，实现督导工作全覆盖。在这些高压举措下，有关黑恶势力和“保护伞”的案件会呈上升趋势。

第二，进一步防止危害公共安全犯罪和恶性暴力犯罪的频繁发生。虽然中国的暴力犯罪持续呈下降趋势，但由于社会矛盾突出，引发危害公共安全犯罪及其他暴力事件产生的原因较多，恶性暴力事件导致严重的危害后果，必须进一步加强预防。安全无小事，2019 年，必须进一步严密法网，打击危害公共安全犯罪和其他暴力犯罪，对公共交通工具、学校、幼儿园等重点加强保护，丝毫不能松懈。

第三，进一步遏制破坏环境犯罪将是中国 2019 年的刑事司法工作重点。环境保护与人民群众日常生活息息相关，用科学方法预防严重环境污染的产生已经迫在眉睫，必须加大预防和打击力度，对污染环境的犯罪行为绝不姑息。

第四，继续严惩危害食品药品安全犯罪。食品药品安全关系着人民群众的健康和生命，2019 年，司法机关必须加大力度捍卫国民舌尖上的安全，对于危害食品药品安全构成犯罪的严惩不贷。

第五，进一步打击非法集资类犯罪和传销类犯罪。依法严厉打击非法集资类犯罪，将是中国司法机关在 2019 年的重要任务，需要广泛宣传，提高群众防范意识，加强风险防控。

第六，继续保持高压态势，防止电信网络犯罪抬头。鉴于实施电信网络诈骗犯罪非常容易、再犯率高的特点，必须持续保持高压态势予以打击，不能放松警惕。为实现电信诈骗发案、群众损失明显下降，破案数、查处违法犯罪人员数明显上升的目标①，根据国家的部署，从 2018 年 12 月起到 2019 年底，新一轮打击治理电信网络违法犯罪专项行动将在全国范围内开展，进一步向电信网络新型违法犯罪发起强大攻势。

① 董鑫：《全国三年破获电信诈骗案 31.5 万起》，《北京青年报》2018 年 11 月 30 日，第 A03 版。

B.5
2018年深化司法体制综合配套改革的新进展

祁建建*

摘　要： 2018年司法体制综合配套改革呈现司法专业化、科技化、公开化、民主化、国际化特点。前期司法体制改革的探索与成果纷纷入法，如专门法院体系、员额制、认罪认罚从宽、人民陪审等，为深化改革建设新平台。司法机构、人财物等资源管理改革进一步深化，如健全专门法院体系，规范内设机构设置，加强对科技的运用等。司法权力运行机制改革深入开展，法院、检察院提出全面落实司法责任制的要求，司法行政改革、公安体制机制改革等持续开展，多元化纠纷解决机制不断完善，开展扫黑除恶斗争等。保障和规范诉权和诉讼权利的行使，如保护企业家产权，打击虚假诉讼，加强对律师庭审活动的保障和规范等。

关键词： 司法体制综合配套改革　司法权力运行机制　诉权保障

深化司法体制综合配套改革在党的绝对领导和具体部署下进行。习近平总书记强调，全面深化改革迈进新阶段，将进一步触动深层利益格局调整及制度体系变革，复杂性、敏感性、艰巨性更突出，党对全面深化改革的统筹

* 祁建建，中国社会科学院法学研究所副研究员。

领导要加强和改善，推动相关改革工作要紧密结合深化机构改革[①]。2018 年 1 月，中央全面深化改革领导小组第二次会议召开。3 月，根据《深化党和国家机构改革方案》，中央全面深化改革委员会作为中共中央直属决策议事协调机构，召开了五次会议，通过了关于建立“一带一路”争端解决机制和机构、加强人民调解员队伍建设、设立上海金融法院、增设北京互联网法院和广州互联网法院、设立最高人民检察院公益诉讼检察厅、公安机关职务序列改革等文件，涉及司法改革的多个方面，推进改革持续深入开展。

一　修法确认司法体制改革成就、保障综合配套改革

2012 年以来，司法体制改革所总结的经验在 2018 年上升为立法，使改革在更高起点上进一步发展。

（一）修改《法院组织法》《检察院组织法》，巩固权责一致的审判权、检察权运行机制

2018 年 10 月，第十三届全国人民代表大会常务委员会第六次会议表决通过了《法院组织法》《检察院组织法》修订草案，将近年司法体制改革取得的重大成果入法，如员额制、遴选制、人员分类管理、司法责任制、防范领导干部等干预司法活动、审判委员会之检察长列席权、指导性案例、业务机构、辅助机构、行政管理机构、经费编制任职保障、信息化建设等。

《法院组织法》修改的内容包括知识产权、金融等专门法院体系、最高人民法院和巡回法院审判职能、内设机构、院长副院长及职责、审判委员会工作机制等。《检察院组织法》对检察领导体制、派驻与巡回检察、法律监

① 参见 2018 年 3 月 28 日《新闻联播》，央视网，http：//tv. cctv. com/2018/03/28/VIDE8BmEXi ZJ4iE4Y9ZkaudF180328. shtml，最后访问日期：2018 年 10 月 22 日。

督职权、办案组织、人民监督员等予以完善。检察院侦查职权和人员有重大调整，以便与国家监察体制相衔接。此外，还增加“依照法律规定提起公益诉讼”的检察院职权等。

修法进一步明确人民法院、人民检察院的设置及其职权，对打造司法体制综合配套改革继续发展的新平台，维护法律之间的和谐统一，具有重要意义。

（二）《刑事诉讼法》修正案总结司法经验、落实党的政策

2018 年 10 月，第十三届全国人民代表大会常务委员会第六次会议通过《刑事诉讼法》第三个修正案，主要内容体现在三个方面。一是将人民检察院职务犯罪侦查权转给国家监察委员会，保留人民检察院对司法工作人员利用职权实施的侵犯公民权利、损害司法公正案件的侦查权，完善监察案件与刑事诉讼的衔接等，以顺应国家监察体制改革。二是建立刑事缺席审判制度，适用于犯罪嫌疑人、被告人在境外的贪污贿赂犯罪案件和部分危害国家安全犯罪、恐怖活动犯罪案件，以加强反腐败国际追逃追赃等的力度。三是创设认罪认罚从宽原则，增设与其配套的速裁程序、值班律师、强制措施等新条文。

本次修法是围绕党中央的重大决策部署，对国家监察体制改革、反腐败追逃追赃、深化司法体制改革以及进一步完善中国特色刑事诉讼制度具有十分重大的意义。

（三）《国际刑事司法协助法》等助推追逃追赃等反腐机制法治化、国际化

2018 年 10 月，第十三届全国人民代表大会常务委员会第六次会议通过《国际刑事司法协助法》，明确了最高人民法院、最高人民检察院、外交部、公安部、司法部参与刑事司法协助的职责，确立了刑事案件诉讼各阶段以及对外承诺等司法协助活动的法律依据，对司法协助程序等作出明确规定，以司法部等部门为对外联系机关，以外交部或对外联系机关为承诺机关。

《国际刑事司法协助法》有利于完善中国国际刑事司法协助制度体系，提高中国司法机关开展国际刑事合作的意识和能力。

8 月，第十三届全国人民代表大会常务委员会第五次会议批准《中华人民共和国和巴巴多斯引渡条约》，10 月，第十三届全国人民代表大会常务委员会第六次会议批准《中华人民共和国和格林纳达关于刑事司法协助的条约》，加强国际刑事司法合作。

（四）通过《人民陪审员法》，完善陪审制，推进司法民主

2018 年 4 月，第十三届全国人民代表大会常务委员会第二次会议通过了《人民陪审员法》，规定人民陪审员的选任条件、选任方式、参审范围、合议庭模式、事实审法律审区分和管理保障机制等。人民陪审员需达到 28 周岁以上、高中以上文化程度，采取随机抽选和组织推荐两种产生方式，人数为本院法官数三倍以上，任期五年，一般不得连任。法定刑十年以上的刑事案件、涉征地拆迁等案件适用七人制陪审法庭，其中陪审员只表决事实认定、不表决法律适用等。该法还规定了人民陪审员的培训、考核、奖惩、补助等管理机制。8 月，司法部、最高人民法院、公安部印发《人民陪审员选任办法》，对随机抽选、资格审查、人选确定等作出规定。

人民陪审员制度是社会主义民主政治在司法领域的具体体现，是中国特色社会主义司法制度的重要内容，在推进司法民主、促进司法公正、提高司法公信力等方面发挥着重要作用。

二　司法机构、人财物等资源管理改革配套深入进行

2018 年，为深化司法体制综合配套改革，在司法机关设置等方面继续推进改革，包括新设专门法院、推进司法科技化与专业化等。

（一）设立上海金融法院

2018 年 3 月，中央全面深化改革委员会第一次会议通过《关于设立

上海金融法院的方案》。4 月，第十三届全国人民代表大会常务委员会第二次会议通过《关于设立上海金融法院的决定》。7 月，最高人民法院通过《关于上海金融法院案件管辖的规定》，明确该法院管辖传统和新型金融民商事纠纷等案件。对该院第一审判决、裁定提起的上诉案件由上海市高级人民法院审理。该院在级别上属于中级人民法院。8 月，上海金融法院成立。百日内 29 名入额法官收案 1686 件，标的额近 200 亿元①。

设立上海金融法院旨在通过改革金融审判体制机制，建设公正高效权威的专业化审判体系，提升专业化水准，营建法治化金融环境。

（二）设立北京和广州互联网法院

2018 年 7 月，中央全面深化改革委员会第三次会议通过《关于增设北京互联网法院、广州互联网法院的方案》，要在总结推广杭州互联网法院试点经验基础上，构建统一诉讼平台、健全完善诉讼规则、推动网络空间治理法治化，是司法主动适应互联网发展大趋势的一项重要举措。

9 月，北京、广州挂牌成立互联网法院，其时北京互联网法院有员额法官 38 名，广州互联网法院首批员额法官有 13 名。同月，最高人民法院实施《关于互联网法院审理案件若干问题的规定》。一是规定集中管辖购物合同、侵权责任、知识产权等 11 类互联网案件；二是要求互联网法院建立在线审理机制；三是要求建设互联网诉讼平台，作为法院办理案件和当事人及其他诉讼参与人实施诉讼行为的专用平台，在诉讼平台上在线核实身份、提取证据等，推动形成互联网审判模式；四是完善在线诉讼规则，创新规定电子送达、电子裁判文书等。

互联网法院定位为基层法院，以上规定有利于规范其诉讼活动，保护当事人及其他诉讼参与人的合法权益。

---

① 张晨：《上海金融法院成立百日交出傲人答卷》，《法制日报》2018 年 11 月 27 日，第 3 版。

（三）设立国际商事法庭

最高人民法院于2018年6月在深圳设立第一国际商事法庭，在西安设立第二国际商事法庭，作为最高人民法院的常设审判机构。7月，最高人民法院施行《关于设立国际商事法庭若干问题的规定》，对最高人民法院国际商事法庭的受案范围、域外实体法律适用等问题作出规定。12月，最高人民法院施行《国际商事法庭程序规则（试行）》，对国际商事法庭各诉讼环节予以规定，明确了诉讼与调解、司法与仲裁的衔接，引导国内外当事人通过“一站式”机制自主选择纠纷解决方式，有利于公正高效便捷地解决国际商事纠纷。

设立国际商事法庭旨在依法公正及时审理国际商事案件，平等保护中外当事人合法权益，促进国际营商环境法治化，服务和保障“一带一路”建设。

（四）建成知识产权法院体系，加强知识产权司法保护

最高人民法院提出，当前的发展目标是到2020年基本建成知识产权法院体系；到2035年基本实现知识产权审判体系和审判能力现代化，成为世界知识产权争端解决优选地；到21世纪中叶全面实现现代化，引领世界知识产权司法保护①。2018年10月，全国人民代表大会常务委员会通过《关于专利等知识产权案件诉讼程序若干问题的决定》，专业技术性较强的二审案件由最高人民法院审理。这有利于统一裁判标准，加强知识产权司法保护。

（五）规范内设机构设置

2018年，内设机构改革是人民法院、人民检察院改革的重点内容之一。

1. 人民法院规范内设机构设置

2018年5月，中央机构编制委员会办公室、最高人民法院发布《关于

① 周斌：《开启新时代知识产权司法保护新征程》，《法制日报》2018年7月10日，第3版。

积极推进省以下人民法院内设机构改革工作的通知》。一是关于内设机构数量与规范化、审判业务机构设置和审判团队组建、专业化审判组织建设，实行“院—综合审判庭”或“院—审判团队”或“院—审判庭—审判团队管理模式。二是改革方案须审批并报最高人民法院备案。基层、中级人民法院内设机构改革方案经高级人民法院审核、省级机构编制主管部门审批；高级人民法院内设机构改革方案，征求最高人民法院意见后，由省级机构编制主管部门审核、省级党委审批。三是内设机构整合后，相关领导职数不核减。

2. 人民检察院内设机构改革

最高人民检察院业务部门重组，民事、行政、公益诉讼、未成年人犯罪检察工作以及监察委员会案件办理部门分立出来的条件已具备。一是检察机关在民事、刑事、行政诉讼监督三大职能基础上增加了公益诉讼监督职能；二是未成年人检察工作迅速推进并进一步专门化，加强对未成年人的司法保护；三是监察委员会移送的案件需要加强与人民检察院办案机构的衔接。

此外，有的地方检察院还探索了捕诉合一。

（六）推进司法科技化建设

现代科技包括互联网、人工智能、大数据等广泛内容，法院、检察院积极推进现代科技在司法中的运用，作为深化司法体制综合配套改革措施。

1. 法院推进智慧法院建设，强化电子卷宗应用

2018 年是智慧法院建设深化完善的开局之年。最高人民法院指出，电子卷宗高效流转和应用是建设智慧法院的重要前提和基本主线，发布《关于进一步加快推进电子卷宗随案同步生成和深度应用工作的通知》《电子卷宗随案同步生成和深度应用技术要求》《电子卷宗随案同步生成和深度应用管理要求》《电子卷宗分散生成模式——河北法院电子卷宗随案同步生成》《电子卷宗集中生成模式——江西法院“收转发 E 中心”》，要求 2018 年底前全国法院全面完成文档电子化和电子卷宗随案同步生成，具备为法官办案提供智力支持、法律文书辅助生成等基本功能和模块，能够方便法官办案，减轻审判团队负担，缓解案多人少矛盾。

2. 检察院推进智慧检务与科技强检

全国检察机关统一业务应用系统实现了四级检察院的全面覆盖，所有办案信息网上录入、流转、管理、监督；电子检务工程建设全面进入验收阶段；智慧检务规划体系和应用体系建设正式启动。最高人民检察院检察技术信息研究中心可运用高仿真远程案件讨论、VR 示证等辅助办案系统。2018 年 3 月，北京市检察院第一分院公诉人在庭审中首次应用 VR 示证系统①，引发关注。

（七）启动国家统一法律职业资格考试

2018 年 6 月，司法部公布《2018 年国家统一法律职业资格考试公告》，启动首次国家统一法律职业资格考试工作。初次担任法律类仲裁员，担任行政裁决、行政处罚决定审核、行政复议及法律顾问的行政机关公务员应取得法律职业资格。这是因其具有准司法性质或保护、克减公民、法人权利义务，直接影响到公民、法人合法权益的保护。

这一制度在原司法考试制度基础上强化了政治素养标准、业务能力标准和职业伦理标准，增设职前培训制度，加强对取得法律职业资格人员的管理。

三　深化司法权力运行机制综合配套改革

（一）法院落实司法责任制、健全审判权执行权运行机制的配套改革

健全审判权运行机制的配套改革从提出全面落实司法责任制的要求等方面展开，实质上法院采取的改革措施并不限于此，前文所述新修法律以及机构改革、人财物等基础性改革措施也是综合配套改革的组成部分，在此不予

① 参见 http：//www. spp. gov. cn/spp/tt/201805/t20180525 _ 379807. shtml，最后访问日期：2018 年 10 月 22 日。

赘述。

1. 全面落实司法责任制的要求

2018 年 12 月，最高人民法院印发《关于进一步全面落实司法责任制的实施意见》，坚持“让审理者裁判，由裁判者负责”，提出抓党建带队建促审判，强化基层法院审判团队建设，落实院长、庭长审判监督管理权责清单；统筹推进法官员额合理配置，针对审判绩效不达标、辞职、辞退、被开除、违纪违法等不同情形来规范员额退出程序；进一步完善法官初任和逐级遴选制度；完善司法人员业绩考核制度，将客观量化和主观评价相结合，以量化考核为主。该意见还总结了前期司法责任制改革的其他要点并提出要求，如院庭长办案常态化、健全专业法官会议制度和审判委员会制度、案件质量评查，以及涉群体性纠纷、可能影响社会稳定等四类案件的识别监管等。

2. 进一步深化法院司法公开

2018 年 12 月，最高人民法院《关于进一步全面落实司法责任制的实施意见》要求，进一步深化司法公开，通过互联网公开审判流程信息，提高裁判文书撰写质量以配合裁判文书上网等，与既有司法公开措施相配套。

（1）提出深化司法公开的要求

2018 年 11 月，最高人民法院印发《关于进一步深化司法公开的意见》，提出 31 条具体举措。首先，拓展公开范围，深化诉讼服务、审判执行等方面的信息公开，对公开的内容实行动态调整，推进司法公开规范化标准化建设。其次，完善流程管理机制，健全公开形式，畅通当事人和律师获取司法信息渠道。再次，发挥现代信息技术功能，加强建设管理法院白皮书工作与法院政务网站，推进司法公开四大平台建设。

（2）通过互联网公开审判流程信息

2018 年 9 月，最高人民法院实行《关于人民法院通过互联网公开审判流程信息的规定》，人民法院审判民刑事等案件的流程信息，应通过互联网向参加诉讼的当事人等公开，列举了七种必须公开的程序性信息、诉讼文书、诉讼活动笔录；有重大社会影响案件的审判流程信息，可通过互联网或者其他方式向公众公开；当事人等申请查阅庭审录音录像、电子卷宗的，可通过互联网平台提供查阅并设置必要的安保措施；经受送达人书面同意，人民法院可通过中国审判流程信息公开网向民事、行政案件的当事人等电子送达除判决书、裁定书、调解书以外的诉讼文书。以上规定有利于贯彻落实审判公开原则，保障当事人对审判活动的知情权。

（3）提升裁判文书撰写质量，配合文书上网

2018 年 5 月，最高人民法院发布的《关于全面提升裁判文书质量　切实防止低级错误反复发生的紧急通知》指出，有些法院个别上网裁判文书存在低级错误等。首先，要求法院审判管理部门要对裁判文书质量加强常态化管理，对于文书存在多处瑕疵及低级错误、造成不良社会影响的，要会同监察部门进行问责。其次，要完善文书起草、审核、签发等各环节校核工作的责任制。再次，要推广裁判文书智能纠错软件的安装和应用，将智能纠错与人工审核有机结合，对已上网裁判文书进行全面筛查纠错整改。

裁判文书是审判能力和水平的集中体现，提升裁判文书质量、防止低级错误有利于维护司法权威和公信力。

3. 规范民事执行

在对前期工作进行总结梳理的基础上，最高人民法院进一步规范执行机制。

（1）关于执行难及其应对

2018 年 10 月，最高人民法院院长周强在第十三届全国人民代表大会常务委员会第六次会议上所作的《关于人民法院解决“执行难”工作情况的报告》指出，执行难主要是查人找物难、财产变现难、排除非法干预难、清理历史欠账难。应对措施有：一是最高人民法院建立“总对总”网络查控系统，掌握被执行人全国范围内的主要财产和相关信息；二是推进联合惩戒体系建设；三是全面推行网络司法拍卖；四是建立四级法院统一管理、协调、指挥的执行管理新模式、办案平台、指挥管理平台；五是加强执行规范体系建设，共出台 55 项重要司法解释和规范性文件；六是规范适用终结本次执行程序，对被执行人常态化限制高消费并由网络查控系统每半年自动查询一次；七是对恶意逃避执行、转移隐匿财产的失信被执行人，依法适用强制措施和拒执罪等。

（2）新增联合惩戒措施限制失信被执行人权利

2018 年 3 月，国家发展改革委、最高人民法院和国土资源部联合发布《关于对失信被执行人实施限制不动产交易惩戒措施的通知》，共同对失信被执行人采取限制不动产交易的惩戒措施。8 月，与 12 家互联网金融企业共建对失信被执行人联合惩戒机制。

7 月，国家发展改革委办公厅、最高人民法院办公厅、民航局综合司、铁路总公司办公厅发布《关于落实在一定期限内适当限制特定严重失信人乘坐火车、民用航空器有关工作的通知》，就失信人名单信息采集、执行、移除等予以规定。

（3）规范执行担保、执行和解

2018 年 2 月，最高人民法院发布《关于执行担保若干问题的规定》，明确担保事项、实现方式、担保期间、追偿权等。3 月，最高人民法院发布《关于执行和解若干问题的规定》，对执行中和解协议的达成、履行等予以细化，当事人、利害关系人认为执行和解协议无效或者应予撤销的，可向执行法院提起诉讼。通过对执行担保与执行和解予以规范，有利于在执行中维护当事人、利害关系人的合法权益。

（4）推进确定财产处置参考价的公开透明

2018 年 8 月，最高人民法院发布《关于人民法院确定财产处置参考价若干问题的规定》，新增网络询价、当事人议价、定向询价三种方式确定财产处置参考价，将确定财产处置参考价工作从线下改为线上，设立网络询价平台与评估机构名单库，建构全国法院询价评估系统，重新确定和细化委托评估规则、流程等。这有利于提高网络拍卖效率和透明度。

（5）规范对仲裁裁决的司法审查及公证债权文书的执行

2018 年，最高人民法院实施《关于审理仲裁司法审查案件若干问题的规定》《关于仲裁司法审查案件报核问题的有关规定》《关于人民法院办理仲裁裁决执行案件若干问题的规定》《关于仲裁机构“先予仲裁”裁决或者调解书立案、执行等法律适用问题的批复》，统一国内、涉外仲裁协议效力案件管辖规则；对拟否定仲裁裁决的应向上级人民法院报核并依其审核意见作出裁定；明确了指定基层人民法院管辖仲裁执行的条件；规定在申请撤销仲裁裁决和不予执行仲裁裁决并行时先审查撤销申请；仲裁机构在合同纠纷、财产权益纠纷发生前作出的仲裁裁决或者调解书，当事人申请执行的，人民法院应裁定不予受理，已受理的，应裁定驳回。

2018 年 10 月，最高人民法院实施《关于公证债权文书执行若干问题的规定》，通过区分不予执行的程序事由和实体事由等，规范人民法院办理公证债权文书执行案件，维护当事人、利害关系人的合法权益。

（二）深化检察司法责任制，完善检察权运行机制相关配套改革

2018 年检察机关进一步深化改革，全面强化检察监督。

1. 提出全面深化改革的要求

2018 年 1 月，最高人民检察院印发《关于贯彻落实党的十九大精神　深入推进检察改革的工作意见》，对全国检察机关提出深化司法体制综合配套改革的要求，要求全面落实司法责任制、健全检察监督体系、完善和发展中国特色社会主义检察制度。该意见指出了当前的工作重点：一要打造一支正规化专业化职业化的检察官队伍；二要全面推行检察官办案责任制，落实“谁办案谁负责，谁决定谁负责”；三要深化诉讼制度改革，实现司法公正等。

2. 强化对审委会及法官的检察监督

2018 年检察机关加强对审委会、法官的检察监督。

（1）加强对审委会的监督

2018 年 6 月，最高人民检察院检察长与分管民事行政检察工作的副检察长一同列席最高人民法院审委会，参与讨论一起民事抗诉案件并发表意见。各级检察院检察长、副检察长列席审委会讨论民事案件 385 件次[①]。

（2）强化对法官违法行为的监督

人民检察院对审判人员违法行为的监督有所强化，表现在监督范围从裁

① 参见张军《今年以来各级检察长列席审委会讨论案件 385 件次》，http：//www. spp. gov. cn/spp/zdgz/201810/t20181024_ 396399. shtml，最后访问日期：2018 年 11 月 22 日。

判结果向诉讼过程拓展，从实体违法向程序违法延伸。省、市级检察院重点监督裁判结果，基层检察院重点监督审判人员违法行为和执行活动。针对采取保全措施、送达、审判程序适用等民事审判活动中的违法行为，提出检察建议；针对故意违背事实和法律，在民事、行政案件审判中枉法裁判涉嫌犯罪的，检察院可立案侦查①。

3. 强化对刑事诉讼的监督

2018 年检察机关加强对刑事诉讼的监督主要从公诉举证、在押人员合法权益、强制医疗、刑事申诉等方面开展。

（1）指引公诉举证，适应以审判为中心

2018 年 7 月，最高人民检察院出台《人民检察院公诉人出庭举证质证工作指引》，对认罪和不认罪案件的出庭公诉模式予以区别，根据被告人是否认罪采取不同的举证质证模式。被告人不认罪或者辩护人作无罪辩护的案件，一般应全面详细举证质证；被告人认罪的案件，举证质证可简化。举证质证的概念内涵、目标要求等内容得到明确，要求公诉人应注意运用逻辑法则和经验法则。这有利于提高公诉质量和效果，适应司法改革背景下以审判为中心的诉讼制度改革和刑事案件认罪认罚从宽制度改革要求。

（2）开展维护在押人员合法权益的检察监督

2018 年 4 月，最高人民检察院公布《关于在全国检察机关开展“监督维护在押人员合法权益专项活动”的通知》，监督看守所、监狱等执行机关在刑罚和刑事强制措施执行中的守法与规范情况，对在押人员人权保障方面存在的突出问题进行监督。首先，对犯罪嫌疑人、罪犯等在押人员获得奖励权、休息权、劳动报酬权等法定权利予以维护，探索开展重大案件侦查终结前讯问合法性核查，预防和纠正超期羁押，防范冤假错案。其次，依法监督“牢头狱霸”和体罚虐待等违法行为，强化监督监管场所安全防范，防止被监管人死亡和监管事故，保护在押人员的生命权、健康权、人格权。再次，

① 参见张军《最高人民检察院关于人民检察院加强对民事诉讼和执行活动法律监督工作情况的报告》，《检察日报》2018 年 10 月 26 日，第 2 版。

加大羁押必要性审查案件办理力度，最大限度减少不必要羁押。这有利于防止和纠正违法侵犯在押人员合法权益的行为，建立健全对其合法权益的长效保障机制。

（3）防止强制医疗案件中的假精神病和“被精神病”

2018 年 2 月，最高人民检察院发布《人民检察院强制医疗决定程序监督工作规定》，由检察院公诉部门负责监督强制医疗决定程序，防止与纠正犯罪嫌疑人假冒精神病人逃避法律制裁及普通人“被精神病”而被错误强制医疗。一是可会见涉案精神病人，听取法定代理人、诉讼代理人意见，委托鉴定等。二是对于公安机关对涉案精神病人进行鉴定的，列举了应依法提出纠正意见的六种具体情形，如鉴定人故意作虚假鉴定等。三是对法院审理强制医疗案件的活动实行监督，列举了十种违法情形。此外，还详细规定了对侦查活动监督、对执行中发现的错误强制医疗的监督等，有利于规范强制医疗程序的适用。

（4）推进对刑事申诉公开审查的专项督查

2018 年 5 月，最高人民检察院刑事申诉检察厅印发《关于深入推进刑事申诉公开审查专项督查活动的通知》，各级检察院刑事申诉检察部门要不断提升办案透明度，进一步扩大公开审查案件的范围，国家赔偿、司法救助等各类刑事申诉检察案件均可适用听证程序予以公开审查；提出“宜公开尽公开”的原则，通过公开审查以案释法。

4. 加强对民事诉讼和执行活动的监督

2018 年，人民检察院针对违法处置被执行财产、明显超标的执行、选择性执行、消极执行等情形提出检察建议，对民事非诉执行开展专项监督，重点监督非诉法律文书执行中的违法情形，促进仲裁、公证规范化。

2018 年 7 月，最高人民检察院聘请 103 名专家组建民事行政诉讼监督案件专家委员会，召开两次论证会，对 8 起申请民事监督案件提出专家意见。

5. 继续完善检察机关公益诉讼

2018 年 3 月，最高人民检察院、最高人民法院公布《关于检察公益诉讼案件适用法律若干问题的解释》。一是规定检察机关是以“公益诉讼起诉人”的身份提起公益诉讼；二是在生态环境和资源保护、食品药品安全领域的刑事案件中增加刑事附带民事公益诉讼；三是健全检察公益诉讼的诉前程序；四是规范检察公益诉讼案件的受理程序，落实立案登记制等。

6. 加强自我监督，试行检察案件质量评查

2018 年 1 月，最高人民检察院发布《人民检察院案件质量评查工作规定（试行）》，对已结案件的办理质量进行检查评定。一是与司法责任制改革有效衔接，评查结果计入业绩考评，载入司法业绩档案，是检察官办案业绩和能力、水平的重要评价依据。二是以网上评查为主、网下评查为辅，研制案件质量评查智能辅助系统。三是规范评查内容、结果等次和评查程序、异议机制等。如发现办案人员故意违反法律法规或者有重大过失行为需要追究司法责任的，移送本院监察部门处理。这有利于落实司法责任制，加强对检察机关办案质量的监督和管理。

7. 加强对生态环境案件的检察监督

2018 年 7 月，全国人民代表大会常务委员会执法检查组在《关于检查〈中华人民共和国大气污染防治法〉实施情况的报告》中指出，存在的主要问题是司法保障作用发挥不充分。7 月，全国人民代表大会常务委员会通过《关于全面加强生态环境保护　依法推动打好污染防治攻坚战的决议》，最高人民检察院发布《关于充分发挥检察职能作用　助力打好污染防治攻坚战的通知》。一是加强对刑事诉讼各阶段的监督，保障生态环境刑事案件刑罚权的落实。二是办理公益诉讼案件要充分调查收集证据材料，发挥公益诉讼诉前程序作用，建立健全风险评估预警处置机制。三是要建立健全行政执法与刑事司法衔接平台和信息共享、联席会议机制，合力保护生态环境。

（三）深化公安相关司法体制改革

公安改革是司法体制改革的重要组成部分，其立案侦查行为是刑事司法启动与推进的基础，对促进司法公正有重要作用。

1. 公安改革要求及其路径

2018 年 3 月，中央全面深化改革委员会第一次会议通过《公安机关执法勤务警员职务序列改革方案（试行）》《公安机关警务技术职务序列改革方案（试行）》，要求在试点基础上全面推开职务序列改革，拓展民警职业发展空间。

2018 年 7 月，中央政法委在全面深化司法体制改革推进会上提出对公安改革的要求。一要深入改革人民警察招录培养机制，建立健全有别于其他公务员的整套机制。二是深化人民警察分类管理制度改革，研究制定职务序列改革政策，规范和加强辅警管理工作。三是在工资待遇、值勤岗位津贴和加班补贴、特殊人才待遇、职业风险保障等方面制定、完善或落实相关政策①。10 月，国家卫生健康委员会、公安部发布《关于加强公安民警紧急医疗救治工作的通知》，建立紧急医疗救治网络和联络协调机制，采取绿色通道建设等优先救治措施。

2. 完善公安机关信息公开机制

2018 年 8 月，公安部印发《公安机关执法公开规定》。一是应主动向社会公开刑事等案件的受理程序、当事人权利义务和监督救济渠道；二是应公开涉公共利益、受到社会高度关注的重大案事件调查进展、处理结果，和打击违法犯罪活动的重大决策、行动，但是公开后可能影响国家安全、社会稳定或者妨害正常执法活动等的除外；三是应通过提供查询的方式，向报案或者控告的被害人等公开刑事立案、撤案、强制措施等情况。

（四）进一步完善多元化纠纷解决机制

2018 年人民调解员、国际商事调解、法院调解、商会调解等多层级调解制度获得发展。

1. 加强人民调解员队伍建设

2018 年 4 月，中央政法委、最高人民法院、财政部、司法部、民政

① 参见汤瑜《完善和发展中国特色社会主义司法制度　推动政法事业新飞跃》，《民主与法制时报》2018 年 7 月 26 日，第 1 版。

部、人力资源和社会保障部发布《关于加强人民调解员队伍建设的意见》，提出对乡镇/街道人民调解委员会和行业性、专业性人民调解委员会人民调解员的学历要求等，前者学历一般应为高中以上，后者一般应有大专以上学历和相关行业、专业知识或工作经验。人民调解委员会委员通过推选产生，可连选连任。人民调解委员会应聘任专职调解员并可聘任兼职调解员。

2018年11月，司法部印发《关于推进个人调解工作室建设的指导意见》，工作室是以人民调解员姓名或特有名称命名设立的调解组织，有利于扩大人民调解的权威性、影响力，提升调解质量。

2. 试运行国际商事调解多元化机制

2018年8月，最高人民法院成立国际商事专家委员会，特聘32名中外专家为首批专家委员。12月，最高人民法院发布并正式施行《关于确定首批纳入“一站式”国际商事纠纷多元化解决机制的国际商事仲裁及调解机构的通知》《最高人民法院国际商事专家委员会工作规则（试行）》，确定北京仲裁委员会等五家国际商事仲裁机构以及上海经贸商事调解中心等两家国际商事调解机构作为首批纳入“一站式”国际商事纠纷解决平台多元化解决机制的仲裁和调解机构；细化了国际商事专家委员会的职责、调解和咨询机制、履职保障等。这标志着诉讼与仲裁、调解有机衔接的“一站式”国际商事纠纷多元化解决平台进入运行阶段。

3. 人民法院调解平台上线试运行

2018年2月，法院上线试运行人民法院调解平台，由最高人民法院建设开发，是立案前后分流、解决纠纷的辅助性科技平台。法院可通过将类案推送给适合调解案件的当事人等方式引导当事人选择调解，当事人可在平台上提出调解申请。最高人民法院将指导各级法院整合律师调解员、人民调解员、行业调解员、商事调解员、特邀调解员信息资料等调解信息资源库，将实现人工智能优化分配调解资源并完善网上调解相关制度机制。据此，可整合诉讼调解和全社会的纠纷化解资源、贯通线下线上多种调解渠道、在线制作调解协议和司法确认，提高效率。对调解不成的案件，由法官引导当事人在线提出立案申请。最高人民法院还要推动“分调裁”一体化平台建设，将繁简分流和速裁程序纳入调解平台①。

4. 推进商会人民调解

2018 年 3 月，中华全国工商业联合会、司法部印发《关于推进商会人民调解工作的意见》，商会人民调解是人民调解在非公有制经济领域的延伸，是工商联加强法律服务、及时有效化解这一领域矛盾纠纷的实际举措。

此外，2018 年 10 月，上海金融法院成立诉调对接中心，与金融行业协会、调解组织等会签诉调对接工作协议，开发线上线下调解平台，优化多元化金融纠纷解决机制。

（五）开展新一轮扫黑除恶专项斗争

2018 年 1 月，中共中央、国务院发布《关于开展扫黑除恶专项斗争的通知》，最高人民法院、最高人民检察院、公安部、司法部下发《关于办理黑恶势力犯罪案件若干问题的指导意见》；2 月，最高人民法院、最高人民检察院、公安部、司法部公布《关于依法严厉打击黑恶势力违法犯罪的通告》；4 月，民政部下发《关于贯彻落实〈中共中央　国务院关于开展扫黑除恶专项斗争的通知〉的意见》；6 月，公安部召开全国公安机关扫黑除恶专项斗争电视电话会议；7 月，中共中央办公厅、国务院办公厅公布《全国扫黑除恶专项斗争督导工作方案》。

以上文件指导开展扫黑除恶专项斗争以打击黑社会类犯罪为核心，提出威胁政治安全等十种重点打击对象，要求依法及时适用强制性措施对财产予以查封、扣押、冻结等，采取多种手段，如追缴、没收、判处财产刑以及行政罚款等，对组织者、领导者一般应并处没收个人全部财产，依法及时铲除黑恶势力经济基础。要严格贯彻宽严相济的刑事政策，主动适应以审判为中心的刑事诉讼制度改革，严禁刑讯逼供，防范冤假错案，确保

① 参见罗书臻《人民法院调解平台正式上线》，《人民法院报》2018 年 3 月 1 日，第 4 版。

把每一起案件都办成铁案。要求公检法司办理黑恶势力犯罪案件要依法建立完善重大疑难案件会商、案件通报等工作机制，进一步加强政法机关之间的配合，加强预防惩治黑恶势力犯罪长效机制建设；要求在诉讼各阶段严格掌握取保候审、不起诉、缓刑、减刑、假释、保外就医的适用条件。中央政法委牵头与全国扫黑除恶专项斗争领导小组成员单位组成中央督导组，到2019年底基本实现督导工作全覆盖，主要督导省级党委和政府及其有关部门：督查政治站位，作为考评和奖惩任免省级班子和干部的重要依据；督导扫黑、除恶、治乱的成效，特别是发动群众情况，严守法律政策界限等。

四　保障与规范诉权和诉讼权利行使

对诉权和诉讼权利的法治化保障包括对企业家产权的刑事司法保护、对未成年人的司法保护等，规制滥用诉权有利于保障当事人的合法权益。

（一）加强对企业家人身权、财产权的刑事司法保护

2018年1月，最高人民法院发布《关于充分发挥审判职能作用　为企业家创新创业营造良好法治环境的通知》，提出防止随意扩大非法经营罪、合同诈骗罪构成要件，切实纠正涉企业家产权冤错案件，同时发布7件保护产权和企业家合法权益的典型案例。2018年5月，最高人民法院对张文中案改判无罪，是法院贯彻党中央政策、保护产权等企业家合法权益的标杆案件。6月，最高人民检察院发布《关于充分发挥民事行政诉讼监督职能　推动解决刑事案件牵连产权保护问题的通知》，监督重点是刑事被告所涉民间借贷、股权转让等民事申诉案件，纠正错误民事生效裁判。

11月，最高人民法院、最高人民检察院党组召开会议，传达学习习近平同志民营企业座谈会上的重要讲话精神并部署落实。要求坚决防止将经济纠纷当作犯罪处理；要依法慎用强制措施，禁止对涉案财物采取超标超范围

的查封、扣押、冻结等措施，不该封的账号、财产一律不能封；要进一步加大涉产权冤错案件依法甄别纠正力度①。

（二）打击滥用诉权的虚假诉讼

2018 年 9 月，最高人民法院、最高人民检察院发布《关于办理虚假诉讼刑事案件适用法律若干问题的解释》，对虚假诉讼犯罪行为的界定、定罪量刑标准等予以明确。对无中生有，采取伪造证据、虚假陈述等手段捏造民事法律关系、虚构民事纠纷的六种典型虚假诉讼行为予以严厉打击，将起刑点确定为民事立案后人民法院采取保全措施、开庭审理或者作出裁判文书等程序节点，形成民事、刑事制裁手段的层次递进关系，防止刑事打击面过广。

（三）保障和规范律师庭审活动

2018 年 4 月，最高人民法院、司法部发布《关于依法保障律师诉讼权利和规范律师参与庭审活动的通知》。一是对于律师在法庭上攻击党和国家政治制度、法律制度的，发表的意见已在庭前会议达成一致、与案件无关或者侮辱、诽谤、威胁他人，故意扰乱法庭秩序的，审判长或者独任审判员可根据情况予以制止。律师明显以诱导方式发问，公诉人提出异议的，审判长或者独任审判员审查确认后，可制止。二是律师参与庭审必须遵守法庭规则、服从法庭指令，对庭审活动不得录音、录像、拍照或以移动通信工具等予以传播。三是法官不得侮辱、嘲讽律师。唯其当庭攻击党和国家政治制度等严重扰乱法庭秩序的，方可责令退出法庭或强行带出法庭。四是律师认为法官在审判中有违法违规行为，可依规投诉、举报，但律师不得以维权为由干扰正常庭审，不得在网上以自己名义或通过他人、媒体发表声明等炒作案件。五是法院认为律师违法违规的，应向司法行政部门、律协提出司法建议

① 《最高人民法院党组召开会议学习贯彻习近平总书记重要讲话》，《人民法院报》2018 年 11 月 6 日，第 1 版；姜洪：《最高检党组会传达贯彻习近平总书记在民营企业座谈会上的重要讲话精神》，《检察日报》2018 年 11 月 7 日，第 1 版。

并送交庭审音像等相关证据材料。六是司法行政机关应会同法院、律协建立分级分类处理机制。对于跨省的重大复杂事件，可由司法部会同最高人民法院、全国律协，必要时商请事件发生地的省级党委政法委牵头组成联合调查组。七是重大敏感复杂案件开庭审理时，根据法院通知，对律师具有管理监督职责的司法行政机关或律协应派员旁听，进行现场指导监督。

（四）推进国家赔偿和司法救助工作

2018 年 5 月，最高人民检察院刑事申诉检察厅、最高人民法院均下发通知，对侵犯人身自由的案件执行新的日赔偿标准 284.74 元，较上年度增加 25.85 元。

11 月，最高人民法院发布 10 件国家赔偿和司法救助典型案例。其中国家赔偿典型案例的赔偿义务机关涵盖了公、检、法、司机关，案由分别涉及刑事违法扣押赔偿、无罪逮捕赔偿等情形。国家司法救助典型案例是最高人民法院首次发布的司法救助案例，涉及刑事被害人救助等。近年来人民法院还通过审理呼格吉勒图、聂树斌、北鹏公司等国家赔偿案件和处理肖祖富、李寻乐、辛进成等司法救助案件推进这两项工作。

（五）加强对未成年人的司法保护

性侵害和伤害案件占据较大比例的侵害未成年人犯罪呈现上升趋势，涉网犯罪案件增多，如利用网络猥亵未成年人等。这些案件发现难、查证难、指控难，为此，检察机关对疑难重大案件提前介入侦查，引导侦查机关尽可能全面收集各种证据。

2018 年 2 月，最高人民检察院与共青团中央会签《关于构建未成年人检察工作社会支持体系合作框架协议》，3 月，最高人民检察院印发《关于全面加强未成年人国家司法救助工作的意见》。前者建立检察机关、共青团组织联动保护机制，协助开展社会调查、合适成年人到场等工作，完善行政与司法衔接保护机制等；后者规定八类因本人或其抚养人遭受不法侵害等陷入困境的未成年人将获得司法救助等相应帮助。

（六）规范行政诉讼起诉行为

2018 年 2 月，最高人民法院出台《关于适用〈中华人民共和国行政诉讼法〉的解释》，增加规定了不产生外部法律效力的行为、过程性行为、协助执行行为、内部层级监督行为、信访办理行为等五种不可诉的行为，明确了投诉举报人、债权人、非营利法人、业主委员会等原告和开发区有关部门、村（居）委会、事业单位和行业协会的被告资格，防止滥诉。

（七）继续规范行政机关负责人出庭应诉制度

最高人民法院实施《关于适用〈中华人民共和国行政诉讼法〉的解释》，首先，明确行政机关负责人应出庭应诉的情形包括涉及重大公共利益、社会高度关注或可能引发群体性事件等案件。其次，适度扩大行政机关负责人的范围，包括正副职负责人及其他分管负责人。再次，规定行政机关负责人不出庭的说明义务。又次，明确“行政机关工作人员”是有国家行政编制的工作人员及其他依法履行公职的人员。最后，规定不出庭应诉的不利后果，法院要记录在案并在裁判文书中写明，同时可建议有关部门依法处理。

此外，审判程序中刑事辩护全覆盖改革试点获得推进。2018 年 5 月，广东省高级人民法院、司法厅联合发布《关于开展刑事案件律师辩护全覆盖工作的实施办法（试行）》，全面启动刑事案件律师辩护全覆盖。

B.6
构建解决“执行难”长效机制

解决执行难的中国经验课题组 *

摘　要： 人民法院“基本解决执行难”工作开展以来，全国法院执行工作取得了显著成效，执行大格局筑基成形，执行力量大幅增强，执行规范化水平明显提升，执行信息化建设再上新台阶。为实现党的十八届四中全会提出的“切实解决执行难”目标，下一步必须着眼于制度建设，推进民事强制执行立法，完善包括个人破产在内的破产制度，大力加强社会信用体系建设，丰富完善社会救助体系。在此框架下，巩固人民法院三年“基本解决执行难”工作成果，紧紧依靠党的领导，在全面依法治国框架下全面依法治理“执行难”，在综合治理执行难工作大格局中持续优化联动机制；强化立审执破衔接，定分止争，充分告诫拒不履行的法律后果，减少进入强制执行程序案件，畅通执行案件退出通道；强化执行强制性、规范性，在依法刚性地惩戒拖延、逃避、抗拒执行行为的前提下不间断推进执行程序，使案件得到全面有力的执行，最终形成“自觉履行为主，强制执行为辅”大格局，努力让人民群众在每一个司法案件中感受到公平正义。

关键词： 解决“执行难”　执行大格局　长效机制　公平正义

---

* 课题组负责人：李占国，浙江省高级人民法院党组书记、院长。课题组成员：朱深远、金平强、方嘏风、聂纵、裘茂金、叶向阳、毛煜焕、吕宇、陈卫国、王雄飞、王敏、王茜、陈佳强、王萃、吴延学、陈文通、汪德峰、陈晓欢、吴江龙、饶群、程薇。执笔人：裘茂金，浙江省高级人民法院执行综合处处长；王雄飞，浙江省高级人民法院执行综合处副处长。

引 言

人民法院生效法律文书的执行，是整个司法程序中的关键一环，事关人民群众合法权益的及时实现，事关经济社会发展的诚信基础，事关司法权威和司法公信力的有效提升，事关全面依法治国基本方略的贯彻落实①。2014年10月，党的十八届四中全会将“切实解决执行难”列为全面依法治国的目标任务之一。2016年3月，最高人民法院贯彻落实党中央重大决策部署，提出“用两到三年时间，基本解决执行难问题，破除实现公平正义的最后一道藩篱”。

客观地说，通过三年基本解决执行难工作，人民法院执行工作取得了显著成效。全国范围内，执行大格局筑基成形，执行力量大幅增强，执行规范化水平明显提升，执行信息化建设再上新台阶，“基本解决执行难”工作实现了三个“前所未有”：各界的支持力度前所未有、执行强度前所未有、创新推动前所未有。但是，要使人民法院解决“执行难”工作长效推进，实现党的十八届四中全会提出的“切实解决执行难”目标，从根本上讲，需要从强制执行立法、信用立法和破产立法等法律制度上下功夫，从人民法院工作来讲，需要外部大格局、内部一盘棋，在构建解决“执行难”长效机制上下大力气。

一 紧紧依靠党的领导，构建综合治理执行难工作大格局

党的集中统一领导，是中国特色社会主义最本质的特征，是人民司法工作必须坚持的基本原则，是人民法院一切工作得以全面推进的根本保证。坚持党对执行工作的绝对领导，站在全面依法治国、推进国家治理体系和治理

① 参见《最高人民法院关于人民法院解决“执行难”工作情况的报告》，《人民法院报》2018年10月25日，第1版。

能力现代化的高度，切实解决执行难，既是党对执行工作的要求，也是人民法院执行工作的制度优势。要持续健全完善“党委领导、政法委协调、人大监督、政府支持、法院主办、部门联动、社会参与”的综合治理执行难工作大格局，在各级党委的领导下，以法院为责任主体，优化联动机制，在检察、公安、工商、不动产登记、金融监管等有关部门的协同努力下，共同推进执行难问题的解决。

（一）在综合治理大格局下联合治理执行难

从根本上讲，执行难是一个社会问题。持续上升的诉讼案件、执行案件，一方面反映一个地方市场经济的活跃度高，另一方面也反映了市场秩序不好、社会诚信严重缺失等问题。执行难问题当然有人民法院内部工作的原因，同时也有外部原因：一是社会诚信体系不够健全，失信成本低；二是执行依据复杂多样，既有人民法院自身作出的生效法律文书，也包括仲裁裁决、部分行政决定、境外法院的民商事判决等生效法律文书；三是执行标的种类繁多，但监管、登记等制度尚不健全，查控效果不理想；四是法律和配套制度不够健全完善，部分事项处置境遇尴尬；五是多种经济社会矛盾交织，执行的方法和力度难把握。因此，执行难本质上是一个社会治理方面的问题，需要对症下药，优化联动机制，不可能靠法院一家单打独斗能够解决，必须走综合治理的道路，将人民法院执行工作融入整个社会的管理创新①。

（二）在综合治理大格局中持续优化联动机制

浙江是综合治理执行难起步较早、基础较好的地区，网上“点对点”执行查控系统建设、公安协助查控被执行人、党政机关特殊主体执行等，诸多领先全国的好经验好做法，都是联动执行理念的生动体现，效果很好。2018 年，浙江通过公安协助查控被执行人机制，抓获已被决定司法拘留但

① 参见《最高人民法院关于人民法院解决“执行难”工作情况的报告》，《人民法院报》2018 年 10 月 25 日，第 1 版。

躲避执行的被执行人42948人，补齐了找人难的短板，促进执结案件10934件，执行到位金额101714．5739万元。

过去的联动机制建设，侧重于财产查控、查人方面的执行联动，信用联合奖惩尚在起步阶段，机制、系统尚在建设中，下一步还需要把重点放到信用联合惩戒上。对于失信被执行人的联合信用惩戒，以浙江为例，2018年浙江省高级人民法院联合省发展改革委、信用浙江建设领导小组下发了《2018年浙江省失信被执行人联合惩戒实施方案》，各级法院按照方案要求，继续深化与各信用建设单位的联动，进一步落实有关联合惩戒机制，扩大失信惩戒范围，发挥联合惩戒作用。目前已有宁波、温州、嘉兴、台州、衢州等多个地区实现与市信用中心对接，定期“点对点”向市发展改革委提供失信被执行人名单信息，在“信用中国”地区性网站设置专栏，实现对失信被执行人的直接查询、曝光；将失信被执行人名单信息嵌入行政审批平台，相关单位在管理、审批程序中增加“信用校验”程序，从而实现对失信被执行人名单信息的自动比对、自动监督和自动惩戒。省级层面，在行政管理事项中全流程应用公共信用信息工作也在稳步推进。

过去的联动机制建设，侧重于与行政机关的执行联动，随着相关司法解释的出台和强制性的不断提升，基于打击拒执行为的联动需求日益强烈，下一步还需要强化对拒执犯罪的联合打击。总体来讲，在“基本解决执行难”背景下，对拒执犯罪的打击力度较之以往有所加大，但各地还是差异较大。人民法院需要加强与公安、检察两家的联动，优化工作机制，细化移送程序，统一定罪量刑标准。公安、检察不予立案、移送起诉的，要及时出具相关文书，以便当事人提起刑事自诉。

通过联动机制建设，在具体执行工作中实现“两个到位”。一是有财产可供执行的措施要到位，即有财产要查询到位、控制到位、处置到位，有履行能力的被执行人要履行到位，拒不执行、规避执行的要惩戒到位。二是没有财产可供执行的要规范到位，主要体现在程序终结案件要100%合格。在强调信用联合惩戒的同时，也要为有履行意愿、主动配合执行的被执行人提供信用修复渠道，激励诚信、惩戒失信。

（三）将制度建设作为长效联动机制的根本保障

制度建设主要涉及立法层面、宏观层面，从长远和根本来看，解决执行难工作要落脚到法治上，从制度上谋长远、谋根本，主要是强制执行立法、完善破产立法、信用立法和社会救助立法①。需要推进强制执行立法，为解决执行难工作固本培元，将执行工作的规则体系上升到法律层面，提升执行工作规范的系统性、协同性；完善企业破产制度，使得履行不能者市场化、规范化退出，建立个人破产制度，为履行不能的自然人提供重生的可能；完善信用立法，构建社会信用体系，使得有财产而不主动履行者处处受限；完善社会救助体系，重点解决涉民生案件执行难问题。

在这一法律制度框架下，社会各相关部门、市场主体各归其位，相关的政府部门依法行政和履职，人民法院的执行工作与各相关政府部门在财产查询控制、不动产登记、财产处置、税费、信用联合惩戒、执行救助等相关问题上都有法可依、有章可循。在这一法律制度框架下，具体的联动机制主要涉及执法层面、微观层面，外部的工作机制即上述联动机制，需要放到社会综合治理大格局中定位，并进行优化完善。

二　强化立审执破衔接，畅通执行案件退出通道

就人民法院内部而言，需要树立全院执行理念。执行工作是人民法院的全局性工作，虽然生效裁判是由执行机构直接具体实施，但是立案、审判等有关部门，在解决执行难工作中也需要相互配合、共同推进，立案、审判、执行的各项具体制度相互衔接、形成合力。

（一）持续优化立审执兼顾工作机制，减少强制执行程序案件

从人民法院内部业务工作来看，建立长效机制，需要进一步完善立案、

① 具体论述可参见李占国《解决执行难长效制度刍议》，《人民法院报》2019年2月28日，第5版。

审判和执行的协调运行机制。

第一，立案环节是第一道关口，这里既包括普通民商事、行政案件的立案工作，也包括执行案件的立案工作。对于普通民商事、行政案件的立案环节，需要强化诉调衔接机制，通过在人民法院的立案环节对接社会组织的调解工作，从源头上减少人民法院受理案件的数量。对于执行案件立案，立案环节审查把关严不严，立案工作质量好不好，直接关系到后续的执行工作。比如，立案时的信息采集准确充分，后续执行查控、送达就能高效便捷。要将执行工作中通知当事人、财产查控和处置等与立案环节相关的一些程序性要求（如当事人身份信息、财产信息等）与立案程序相衔接，提升法院工作的协调性和协同性。

第二，加强审执兼顾，在权利义务告知书和裁判文书中载明不履行裁判的法律后果，特别是可能承担的刑事责任。要强化对案件自动履行率的考核，在办案工作量、评先评优、绩效考核、晋职晋级等方面予以激励，力争使更多的案件在审理阶段得到履行。审判部门裁判调解时需要充分考虑裁判文书的可执行性，特别是继续履行合同的判决，履行内容应当明确。调解工作中，审判部门需要注意调解的真实性，应当注意审查双方意思的真实性、合法性，注重调解书的可执行性，防止当事人通过虚假诉讼逃避法律义务。

第三，深化诉讼保全和执行的协调配合机制。《最高人民法院关于深化人民法院司法体制综合配套改革的意见》即《人民法院第五个五年改革纲要（2019～2023）》第47条亦明确：加大诉讼保全适用力度，完善保全和执行协调配合机制，鼓励财产保全保险担保，完善保全申请与执行网络查控有序衔接工作机制，以保全促调解、促和解、促执行。为下一步具体的诉讼保全与执行工作衔接提供了思路和方向。实际工作中，需要加大诉讼保全适用力度，全面推广由保险公司为申请人提供财产保全责任保险的做法，解决申请人难以提供保全担保的问题，提升财产保全适用率。与此同时，强调申请人申请保全时应明确具体的保全标的，保全错误的损失应予赔偿，防范保全措施被滥用。

（二）优化执行和破产程序衔接机制，畅通执行不能案件退出通道

从程序价值来讲，强制执行程序指向通过国家强制力实现申请执行人的个别清偿，破产程序指向通过法定程序实现债务人全体债权人的依序公平清偿，从某种程度上讲，破产程序系一概括执行程序。从程序功能上讲，强制执行程序与破产程序都具有债务人财产的查询、控制、处置和分配功能，核心区别在于分配功能的实现。从法理上讲，强制执行程序落脚于申请执行人的个别清偿，破产程序落脚于全体债权人的公平分配。但两个程序在债务人财产的查询、控制、处置功能上具有一致性，这也为优化执行和破产程序衔接工作机制提供了理论基础和制度支撑。

在执行具体工作中，要将“执行不能”案件与执行难区分开来，“执行不能”案件所涉债务大致分为两类：一类是法人债务，被执行企业债台高筑，甚至处于无人员、无财产、无办公场所的“三无”状态；另一类是自然人债务，被执行人自始财力有限，确无清偿能力。从被执行人的角度讲，“执行不能”案件均应导入破产程序，实现其全体债权人的公平清偿和债务人的规范退出。从制度层面讲，需要把解决执行难与解决执行不能结合起来，推动建立个人破产制度，完善现行企业破产法，畅通“执行不能”案件依法退出路径。从机制层面讲，需要畅通执行程序和破产程序衔接工作渠道，清算债务人财产，让执行不能案件彻底退出执行程序。可积极探索执行程序发挥替代性简易破产程序的功能，实现执行程序和破产程序方法措施的融合：一是在人员上打通执行部门和破产审判部门的严格分界，由执行局员额法官与破产审判业务庭员额法官组成联合合议庭，办理“无产可破”或者仅有少量资产、债权债务状况清晰、债权人数较少的简易破产清算案件，相互弥补业务能力上的不足；二是在财产调查层面，将执行程序与破产程序打通，在破产程序中通过设定一定的程序要求，有效运用执行“点对点”和“总对总”查控系统等执行中的财产查控手段和措施，提升破产程序查控债务人财产的效率，一定程度上破解破产程序中破产管理人查控债务人财产履职能力不足的难题；三是在符合条件的情况下通过执行程序先行处置查

控财产，消除进入破产程序以后破产财产处置方案需要经过债权人会议表决的法律障碍，提升整体程序效率；四是探索在破产程序中运用执行强制措施加大对违法行为的制裁力度，以提升破产程序的强制性。

三 强化执行强制性、规范性，引导更多的当事人自觉履行

基本解决执行难实践表明，执行不力、不规范导致选择性执行、消极执行，是执行工作的痛点，是人民群众关注的焦点，也是执行难问题的重要成因。如何查明问题精准发力，针对执行工作本身，把执行行为和措施纳入规范的“笼子”，强化措施适用和执行流程的刚性，是执行工作长效机制的重要环节。

（一）强化“统一领导、统一管理、统一指挥”执行工作机制

执行工作有别于审判工作，在上下级法院之间是一种领导关系，这种“统管”体制集中体现在以下四个方面。一是实行执行管理，贯彻党委和上级法院的工作要求，围绕大局开展执行工作；统一部署辖区法院执行工作，明确阶段性目标和任务；管理辖区法院执行队伍，开展培训和调研等活动，提升执行队伍政治素养和履职能力。二是协调案件办理，协调辖区法院之间、辖区法院与其他法院之间的执行争议，推进案件执行；针对疑难、涉众、涉信访、长期未结的案件，适时组织集中执行、专项执行等清理未结案行动，营造执行声势；适时组织提级执行、指定执行和协同执行行动，形成示范效应。三是加强案件监督，对超期案件、涉民生案件、涉公职人员等特殊主体案件进行跟踪督办；督促办理信访案件，从中发现和梳理执行办案中存在的突出问题；督促落实代表委员建议意见，落实定期通报机制；督促辖区法院认真及时办理法院之间互相委托的事项，法院执行一盘棋，提高效率、降低成本。四是加强工作指导。运用执行指挥应急值守平台类案分析、节点监控、终本监管等功能，定期督办、通报执行案件和执行态势，为严格

执行流程、加强执行统筹、系列案件集中管辖提供可靠依据。及时回应下级法院执行中遇到的困难和问题，在不断克服困难中提升执行质量、能力和水平。

（二）强化实施环节强制执行措施的刚性实施机制

进入强制执行程序的被执行人，均已经构成了拒不执行生效裁判确定义务的实质要件，应当依法受到制裁。但实践中，强制执行行为、执行措施的实施上不作为、乱作为现象，导致一些被执行人逃脱了应有的制裁，或没有受到法律规定应有的制裁。2018 年最高人民法院组织的执行巡查以及浙江省高级人民法院自己组织的执行案件专项巡查，均发现了这一问题。究其原因，虽然有案多人少、执行水平和能力不高等方面因素，但根子上还是在于执行权“一竿子”到底，执行人员自由裁量权过大，执行权的行使缺少规制和监督。为此，浙江省高级人民法院制定强制执行措施实施的刚性规范，夯实执行工作长效机制的基础。这一规范性文件的出发点是，突出执行的强制性，对有能力而拒不执行判决裁定的失信被执行人加大罚款、拘留和刑事处罚力度。切实提升执行规范化水平，什么样的情况应该纳入失信名单、什么样的情况应该限制高消费、什么样的情况应该罚款、什么样的情况应该拘留、什么样的情况应该判刑，统一实施标准，从根本上杜绝乱执行、选择性执行现象。基本思路是，以被执行人应当履行的义务为核心，针对没有履行、拒绝履行、错误履行的情形，规定执行法院、执行人员应在明确的期限内采取相应的执行行为或制裁措施。相应的期限均通过软件系统实现智能化管理。一是期限内作出警示，提示执行机构负责人和案件承办人；二是反向制约，设定的事项没有完成，执行流程就无法继续进行。

强制性规范应始终坚持以下三个原则。一是严格依法，所有的执行行为和制裁措施以符合现有法律、司法解释和规范性要求为前提。二是突出重点，针对执行流程中的重大事项，针对维护法律的严肃性，针对执行结果的可执行性。三是务实管用，充分考虑执行工作规律和实际，期限设定上与工作量相适应，例外情形有一定的灵活性，允许报批后暂不采取。

特别强调的是，财产报告制度是破解执行难的重要突破口，是改变法院找被执行人、找财产被动局面的最有力措施。多年的执行实践发现，财产报告制度并没有真正落实，相当比例的被执行人违反财产报告制度没有受到制裁。浙江的规范性意见将彻底改变这一现状，突出这一制度的刚性。一方面是正向激励主动如实报告财产、配合法院执行的被执行人，如将已经查封、冻结的车辆等动产在10天内送交执行法院可暂缓采取失信惩戒等强制措施，从而有效降低司法成本，提高工作效率。另一方面，在规定的时间内强力惩处拒不报告、不如实报告、不主动移交被查封的动产等逃避执行的违法行为。

（三）以繁简分流为主线优化执行权运行机制

案多人少矛盾普遍存在，浙江尤为突出。2018年全省人均办案345.7件，全年工作日也就232天。案件量较多的萧山法院近年来执行办案人员每年的人均结案量在600件左右，平均每个工作日办结2~3件。巨大的办案压力无法保证办案质量，给管理增加了难度，还会带来诸多负面问题。执行力量有“天花板”，不可能通过做人数的加法来缓解矛盾。按照习近平总书记在中央政法工作会议上提出的“推进案件繁简分流、轻重分离、快慢分道”要求，充分利用好现有的力量，形成了繁简分流机制下“有限执行、有序执行、不间断执行”的执行办案模式，让债务关系清晰、当事人比较配合、财产状况明晰的案件不过多地占用司法资源，是优化执行权运行机制的核心所在。

简案快执的主要任务是在一个月内完成集中查控和处置，以最快捷的方式和最高的效率实现当事人的债权。尽可能多地消化掉案件，为精细化办案减轻压力、创造条件。根据浙江省杭州市下城区、宁波市鄞州区等法院实践，这一阶段能够消化30%左右的案件。

繁案精执则是指，办理简易阶段没有取得进展以及案情比较复杂的案件。每个执行团队按照“有限、有序、不间断执行”的原则，在饱和值范围内统筹资源、统筹案件、统筹力量开展执行活动。有限执行是指一个承办人或一个执行团队的当前负案量有饱和值，每个执行团队均在饱和值范围内开展办案活动。办结一件，补充一件。“饱和值”以执行人员最高效、最能掌控案件办理为原则进行测算。有序执行是指所有的案件都按照立案时间先后在等待区等待。出现非常特殊（如临时发现财产、被执行人可能出国等）的状况，启动“急诊”通道作出应急处理，但在“急诊”事由消除或得到有效控制的情况下，案件仍然回归正常程序。进入精细阶段后，每个团队承办的案件同时处于执行程序之中，同时以当事人能够知晓的方式公开执行进程，既形成监督，也体现公开公正的要求。不间断执行是指每一个进入精细化办理阶段的案件，其执行流程必须连续不断地推进，财产穷尽，措施穷尽。没有特殊情况（当事人提出异议、异议之诉等）不得暂停或停止。不间断执行的另一层含义是，执行案件不得因为异议、破产审查、协调期限过长等事由先行结案。

整体上而言，执行流程并存四个区块。一是以时间流程为主的实施流程，执行案件进入执行程序后，先经集中查控、简案快执，再进入分流等待区，后转入精细化执行阶段。二是专业性事项的辅助流程，由特定的机构和人员分别处理执行审查、评估拍卖、移送破产等工作。三是规避、逃避、抗拒执行事件发生后的惩处流程，分别处以失信惩戒、限消惩戒和拘留、罚款、打击拒不执行判决裁定行为等。四是特定辅助事项办理的受托流程，跨域委托其他法院调查的事项，属地的委托中介机构或人员辅助办理的事项，称之为“延伸服务”，如律师参与被执行人身份和财产信息调查，拍卖辅助机构承担拍卖辅助事项等（见图1）。

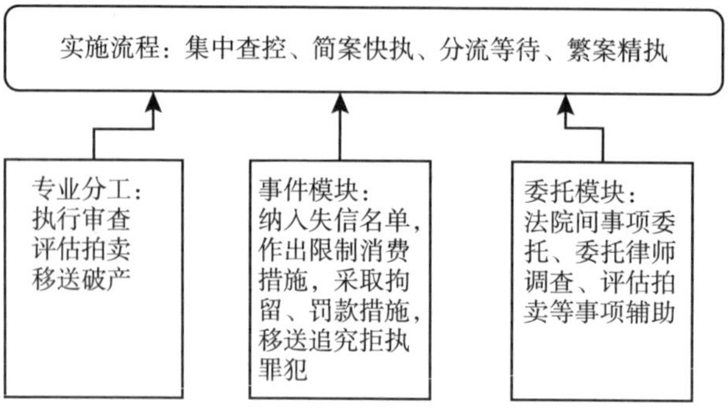

图1　执行实施分工协作区块

四　强化执行信息化、智能化，保障执行工作长效健康发展

执行工作长效健康发展，需要加强信息化、舆论宣传等保障。要进一步加强信息化建设，一是扩大查控的“面”，延伸服务能力，完善财产发现、履行能力分析、被执行人轨迹分析等功能。加强系统运用，实现系统查控的自动化、全覆盖，线上与线下查控互相补充。二是精准查控的“点”，通过加强网络智能化建设，汇集政府信用部门掌握的海量数据，建立起被执行人信用等级模型；通过人脸识别、移动终端轨迹定位等信息化手段，精确查找被执行人；借助网络自动查控功能，自动报警提示发现的财产线索，以及查控期限的自动报警管理等。三是为统管工作提供抓手，通过大数据分析统计平台，为案件办理进程及行为、措施的落实提供体检表，为类型化、同质化案件提供处理模块，为群体性、同类型案件的发生提供预判工具，为质量和效率评估建立模型。

创新推动是解决执行难的不竭动力。“移动微法院”就是“执行＋互联网”的一个成功案例，使公平正义以看得见的方式加以呈现。2017 年 10 月，宁波余姚法院利用微信小程序开发移动微法院，尝试依托社交媒体探索移动电子诉讼新模式，并且在试行中向执行等领域不断丰富和完善。移动微法院的执行模块围绕基本解决执行难的司法需求，设计理念突出了“让司法服务触手可及”，方便法官办案、方便当事人联系法官，当事人在手机上即可进行立案、送达、终本约谈、执行节点信息采集和推送等活动，为当事人提供了移动式、跨时空、便利化的司法服务。“让司法公开触手可及”，执行法官向执行管理系统输入冻结、查封等执行节点信息后，系统会自动推送到宁波移动微法院向当事人公开。“让移动办案触手可及”，执行法官在外办案中可将搜查、调查、查封、扣押、评估和终本约谈等 6 个节点信息以摄影、摄像、语音、文字等方式实时通过执行模块上传到执行管理内网系统，内网系统自动将信息推送给当事人手机终端。“让监督管理触手可及”，

实现全过程留痕，移动微法院将当事人参与和法官办案的每个环节、每个活动均在平台上同步自动存档，使执行活动可备查、可追溯。实现可视化监督，系统以图表形式直观反映各法院和法官的网上办案情况，可实时掌握执行动态，实现执行监督管理从事后向事前、事中转变。

最后，要优化融合媒体大背景下的执行宣传机制。习近平总书记强调，“推动媒体融合发展、建设全媒体成为我们面临的一项紧迫课题”“要不断总结经验，在理念思路、体制机制、方式方法上继续探索，在向基层拓展、向楼宇延伸、向群众靠近上继续下功夫，为人民群众提供更多更好的文化和信息服务”。对于执行工作而言，执行宣传具有优化法治环境、弘扬社会诚信、促进案件执行、总结先进经验、维护和谐稳定的特殊使命。习总书记的讲话为我们加强执行宣传指明了方向。充分运用信息革命成果，借媒体融合发展的东风推动执行宣传走向深入，是执行工作长效机制的有机组成部分。一是要进一步用好执行公众号、微法院等自媒体平台，延伸触角。通过专题报道、深度挖掘、先进推介、“老赖曝光”、风险提示等形式，提高内容的时效性、话题性、知识性。在人流集中区域安装大屏幕开展执行曝光，提升曝光和警示效果。拍摄并传播执行微电影、专题片、公益广告、抖音，采取张贴公告、报刊夹页定向投放等方式实现执行宣传进乡村街道住宅小区，把执行宣传渗透到人们生活的神经“末梢”。二是要进一步深化与主流媒体的合作，拥抱全媒体，讲好“执行不能”的故事。开展执行全媒体直播活动，全方位、全媒体、多层次展示执行现场。三是定期开展执行宣传教育主题的公开日、开放日活动，邀请人大代表、政协委员、廉政监督员、联动单位、媒体近距离接触执行，主动听取意见建议。发布执行工作白皮书（年度），集中展示执行工作新进展、新手段、新措施、新成效。

结　语

“雄关漫道真如铁，而今迈步从头越。”人民法院解决“执行难”工作绝非一朝一夕之功，也不能仅凭法院一家之力，必须立足长远、统筹兼顾，建立完善执行工作长效机制。唯有从制度上下大力气，紧紧依靠党的领导，在全面依法治国框架下全面依法治理“执行难”，实行矛盾纠纷源头治理；完善执行立法，强化立审执破兼顾，切实提高司法运作效率；加强社会诚信体系建设，针对不同信用情况给予奖惩，形成良好的社会导向；提高执行信息化、智能化水平，以科技助推执行工作提速增效；做好融媒体宣传大文章，打造更有利的执行外部环境，全面夯实人民法院解决“执行难”工作的基础，实现从“基本解决执行难”到“切实解决执行难”的跨越，真正实现习近平总书记提出的“努力让人民群众在每一个司法案件中感受到公平正义”的奋斗目标。

B.7
2018年的中国证券市场法治

姚　佳*

摘　要： 2018年中国证券市场法治继续致力于建构证券规范体系、深化证券监管与保护投资者利益。受贸易摩擦、实体经济与金融业去杠杆等重要因素影响，A股波动较大，个股也受较大影响。在证券法律规范层面，主要出台退市新规、高送转新规等。证券监管仍延续“强监管”“严监管”态势，严格查处上市公司严重影响市场秩序行为、未按期披露年报以及中介机构违法行为等。A股经几次闯关，终于纳入MSCI新兴市场指数；拟设立科创板，构建多层次资本市场体系；等等。展望2019年，仍将全方位构建证券市场法治体系，向纵深推进《证券法》修订、打击证券市场违法行为等证券监管以及进一步保护投资者利益。

关键词： A股波动　去杠杆　贸易摩擦　MSCI指数　科创板

中国金融业尤其是证券业21世纪以来备受关注，实体经济与金融是“共生共存”关系，中国证券行业却似乎走出了相对“独立行情”，但也同时因存“脱实向虚”之嫌而备受诟病。自上一轮“牛市”结束、经历了2015年股市异常波动以后，2016年以来A股逐渐下行，实体经济发展困难，世界政治经济格局发生深度调整变化等，导致外部不确定性因素增加，

* 姚佳，中国社会科学院法学研究所副编审。

中国经济金融体系所面临的环境日趋复杂①，使得中国证券市场具有比较明显的“脆弱性”。这些发展变化也给证券市场法治带来一系列挑战：《证券法》修订一再推迟，证券监管依赖大量规范性文件并呈现“强态势”特征，以及欺诈和虚假陈述案件成为主要案件类型等，实现证券市场法治具有相当程度的复杂性和曲折性。

一 2018年证券市场典型事件

2018 年 A 股指数整体上呈波动下降趋势，从 2018 年 1 月 2 日的 3348.33 至 2018 年 12 月 28 日的 2493.90，指数总体下降 25.5%，个股股价普遍下降较多。考察影响市场波动因素，根本上是实体经济发展较难，再加之去杠杆、贸易摩擦以及监管政策趋严等原因，这也给证券市场法治规则构建带来较多挑战和新问题。

（一）贸易摩擦影响 A 股

综观 2018 年之大事件，其中最为重要的是中美贸易摩擦。2018 年 6 月，中美产生贸易摩擦，对中国经济造成较大影响，对证券业产生较大影响，A 股指数和个股股价出现大幅下跌。由此而引发的问题是，由于两市大部分股权被质押，个股股价迅速下跌则会面临被强制平仓的压力，是一种被动去杠杆，严重影响流动性。截至 2018 年 10 月 19 日，据测算，质押估算市值达到 4.44 万亿元，两市共质押 6372.51 亿股，占总股本的 9.94%，二者均位于历史高位，但分布高度不均，其中仅 45 股就合计质押约 1 万亿元市值；两市仅 69 股未涉及股票质押，148 股质押比例超 50%②。此种情况也使实体经济和证券业发展陷入窘境。

---

① 参见中国人民银行《中国金融稳定报告（2018）》。

② 曾炎鑫：《聚焦股权质押六大核心数据 9 家券商竟占五成份额》，http://stock.jrj.com.cn/2018/10/22095925236900.shtml，最近访问时间：2018 年 10 月 31 日。

（二）证券市场与去杠杆

金融业是一国经济的“晴雨表”，证券业作为金融业中的重要组成部分，因其具有直接融资特性，颇受实体经济青睐。理论上，实体经济直接影响证券市场，影响着投资者对上市公司业绩的预期，股市等证券行业的行情变化则对实体经济具有间接反作用。但是，近年来全球金融实践中却出现了“金融对实体经济的‘疏远化’”现象①，中国证券业也似乎一直保持着“独立繁荣”，然而此种情况在2017～2018年有所变化，因实体经济与全球政治对经济的影响，中国证券市场也受到较大影响。

实体经济与金融领域的杠杆在过去十年迅速增长，高杠杆是宏观金融脆弱性的总根源，在实体部门体现为过度负债，在金融领域体现为信用过快扩张，“高杠杆和沉重债务负担可能使未来消费和投资增长承压”。2017年中国宏观杠杆率上升速度明显放缓，全年上升2.7个百分点至250.3%，其中企业部门杠杆率为159%②。美国为251.2%，欧元区为258.3%，巴西为151.7%，印度为124.3%，横向比较来看，中国非金融企业部门的杠杆率在主要经济体中位列第一③。2017年M2增速较前些年有所放缓，主要是金融体系抑制内部杠杆，资金嵌套明显减少，挤出了过去积累的一部分“水分”，有利于稳定宏观杠杆率④。事实上，包括央行在内的诸多监管部门都在致力于“处理好稳增长与去杠杆、强监管的关系，打好防范化解金融风险攻坚战，守住不发生系统性金融风险底线”⑤。2016年10月10日国务院发布了《关于积极稳妥降低企业杠杆率的意见》，去杠杆也使实体经济面临“剧痛”，需要实体经济适应与再发展。尽管人们今天在批评高杠杆带来的弊端，但颇耐人寻味的是，2015年证监会官员接受官媒采访时认为，该轮

① 参见李扬《“金融服务实体经济”辨》，《经济研究》2017年第6期。

② 中国人民银行：《中国货币政策执行报告（二〇一八年第一季度）》。

③ 中国人民银行：《中国金融稳定报告（2018）》。

④ 中国人民银行：《中国货币政策执行报告（二〇一八年第二季度）》。

⑤ 中国人民银行：《中国货币政策执行报告（二〇一八年第二季度）》。

股市快速上涨可谓“改革牛”与“杠杆牛”的双重推动[①]，其后在2015年股市异常波动之时又认为是配资和杠杆带来的问题，开始去杠杆和去配资。2017、2018年以来，在实体经济急速去杠杆的过程中，实体经济、上市公司等市场上可能的资金减少，因此证券业也受到较大影响。如果说此前证券业因“脱实向虚”走出了自己的“独立行情”，而近两年则又回归应然和本源，“独立行情”式微，体现出较为明显的实体经济对证券业之影响。

（三）A股加入MSCI新兴市场指数

中国A股于2018年6月第四次闯关MSCI后取得成功，正式加入MSCI新兴市场指数，这是中国股市国际化的重要一步，具有里程碑意义，将成为国际投资者进入中国股市最重要的参与指标之一，对A股是一个重要利好。中国证券监管部门也将进一步完善境外投资者投资A股相关制度与规则。

（四）设立科创板

2018年11月5日，习近平总书记宣布将在上海证券交易所设立科创板并试点注册制。该举措对完善多层次资本市场体系、提升资本市场服务实体经济的能力具有重要意义。从市场功能看，科创板应实现资本市场与科技创新更加深度的融合；从市场发展看，科创板应成为资本市场基础制度改革创新的“试验田”。通过发行、交易、退市、证券公司资本约束等新制度以及引入中长期资金等配套措施，让新增资金与试点进展同步匹配，促进现有市场形成良好预期[②]。

（五）退市新规

11月16日，沪深交易所修订完善《股票上市规则》《退市公司重新上市实施办法》等规则。退市新规从上市公司信息披露、风险警示制度设计、相

---

① 《中国证监会主席肖钢与代表、委员对话　深化改革是牛市最大动力》，《人民日报》2015年3月10日，第9版。

② 参见午言《科创板，打好“创新牌”》，《人民日报》2018年11月12日，第5版。

关主体权利限制等多方面问题出发，完善相关配套机制，维护投资者利益。

事实上，证券业所谓“相对独立繁荣”本就是一个不应存在的现象，但在中国存在并持续已久。在实体经济等外部经济环境发生问题之时，此种“独立行情”便不复存在，给证券业发展以及法治预期带来较大挑战。

二　中国证券市场何以“法治化”

法治化始终围绕法律实践、法律文本和法律实施等核心命题，证券市场法治则围绕着证券法律规范的构建、证券监管、司法实践等议题。综观2018年，证券法律规范向度上有一定推进，但是《证券法》修订始终未有实质性进展，证券监管等仍然以“强监管”“严监管”为主要基调，总体上也反映出A股本身发展之艰难。

（一）法律规范群

本轮《证券法》修订工作自2013年启动以来，2014～2017年连续被列入立法计划“继续审议的法律案”，始终处于呼之欲出状态。但是由于上一轮A股快速上涨与异常波动，立法者、理论界和实务界都共同认识到，《证券法》修订仍需慎之又慎，很多制度仍需三思而后行。虽然对《证券法》修订讨论仍然热烈，但是2018年却被列入“预备审议项目”，这意味着《证券法》修订工作或再次延缓。众所周知，注册制是本轮修订重点，但由于修法之慎重，可能很多制度的出台仍具有很大的不确定性。

尽管《证券法》亟须修订，甚至存在相当的不确定性，但在中国证券法律规范群中，规范性文件始终扮演着重要角色。截至目前，中国证券监督管理委员会在2018年分别在发行、上市公司、信息披露、市场交易等方面共发布几十个规范性文件，这些文件在“治理”市场中发挥着重要作用。比如，《中国证券监督管理委员会行政处罚听证规则》《区域性股权市场监督管理试行办法》《关于修改〈证券登记结算管理办法〉等七部规章的决定》《关于修改〈中国证券监督管理委员会行政许可实施程序规定〉的决定》《证券期货市场诚信监督管理办法》《关于修改〈首次公开发行股票并上市管理办法〉的决定》《关于修改〈首次公开发行股票并在创业板上市管理办法〉的决定》《关于修改〈证券发行与承销管理办法〉的决定》《关于修改〈中国证券监督管理委员会发行审核委员会办法〉的决定》《证券交易所管理办法》《证券公司融资融券业务管理办法》《证券公司和证券投资基金管理公司合规管理办法》《外商投资证券公司管理办法》《货币市场基金监督管理办法》《期货公司风险监管指标管理办法》等等。同时，2018 年 3 月，中国人民银行、银监会、证监会和国家外汇管理局联合印发《关于规范金融机构资产管理业务的指导意见》（简称“资管新规”），资管新规对大资产管理时代发展具有积极意义，尽管短期内可能会出现入市资金减少等情况，但是从长远来看，有利于引导资金进入基金等正规理财产品通道，保护投资者，有利于股市发展。

另外，2018 年 11 月沪深证券交易所发布的《上市公司高送转信息披露指引》也是重要的规范性文件之一，本次的正式指引继续加强对上市公司高比例送转的监管约束，并充分考虑和采纳市场意见。比如说，上交所对“相关股东所持限售股解禁期届满前后 3 个月内，不得披露高送转方案”的相关规定，新增了股权激励限售股的例外情形。深交所则细化了分阶段减持计划的披露要求，规定相关股东应当披露未来 3 个月不存在减持计划以及未来 4 ~6 个月的减持计划。深交所建立了送转股比例与公司基本面挂钩机制，制订了“亏损、净利润同比下降 50% 以上或者送转股后每股收益低于 0. 2 元的公司不得披露高送转方案”的负面清单，并要求每股送转股比例应当与净利润或净资产增长幅度等挂钩；明确了高送转方案的披露窗口期，明确规定提议股东和控股股东及其一致行动人、董监高（董事、监事、高级管理人员）前 3 个月存在减持情形或者后 3 个月存在减持计划，或者在所持限售股（股权激励限售股除外）限售期届满前后 3 个月内的，公司不得披露高送转方案①。此指引也被称为史上“最严”高送转新规。

① 参见吴少龙、朱凯《沪深交易所发布高送转新规：须与业绩挂钩》，《证券时报》2018 年 11 月 24 日，第 2 版。

（二）市场监管

专业、良好、有效的证券监管是证券市场能否实现法治的重要方面。在2014~2015年股市快速增长又发生异常波动时，证券监管部门就曾因无法保持与市场的距离，甚至影响市场而备受批评，如何做到审慎监管、适度监管等问题再次被推上风口浪尖。

1. IPO与退市

证券监管部门对作为市场非常重要组成部分的新股发行（IPO）继续从严审查，截至2018年10月中旬，A股共有148家IPO企业上会，其中89家通过，通过率为60.14%。有数据显示，2017年全年IPO通过率为77.87%，而2016年该数据为90.6%①。可见，IPO通过率逐年下降，甚至可谓较大幅度下降。对IPO从严审查，是证券监管的重要举措，对拟上市公司严把“质量关”，能够更好地维护投资者权益。6月初，创智科技、长航油运申请重新上市，这两家已退市公司重新申请上市，让IPO制度又面临新问题和新发展样态。

上市公司有序进入固然重要，但是依法退出更为重要，这样才能使制度具有威慑力。2018年在退市制度方面，ST吉恩、*ST昆机、*ST烯碳、中弘股份、*ST长生等分别退市以及进入退市整理期交易。2018年11月16日，深交所发布《深圳证券交易所上市公司重大违法强制退市实施办法》，退市法治化、常态化已成为证券市场上的另一重要制度建设。

2. 证券执法

截至2018年12月20日，中国证券监督管理委员会于2018年共开展三批专项执法行动，针对市场中的典型和重大违法行为，充分揭示案件特点，保护投资者利益与信心。

第一批共8起案件，集中打击通过互联网和自媒体编造传播证券期货虚

---

① 徐昭：《2017年IPO通过率77.87%　严审关口前移料成新股发审常态》，中国证券报·中证网，2018年1月3日，http://www.cs.com.cn/xwzx/201801/t20180103_5650458.html，最近访问日期：2018年10月31日。

假信息、操纵市场、非法从事投资咨询业务等严重扰乱资本市场信息传播秩序和公平交易秩序的违法行为。这批案件涉及的违法行为集中表现为：一是部分期货市场交易者以恶意举报、散布谣言等方式误导投资者，严重扰乱期货市场信息传播秩序；二是涉案主体控制大量账户提前买入股票后，利用财经网站、自媒体等传播平台散布传播虚假信息，诱使投资者高位接盘，其反向交易获利；三是不具有投资咨询业务资格的人员以“专家”“老师”等名义进行网络直播指导投资，通过会员缴费、收益分成等方式赚取不法利益；四是不法机构挂靠证券投资咨询公司非法销售荐股软件或进行“一对一”微信荐股，收取盈利分成；五是有的证券投资咨询机构从业人员涉嫌为操纵市场提供“推票”服务，鼓吹个股上涨，诱使散户高位接盘，并按交易量收取服务费①。

第二批共18起案件，集中打击屡查屡犯主体恣意实施严重扰乱市场秩序的违法行为。涉及信息披露违法违规、操纵市场、老鼠仓等多种违法行为，主要特点如下。一是从案件类型看，屡查屡犯主体的违法行为呈现多项违法复合杂糅的特点。有的曾因内幕交易、超比例持股等违法行为被证监会行政处罚，后又因涉嫌操纵市场和信息披露违法被证监会调查。二是从组织模式看，涉案主体集团化、职业化趋势明显，在资金、操作、决策端设置专人专岗，组织严密、分工明确。有的在多地设置多个操纵窝点，通过中介筹集资金、账户，甚至勾结上市公司实施信息操纵。三是从行为特征看，屡查屡犯主体规避调查手段更加隐蔽，有的涉案主体内部口头传授规避调查“行为规范”，刻意掩饰违法活动，调查取证面临更大挑战②。

第三批共9起案件，集中查处上市公司未按期披露2017年年度报告的违法行为。一是部分上市公司年报审计工作不能正常进行，有的因为控制权之争导致审计机构难以正常确定，有的因为会计信息可靠性不足导致审计程

---

① 参见《证监会通报2018年专项执法行动第一批案件查办进展》，http：//www.csrc.gov.cn/pub/newsite/jcj/aqfb/201810/t20181016_345367.html，最近访问日期：2018年12月15日。

② 参见《证监会通报2018年专项执法行动第二批案件查办进展》，http：//www.csrc.gov.cn/pub/newsite/jcj/aqfb/201811/t20181101_346068.html，最近访问日期：2018年12月15日。

序难以按时完成，有的公司试图影响审计意见类型导致相关工作难以推进。二是伴生其他严重违法违规行为，4 家公司未按期披露年度报告的背后隐藏着重大事项未披露、大额资金占用、财务舞弊等其他涉嫌违法行为。三是部分上市公司信息披露屡次出现问题，5 家公司曾因信息披露违法违规被证监会立案调查或行政处罚。出现上述问题的根本原因是相关上市公司治理结构存在缺陷、风险内控制度流于形式、高级管理人员未能勤勉尽责。上市公司不按期披露年度报告的违法行为，严重破坏了资本市场“三公”原则，侵害了广大投资者的合法权益，证监会将坚决依法严肃处理。上市公司及相关主体应切实提高信息披露质量，有效维护投资者权益，促进资本市场健康稳定发展①。

中国证券监督管理委员会在 2018 年也对中介机构违法行为加强监管，依法对三件相关中介机构未勤勉尽责案作出处罚。事实上，各类中介机构是资本市场投资经营活动的重要参与主体，其提供的保荐、审计、法律、评估、财务顾问等专业服务共同构成了资本市场建设的重要制度支撑，通过证券公司等市场中介机构勤勉、专业、审慎的核查工作可以有效防范各类欺诈行为发生，有力提升信息披露质量，充分保障投资者知情权，进一步推进资本市场的健康有序发展②。

3. 基本评价

证券市场是一个道德风险极高的市场，同时中国证券市场又是以“散户”为主的市场，大股东相较小股东而言，毫无疑问具有绝对优势，而保护中小投资者是市场的重要任务。近两年来，市场持续下行，一些上市公司集中减持套现，减持制度暴露出较大问题。2017 年 5 月 27 日，中国证监会修订发布了《上市公司股东、董监高减持股份的若干规定》（简称“减持新规”），致力于防范“过桥减持”、加强信息披露，强化董监高的诚信义务、

---

① 《证监会通报 2018 年专项执法行动第三批案件查办进展》，http：//www. csrc. gov. cn/pub/newsite/jcj/aqfb/201811/t20181129_ 347412. html，最近访问日期：2018 年 12 月 15 日。

② 《证监会对 3 宗中介机构违法案件作出行政处罚》，http：//www. csrc. gov. cn/pub/newsite/zjhxwfb/xwdd/201812/t20181221_ 348459. html，最近访问日期：2018 年 12 月 15 日。

明确大股东与其一致行动人减持股份的，其持股应合并计算，防止大股东变相减持，等等。2018年初，深交所与上交所又就相应实施细则作出具体适用解答。事实上，中国证券市场的发展更多在于大股东之守法与自我约束，而普遍的逐利导向与高道德风险，使得市场发展具有更多不确定性。这给证券监管提出更多难题，如何做到“穿透监管”等成为更新的议题。

（三）证券司法

证券司法关于证券民事纠纷案件，自2018年1月1日至11月15日各级法院审结的案件共有2962件，其中，证券欺诈责任纠纷2816件，占比高达95.07%，有若干案件系投资者针对同一公司提起的证券虚假陈述责任诉讼。可见，上市公司的诚实信用与信息披露义务更应加强，从而更好地保护投资者权益。因此，上市公司不仅应恪守法定义务，同时监管部门应进一步加强对上市公司的监管，加强对上市公司违法行为的查处力度，同时应增加证券集团诉讼制度等制度，全方位保护投资者权益。

三　2019年展望

展望2019年，全球经济和金融市场仍存在较大不确定性，中国经济在由高速增长向高质量增长的转型与结构调整过程中，一些“灰犀牛”性质的金融风险可能仍将释放，但中国经济体量大、市场大、韧性强等基本态势没有变①。中国证券市场也由于其具有复杂性、法治基础薄弱性以及高道德风险等特性，使得证券市场法治步履维艰，投资者保护仍是重中之重，对上市公司守法、证券监管到位等都提出重大挑战。2018年初，证券监管机构提出2018年工作将覆盖“一条主线”“三大任务”“多维面向”，以服务供给侧结构性改革为主线，服务实体经济、防范风险和深化改革等三大任务，守住不发生系统性风险、改革发行上市制度、建设多层次资本市场体系、保

① 中国人民银行：《中国金融稳定报告（2018）》。

护投资者合法权益等多维面向①。从 2018 年底来看，全年证券监管工作在相当程度上实现了年初预期，并将在 2019 年更加深化。

总体而言，中国证券市场法治之构建，仍希冀于证券市场各参与主体树立法治意识，健全证券市场法律规范群，加强法律实施。更重要的是，上市公司坚守诚信，证券监管实现预期目标，并恢复和加强投资者信心。如此，才能建成一个由法治护航的健康的证券市场。

① 《证监会系统 2018 年工作会议在京召开》，http：//www. csrc. gov. cn/pub/newsite/zjhxwfb/xwdd/201801/t20180131_ 333484. html，最近访问时间：2018 年 10 月 26 日。

B.8
2018年的中国自由贸易港法治

廖　凡*

摘　要： 2018年是中国自由贸易港建设的开局之年。无论是从积累"可复制可推广"经验中一路走来的中国（上海）自由贸易试验区，还是一开始就明确建设自由贸易港目标的中国（海南）自由贸易试验区，均在新时代对标和定位于"自由贸易港"这一更高水平的开放区域。概言之，"开放水平最高"是决策层对自由贸易港的目标定位，境内关外、免征关税、进出自由则是自由贸易港的基本特征。就其与既有自贸试验区的关系而言，自由贸易港应当是后者中基于特有区域禀赋而不过多考虑"可复制可推广"、凸显"特性"而非"共性"的那些成分的延伸和强化。自贸试验区五年多来的发展创新为自由贸易港的建设发展奠定了必要基础，未来应当紧扣自由贸易港的基本内涵及特征，从货物进出自由、资金进出自由和人员进出自由三个方面进一步改革和完善相关制度。

关键词： 自由贸易港　自由贸易试验区　境内关外　免征关税　进出自由

2018年是中国自由贸易港建设的开局之年。2017年3月30日，国务院印发的《全面深化中国（上海）自由贸易试验区改革开放方案》明确规定：

---

* 廖凡，中国社会科学院国际法研究所研究员。

“在洋山保税港区和上海浦东机场综合保税区等海关特殊监管区域内，设立自由贸易港区。”2017年10月18日，党的十九大报告重申“赋予自由贸易试验区更大改革自主权，探索建设自由贸易港”[①]。2018年4月13日，在庆祝海南建省办经济特区30周年大会上，习近平总书记代表党中央宣布，“支持海南全岛建设自由贸易试验区，……逐步探索、稳步推进中国特色自由贸易港建设，分步骤、分阶段建立自由贸易港政策和制度体系”。[②] 2018年9月24日，国务院印发《中国（海南）自由贸易试验区总体方案》（国发〔2018〕34号，以下简称《海南自贸试验区总体方案》），就海南全岛建设自由贸易试验区（以下简称“自贸试验区”）和自由贸易港作出了进一步规划。

一　自由贸易港的基本内涵

“自由港是设在一国（地区）境内关外、货物资金人员进出自由、绝大多数商品免征关税的特定区域，是目前全球开放水平最高的特殊经济功能区。”[③] 据此可以认为，境内关外、免征关税、进出自由是中国当前语境下自由贸易港的基本特征，而“开放水平最高”则是决策层对自由贸易港的目标定位。

一种易于出现的似是而非的解读是，自由贸易港是自贸试验区的“进阶”。然而，就二者所包含的核心内涵及所负载的核心使命而言，自由贸易港并非整体意义上的自贸试验区的进阶，而应当是设立更早而后成为自贸试验区一部分的保税区的进阶。自由贸易港和保税区在性质上均属“自由贸易园区”（free trade zone，FTZ），即“在某一国家或地区境内设立的实行优

① 习近平：《决胜全面建成小康社会 夺取新时代中国特色社会主义伟大胜利——在中国共产党第十九次全国代表大会上的报告》，《人民日报》2017年10月18日，第1版。

② 习近平：《在庆祝海南建省办经济特区30周年大会上的讲话》，《人民日报》2018年4月14日，第2版。

③ 汪洋：《推动形成全面开放新格局》，《人民日报》2017年11月10日，第4版。

惠税收和特殊监管政策的小块特定区域”，并由此区别于“自由贸易区”（free trade area，FTA），即“两个以上的主权国家或单独关税区通过签署协定，在世贸组织最惠国待遇基础上，相互进一步开放市场，分阶段取消绝大部分货物的关税和非关税壁垒，改善服务和投资的市场准入条件，从而形成的实现贸易和投资自由化的特定区域”①。就基本内涵而言，自由贸易园区类似于世界海关组织《关于简化和协调海关业务制度的国际公约》（即《京都公约》）② 专项附约4（Specific Annex D）所称的“自由区”（free zone）。根据该附约，自由区是指“缔约一方的部分领土，在该部分领土内运入的任何货物就进口税费而言，被认为在关境以外”③，亦即所谓“境内关外”。各国实践中对自由贸易园区的称谓不一而足，有对外贸易区、自由关税区、免税贸易区、自由区、自由贸易港等等，但在免纳关税这一核心特征上则是共通的。中国在改革开放之后设立的经济特区、保税区、出口加工区、经济技术开发区等特殊经济功能区，都在不同程度上具有自由贸易园区的某些特征④。

《京都公约》所称的自由区主要是在贸易层面、就关税而言，即免纳关税并免于通常的海关监管措施。这是所有自由区或者说自由贸易园区的共性特征。在此基础上，有关国家又基于自身需求和优势，在资金流动、人员进出等方面对其自由区附加了更多优惠和便利措施，提供“增值”和“加成”，从而在自由区阵营内部又进一步形成开放程度不等的“梯队”。以中国香港、新加坡、鹿特丹、迪拜为代表的自由贸易港（free trade port），就位于梯队的顶端，代表着开放的最高水平。这也正是中国决策层将自由贸易

---

① 参见商务部、海关总署《关于规范“自由贸易区”表述的函》（商国际函〔2008〕15号），2008年5月9日发布。

② 《京都公约》于1973年制定，1974年生效。1999年该公约进行了修订，并于2006年生效。

③ International Convention on the Simplification and Harmonization of Customs Procedures（Kyoto Convention）as Amended，Specific Annex D（Customs Warehouses and Free Zones），Chapter 2，http：//www.wcoomd.org/en/topics/facilitation/instrument-and-tools/conventions/pf_revised_kyoto_conv/kyoto_new/spand.aspx，最后访问时间：2018年12月7日。

④ 例如，“保税区”起初英译为bonded area，后来则统一更改为free trade zone。

港理解和定位于“全球开放水平最高的特殊经济功能区”的原因所在。就此而言，自由贸易港不仅是保税区的进阶，也是自由区的高级阶段。

事实上，在2013年诞生之初[①]，中国自贸试验区的使命和功能要远比纯粹意义上的自由贸易港或自由区更为丰富。“中国”和“试验”二字足以表明，自贸试验区的定位不仅在于通过优惠的关税及相关政策促进对外贸易和吸引外商投资，还在于通过在经贸领域简政放权，探索政府职能转变，改革经济治理方式，进而向全国推广成熟经验[②]。换言之，对于自贸试验区而言，积累可复制可推广的经验与提高自身开放程度同样重要，甚至可能更加重要。就此而言，自由贸易港与自贸试验区并不完全在同一个“频道”，不宜简单比对。在很大程度上毋宁说自由贸易港是现有自贸试验区中基于区域特有禀赋而不过多考虑“可复制可推广”、更加凸显“特性”而非“共性”的那些成分的延伸和强化。这一点，在没有“历史负担”、一开始就明确对标自由贸易港的海南自贸试验区得到了印证：《海南自贸试验区总体方案》中，除反向规定“在其他自由贸易试验区已经试点可复制的税收政策均可在海南自贸试验区进行试点”外，未设定任何“积累可复制可推广经验”的任务。

二　自由贸易港的核心特征

（一）境内关外

按照《京都公约》的上述定义，“境内关外”应当是所有自由贸易园区的共同特征。换言之，尽管自由贸易园区位于一国境内，但从关税征收和海

① 2013年9月18日，国务院发布《中国（上海）自由贸易试验区总体方案》（国发〔2013〕38号）；9月29日，上海自贸试验区正式挂牌。中国自贸试验区的探索和建设工作自此启程。

② 参见廖凡等著《上海自贸试验区建设推进与制度创新》，中国社会科学出版社，2017，第4页。

关监管的角度被看作处于海关之外，从而该国不对其征收关税，并豁免通常的海关监管措施。这当然并不意味着自由贸易园区对海关监管而言是“法外之地”，而是说要将监管降到可能的最低限度，而使便利化达到可能的最高限度，从而打造和提升相关区域的竞争力和吸引力。

例如，上海自贸试验区是在上海外高桥保税区、上海外高桥保税物流园区、洋山保税港区和上海浦东机场综合保税区等4个海关特殊监管区域的基础上建立起来的，就贸易和海关措施而言，其核心部分仍然是这4个保税区。又如，《海南自贸试验区总体方案》第5条明确规定：“按发展需要增设海关特殊监管区域，在海关特殊监管区域开展以投资贸易自由化便利化为主要内容的制度创新，主要开展国际投资贸易、保税物流、保税维修等业务。”

（二）免征关税

就上述《京都公约》对自由区的定义而言，免征关税可谓自由贸易园区的本质特征。但这里所说的免征关税并非一般意义上作为一种税收优惠措施的零关税，而是指对从境外进入并存放于自由区（一线）但不进入境内其他区域（二线）的商品免于征税，其实质上是中国法律所称的“保税”概念[①]。关于保税的法律性质或者说理论基础，尚无通说。有论者归纳了五种学说，即附条件担保说、视同未经准许的进口货物说、海关监管说、关税原点说和关税保存说（核准缓缴说），并赞成核准缓缴说，认为“保税是指关税纳税义务人对于应缴税的进口（含视同进口）货物，基于特定条件，经依法申请主管海关单位核准后，由海关保留暂缓执行缴纳关税的权利而纳税义务人亦得以暂缓履行缴纳税款义务，惟由海关监管的状态”[②]。从现行《海关法》和《保税区海关监管办法》的相关规定看[③]，核准缓缴说与中国

① 《海关法》第34条规定：“经国务院批准在中华人民共和国境内设立的保税区等海关特殊监管区域，由海关按照国家有关规定实施监管。”

② 参见刘奇超等《保税制度国际比较与中国关税法立法——兼论保税及保税制度的政策属性》，《国际税收》2017年第7期。

③ 参见《海关法》（1987年通过，2017年第五次修正）第59条、《保税区海关监管办法》（海关总署令第65号）第12条。

立法和实践的基本思路是一致的。但值得注意的是，“缓缴”这一用语隐含有时间、期限的含义，即只是在某一时间段内暂不缴纳，之后仍需缴纳。这种含义其实更符合《京都公约》专项附约4第1章所规定的“海关仓库”或者说“保税仓库”（customs warehouse）[①]，而不是第2章所规定的自由区[②]。

原《上海市外高桥保税区管理办法》（1990年9月10日发布，已失效）第9条规定：“转口贸易的货物在保税区内储存不超过1年。如有特殊情况，经海关批准可适当延长，但延长期不得超过1年；超期不运出的，由海关按有关规定处理。”《中国（上海）自由贸易试验区条例》（2014年7月25日通过，以下简称《上海自贸试验区条例》）第19条第5款则规定：“区内保税存储货物不设存储期限。”可见，就保税而言，自贸试验区已经完成了从“保税仓库”向“自由区”的“进化”，区内货物免征关税的要旨在于“附条件”（不进入境内区外）而非“附期限”。同时，对于《海关法》第59条关于“在货物收发货人向海关缴纳相当于税款的保证金或者提供担保后，准予暂时免纳关税”的规定，也可以基于海关的监管资源和能力，并综合考虑收发货人的资质、信誉等因素，对于担保的具体形式进行区别化的灵活处理。总之，将保税理解为“附条件地免征关税”而非“经核准缓缴关税”，应当说更符合自由贸易港的本质特征。

（三）进出自由

货物、资金、人员的进出自由，既是自由贸易港“境内关外”定位的逻辑延伸和具体体现，也是确保实现这一定位的必要安排。

货物进出自由是指对自由贸易港与境外的货物进出口提供最大限度的自由化和便利化。例如，新加坡自由贸易园区的精髓是其以电子报关和电子审

---

① 《京都条约》专项附约4第1章第11条规定，海关应当规定货物在海关仓库的最长存储期限，该期限不得短于1年。See Kyoto Convention as Amended, Specific Annex D, Chapter 1, Art. 11.

② 《京都条约》专项附约4第2章第14条规定，除例外情形外，自由区内的货物存储不得设置期限。See Kyoto Convention as Amended, Specific Annex D, Chapter 2, Art. 14.

单为基础建立起的“一站式”电子通关系统贸易网。这一系统打通海关、税务、检验检疫等35个与进出口贸易有关的政府部门，所有通关程序统一经由贸易网执行；贸易网24小时运行，自动接收、处理、批准和反馈企业申报的电子数据①。

资金进出自由是指自由贸易港内最大限度地取消投资限制和外汇管制，使得与贸易相联系的投资和金融活动得以充分开展并进一步便利和促进贸易。例如，香港证券市场对外完全开放，境外公司参与香港证券交易不受任何限制；完全开放外汇市场，无论实行何种汇率制度，香港本地资金和境外资金均可自由进出；除赌博业外，所有行业均向外资开放，且无持股比例限制②。迪拜的杰贝阿里自由贸易园区没有任何外汇管制措施，货币可以自由兑换，不受限制③。

人员进出自由则是指自由贸易港实行宽松的出入境政策，为区内企业员工及来访商务人士的出入境及/或短期居留提供便利。这方面中国香港非常典型。出于方便国外专业人士和投资者进出以及促进旅游业等目的，香港实施宽松的签证政策，全世界约有170个国家和地区的居民可以免签证在香港停留7天至6个月不等④。

三　自由贸易港的制度构建

如前所述，境内关外和免征关税只是自由贸易港的起点，也是所有自由贸易园区均应具有的共性特征。作为自由贸易园区的“高级阶段”，货物、资金、人员进出自由的程度才是体现和衡量自由港开放特性及程度的关键指标。结合中国自贸试验区既有的建设推进经验，自由贸易港的建设需要更加

① 参见周艳《自由贸易园区与港口城市的再开放》，浙江大学出版社，2015，第67页。

② 参见商务部国际贸易经济合作研究院课题组《中国（上海）自由贸易试验区与中国香港、新加坡自由港政策比较及借鉴研究》，《科学发展》2014年第70期。

③ 参见周艳《自由贸易园区与港口城市的再开放》，浙江大学出版社，2015，第79页。

④ 参见周艳《自由贸易园区与港口城市的再开放》，浙江大学出版社，2015，第69页。

灵活便捷的海关监管措施、更加开放自由的投资金融环境，以及更加友好宽松的人员管理方式。

（一）货物进出自由：灵活便捷的海关监管措施

相对而言，货物进出自由或者说贸易自由化是现有自贸试验区与自由贸易港差距最小的方面。例如，《上海自贸试验区条例》第18条规定："自贸试验区与境外之间的管理为'一线'管理，自贸试验区与境内区外之间的管理为'二线'管理，按照'一线放开、二线安全高效管住、区内流转自由'的原则，在自贸试验区建立与国际贸易等业务发展需求相适应的监管模式。"第19条规定："按照通关便利、安全高效的要求，在自贸试验区开展海关监管制度创新，促进新型贸易业态发展。"按照上述要求，上海自贸试验区在原有保税区管理制度的基础上，探索建立与国际贸易等业务发展需求相适应的监管模式，总体上已经建立起一整套通关便利化制度，对接国际惯例，对促进国内特殊监管区域转型升级效果明显。对照代表当前国际贸易规则最新发展趋势的世贸组织《贸易便利化协定》，其中第12条第40项具体贸易便利化措施，海关已经全部进行了对标研究，相关措施已经全面落地[①]。而海南自贸试验区的实施范围为海南岛全岛[②]，更是为采取更加灵活高效的海关监管措施提供了客观便利。

尽管如此，对标中国香港、新加坡、迪拜等高水平的代表性自由贸易港，仍可从以下三个方面进一步完善相关制度，促进贸易自由化和便利化。

首先，进一步明确和强化自由贸易港"境内关外"的法律属性，将重点放在"免于日常监管"，亦即如何在技术和安全允许的范围内尽可能地"不管"，以有别于仍是以"管"为基本着眼点的"海关特殊监管区域"。这就要求在确保"二线管住"的前提下，进一步提升"一线放开"和"区内自由"的程度和水平，提高各类货物通关、存储、转运的效率和便利程

---

① 参见《对标国际深耕改革——上海自贸区新型海关监管制度基本形成》，《人民日报（海外版）》2016年9月29日，第8版。

② 参见《海南自贸试验区总体方案》第4条。

度。从监管方式看，就是要从无差别的常规监管转变为差别化的精准监管，包括探索一线无条件准入、实施第三方采信、基于大数据分析确定重点监管对象等[①]。进而言之，自由贸易港建设主要是考虑自身禀赋和竞争力，并不承担积累可复制可推广经验的任务，因此自由贸易港相对于自贸试验区而言，其基调应当是“一线放得更开，二线管得更严”。这一原则也适用于后续讨论。

其次，探索更加综合化、一体化的管理模式。适应“境内关外”这一特质和“自由化”这一基本要求，自由贸易港应当基于最小化原则设置最为简化的政府机构[②]。目前上海自贸试验区实行的“单一窗口”制度是一种数据和信息整合的模式，虽然为企业提供了很大便利，但并未改变多个部门多头管理的基本格局。如上所述，由于自由贸易港建设并无“可复制可推广”的任务压力，完全可以进行更大胆的尝试，如仿效美国的机构整合模式，将海关、检验检疫、边境巡逻、移民规划等多个机构整合到一个部门[③]，以减少条块分割，提高办事效率。

最后，降低综合税负，提高纳税便利化水平。自由贸易港的竞争力不仅在于（附条件地）免征关税，更在于其综合税负率较低，从而在税赋环境上具有竞争力。此前自贸试验区的建设强调“可复制可推广”，要借助自贸试验区的“制度闯关”来推进改革开放、转变政府职能，而不是成为通过政策优惠招商引资的“政策洼地”，这就使得自贸试验区总体上并未获得实质性税收优惠安排。而从建设自由贸易港的角度看，适当的税收优惠无疑是有必要的。值得肯定的是，海南自贸试验区的建设思路对此已经有所体现。例如，针对海南的特色定位，明确要“大力发展国际医疗旅游和高端医疗服务，对先行区范围内确需进口的、关税税率较高的部分医疗器械研究适当

① 这在海南自贸试验区的建设思路中已经有所体现。参见《海南自贸试验区总体方案》第7条。

② 参见上海对外经贸大学自由贸易港战略研究院《关于建设自由贸易港的经验借鉴与实施建议》，《国际商务研究》2018年第1期。

③ 参见商务部国际贸易经济合作研究院课题组《中国（上海）自由贸易试验区与中国香港、新加坡自由港政策比较及借鉴研究》，《科学发展》2014年第70期。

降低关税”①。除降低税负外，还应当通过建立便利的纳税服务体系、完善国际化税收管理制度等方式，提高港区的纳税便利化、国际化程度，使之具备自由贸易港所应有的良好税赋环境。

（二）资金进出自由：开放自由的投资金融环境

自由贸易港的资金进出自由大体包括两层含义，即外商投资领域更大范围和更深层次开放，以及加快推进人民币资本项目可兑换。

1. 外商投资领域开放

2018 年是中国改革开放 40 周年，适应国内外形势发展需要，中国在放宽投资准入和扩大市场开放方面有显著举措。2018 年 4 月 10 日，在博鳌亚洲论坛上，习近平总书记宣布在扩大对外开放方面采取一系列重大举措，包括完成修订外商投资负面清单工作，全面落实“准入前国民待遇＋负面清单”管理制度，创造更有吸引力的投资环境②。事实上，“准入前国民待遇＋负面清单”管理模式是自贸试验区投资法制建设的核心特征，也是自贸试验区设立以来的最大成就和亮点。正是在上海自贸试验区 2013 年、2014 年两版负面清单的基础上，2015 年国务院办公厅推出了统一的《自由贸易试验区外商投资准入特别管理措施（负面清单)》，将负面清单管理模式推广到全国，并进而推出了 2017 年版。在此基础上，中国又于 2018 年 6 月 30 日发布《自由贸易试验区外商投资准入特别管理措施（负面清单）(2018 年版)》(以下简称《2018 年版清单》)，自 7 月 30 日起施行。相较于 2017 年版负面清单，《2018 年版清单》的数量从 95 条大幅缩减为 45 条，并推出一系列重大开放措施。以国外关注颇多的金融服务业和汽车制造业为例，在金融服务业方面，一是取消银行业外资比例限制，允许设立外商独资银行；二是将证券公司、基金公司、期货公司、寿险公司的外资上限从此前的中方控股（寿险公司为不超过 50%）放宽至 51%，并于 2021 年全面取消。

---

① 参见《海南自贸试验区总体方案》第 12 条。

② 参见习近平《开放共创繁荣　创新引领未来——在博鳌亚洲论坛 2018 年年会开幕式上的主旨演讲》，《人民日报》2018 年 4 月 11 日，第 3 版。

在汽车制造业方面，对专用车和新能源汽车取消外资比例限制（50%），到2020年取消商用车外资比例限制，2022年取消乘用车外资股比限制，以及同一家外商只能建立2家以下生产同类整车产品合资企业的限制。

应当说，无论是就自贸试验区还是就全国范围而言，2018年中国在外商投资准入方面都有了实质性的显著放宽[①]，从而为自由贸易港的建设准备了条件。未来应当围绕自由贸易港作为“全球开放水平最高的特殊经济功能区”这一基本定位，在投资开放特别是服务业开放方面进行更多探索。例如，高水平的国际性法律服务是中国香港、新加坡等自由贸易港的标志性特征，而《2018年版清单》对法律服务的外资进入限制依然严格，如外国律师事务所只能以代表机构的方式进入中国，且不得聘用中国执业律师，不得从事中国法律事务。这些限制无疑会在一定程度上妨碍和削弱现有自贸试验区（潜在自由贸易港）的国际竞争力。

2. 人民币资本项目可兑换

金融创新是自贸试验区的题中应有之义和核心功能之一。在这方面，上海自贸试验区凭借其自身禀赋走在前列。例如，有国外学者就将上海自贸试验区与英国的创新中心相提并论，作为金融创新的典范[②]。推进人民币资本项目可兑换是自贸试验区金融改革创新的首要任务，而试行资本项目可兑换的关键则是以“分账核算”为核心特征的自由贸易账户系统。截至2018年9月末，上海自贸区内已有56家金融机构通过分账核算系统验收，累计开

---

① 事实上，与2017年版自贸试验区负面清单的推出大体同步，国家发展改革委和商务部发布了《外商投资产业指导目录（2017年修订）》，其中即包含了63条外商投资准入特别管理措施（负面清单），包括35项限制（限制外商投资产业目录）和28项禁止（禁止外商投资产业目录）。2018年6月28日，国家发展改革委和商务部正式发布《外商投资准入特别管理措施（负面清单）（2018年版）》，《外商投资产业指导目录（2017年修订）》中的外商投资准入负面清单同时废止。2018年版全国性负面清单在具体内容和编排体例上与2018年版自贸试验区负面清单大体相同，并将特别管理措施大幅减少为48项，从而使“准入前国民待遇+负面清单”模式最终“溢出”自贸试验区的范围，成为中国外商投资市场准入的通行模式。

② See Chris Brummer, “Disruptive Technology and Securities Regulation”, 84 *Fordham Law Review* 977, 1048－1049 (2015).

立自由贸易账户约7.2万个，发生跨境收支折合人民币25万亿元，获得本外币融资折合1.3万亿元[①]。而海南全岛建设自贸试验区和自由贸易港这一特点，为海南在上海经验基础上进一步探索自由贸易账户体系提供了得天独厚的优势。2018年9月，中国人民银行批复同意建设海南自由贸易账户体系，这是自由贸易账户在上海自贸试验区先行先试以来首次推广至其他自贸试验区。海南自由贸易账户体系于2019年1月1日正式上线[②]，有望为海南自贸试验区金融开放创新和资金自由流动创造良好条件。

就上海自贸试验区的经验而言，自由贸易账户基本按照“一线放开，二线管住”的原则运行，但总体而言，是“二线管住”有余而“一线放开”不足。这种较为谨慎的开放安排背后有诸多考虑，但顾及“一线”与“二线”之间的“互通”和“渗透”[③]，不敢将口子开得太大应该是重要原因之一。而这其实又回到了如何处理自贸试验区自身建设发展与积累可复制可推广经验的关系这一本文反复论及的问题。笔者向来主张，对于“可复制可推广”的理解不宜绝对化，不应认为自贸试验区的任何创新举措都要以可复制可推广为前提，天生具有集中性的金融领域尤其如此[④]。在建设高标准国际性自由贸易港的背景下，这一命题应当说更能成立。因此，在后续制度改革创新中，大可不必过多考虑如何实现“互通”和“渗透”，而是应当在继续保持“二线安全高效管住”的基础上，进一步放开“一线”，包括简化账户开立和资金划转手续、提高账户内本外币兑换额度等，在资本项目可兑换进程中加快迈出更具实质性的步伐。

① 参见韩声江《上海自贸区5周年　自由贸易账户体系将推广至海南》，澎湃新闻，https://www.thepaper.cn/newsDetail_forward_2660974，最后访问时间：2018年12月7日。

② 参见况昌勋《大力发展基于自贸试验区建设的创新业务》，《海南日报》2018年11月29日，第1版。

③《中国人民银行关于金融支持中国（上海）自由贸易试验区建设的意见》（2013年12月）第5条规定：“同一非金融机构主体的居民自由贸易账户与其他银行结算账户之间因经常项下业务、偿还贷款、实业投资以及其他符合规定的跨境交易需要可办理资金划转。”

④ 参见廖凡等著《上海自贸试验区建设推进与制度创新》，中国社会科学出版社，2017，第15页。

（三）人员进出自由：友好宽松的人员进出管理

除货物进出自由和资金进出自由外，人员进出自由亦即相关人员出入境自由和停居留便利也是自由贸易港的一大吸引力和竞争力所在。如上所述，中国香港实施宽松的签证政策，全世界约有170个国家和地区的居民可以免签证在香港停留7天至6个月不等。相比之下，中国自贸试验区迄今为止在人员进出自由方面还存在较大差距。就建设高水准的国际性自由港这一目标而言，至少需要从以下三个方面进一步改革和完善相关体制机制。一是针对与港区内企业有常规业务往来的境外商务人士，实施更加灵活的短期商务签证制度，包括简化相关申请流程和文件要求、给予一定期限内多次往返便利等。二是放宽外国人来华工作许可制度及相关工作签证制度，为港区吸引和留住人才创造条件和提供保障。这里所说的外国人既包括高层次人才（技术专家、企业高管等），也包括企业一般员工，还包括为前两类人员（也可能包括区内中国人）提供私人服务的劳务人员（如菲佣）。三是对港区内外籍高层次人才申请中国永久居留权给予适当倾斜。中国的外国人永久居留身份证素有“全世界最难拿绿卡”之称。尽管中国早在2004年就出台了《外国人在中国永久居留审批管理办法》，但由于实际操作中的严格控制，顺利获得中国绿卡的外国人少之又少①。为满足人员进出自由要求，提升国际吸引力和竞争力，有必要考虑对港区内的外籍高层次人才申请中国“绿卡”予以适度倾斜并提供所需便利。

对于在全岛范围内建设自由贸易试验区、以“国际旅游消费中心”为战略定位之一、以“发展旅游业、现代服务业、高新技术产业为主导”、致力于“打造成为中国面向太平洋和印度洋的重要对外开放门户”的海南而言②，人

① 例如，2016年公安部批准1576名外国人在中国永久居留，至此中国“绿卡”持卡人数才破万；而在中国长期居住的外籍人口已有近百万人。参见《中国“绿卡”的珍贵程度你一定想不到!》，南方周末网，http：//www. infzm. com/content/131280，最后访问时间：2018年12月7日。

② 参见《海南自贸试验区总体方案》第2、5条。

员进出自由应当说更具有特殊的重要意义。决策层显然也意识到了这一点，在《海南自贸试验区总体方案》第21条专条规定提高外国人才工作便利度：“为在自贸试验区工作和创业的外国人才提供出入境、居留和永久居留便利。支持开展国际人才管理改革试点，允许外籍技术技能人员按规定在自贸试验区工作。探索建立与国际接轨的全球人才招聘制度和吸引外国高技术人才的管理制度。开辟外国人才绿色通道，深入实施外国人来华工作许可制度。开展外国高端人才服务‘一卡通’试点，建立住房、子女入学、就医社保服务通道。”相较于此前上海自贸试验区的同类规定①，海南自贸试验区的规定无疑更为明确和直接。但这毕竟只是总体方案，当务之急是在此指引下尽快出台操作性细则并付诸实施，从而使海南自贸试验区的建设发展自始具备高标准，在人员进出自由方面给全国树立一个新的标杆。

① 《上海自贸试验区条例》第24条规定：“自贸试验区简化区内企业外籍员工就业许可审批手续，放宽签证、居留许可有效期限，提供入境、出境和居留的便利。对接受区内企业邀请开展商务贸易的外籍人员，出入境管理部门应当按照规定给予过境免签和临时入境便利。对区内企业因业务需要多次出国、出境的中国籍员工，出入境管理部门应当提供办理出国出境证件的便利。”《进一步深化中国（上海）自由贸易试验区改革开放方案》第24条规定：“探索适应企业国际化发展需要的创新人才服务体系和国际人才流动通行制度。完善创新人才集聚和培育机制，支持中外合作人才培训项目发展，加大对海外人才服务力度，提高境内外人员出入境、外籍人员签证和居留、就业许可、驾照申领等事项办理的便利化程度。”

B.9 中国自然和文化遗产的法律保护：现状与完善

岳小花*

摘　要： 中国具有丰富的自然和文化遗产资源。对自然和文化遗产的法律保护是中国生态文明建设和环境保护工作的重要组成部分。当前中国自然和文化遗产法律制度在立法体系、内容、实效性等方面存在诸多问题，分散管理的管理体制以及软性执法现象仍然存在。完善自然和文化遗产的法律制度体系，建议以国家公园法的制定为契机，整合现有各项立法，从立法理念及制度建构等方面逐渐形成保护自然和文化遗产的体系，适时出台专门性立法，并进一步理顺监督管理体制。

关键词： 生态文明　国家公园法　自然遗产　文化遗产

一　中国自然和文化遗产的现状与保护实践

党的十八大以来，生态文明建设和环境保护工作得到前所未有的重视。在党中央的倡议下，用最严格的制度、最严密的法制保护生态环境成为社会共识。《环境保护法》第 2 条对所要保护的“环境”进行了明确列举，即

* 岳小花，中国社会科学院法学研究所助理研究员。

“影响人类生存和发展的各种天然的和经过人工改造的自然因素的总体，包括大气、水、海洋、土地、矿藏、森林、草原、湿地、野生生物、自然遗迹、人文遗迹、自然保护区、风景名胜区、城市和乡村等”。可见自然遗迹和人文遗迹的保护也是中国环境保护工作的重要组成部分。中国对自然遗迹和人文遗迹的保护也常称为自然和文化遗产保护，狭义上的自然和文化遗产是指分布在中国境内的自然遗产、文化遗产和自然文化双重遗产，广义上还包括非物质文化遗产。本报告主要取自然和文化遗产的狭义解释。“自然遗产”在许多国家已被作为资源保护工作的主题和支柱①。也因此，2017 年起，中国将每年 6 月第二个星期六由原来的“文化遗产日”调整为“文化和自然遗产日”。

中国具有丰富的自然和文化遗产。就世界遗产来说，中国 1985 年 12 月 12 日加入《保护世界文化与自然遗产公约》，1986 年开始向联合国教科文组织申报世界遗产项目。据统计，截至 2018 年 7 月 2 日，中国的世界遗产项目达 53 项，其中世界自然遗产达到 13 处，一举超过澳大利亚和美国，数量跃居世界第一②。除了世界自然和文化遗产外，中国还有无数的国家级和地方级的自然和文化遗产。但由于各种主客观原因，中国的自然或文化遗产却频遭破坏，原因不外乎战乱、武装冲突、环境污染或人为破坏。其中，人为破坏既有个人肆意破坏③，也有集体性、有组织开发建设造成的损害④，还有经营管理方式不当引发的群体性破坏⑤。这些人为破坏之所以频繁发生，主要归因于保护理念的落后以及法律制度体系的不

① 参见 Sigmund Hagvar 著《保护自然遗产：观念的发展过程》，罗天祥译，载《AMBIO－人类环境杂志》1994 年第 8 期。

② 参见焦恩颖《2018 年中国自然保护地十件大事发布》，载《中国自然资源报》2019 年 2 月 1 日。

③《男子景区三脚踢断万年钟乳石　两脚不够还补一脚》，《北京青年报》2017 年 6 月 2 日。

④ 如湖南省张家界武陵源世界自然遗产核心景区内建百龙观光电梯，黄山、泰山等多地自然或文化遗产景区修建索道等，2018 年 8 月、9 月份甘肃张掖七彩丹霞特级保护区被游客肆意踩踏扬灰，游客在甘肃文县天池景区内戏水游泳等。

⑤ 如多地景区尤其节假日期间游客爆满，对景区生态人文环境带来巨大负担。

完善。

2018年9月发布的《十三届全国人大常委会立法规划》[1]将“国家公园法”列为第二类项目，即需要抓紧工作、条件成熟时提请审议的法律草案。通过制定“国家公园法”，整合包括自然和人文遗迹在内的保护地[2]立法体系具有重要意义，标志着中国对自然和文化遗迹法律保护走向新的阶段。国家公园体制并非中国首创，而是借鉴国际上以管理目标为分类标准形成的保护地模式，它是整体性保护方案在自然和文化遗产保护领域的运用[3]，是当前许多国家用来保护自然和文化遗产的重要途径。在提出建立国家公园体制之前，中国对自然和文化遗产的保护和管理主要依托国家风景名胜区、国家地质公园、世界地质公园、国家森林公园、国家自然保护区以及中国历史文化名城、名镇、名村等形式[4]。

中国着手“国家公园法”的立法工作是近些年在试点实践经验基础上逐步探索形成的。2008年6月，原国家林业局开始在云南省进行国家公园试点，先后批准建立了普达措、西双版纳等国家公园。2013年，党的十八届三中全会通过的《中共中央关于全面深化改革若干重大问题的决定》首次提出“建立国家公园体制”。之后，中共中央、国务院在2015年5月印发《关于加快推进生态文明建设的意见》，提出“建立国家公园体制，实行分级、统一管理，保护自然生态和自然文化遗产原真性、完整性”。2015年5月《国务院批转发展改革委关于2015年深化经济体制改革重点工作意见的通知》提出，要在9个省份开展“国家公园体制试点”。国家发展改革委同中央编办、财政部、原环保部、原住建部、原国土部、水利

① 参见《十三届全国人大常委会立法规划》，中国人大网，2018年9月10日，http://www.npc.gov.cn/npc/xinwen/2018-09/10/content_2061041.htm，最后访问时间：2018年12月20日。

② 1956年，全国人大一届三次会议批准肇庆鼎湖山为国家自然保护区，这是新中国第一个国家自然保护区。1982年开始，中国定期分批设立风景名胜区。

③ 张舜玺：《从保护到经营：文化遗产法律制度的西欧经验》，载《河南财经政法大学学报》2015年第1期。

④ 张晓：《建立国家公园体制保护自然文化遗产资源》，载《中国国情国力》2014年第8期。

部、原农业部、原林业局等 13 个部门联合印发《建立国家公园体制试点方案》（以下简称《方案》），将世界文化自然遗产、国家级自然保护区、国家级风景名胜区、国家地质公园、国家森林公园等禁止开发区域作为试点地区，逐渐形成统一、规范、高效的管理体制和资金保障机制。《方案》还将北京、吉林、黑龙江、福建、浙江、湖北等地区作为国家公园体制建设试点。青海三江源作为中国第一个国家公园建立，之后又建立了东北虎豹国家公园。而湖北神农架、福建武夷山、浙江钱江源等试点的国家公园试点实施方案也成功得到批复。2015 年 9 月，中共中央政治局审议通过《生态文明体制改革总体方案》，进一步规定“要建立国家公园体制。改革各部门分头设置自然保护区、风景名胜区、文化自然遗产、地质公园、森林公园等的体制，对上述保护地进行功能重组，合理界定国家公园范围。保护自然生态和自然文化遗产原真性、完整性”。在此基础上，中共中央办公厅、国务院办公厅于 2017 年 9 月联合印发《建立国家公园体制总体方案》，强调国家公园的首要功能是重要自然生态系统的原真性、完整性保护，同时兼具科研、教育、游憩等综合功能；坚持国家代表性和全民公益性；改革分头设置的管理体制，构建以国家公园为代表的自然保护地体系；分别提出到 2020 年国家公园体制试点基本完成、总体布局初步形成的目标及到 2030 年国家公园分级统一的管理体制更加完善的目标。2017 年党的十九大报告对此进行再次确认，提出“建立以国家公园为主体的自然保护地体系”。

二　中国自然和文化遗产保护的法律制度体系：现状与问题

（一）中国自然和文化遗产保护的法律体系

当前中国尚未针对自然和文化遗产出台专门性的法律，相关法律依据主要是《宪法》指导下的以《环境保护法》《文物保护法》《自然保护区条例》《风景名胜区条例》等为核心的法律法规体系。经过查询全国人大、国务院及各部委、世界自然和文化遗产所在地政府及相关平台的网站，对中国与自然和文化遗产相关的法律法规及部门规章进行搜集整理，其中尤其关注了世界遗产所在地的地方性立法情况①（见表1）。

表1　中国自然和文化遗产相关的法律文件

性质	文件名称	备注	序号
法律、行政法规	《宪法》(2018年修订)	第9条、第22条第2款	1
	《环境保护法》(2014年修订)	第2条、第29条	2
	《刑法》(2017年修订)	第324条，故意损毁文物罪、故意损毁名胜古迹罪、过失损毁文物罪	3
	《文物保护法》(2017年修订)	对中国境内按一定标准认定的文物进行保护	4
	《城乡规划法》(2015年修订)	第4条、第17条、第18条	5
	《旅游法》(2018年修订)	第13条、第19条、第21条	6
	《森林法》(1998)	第4条、第31条	7
	《海洋环境保护法》(2017年修订)	第22条、第23条	8
	《自然保护区条例》(2017年修订)	保护对象中包括有特殊意义的自然遗迹所在的陆地、陆地水体或者海域	9
	《风景名胜区条例》(2016年修订)	保护对象包括自然景观、人文景观比较集中并可供人们游览或者进行科学、文化活动的区域	10
	《历史文化名城名镇名村保护条例》(2017年修订)	保护对象为历史文化名城、名镇、名村，目的为继承中华民族优秀历史文化遗产	11
	《长城保护条例》(2006)	保护对象为国家文物部门认定的长城段落	12
	《博物馆条例》(2015)	主要对博物馆在收藏、保护并向公众展示人类活动和自然环境的见证物的工作进行规范	13
	《文物保护法实施条例》(2017年修订)	根据《文物保护法》制定	14

① 部分地方性法规、规章还参考了姜敬红著《中国世界遗产保护法现状分析与体系化研究》，中国人民大学出版社，2017，第41～75页。

续表

性质		文件名称	备注	序号
部门规章		《大运河遗产保护管理办法》(2012)	保护对象为大运河遗产	15
		《世界文化遗产保护管理办法》(2006)	保护对象为列入联合国教科文组织《世界遗产名录》的世界文化遗产、文化与自然双重遗产中的文化遗产部分	16
		《森林公园管理办法》(2016 年修订)	第 6 条、第 10 条	17
		《文物保护工程管理办法》(2003)	规范文物保护工程的管理,根据《文物保护法》和《建筑法》制定	18
		《文物认定管理暂行办法》(2009)	规范文物认定管理工作,根据《文物保护法》制定	19
		《文物行政处罚程序暂行规定》(2005)	规范文物部门的行政处罚行为,根据《文物保护法》《行政处罚法》制定	20
		《地质遗迹保护管理规定》(1995)	主要规范地质遗迹的保护管理,根据《环境保护法》《矿产资源法》及《自然保护区条例》制定	21
地方性法规、规章	以世界自然和文化遗产为保护对象	《沈阳市故宫、福陵和昭陵保护条例》(2003)	保护对象为世界文化遗产"明清皇宫"之"沈阳"和"明清皇家陵寝"中的"福陵"和"昭陵"	22
		《陕西省秦始皇陵保护条例》(2012 年修订)	保护对象为世界文化遗产"秦始皇陵"	23
		《甘肃敦煌莫高窟保护条例》(2002)	保护对象为世界文化遗产"莫高窟"	24
		《泰山风景名胜区保护管理条例》(2018 年修订)	保护对象为世界文化和自然双重遗产"泰山"	25
		《泰山风景名胜区生态保护条例》(2018 年)	保护对象为世界文化和自然双重遗产"泰山"	26
		《黄山风景名胜区管理条例》(2018 年修订)	保护对象为世界文化和自然双重遗产"黄山"	27
		《湖南省武陵源世界自然遗产保护条例》(2011)	保护对象为世界自然遗产"武陵源风景名胜区"	28
		《四川省世界遗产保护条例》(2018 年修订)	保护对象为四川省境内除都江堰之外的世界文化与自然遗产	29
		《承德避暑山庄及周围寺庙保护管理条例》(2003)	保护对象为世界文化遗产"河北承德避暑山庄及外八庙"	30

续表

性质		文件名称	备注	序号
地方性法规、规章	以世界自然和文化遗产为保护对象	《江西省庐山风景名胜区管理条例》(1996)	保护对象为文化景观“庐山国家级风景名胜区”	31
		《山西省平遥古城保护条例》(2018年修订)	保护对象为世界文化遗产“平遥古城”	32
		《苏州园林保护和管理条例》(2016年修订)	保护对象为世界文化遗产“苏州古典园林”	33
		《四川省都江堰水利工程管理条例》(2003)	保护对象为世界文化遗产“青城山与都江堰”之“都江堰”部分	34
		《洛阳市龙门石窟保护管理条例》(2012)	保护对象为世界文化遗产“龙门石窟”	35
		《清东陵保护管理办法》(2017年修订)	保护对象为世界文化遗产“明清皇家陵寝”之“清西陵”和“清东陵”	36
		《南京市中山陵风景区保护和管理条例》(2010年修订)	保护对象为“中山陵”和世界文化遗产“明清皇家陵寝”之“明孝陵”	37
		《安徽省皖南古民居保护条例》(2004)	保护对象为世界文化遗产“皖南古村落——西递、宏村”	38
		《大同市云冈石窟保护管理条例》(2018年修订)	保护对象为世界文化遗产“云冈石窟”	39
		《云南省三江并流世界自然遗产地保护条例》(2005)	保护对象为世界自然遗产“云南三江并流保护区”	40
		《吉林省高句丽王城、王陵及规制墓葬保护管理条例》(2009)	保护对象为世界文化遗产“高句丽王城、王陵及贵族墓葬”之吉林省集安市部分	41
		《河南省安阳殷墟保护管理条例》(2001)	保护对象为世界文化遗产“殷墟”	42
		《昆明市石林风景名胜区保护条例》(2008)	保护对象为世界自然遗产“中国南方喀斯特”之“云南石林的剑状、柱状和塔状喀斯特”	43
		《江西省三清山风景名胜区管理条例》(2006)	保护对象为世界自然遗产“三清山国家级风景名胜区”	44
		《山西省五台山风景名胜区环境保护条例》(1997)	保护对象为文化景观“五台山”	45
		《贵州省赤水河流域保护条例》(2011)	保护对象为世界自然遗产“中国丹霞”之“贵州赤水”	46
		《湖南省山良风景名胜区保护条例》(2011)	保护对象为世界自然遗产“中国丹霞”之“湖南山良山”	47

续表

性质		文件名称	备注	序号
地方性法规、规章	以世界自然和文化遗产为保护对象	《江西省龙虎山和龟峰风景名胜区条例》(2008)	保护对象为世界自然遗产“中国丹霞”之“江西龙虎山(包括龟峰)”	48
		《福建省“福建土楼”世界文化遗产保护条例》(2011)	保护对象为世界文化遗产“福建土楼”	49
		《阿坝藏族羌族自治区实施〈四川省世界遗产保护条例〉的条例》(2007)	保护对象为自治州境内的世界文化与自然遗产	50
		《云南省丽江历史文化名城保护管理条例》(1994)	保护对象为世界文化遗产“丽江古城”	51
		《新宾满族自治县清永陵保护管理条例》(2003)	保护对象为世界文化遗产“明清皇家陵寝”之“盛京三陵”中的“永陵”	52
		《桓仁满族自治县五女山山城保护管理条例》(2004)	保护对象为世界文化遗产“高句丽王城、王陵及贵族墓葬”之辽宁省“五女山城”	53
		《新疆维吾尔自治区天山自然遗产地保护条例》(2011)	保护对象为世界自然遗产“新疆天山”	54
		《天山天池风景名胜区保护管理条例》(2010)	保护对象为世界自然遗产“新疆天山”昌吉回族自治州部分	55
		《秦皇岛市长城保护条例》(2018)	保护对象为世界文化遗产“长城”秦皇岛段	56
		《包头市长城保护条例》(2017)	保护对象为世界文化遗产“长城”包头段	57
		《北京市长城保护管理办法》(2018 年修订)	保护对象为世界文化遗产“长城”北京段	58
		《河北省长城保护办法》(2016 年)	保护对象为世界文化遗产“长城”河北段	59
		《周口店遗址保护管理办法》(2009)	保护对象为世界文化遗产“周口店北京人遗址”	60
		《西藏自治区布达拉宫保护办法》(2009)	保护对象为世界文化遗产“拉萨布达拉宫历史建筑群”	61
		《湖北省武当山风景名胜区管理办法》(2008)	保护对象为世界文化遗产“武当山古建筑群”	62
		《重庆市大足石刻保护条例》(2017)	保护对象为世界文化遗产“大足石刻”	63
		《重庆市大足石刻保护管理办法》(1998)	保护对象为世界文化遗产“大足石刻”	64
		《福建省武夷山世界文化和自然遗产保护条例》(2002)	保护对象为世界文化和自然双重遗产“武夷山”	65

续表

性质		文件名称	备注	序号
地方性法规、规章	以世界自然和文化遗产为保护对象	《福建省武夷山国家级自然保护区管理办法》(2017 年修订)	保护对象为世界文化与自然双重遗产“武夷山”	66
		《北京市明十三陵保护管理办法》(2007)	保护对象为世界文化遗产“明清皇家陵寝”之“明十三陵”	67
		《重庆市武隆喀斯特世界自然遗产保护办法》(2009)	保护对象为世界自然遗产“中国南方喀斯特”之“重庆武隆以天生桥、地缝、天洞为代表的立体喀斯特”	68
		《广东省开平碉楼保护管理规定》(2002)	保护对象为世界文化遗产“开平碉楼与村落”	69
		《郑州市嵩山古建筑群保护管理规定》(2006)	保护对象为世界文化遗产“登封‘天地之中’历史建筑群”	70
		《福建省“中国丹霞”自然遗产保护办法》(2009)	保护对象为中国自然遗产“中国丹霞”之“福建泰宁”	71
		《广东省丹霞山保护管理规定》(2009)	保护对象为世界自然遗产“中国丹霞”之“广东丹霞山”	72
		《浙江省江郎山风景名胜区保护管理办法》(2008)	保护对象为世界自然遗产“中国丹霞”之“浙江江郎山”	73
		《云南省澄江动物化石群保护规定》(1997)	保护对象为世界自然遗产“澄江化石群”	74
		《山东省大运河遗产山东段保护管理办法》(2013)	保护对象为世界文化遗产“中国大运河”山东部分	75
		《西安市丝绸之路历史文化遗产保护管理办法》(2008)	保护对象为世界文化遗产“丝绸之路：长安—天山廊道路网”西安部分	76
		《宁波市大运河遗产保护办法》(2017 年修订)	保护对象为世界文化遗产“中国大运河”宁波部分	77
		《洛阳市大运河遗产保护管理办法》(2012)	保护对象为世界文化遗产“中国大运河”洛阳部分	78
		《唐崖土司城址保护管理办法》(2013)	保护对象为恩施土家族苗族自治州咸丰县唐崖土司城址文物	79
		《杭州西湖风景名胜区管理条例》(2004)	保护对象为西湖风景区	80
		《杭州西湖文化景观保护管理条例》(2011)	保护对象为西湖文化景观	81

续表

性质		文件名称	备注	序号
地方性法规、规章	以世界自然和文化遗产为保护对象	《云南省国家公园管理条例》(2015)	主要规范云南省内国家公园的设立、规划、保护、管理、利用等活动	82
		《三江源国家公园条例(试行)》(2017)	主要规范三江源国家公园保护、建设和管理活动,三江源包括长江源(可可西里)、黄河源、澜沧江源	83
		《武夷山国家公园条例(试行)》(2017)	主要规范武夷山国家公园范围内的规划、建设、保护、利用、管理等活动	84
		《神农架国家公园保护条例》(2017)	主要规范神农架国家公园内的保护和管理活动	85
		《云南省迪庆藏族自治州香格里拉普达措国家公园保护管理条例》	主要规范位于三江并流世界遗产地哈巴雪山片区列入保护管理开发利用的区域(包括碧塔海和属都湖景区)	86

1. 现行立法存在的问题

从表1可以看出，中国关于自然和文化遗产的法律体系主要存在以下问题。

首先，立法体系方面，没有专门的自然和文化遗产保护综合性法律和行政法规，大多数是针对世界自然和文化遗产的地方性法规、规章。不少世界遗产所在地地方人大或政府尚未出台有关的立法性文件。在出台直接针对世界自然和文化遗产的地方性法规和规章中，有些世界遗产既有地方性法规，也有地方政府规章。还有相同类型的世界遗产因分布在不同地区而分别立法的情况较多，重复立法严重，既浪费了立法资源，又往往协调性不足，不利于法规的统一遵守和执行。

其次，立法内容方面，相关法律中的一些条款对于自然和文化遗产保护存在保护理念落后、法律责任较轻、震慑力不足、内容简单及可操作性较差等问题。即使联系比较紧密的法律，如《文物保护法》的保护对象也存在范围较窄的问题，主要局限于对被认定为文物的文化遗产进行保护，大量未能达到文物标准散落于各地的历史建筑物、历史聚落、历史构筑物等未被纳入法律保护的范围[①]；此外，以保护为主兼顾合理利用的二元化工作方针致使实践中文物被不当利用现象时有发生。

最后，立法时效性方面，很多世界遗产是在被纳入世界遗产名录后很多年地方性法规规章才出台；即使出台较早的法规规章，也未能根据国际条约更新及上位法修改及时进行修订，在时效性上大打折扣。

（二）自然和文化遗产保护的管理体制

中国的自然和文化遗产保护管理体制一直存在多部委分头管理、职能交叉重叠的问题[②]。这种多头管理体制在2002年原国家计委、原建设部、原文化部、国家文物局、原国土资源部、原国家环保总局等九部门联合发布《关于加强和改善世界遗产保护管理工作的意见》就能窥见一斑。此外，2004年发布的《国务院办公厅转发文化部、建设部、文物局等部门关于加强我国世界文化遗产保护管理工作意见的通知》也涉及原文化部、原建设部、国家文物局、国家发展和改革委员会等。

依据2018年3月通过的国务院机构改革方案[③]，中国新组建自然资源部、生态环境部、文化和旅游部等机构，改革后涉及自然和文化遗产保护的国务院部门进一步精简，有利于统一事权，但机构改革后仍然面临多部门共同执法问题。

此外，管理机构执法手段偏软、执法效果不佳。这一方面与法律规定的法律责任较轻有关，另一方面主要是相关管理机构缺乏行政强制权。比如，《文物保护法》虽然赋予了文物管理部门一定的行政处罚权，但由于不具有行政强制权，在行政执法中即使采取吊销资质证书、高额

① 汤诗旷：《城乡历史建筑遗产保护的相关法律问题研究——试论全国统一立法的必要性及其目标设立》，载《南方建筑》2014年第10期。

② 参见万克夫《浅谈我国世界遗产地旅游的立法问题》，载《广西社会科学》2004年第9期。

③ 第十三届全国人民代表大会第一次会议表决通过了关于国务院机构改革方案的决定。

罚款等处罚措施，这些惩罚与无法挽回的文物损失相比仍然是微不足道的，且大多数情况下受执法惯例或者各种主客观因素影响，对破坏自然和文化遗产行为的惩罚力度也较小，无法对违法行为形成足够的震慑力。

三 自然和文化遗产法律保护的完善建议

通过法律手段保护自然和文化遗产，最主要的是完善立法体系及理顺行政管理体制，并确立切实可行的保护制度。在立法中尤其要根据自然和文化遗产保护的特殊属性，处理好保护与开发利用的关系、处理好国际法与国内法的关系。

（一）完善自然和文化遗产的法律和制度体系

1. 优化立法体系

首先，抓住“国家公园法”的立法契机，对相关法律法规内容依据自然和文化遗产保护的基本价值理念进行整合，形成专门的遗产保护体系，提升立法的协调性。其次，对现有的《环境保护法》《文物保护法》《城乡规划法》《自然保护区条例》等法律法规按照整体推进遗产保护的目标进行相应完善，尤其完善相关的行政、民事及刑事责任制度，明确对违法行为的认定标准和责任承担方式。就地方性法规、规章来说，建议对于同一世界遗产，遗产地应加强跨地区协同立法，尽量统一出台地方性法规、规章。再次，根据相关上位法的最新制（修）订情况，部门规章及地方性法规、规章应及时进行更新，以加强与上位法的衔接与协调。最后，适时出台自然和文化遗产保护的专门性法律。当前中国环境保护要素中大气、水、土地、矿藏等均有相应的专项立法，而唯独自然遗迹、人文遗迹、湿地等领域尚未制定专门性的法律。通过“国家公园法”，能进一步加强对自然和文化遗产的法律保护，但是专门性的立法仍然不可或缺。2010 年，全国人大环资委曾起草《自然遗产保护法（草案）》并征求意见[①]，但最后因种种原因而搁置。从国外自然和文化遗产保护的立法经验来看，制定专门性的法律是大势所趋。在专门性法律中规定立法目的和基本原则，明确自然与文化遗产的确定标准、保护范围、监督管理体制、各项基本制度及法律责任等内容，有助于对自然和文化遗产开展系统化、科学化的保护。

2. 更新立法理念、提升立法实效

在立法过程中应根据《环境保护法》以及自然和文化遗产的特性，坚持以下几个原则。首先，保护优先原则。长期以来，中国在世界遗产的保护和管理过程中往往重开发利用、轻事先规划，重世界遗产项目申请而忽视日常保护。自然和文化遗产是人类社会的宝贵财富，一旦破坏会很难恢复或永久性遗失。世界遗产的公益性不能被经济目的所取代。要在保障遗产资源永续利用的前提下，充分发挥以开发促进保护自然遗产的功能。对自然和文化遗产的保护与开发应秉持保护第一、以开发促保护的原则。在开发利用的各种收入中，要分出一部分作为自然遗产的保护基金。对自然和文化遗产进行保护的核心是保护其原真性和完整性。这既是保护的目标，也是判断违法行为的重要依据。其次，预防原则。除《环境保护法》外很多相关法律只规定了破坏遗产后对其进行惩罚，如《文物保护法》没有对文物建筑的改动、重建、损毁的事前控制进行规定，一旦遗产被破坏后，即使能修复也无法全部复原，且会耗费巨大人力、物力、财力。因此，无论从技术还是经济性考虑，都应注重预防原则。再次，科学保护原则。很多遗产尤其是文化遗产的保护工作具有较强的技术性，在保护过程中稍有不慎会造成第二次破坏，有时甚至是毁灭性的[②]。必须承认，一定时期内遗产保护过程中人类掌握科学技术的有限性与遗产价值的未知性往往并存，但是经过科学的评估论证及规范的程序控制，对遗产的保护性破坏还是能避免的。最后，公众参与原则。由于自然和文化遗产的属地特性，在保护过程中必然离不开当地社区的参

---

① 参加全国人大环资委网站《关于征求〈中华人民共和国自然遗产保护法（征求意见稿）〉意见的函》，2010 年 3 月 16 日。

② “水洗三孔”事件便是非常典型的例子，参见任卓冉《困境与超越：论我国的世界遗产法律保护》，《理论界》2013 年第 2 期。

与。这不仅仅是口号，而应在立法中切实规定可操作性的条款，推动和规范自然和文化遗产保护过程中的公众参与。

3. 加强制度构建

在立法过程中应借鉴《环境保护法》及相关立法中的制度规定，构建完善可操作的制度体系，如遗产的调查普查和监测制度、保护绩效评估制度、分级分类保护制度、赔偿与补偿制度、资金保障制度及公众参与制度等制度体系。有专家建议，应尽快在国内成立权威评估机构，制定严格、科学、准确、细致的评估标准，完善监测体系，对世界遗产进行动态测评①。

（二）明确主管机构及监管体制

明确主管机构及监管体制是自然和文化遗产保护的重要前提，这需要协调处理政府机构及上下级政府之间的纵向管理关系和不同政府部门之间的横向协作关系。政府监管既是职责所在，也会附带利益因素考量。基于遗产的国家所有属性，地方政府代表国家对其进行监督管理，因此既要明确把国家公园的事权收归中央政府，同时还要设计具体的管理机制以发挥地方政府的积极性。同时，由于自然和文化遗产涉及近十个政府部门，必须确立统管及分管机构，以避免出现职能交叉重叠或监管真空地带。实践过程中，一些地方政府成立了专门的主管部门，如云南省政府2000年成立了世界遗产管理委员会，成为中国拥有世界遗产的省份中第一个设立的专门管理机构。从中央层面来说，当前宜将自然和文化遗产的保护工作分别确定主管机构和分管机构。着眼长远，建议今后适时设立世界自然和文化遗产的专门保护机构，以更有力、高效地保护中国的自然和文化遗产。

---

① 李华明、张国云：《生态环境可持续发展视野下的世界自然遗产保护策略》，《民族教育研究》2006年第2期。

B.10
中国民事法治四十年

谢鸿飞*

摘　要：　中国民事法治是与中国改革开放同步发展和完善的。1986年的《民法通则》是中国民事法治的里程碑，对促进市场经济、保护人格权发挥了重要作用。1992年后，中国市场经济的发展催生了大量民事单行法，为市场经济提供了较为详备的游戏规则。结合中国具体国情和司法实践经验的司法解释和指导性案例，也推动了中国民事法治的发展。2014年中国启动民法典编纂工程，并于2017年通过了《民法总则》，预示着中国民法典即将出台，也标志着中国民事法治进入新阶段。

* 谢鸿飞，中国社会科学院法学研究所研究员。

关键词： 民法通则 民法典 合同法 物权法 婚姻法

导 言

从民法角度看，1978 年至今的改革开放实际上是不断调整国家与社会、权力与权利、管制和自治之间关系的过程。这个过程是社会不断发展、权利不断勃兴、自治逐渐强盛的过程。民法作为社会的基本法，以自治和自由为基本价值和理念，其发达程度与国家管制的松紧关系密切。依国家管制和私人自治之间的关系为标准，1978 年以来的中国民事法治可以分为三个阶段。一是 1978～1992 年，通过法律助力培育社会的政策目标。以 1986 年颁行的《民法通则》为标志，国家开始容让社会，承认在国家之外的社会领域公民（自然人）也享有类型丰富的民事权利。二是 1992～2007 年，以 2007 年《物权法》的颁行为标志。在这一阶段，市场经济不断向纵深发展，民众的经济自由空间得到实质性拓展，财产权受到更强大的法律保护。三是 2007 年至今，以民法典编纂为标志，中国民事法治更上层楼。

40 年中国的民事法治是包括立法、司法、法律文化等在内的一个复杂系统，限于篇幅，本文仅讨论民事立法和司法。

一 中国民事法治的奠基期

改革开放伊始，中国即着手编纂民法典。1979 年 11 月，全国人大常委会法制工作委员会成立了主要由民法学者组成的“民法起草小组”，开始新中国第三次民法起草，并以 1962 年苏联民事立法纲要、1964 年苏俄民法典和 1978 年修订的匈牙利民法典为蓝本。此后立法机关考虑到经济体制改革刚刚开始，社会生活处在变动之中，一时难以制定一部完善的民法典，决定解散民法起草小组，暂停民法典起草工作，改采先分别制定单行法、待条件具备时再制定民法典的方针。之后，在经过学界沸沸扬扬的民法和经济法大论战后，中国即开始起草《民法通则》。

1986 年 4 月 12 日，《民法通则》由第六届全国人民代表大会第四次会议通过，于 1987 年 1 月 1 日起施行。《民法通则》“是从中国的实际需要出发，在研究改革、开放、搞活的新情况、新问题和新经验并总结和借鉴历史的和外国的经验基础上制定出来的中国民事活动共同遵循的准则。它反映了中国社会主义经济的特色，是一部具有中国特色的法律”①。

《民法通则》共 9 章 156 条，其结构为：第一章“基本原则”、第二章“公民（自然人）”、第三章“法人”、第四章“民事法律行为和代理”、第五章“民事权利”、第六章“民事责任”、第七章“诉讼时效”、第八章“涉外民事关系的法律适用”、第九章“附则”。第五章“民事权利”最引人注目，它赋予了公民（自然人）丰富的财产权和人格权。为防止十年浩劫践踏人格权的悲剧重演，它专设第四节明文规定公民（自然人）享有“生命健康权”（第 98 条）、“姓名权”（第 99 条）、“肖像权”（第 100 条）、“名誉权”和“人格尊严”（第 101 条）。为充分保障民事权利，它还在第六章第三节明文规定侵害财产权的侵权责任（第 117 条），侵害生命健康权的侵权责任（第 119 条），侵害姓名权、肖像权、名誉权的侵权责任（第 120 条），以及国家机关或其工作人员侵犯人民合法权益的民事责任（第 121 条）。《民法通则》的这些内容表明，它具有确认民事权利和保障民事权利两大基本功能，因此被称为中国的“人权宣言”“权利的播种机”。

在整个中国法制史上，《民法通则》都具有重要意义，这体现在它改变了中国没有民法的历史。在此之前，《婚姻法》被认为是一个独立的部门法，《经济合同法》被认为属于经济法，都不属于民法②。学界也对其评价极高：“它不仅为我国社会主义商品经济关系的法律调整提供了最基本的原

① 佘能斌：《论我国民法通则的特点》，《法学评论》1986 年第 4 期；赵中孚：《〈中华人民共和国民法通则〉的社会主义特色》，《法律学习与研究》1986 年第 6 期。

② 谢怀栻：《正确阐述民法通则以建立我国的民法学》，《法律学习与研究》1987 年第 5 期。

则和制度，而且对于社会主义民主与法制的建设，对于社会主义精神文明的建设具有重要意义。”① 《民法通则》的通过“是我国政治生活和经济生活中的一件大事。它必将对我国社会主义现代化建设事业产生不可估量的积极作用，大大推动社会主义商品经济向前发展”②。甚至有人认为，“历史的发展将会进一步证明，《民法通则》的基本原则和基本制度，不仅将在中国产生深远的重大影响，而且将成为世界人民的共同财富”③。事实也证明，《民法通则》推动了中国经济和社会的发展，激发了中国人的权利意识，很大程度上统一了民事案件的裁判规则。作为微缩版的“民法典”，它也为后来的民事单行立法提供了诸多制度支持。2017 年通过的《民法总则》也是以《民法通则》为蓝本制定的。

《民法通则》的定位是民事领域原则法，只有 156 条，面对复杂的社会生活和经济、社会和技术的急速发展，难免捉襟见肘。为矫此弊，早在 1988 年 1 月 26 日，最高人民法院就通过了《关于贯彻执行〈中华人民共和国民法通则〉若干问题的意见（试行)》，共 200 条，内容涉及《民法通则》的众多制度和规则，在民事审判中发挥了重要作用。

二　中国民事法治的发展期

1949 年以后、改革开放以前，中国社会的特征可概括为“总体性社会”，即国家权力弥漫社会诸领域，商品经济被取消，这种社会构成导致市场经济在中国长期沉默。1992 年后，中国进入市场经济的快车道。经济的迅猛发展导致了相当强烈的“制度饥渴”，为市场经济各领域提供基本游戏规则，成为中国民事法治发展的重点。在这一时期，中国诞生了大量的民事单行法。

① 佟柔：《民法通则——我国民主与法制建设的一个重要里程碑》，《河北法学》1986 年第 4 期。

② 王家福：《一部具有中国特色的民法通则》，《法学研究》1986 年第 3 期。

③ 杨振山：《〈民法通则〉诞生的历史条件及意义》，《政法论坛》1986 年第 3 期。

（一）担保法的发展

为担保债权安全、促进交易、促进资金融通和商品流通，维护银行贷款和商品交易的安全[①]，1995 年中国颁行了《担保法》。它共 7 章 96 条，规定了五种基本担保方式，即保证、抵押、质押、留置和定金。创新之处在于，它顺应国际潮流和中国经济的现实需求，扩大了可担保物的范围，尤其是承认了动产抵押。这些担保方式不仅为中小企业提供了充分的融资手段，也保障了债权人的利益，对促进交易功不可没。

（二）合同法的发展

1981 年 12 月，中国颁布了《经济合同法》，适用于“平等民事主体的法人、其他经济组织、个体工商户、农村承包经营户相互之间”。作为中国第一部合同领域的法律，它对商品经济的发展起到了积极作用。但整体上它呈现的不是契约自由，而是更倾向于运用国家权力对合同进行管制。1985 年颁布的《涉外经济合同法》的结构、基本原则和内容，主要参考英美契约法和《联合国国际货物销售合同公约》（CISG），是中国民法继受英美法和国际公约的开端[②]。1987 年《技术合同法》通过，它是调整技术开发、技术转让、技术咨询和技术服务领域的合同，但不调整具有涉外因素的技术合同。三部法律分别调整不同领域的合同、不同主体订立的合同，形成了三足鼎立的法律格局。它们体现了计划经济体制时期的理念，对合同的行政干预和管制过多，背离了合同运行的基本规律，一直为理论界和实务界所诟病。

另外，在 20 世纪 90 年代，中国 90% 以上的消费品和 80% 以上的生产资料完全由市场调节[③]，市场主体每年订立的合同大约有 40 亿份，消费者

---

① 参见扈纪华《发展经济 保护债权——介绍〈中华人民共和国担保法〉》，《当代司法》1995 年第 9 期。

② 梁慧星主编《中国民法典草案建议稿附理由》，法律出版社，2013，“序言”。

③ 萧好：《〈合同法〉：一部重要的“游戏规则”——访合同法起草小组副组长、中国社会科学院法学研究所研究员梁慧星教授》，《中国中小企业》1999 年第 4 期。

和经营者之间订立的合同远远超过此数，全国法院一年受理的合同纠纷案件近300万件[①]。因此，统一合同法的制定越发迫在眉睫。

1999年颁行的统一《合同法》，是中国民法和市场经济发展的里程碑，包括总则8章、分则15章，共23章428条。它采用了德国民法的概念体系，许多原则、制度和条文直接采自德国民法、日本民法和中国台湾地区民法，还有一些重要制度直接采自《国际商事合同通则》（PICC）、《联合国国际货物销售合同公约》（CISG）、《欧洲合同法原则》（PECL）和英美契约法[②]。

之所以称“统一合同法”，是因为它统一了中国之前散乱、零碎的合同立法，为合同领域确立了统一的法律规范。它对有关合同的共性问题作了统一规定，将原来比较原则的规定具体化，并尽量吸收行之有效的行政法规和司法解释，保持了法律的稳定性和连续性。同时，它在继承原三部合同法的基础上，破旧立新之处甚多[③]；填补我国合同法中的最大缺漏——合同法的总则部分[④]；它面向的是未来，而不是当时的经济转轨时期[⑤]，其预定的社会土壤也是全面的市场经济体制。

《合同法》在理念上最大的进步，就是确立了合同自由原则，即只要不违反法律的禁止性规定和社会公共利益，当事人通过合意达成的合同就当然具有法律效力。《合同法》确立的合同当事人平等、自愿原则，及其规制的大量任意性规范，都使《合同法》更接近“契约胜法律”（*convetio vicit legem*）的固有观念。

与契约自由相应的是，《合同法》明确规定了契约严守原则。这是契约自由的必然结果，也是市场经济形成的一个重要前提。市场经济必然建立在

① 胡康生、王斌：《一部保障社会主义市场经济健康运行的基本法律——关于合同法若干问题的介绍》，《上海人大月刊》1999年第5期。

② 梁慧星主编《中国民法典草案建议稿附理由》，法律出版社，2013，“序言”。

③ 石宏：《〈中华人民共和国合同法〉与原三部合同法之比较研究》，《中国人大》1999年第13期。

④ 谢怀栻：《由〈合同法〉想到的几点问题》，《法学家》1999年第3期。

⑤ 梁慧星：《合同法的成功与不足》，《中外法学》1999年第6期。

非人身性的、时空分离的信用经济基础上。市场经济的一个特征是有全国性的、大规模的社会市场，而且，很多交易是复杂的、需要在未来履行的，如果没有法律上的信用关系，这些交易就无法完成。《合同法》第 8 条规定，依法成立的合同，对当事人具有法律约束力。当事人应当按照约定履行自己的义务，不得擅自变更或者解除合同。这就确立了信用的法律保障机制，承认了契约严守原则。

《合同法》相当重要的一个理念是鼓励交易。立法者认为，对国家、社会和合同主体而言，成功的交易越多越有利。国家可以借此增加财政税收；财货因为合同得到了充分流转，资源实现了最充分的运用；合同主体也可以通过合同获取利益。《合同法》鼓励当事人尽可能多订立合同，并使合同得以生效和全面履行。鼓励交易体现在很多法律制度和规则上，如合同的成立可以采取书面形式、口头形式和行为形式（通过行为成立合同），尽量限制无效和可撤销合同的范围，限制合同解除的适用范围等。

《合同法》规定了市场经济和社会生活中常见的 15 种类型，囊括了市场经济中商品和服务交易的主要类型，如买卖合同、承揽合同、运输合同、行纪合同、技术合同等。同时，它还采用民商合一机制，规定了融资租赁合同、建设工程施工合同等商事合同类型。在制定过程中，立法者也广泛参酌了合同交易领域的国际惯例，引入了比较法上被反复证明行之有效的规则，确立了符合合同运行规律、相对完善的规则体系。

此后，为回应互联网时代对合同交易的影响，中国 2004 年颁布了《电子签名法》。它承认电子签名的效力，明确规定当事人约定使用电子签名、数据电文的文书，不得仅因为采用电子签名、数据电文的形式而否定其法律效力，承认了新技术对合同成立的影响。

在《合同法》施行的当年，最高人民法院就发布了《关于适用〈中华人民共和国合同法〉若干问题的解释（一）》。该解释不仅涉及《合同法》溯及力等法律适用问题，还包括对具体规则尤其是新规则的解释，如债权人的代位权和撤销权。此后，最高人民法院陆续发布了具体合同领域的司法解释，如《关于审理商品房买卖合同纠纷案件适用法律若干问题的解释》

(2003)、《关于审理建设工程施工合同纠纷案件适用法律问题的解释》(2004)、《关于审理技术合同纠纷案件适用法律若干问题的解释》(2004)、《关于审理涉及国有土地使用权合同纠纷案件适用法律问题的解释》(2005)、《关于审理城镇房屋租赁合同纠纷案件具体应用法律若干问题的解释》(2009)。其中最为重要的是2009年《关于适用〈中华人民共和国合同法〉若干问题的解释（二）》。它结合司法实践，回应了现实交易对合同规范的要求，在事实上创设了情势变更、合同解除异议等新制度。

（三）土地承包法的发展

农村土地承包可谓中国农村最重要的问题之一，尽管中国宪法和其他法律都规定了农村土地承包制度，但一直缺乏详细的法律规范予以调整。在实践中，农民的土地承包权无法得到有效保护乃至被任意侵犯的情形并不鲜见。为解决这一难题，中国2002年颁布了《农村土地承包法》。它以法律形式赋予农民长期而有保障的农村土地承包经营权，对土地承包的诸多细节问题作了规定，“是继新中国的土改法之后，另一部让农民改善经济地位的好法律”[①]。它对进一步调动农民的积极性，促进农业和农村经济发展，维护农村社会稳定，具有重大的现实意义和深远的历史意义[②]。一言以蔽之，它让“广大农民吃上了一颗定心丸”[③]。

《农村土地承包法》第4条第1款明确规定，国家依法保护农村土地承包关系的长期稳定。第20条规定，耕地的承包期为30年，草地的承包期为30年至50年，林地的承包期为30年至70年，特殊林木的林地承包期，经国务院林业行政主管部门批准可以延长。同时，针对农村土地承包中侵害妇女权利的违法现象，第6条专门规定，农村土地承包，妇女与男子享有平等

① 杜润生：《〈农村土地承包法〉：一颗定心丸》，《经济观察报》2001年9月30日。

② 《依法保障土地承包当事人的合法权益　保持党在农村基本政策的长期稳定——农业部副部长刘坚就农村土地承包法有关问题答本刊记者问》，《农村工作通讯》2002年第11期。

③ 《品尝给农民的这颗定心丸——全国人大常委会法工委副主任胡康生谈〈土地承包法〉》，《学习月刊》2002年第10期。

的权利。承包中应当保护妇女的合法权益，任何组织和个人不得剥夺、侵害妇女应当享有的土地承包经营权。为了确保农村的土地承包经营权，它还明确规定了发包方和承包方的权利和义务，明确了承包方自承包合同生效时取得土地承包经营权；承包期内，发包方不得收回承包地，也不得调整承包地。

遗憾的是，《农村土地承包法》并没有明确农民的土地承包经营权的性质到底是物权还是债权，这一问题被其后的《物权法》解决。

（四）物权法的发展

在中国，"《物权法》地位仅次宪法"①。它的出台是2007年民事法治最具标志性的事件。在其颁行过程中，社会各界产生了极大的争议，甚至有人上书中央，认为草案违宪。尽管自古以来"有恒产者有恒心""仓廪实而知礼节"之类的观念已深入人心，产权界定对国家、社会和个体的重要性也为公众认同，但《物权法》的制定仍暴露了中国改革开放以来的诸多社会矛盾和不同利益集团的诉求，围绕草案，赞成派和反对派形成了激烈的交锋②。《物权法》也创造了新中国立法史上审议次数的记录：全国人大常委会对《物权法（草案）》审议了七次，加上全国人大审议一次，共审议八次。立法机关充分协调各方意见，全国人大也进行了充分审议，修改共有70多处③。《物权法》对完善中国市场经济规则、强化对私有财产的保护、推进全面实行依法行政、促进政治文明建设都具有重要意义，也有助于推进民法典的出台。

《物权法》共5编19章247条。它调整的是因物的归属和利用而产生的民事关系，大到山脉、草原、江河湖海和地下矿藏的归属，小到居民住宅的停车位、电梯、水电管线的归属和维护，均在其调整范围。

《物权法》最大的亮点在于它强化了对私人所有权的保护。首先，它明

---

① 徐显明：《〈物权法〉地位仅次宪法》，《城乡建设》2007年第4期。

② 相关争议，见童之伟《〈物权法（草案）〉该如何通过宪法之门——评一封公开信引起的违宪与合宪之争》，《法学》2006年第3期。

③ 陈丽平：《物权法在举世关注的目光中走来》，《中国人大》2017年第7期。

确了产权平等保护原则："国家、集体、私人的物权和其他权利人的物权受法律保护，任何单位和个人不得侵犯"；"国家巩固和发展公有制经济，鼓励、支持和引导非公有制经济的发展。国家实行社会主义市场经济，保障一切市场主体的平等法律地位和发展权利"（第3条第3款、第4条）。其次，它明确将物权界定为具有支配性和排他性的权利。"排他性"意味着权利人不仅有权排除其他民事主体的干涉，还可以排除国家的干涉。物权的排他性不仅在民法上具有重大意义，在刑法和程序法上也具有重大意义。物权确定了公权与私权的边界，也确定了政治国家与市民社会在财产关系方面的楚河汉界，为个人划定了自由的空间。再次，它明确规定了征收和征用制度。只有为了公共利益的需要，依照法律规定的权限和程序，才可以征收集体所有的土地以及单位、个人的房屋和其他不动产。征收集体所有的土地，还应当依法足额支付土地补偿费、安置补助费、地上附着物和青苗的补偿费等费用，安排被征地农民的社会保障费用，保障被征地农民的生活，维护被征地农民的合法权益（第42条）。最后，它还专门规定了私人所有权，尤其是第六章明确规定了业主的建筑物区分所有权，包括建筑物的单独所有部分、共同所有部分和小区车位、车库、绿地和道路的归属。

《物权法》明确了物权法定原则。其第5条规定，物权的种类和内容，由法律规定。其核心目的在于保障交易安全，避免因当事人任意设定具有排他性效力的物权而影响第三人的利益。但是，法定主义毕竟限制了当事人的自由，因此，《物权法》也尽可能兼顾了当事人的自由空间，尤其是在地役权和担保物权领域。《物权法》还明确规定了物权公示原则。它要求物权变动必须通过特定的外观表示出来，以达到公众"知道"的目的。

在《物权法》制定时期，关于不动产登记存在"多头执政"的格局，而且依据的法律也不同。《担保法》第42条就规定了多个不动产登记部门，如土地管理部门、房地产管理部门、森林行政管理部门等，很不利于确立良好的物权秩序，保障交易安全。因此，《物权法》借鉴世界各国的一般做法，确立了不动产统一登记制度。其第10条专门规定了不动产登记制度："不动产登记，由不动产所在地的登记机构办理。国家对不动产实行统一登记制度。统一登记的范围、登记机构和登记办法，由法律、行政法规规定。”它还明确规定了更正登记、异议登记和预告登记。为规范不动产登记机构登记收费，保障登记权利人的利益，其第22条专门规定，不动产登记费按件收取，不得按照不动产的面积、体积或者价款的比例收取。具体收费标准由国务院有关部门会同价格主管部门规定。

中国的物权体系是：所有权，包括国家所有权、集体所有权和私人所有权；用益物权，包括农村土地承包经营权、宅基地使用权、国有土地建设用地使用权、地役权等；担保物权，包括抵押权、质押权、留置权；占有，即占有人对动产或不动产的实际控制，也是一种受到法律保护的客观事实状态。在现代化的市场经济条件下，资金和土地财产的使用关系最为重要。其中，所有权是最基本的物权，其权能可以与所有权分离，形成用益物权和担保物权。前者调整的主要是市场经济中的土地要素，后者主要调整市场经济中的资金要素，即为资金使用提供保障。

《物权法》虽然规定了不动产统一登记制度，但因为不动产统一登记涉及行政管理体制等多方面的因素，推行过程中遇到诸多困难，一直进展缓慢。为彻底解决不动产的统一登记问题，建立统一登记机关、统一登记依据、统一登记簿等，国务院2014年发布了《不动产登记暂行条例》，明确规定国家实行不动产统一登记制度。它将不动产登记界定为不动产登记机构依法将不动产权利归属和其他法定事项记载于不动产登记簿的行为，不动产包括土地、海域以及房屋、林木等定着物，不动产登记遵循严格管理、稳定连续、方便群众的原则，不动产登记包括首次登记、变更登记、转移登记、注销登记、更正登记、异议登记、预告登记、查封登记等。需要进行不动产登记的权利包括：集体土地所有权，房屋等建筑物、构筑物所有权，森林、林木所有权，耕地、林地、草地等土地承包经营权，建设用地使用权，宅基地使用权，海域使用权，地役权，抵押权，法律规定需要登记的其他不动产权利。不动产统一登记由国土行政管理部门实施。

尽管《物权法》规定了产权保护原则，但在实践中，产权保护尤其是对私人财产权仍存在保护不足（尤其是被国家权力不当侵害）、平等保护未被落实等问题。为此，2016 年 11 月 4 日，中共中央、国务院发布了《关于完善产权保护制度依法保护产权的意见》。它明确指出，产权制度是社会主义市场经济的基石，保护产权是坚持社会主义基本经济制度的必然要求；有恒产者有恒心，经济主体财产权的有效保障和实现是经济社会持续健康发展的基础；要求进一步完善现代产权制度，推进产权保护法治化，在事关产权保护的立法、执法、司法、守法等各方面各环节体现法治理念。

（五）侵权法治的发展

《侵权责任法》制定之前，《民法通则》有关侵权行为的规定是侵权法领域的主要裁判依据。

2001 年最高人民法院通过的《关于确定民事侵权精神损害赔偿责任若干问题的司法解释》第一次确认了中国民法中的精神损害赔偿，尽管是通过司法解释的形式，但它明确规定了人格权和身份权被侵害时，受害人可以请求精神损害赔偿。它还规定了精神损害的赔偿对象、损害程度、赔偿方式、赔偿数额与减轻赔偿的情形等内容。2003 年，最高人民法院发布了《关于审理人身损害赔偿案件适用法律若干问题的解释》，为人身损害赔偿提供了较为详细的裁判规则。它第一次明确了残疾赔偿金和死亡赔偿金并非精神损害赔偿金，而是对财产损害的赔偿。其第 25 条和第 29 条规定应按照受诉法院所在地上一年度城镇居民人均可支配收入或者农村居民人均纯收入标准，来确定残疾赔偿金和死亡赔偿金，区分了城镇居民和农村居民，导致了同一损害的不同受害人获得的赔偿额可能不同，引发了沸沸扬扬的“同命同价”和“同命不同价”的争论。

2009 年通过的《侵权责任法》是中国侵权领域的第一部单行法。它的颁布也意味着中国民事法制的基本体系已经建成。

《侵权责任法》顺应现代社会的发展需要，确认过错原则是侵权行为的基本归责原则，同时对侵权法上的“损害”作了必要的限制，以保障行动自由。同时它又强化了对民事权利的保障。首先，它将生命权、健康权、姓名权、名誉权、荣誉权、肖像权、隐私权、婚姻自主权、监护权、所有权、用益物权、担保物权、著作权、专利权、商标专用权、发现权、股权、继承权等 18 种人身、财产权益纳入保护范围，而且用“等”字表明，它未列举的其他合法民事权益，也可能受侵权法保护。同时，为了保障受害人权益，它还确立了民事责任优先于公法责任的原则。其次，它将无过错责任同样确认为侵权法的基本原则。这一原则的根源在于现代技术的两面性：一方面，技术对经济和社会的发展功不可没，已经成为现代社会生活不可或缺的一部分；另一方面，它也导致工业灾害频生、交通事故骤增、公害严重等恶果。基于报偿理念、风险与收益一致原则、危险控制理论，现代侵权法确认了无过错责任。《侵权责任法》中的无过错责任体现为三个层次：一是确认了无过错原则，将其与过错原则并列（第 7 条）；二是规定了无过错原则适用的一般条款，即第 69 条“从事高度危险作业造成他人损害的，应当承担侵权责任”；三是确立了无过错责任适用的具体情形，包括民用核设施发生核事故（第 70 条），民用航空器造成他人损害（第 71 条），占有或者使用易燃、易爆、剧毒、放射性等高度危险物造成他人损害（第 72 条），从事高空、高压、地下挖掘活动或者使用高速轨道运输工具造成他人损害（第 73 条）等。

（六）婚姻法治的发展

1949 年后，婚姻法是中国民事法制中最先制定的法律，确立了婚姻自由、男女平等、一夫一妻等理念，而且其实施效果良好。1980 年的《婚姻法》再次重申了这些理念，进一步为“妇女和青年扫除实行婚姻自由的障碍，是创造美满幸福的婚姻家庭生活的新婚姻法”[①]。它还将结婚年龄由男 20 岁、女 18 岁，提高为男不得早于 22 周岁、女不得早于 20 周岁[②]。

2001 年，为回应社会发展对婚姻的影响，中国修改了《婚姻法》。修改的重点包括以下方面。其一，明确了婚姻无效和可撤销的情形，包括重婚、

---

① 王定国：《建立民主和睦的新家庭——学习新婚姻法的一点体会》，《法学杂志》1981 年第 1 期。

② 陈明侠：《新婚姻法是一九五〇年婚姻法的继承和发展》，《河南师范大学学报》（社会科学版）1982 年第 1 期。

有禁止结婚的亲属关系、婚前患有医学上认为不应当结婚的疾病且婚后尚未治愈以及未到法定婚龄的。其二，完善了夫妻财产制度。首先，它明确了夫妻单独财产的范围，包括一方的婚前财产等；其次，明确规定了夫妻约定财产制度，规定夫妻可以约定婚姻关系存续期间所得的财产以及婚前财产归各自所有、共同所有或部分各自所有、部分共同所有。其三，完善了离婚制度，较为详细地列举了离婚的法定理由。

在司法解释方面，最高人民法院一共发布了三件有重要影响的相关司法解释。

《关于适用〈中华人民共和国婚姻法〉若干问题的解释（一）》（2001）是《婚姻法》实施20年后进行的首次系统性裁判经验总结，集中解释案件审理中的主要法律适用问题。它对“家庭暴力”“有配偶者与他人同居”“胁迫”“不能独立生活的子女”等概念进行了界定。值得一提的是，它明确表示，在1994年2月1日民政部《婚姻登记管理条例》公布实施以后不再承认事实婚姻。

2003年，最高人民法院发布《关于适用〈中华人民共和国婚姻法〉若干问题的解释（二）》，立足于家事审判中更具代表性的法律争议，尝试回应社会变迁给法律适用带来的新挑战，进一步明确了婚姻的无效、夫妻共同财产认定、离婚时的财产分割和债务处理等问题。

2011年，最高人民法院发布了《关于适用〈中华人民共和国婚姻法〉若干问题的解释（三）》，规定了亲子鉴定问题、生育权问题、婚内借款或财产分割、夫妻或父母购买不动产的权属认定问题等。最高人民法院还发布了具有司法解释性质的其他规范性文件。其中最多的是有关夫妻共同债务的文件，因为夫妻共同债务的认定不仅关系夫妻双方，还牵扯夫妻关系之外的第三人，法律关系上更加复杂，利益辐射范围更广。

三　中国民事法治的完善期

1949年后，中国曾先后四次启动民法典编纂，均因条件不成熟而宣告失败。从比较法的经验看，民法典编纂至少需要政治意愿、市场经济、权利文化和民法理论支撑，否则即使勉强出台民法典，也难以真正践行。十八届四中全会提出“编纂民法典”。2015 年，中国启动了《民法总则》的编纂，因为它是民法典的开篇之作，而且缺乏现成的单行法。2017 年，民法典编纂的奠基之作——《民法总则》颁行。这预示着中国即将进入民法典时代，泱泱大国没有民法典的年代一去不返。

在民法典各编中，《民法总则》在民法典中起统领性作用。《民法总则》编纂难度最大，因为它提炼的是民法典分则各编的共同规则，其内容最为抽象，体系最为精致。它规定民事活动必须遵循的基本原则和一般性规则，统领民法典各分编；各分编在总则的基础上对各项民事制度作具体可操作的规定。它以 1986 年制定的《民法通则》为基础，采取“提取公因式”的办法，将民事法律制度中具有普遍适用性和引领性的内容规定系统纳入①。此外，它还集中表述整部民法典的价值理念和基本原则，以保障私权、尊崇自治、呵护弱势、敬畏道德和关爱环境为基本理念，一定程度上突破了传统私法的价值体系，为整个民法典奠定了价值基础，构成民法典的基石。在《民法通则》等单行法的基础上，《民法总则》顺应中国改革开放以来国家和社会双重转型后的社会现实，满足了中国国家和社会治理的新要求，回应了科技和经济发展对法律的新挑战，在价值理念和制度设计上都有诸多推陈出新的亮点。

《民法总则》彰显了中国社会的重要时代特征，体现了立法者回应社会需求的努力。首先，它突出了中国民法典制定时代的互联网社会特征。例如，针对实践中频发的个人信息侵权问题，其第 111 条明确规定，自然人的个人信息受法律保护。任何组织和个人需要获取他人个人信息的，应当依法取得并确保信息安全，不得非法收集、使用、加工、传输他人个人信息，不得非法买卖、提供或者公开他人个人信息。第 127 条还规定了数据、网络虚拟财产的保护。其次，它回应了中国社会从乡土社会向市场经济社会过渡的

---

① 李适时：《民法总则是确立并完善民事基本制度的基本法律》，《中国人大》2017 年第 4 期。

现实，在立法技术上强调民商合一。例如，承认商业惯例可以成为法律渊源的一种，将法人的分类确定为营利法人和非营利法人等。最后，它回应了中国社会 1978 年以来国家和社会双重转型后的社会现实，更强调对弱势群体如未成年人、不能完全判断或不能判断自己行为的成年人的法律保护，如在监护领域将悯孤恤老作为国家和社会的救助义务。

目前，中国民法典分则各编正在紧锣密鼓地编纂。这意味着中国即将拥有自己的民法典，中国的“民法典梦”即将成真，中国民事法治也渐入佳境。

B.11
中国司法改革四十年

胡昌明*

摘　要： 改革开放以来，司法环境发生了深刻变化，司法工作遇到许多新情况、新问题，为此，中国积极、稳妥、务实推进司法体制和工作机制改革，旨在推动司法更加公平高效。40年来，中国的司法改革先后经历了审判方式改革、司法机制体制改革和全面深化司法改革三个阶段，改革的主要内容涉及司法职权配置优化、司法职业化建设、规范司法权力运行机制、审判方式改革、完善诉权和诉讼权利保障等六个方面。通过回顾近年来司法改革的历程，可以总结概括司法体制改革的内容和走向，对司法改革中暴露出来的问题加以反思，并对十九大后司法体制改革的前景进行展望。

关键词： 依法治国　司法制度　司法体制改革　司法规律

司法公正是社会公正的重要保障，司法制度是国家治理的重要组成部分，改革开放以来，中国司法环境发生了深刻变化，司法工作遇到许多新情况、新问题，现行司法体制中存在的不完善、不适应问题日益凸显，迫切需要通过改革逐步完善。自20世纪90年代以来，中国就积极、稳妥、务实地推进司法体制改革，先后经历了数次，旨在推进中国司法更加公平高效。

自党的十八大以来，习近平总书记对司法改革高度重视，把进一步深化

* 胡昌明，中国社会科学院法学研究所助理研究员。

司法体制改革作为“全面推进依法治国”的重要举措之一。党的十九大报告中再次提出要深化司法体制综合配套改革，全面落实司法责任制。2018年又适逢改革开放40周年，在这一承前启后的时刻，对中国司法的改革历程进行回顾，总结过去四十年的经验和不足，并对司法改革的前景和未来进行展望殊为必要。

一　四十年司法改革的历程回顾

学界对于中国司法改革的开端有不同的认识和界定，有人把司法改革的起点确定为新中国成立初期，“早期的司法改革始于1952年政务院政治法律委员会召开政法干部训练会议，针对思想改造与组织整顿相结合问题，讨论司法改革和司法干部的补充、训练，历时十个月”①。但是，通常意义上的司法改革是指十一届三中全会特别是20世纪90年代之后，随着中国法制体系基本建成、司法制度基本成形后对原有的司法制度进行的变革。由此，可以把司法改革归纳为审判方式改革、司法体制机制改革、全面深化改革等几个阶段，每一阶段都有其特点。

（一）审判方式改革阶段

党的十四大提出建立社会主义市场经济体制之后，中国各项立法逐步完备，群众法治观念、权利意识日益增强。同时，法院也受到受理案件持续大幅上升、案多人少矛盾日渐突出的困扰，原有的审判方式已落后于经济社会形势发展的需要。这个阶段，司法改革的主要指向是推进审判方式改革。

1992年，全国政法工作会议提出，积极改革政法管理体制。1995年第17次全国法院工作会议明确了审判方式改革、法院体制改革等方面任务。1996年第一次全国审判方式改革会议系统提出审判方式改革的目标和要求，

① 陈卫东：《新一轮司法改革的重点与展望》，载《中国法律》2015年第1期。

审判方式改革逐渐从民事经济领域向刑事审判领域扩大，进而延伸至整个司法体制，即公正、高效司法的实现问题。1999 年，最高人民法院、最高人民检察院（以下简称“两高”）分别制定了《人民法院五年改革纲要》《检察工作五年发展规划》，统领法院和检察院系统的司法改革。

从内容上看，这一阶段的司法改革重点有以下方面。第一，加强法律职业化建设。2001 年起，开设统一司法考试，初任法官、检察官和律师都需要通过司法考试。《法官法》《检察官法》于 1995 年颁布后，又在 2001 年进行了大幅修订，突出法官和检察官的职业特点。第二，深化审判方式改革。《人民法院五年改革纲要》中明确提出完善我国的民事诉讼证据制度。2001 年 12 月，最高人民法院颁布了《关于民事诉讼证据的若干规定》，明确法院举证期限、举证时限、当事人自认等证据规则，确立了民事诉讼的举证规则，使“谁主张谁举证”的证据意识深入人心。刑事诉讼方面，“借鉴当事人主义诉讼模式，以强化当事人举证责任为切入点，庭审模式由以法官为主的‘纠问式’向以当事人平等‘对抗制’转变，要求当庭举证、质证、认证”①，强调法官中立裁判，当事人双方地位平等。第三，科学设置法院内设机构。改革围绕建立符合审判工作规律的审判组织形式，推行审判长和独任审判员选任制度，还权于合议庭和法官，强调审判权的独立性，并开展法官助理试点。第四，司法礼仪改革。摒弃带有“军事”色彩的法官制服，根据法官职业特点，设计法袍、法槌，进一步体现司法人员的专业性等。第五，健全监督机制。通过建章立制，建立有效的内外部制约机制。“两高”在这一时期先后出台一系列严格办案、加强司法人员责任的规范性法律文件②，确立了错案追究制度；外部监督方面，最高人民法院颁行了《关于人民法院接受人民代表大会及其常务委员会监督的若干意见》，推进人民法院接受监督制度化、程序化、法律化。

---

① 参见马骏驹、聂德宗《当前我国司法制度中存在的问题与改进对策》，载张卫平主编《司法改革论评（第一辑）》，中国法制出版社，2001，第 29 ~ 30 页。

② 如《人民法院审判人员违法审判责任追究办法（试行）》《人民法院审判纪律处分办法（试行）》《人民检察院错案责任追究条例（试行）》等。

（二）司法体制机制改革阶段

2002年到2012年是中国司法改革从审判方式改革进入体制机制改革阶段。2003年，中央司法体制改革领导小组成立，标志着从国家层面加强对司法改革的统一领导协调，司法改革转向宏观司法体制改革。

2002年，党的十六大报告专门论述了“推进司法体制改革”，明确提出完善司法机关的机构设置、职权划分和管理制度，保障司法机关依法独立行使职权等要求。2007年，党的十七大报告提出，要“深化司法体制改革，优化司法职权配置，规范司法行为，建设公正高效权威的社会主义司法制度，保证审判机关、检察机关依法独立公正地行使审判权、检察权”，为司法体制改革提出了新要求、提供了更大空间。这一阶段的司法改革具有以下几个特征。

第一，宏观层面改革。这一阶段改革着眼于体制改革，这意味着司法改革不仅是中国政治体制改革的重要组成部分，还在某种意义上成了政治体制改革的突破口。本轮改革强调在司法机关的机构设置、职权划分和管理制度等宏观层面加强改革，以期司法权的运行更加独立，司法更加公正高效。

第二，中央统筹。2003年中央司法体制改革领导小组成立，明确改革的指导思想、工作方法以及改革任务。各部门根据中央统一部署分别制定改革计划，主要集中在制度改革层面。2008年，中央司法体制改革领导小组出台文件，提出加强诉讼监督、改革执行体制、防止司法行政化等60项改革任务。

第三，加强诉讼权利及司法人权的保障。首先，改革和完善了死刑案件的审判程序。最高人民法院收回死刑核准权，并且严格了可能判处死刑案件的一审、二审审理程序。严格死刑的审理程序和适用，最大限度保证了刑事被告人的人权。其次，着力解决人民群众的申诉难和执行难问题。结合《民事诉讼法》修改，确立再审向上一级法院提出申请的原则，依法保护当事人的申请再审权。同时，改革和完善执行程序，规范各类执行主体的行为，建立执行案件当事人和案外人申请异议等救济途径，保障执行案件中当事人的权益。最后，完善未成年人司法保护，完善了未成年人案件审判制度和机构设置，开始试点设立未成年人审判庭。

第四，改革方向上强调政治性。这一阶段，特别是党的十七大之后，司法改革改变过去强调司法专业化、法官职业化的方向，开始强调“着力服务大局”“着力保障民生”“坚持群众路线”“体现司法为民”，体现出“司法大众化”的趋势。

（三）全面深化司法改革阶段

这一阶段司法改革肇始于党的十八大。十八大报告提出，“要进一步深化司法体制改革”，并将司法体制改革作为全面深化改革的重头戏。与以往司法改革由中央政法委主导不同，本轮司法改革由中央顶层设计并统一部署，改革层级高、力度大、范围广，涉及公、检、法、司各部门，司法改革进入重点深化、系统推进的新阶段。

特别值得一提的是，党的十八届四中全会专门研究“全面推进依法治国重大问题”，审议通过了《中共中央关于全面推进依法治国若干重大问题的决定》，就全面推进依法治国作出部署。这是第一次在党的中央全会上专题研究依法治国基本方略。这表明，司法改革已经以前所未有的程度进入执政党的主要政策议程，成为建设“法治国家”这个执政目标不可或缺的一部分。

中国的新一轮司法体制改革具有以下几个特征。

首先，把司法改革作为全面推进依法治国的重要举措。党的十八大报告提出全面推进依法治国，明确将进一步深化司法体制改革作为“全面推进依法治国”的重要举措之一。报告还提出了“坚持和完善中国特色社会主义司法制度”“确保审判机关、检察机关依法独立公正行使审判权、检察权”“法律面前人人平等”“任何组织或者个人都不得有超越宪法和法律的特权，绝不允许以言代法、以权压法、徇私枉法”等先进的法治理念。十八大开启了本轮司法改革的大门，并将其提升到政治体制改革的高度进行阐述，体现了中央对本轮司法改革的高度重视和空前力度。

其次，将司法改革作为依法治国和法治理念的重要组成部分。十八大确定了依法治国的“新十六字方针”，即“科学立法、严格执法、公正司法、全民守法”，明确将公正司法作为依法治国的重要目标和抓手，进一步凸显了司法在社会主义法治国家建设中的分量。

最后，以司法公正为改革的重要目标。习近平总书记明确提出，“要努力让人民群众在每一个司法案件中都感受到公平正义，所有司法机关都要紧紧围绕这个目标来改进工作，重点解决影响司法公正和制约司法能力的深层次问题”。作为法治的生命线，公平正义是司法最重要的价值，也是本轮司法改革的目的和宗旨。

二　司法职权配置改革

优化司法职权配置是提升司法公正效率的重要手段，从党的十六大、十七大再到十八大，历次党代会报告都在司法改革中提出优化司法职权配置、完善机构设置、改革职权划分和管理制度。优化司法职权配置有助于加强司法专业化，避免司法地方化，提高司法效率，不断深化的改革使得司法职权配置更加符合司法规律。

（一）人财物管理体制改革

人财物保障是司法机关独立行使审判权和检察权的重要前提条件。早在十多年前，最高人民法院在第二个五年改革纲要中就提出，“要继续探索人民法院的设置、人财物管理体制改革，为人民法院依法公正、独立行使审判权提供组织保障和物质保障”。但是，司法机关的人财物改革始终未取得较大进展。党的十八届三中全会提出，改革司法管理体制，推动了省以下地方法院、检察院人财物统一管理。十八届四中全会进一步提出，“改革司法机关人财物管理体制，探索实行法院、检察院司法行政事务管理权和审判权、检察权相分离”。

2015 年试点省份推进人财物省级统管改革，改变了原来由县市提名、管理、任免地方司法人员和由县市地方保障司法经费的机制。在财物管理上，上海将区县司法机关纳入市财政统一管理。广东试点方案规定，人事方面，法院、检察院工作人员实行省级统一管理，市县法院、检察院作为省级政府财政部门一级预算单位，向省级财政部门直接编报预算，预算资金通过国库集中支付系统直接拨付①。省以下司法机关人财物统一管理有利于县市两级地方司法机关的人事和财政摆脱对县市地方政府的依赖，保障法院、检察院依法独立行使审判权、检察权。但是中国经济社会发展不平衡，不同地方司法保障水平差别大，实行财物省级统一管理确实存在困难。因此，中央指出，各省、自治区、直辖市推进省以下地方法院、检察院人财物统一管理时，可从实际出发、因地制宜，不强求步调绝对一致。条件具备的由省级统一管理或以地市为单位实行统一管理，条件不具备的，可暂缓实行②。

（二）统一国家司法权的改革

司法权是中央事权而非地方事权，司法改革最终要实现司法权收归国家、彻底根除司法地方保护主义的目标。为此，司法改革过程中着力进行以下几项改革。

第一，设立最高人民法院巡回法庭。为了确保国家法律统一正确实施，调整跨行政区划重大民商事、行政案件的级别管辖制度，十八届四中全会确定最高人民法院设立巡回法庭，审理跨行政区域重大行政和民商事案件。2015 年开始，最高人民法院先后在深圳市、沈阳市、重庆市、西安市、南京市、郑州市设立六个巡回法庭，覆盖中国东北、华中、华南、西北、西南、华东六大区域。

第二，设立跨区域的人民法院和人民检察院。司法机关积极探索设立跨行政区划的人民法院和人民检察院，办理跨地区案件，通过设立跨行政区划

① 参见祁建建《2016 年司法改革的新进展》，载李林、田禾主编《中国法治发展报告 No. 15（2017）》，社会科学文献出版社，2017。

② 参见祁建建《2016 年司法改革的新进展》，载李林、田禾主编《中国法治发展报告 No. 15（2017）》，社会科学文献出版社，2017。

法院，集中审理跨区域的民商事、行政和环境资源案件，排除地方对司法的影响，完善司法管辖体制。

第三，统一法院管理体制。改革现行铁路、林业、石油、农垦、矿山等部门、企业管理法院人财物的体制，将林业法院、农垦法院统一纳入国家司法管理体系，将铁路运输法院改造成审理跨区划重大行政案件的法院，理顺案件管辖机制。

第四，进一步探索知识产权等专门法院建设。党的十八届三中全会提出，“加强知识产权运用和保护，健全技术创新激励机制，探索建立知识产权法院”。2014 年，北京、上海和广州设立了知识产权专门法院，2019 年 1 月 1 日，最高人民法院知识产权庭成立。2017 ~2018 年，先后成立杭州互联网法院、北京互联网法院和广州互联网法院，形成了辐射南北的全新科技司法网络。

（三）国家监察体制改革

设立监察委员会，建立集中统一、高效权威的监察体系，既是事关全局的重大政治体制改革，也是影响深远的重大司法体制改革。党的十九大闭幕后不久，中共中央办公厅就部署在全国范围内深化国家监察体制改革的探索实践。2018 年 3 月，十三届全国人大一次会议通过《宪法修正案》，增加有关监察委员会的各项规定；选举产生国家监察委员会主任；通过《监察法》，规定各级监察委员会对所有行使公权力的公职人员进行监察，调查职务违法和职务犯罪，开展廉政建设和反腐败工作；表决任命国家监察委员会副主任、委员。自此，国家监察体制改革初步完成。

（四）内设机构改革

为提升司法专业化水平，法院和检察院在内设机构改革方面设立了一些新型审判庭。一是设立少年法庭和未成年人检察工作办公室。在《人民法院第二个五年规划（2004 ~2009）》中，法院着力推动建立和完善中国特色少年司法制度，完善未成年人案件审判制度和机构设置，稳步推进少年法庭建设。截至 2015 年，全国共有少年法庭 2253 个，少年法庭法官 7200 多名。

最高人民检察院2015年成立了独立的未成年人检察工作办公室。截至2016年3月，全国有12个省级检察院、123个市级检察院、893个基层检察院成立了有独立编制的未成年人检察专门机构。二是设立清算与破产审判庭。2016年6月，最高人民法院印发《关于在中级人民法院设立清算与破产审判庭的工作方案》，首先在四个直辖市各一个中级人民法院以及河北等11个省的省会城市和副省级市中级人民法院设立清算与破产审判庭。三是推进知识产权审判“三合一”。2016年7月发布的最高人民法院《关于在全国法院推进知识产权民事、行政和刑事案件审判“三合一”工作的意见》，要求由知识产权审判庭统一审理知识产权民事、行政和刑事案件。

检察院在2012年后也开始了内设机构扁平化改革。改革以县级基层法院和检察院为重点，有条件的省、市法院、检察院也开展了内设机构改革试点。改革坚持扁平化管理和专业化建设的思路，旨在增强办案组织建设，让业务骨干回归办案一线，避免科处长审批案件。与此同时，原有编制、领导职数及待遇不核减，这也解除了内设机构改革的后顾之忧。

三　司法职业化建设

40年来，司法改革在提升司法职业化建设方面卓有成效，中国不断完善法律职业准入制度，加强职业教育培训和职业道德建设，完善司法人员职业保障，提升司法职业化水平，有效提高了司法能力，为提升司法公信力奠定了坚实基础。

（一）建立国家司法考试制度

2001年，中国建立了国家司法考试制度，将初任法官、初任检察官、取得律师资格和担任公证员的考试纳入国家司法考试。国家司法考试制度统一了法律职业的准入门槛，提升了法官、检察官的任职标准，在规范法律职业人员任职资格、提高司法人员综合素质、推动法律人员职业化、促进法律共同体的建立方面发挥了重要作用。自2002年起，国家司法考试每年举办一次，由国家统一组织实施，实现了法律职业准入制度由分散到统一的转变。2018年，中国启动首次国家统一法律职业资格考试工作，初次担任法律类仲裁员以及行政机关中初次从事行政处罚决定审核、行政复议、行政裁决、法律顾问的公务员都应取得法律职业资格。

（二）完善司法人员选任制度

高效、廉洁、业务能力突出的高素质司法队伍是建设法治国家的前提条件。改革司法人员选任制度旨在推进法治专门队伍正规化、专业化、职业化，提高职业素养和专业水平。司法人员选任制度改革主要有内外两方面。一是建立法官、检察官逐级遴选制度，即初任法官、检察官由高级人民法院、省级人民检察院统一招录，一律在基层法院、检察院任职。上级人民法院、人民检察院的法官、检察官一般从下一级人民法院、人民检察院的优秀法官、检察官中遴选。二是建立从符合条件的律师、法学专家中招录立法工作者、法官、检察官的制度。

2016年6月26日，中共中央办公厅印发《从律师和法学专家中公开选拔立法工作者、法官、检察官办法》。司法机关根据上述意见和规定开始试点法官选任工作，2015年，“两高”分别面向下级法院、检察院公开选拔法官8名、检察官10名。2015年上海市首次向社会公开选任法官、检察官，并成功选任1名三级高级法官和1名三级高级检察官。2017年1月，广东省高级人民法院、广东省人民检察院对外发布公告，向广东全省执业律师、高等院校和科研机构专家学者、党政机关从事法律工作的人员公开选拔6名法官、5名检察官，选拔职位是四级高级法官、检察官或一级法官、检察官。

（三）推进司法人员分类管理

建立符合职业特点的司法人员分类管理制度是深化司法体制改革的基础性保障，长期以来中国对司法人员的管理模式等同于公务员管理，至今尚未完成司法职业化队伍建设①。

党的十八届三中全会、四中全会提出，建立符合职业特点的司法人员管理制度、完善司法人员分类管理制度等要求。司法人员分类管理改革主要采取了以下三项措施。一是法官、检察官单独职务序列。探索建立符合司法工作规律和法官、检察官职业特点的法官、检察官单独职务序列及与其相配套的工作制度，确保建立一套法官、检察官与司法辅助人员、司法行政人员相分离的管理和晋升制度。二是确立法官和检察官的员额制度。员额制改革突出了法官、检察官在司法中的地位和作用，有利于司法机关内部资源的合理配置。从2015年第一批试点开始，中央将员额上限确定为中央政法专项编制的39%②，目前全国各地的员额制改革已经实施到位。三是健全法官助理、检察官助理、书记员、执行员等审判辅助人员管理制度。在分类管理和员额制的基础上，司法机关确定了法官、检察官与司法辅助人员的数量比例，实施从社会招募司法辅助人员的一套机制方法，切实减轻了法官、检察官的事务性工作负担，拓宽了司法辅助人员的来源渠道，探索了以购买社会化服务的方式，司法辅助人员结构进一步优化。

（四）加强司法人员履职保障

党的十五大、十六大、十七大和十八大报告均明确提出要从制度上保证司法机关依法独立公正行使审判权和检察权。有权才有责，责权相当，只有从制度上保证司法机关独立行使司法权，将“法律作为唯一的上司”，司法人员才能敢于担当、不徇私情，做到始终忠于法律、公正司法。因此，十八届三中全会、十八届四中全会公报分别提出“健全法官、检察官、人民警

① 陈卫东、郑博：《司法改革：问题与展望》，载李林、田禾主编《中国法治发展报告No.13（2015）》，社会科学文献出版社，2015。

② 参见《司法改革全面有序推进成效明显》，《法制日报》2015年12月4日，第1版。本文指出试点“改革后，各地法官、检察官员额均控制在中央政法专项编制的39%以内，并留有余地”；也可参见商西《最高法：司法改革中法官员额比不能突破》，《南方都市报》2015年7月4日。

察职业保障制度”“建立健全司法人员履行法定职责保护机制”“完善职业保障体系，建立法官、检察官、人民警察专业职务序列及工资制度”。

2016 年 4 月 18 日，中央全面深化改革领导小组审议通过了《保护司法人员依法履行法定职责规定》。一是明确将依法履职保障空间从法庭延伸至法院和工作时间之外。二是确立了非经法官、检察官惩戒委员会审议不受错案责任追究的原则，以保障那些秉公执法、不听领导“打招呼”的法官、检察官不被随意调离、处分。三是首次在文件中明确“任何单位或者个人不得要求法官、检察官从事超出法定职责范围的事务。防止一些地方摊派招商引资、征地拆迁、环境卫生、挂职下乡、行风评议等任务，影响法官、检察官依法履职。四是在规范考评考核方面，明确了法官、检察官的考核应当客观公正，符合司法规律。

此外，2015 年 3 月，中办、国办、中央政法委印发了一系列文件，规定任何领导干部不得要求司法机关违反法定职责或法定程序处理案件，司法机关内部人员不得违反规定过问和干预其他人员正在办理的案件等。“两高”、各地法院、各地检察院相继出台贯彻落实以上文件的实施办法或者细则。这为司法机关依法独立公正行使职权、加强司法人员保障提供了制度保障。2015 年 11 月 6 日，中央政法委首次公开通报 5 件干预司法、过问案件的典型案件，2 件为区委书记、政法委书记作为领导干部插手具体案件处理，3 件为庭长、法警、书记员过问案件①。

（五）突出司法职业标识

从形式上突出司法职业的专业性，对确立司法权威，强化司法职业的特殊性，维护司法人员尊严意义非凡。中国法官在审判活动中统一着制式服装始于 1984 年，但是制服和装束与一直沿袭了肩章和大檐帽等军事色彩较浓的装饰。2000 年 5 月 1 日起，全国法官开始换装，统一穿着黑色凝重的法

① 参见彭波《中央政法委首次通报五起干预司法典型案例》，《人民日报》2015 年 11 月 7 日，第 5 版。

官袍和黑色西装。新式制服和法官袍代表凝重、理性、沉郁，要求身着法官袍的法官注重言行举止，隔离外界的干扰，体现法官职业中立、沉静、理智、肃穆等特征。2010 年，最高人民检察院也颁布了《人民检察院检察制服着装管理规定》，要求人民检察院实行统一着装，在特定场合应当穿着检察制服，佩戴检察徽章。21 世纪初，最高人民法院还颁布了《人民法院法槌使用规定（试行)》，规定了法官在开庭审理时使用法槌的规则和程序。2001 年 9 月，厦门市思明区法院法官敲响了大陆法庭第一槌。法官制服、法袍、法槌等加强了中国司法的仪式性和庄重性，使得司法人员更加体现其职业特征。

四　规范司法权力运行机制

要保证司法权被不滥用，要让人民群众感受到公平正义，司法权必须得到监督和规范。

（一）明确司法责任制

改革开放以来，司法腐败成为广大人民群众深恶痛绝的一个社会问题，司法形象和法律尊严面临严峻挑战。为严厉打击司法腐败，法院和检察院纷纷加强审判监督，通过加大对司法人员的责任追究来规范司法人员的行为。20 世纪 90 年代，“两高”确立了错案追究制度。然而，司法裁判具有复杂性和不确定性。严厉的错案追究制度，在打击司法腐败的同时，误伤了一些法官、检察官，挫伤了广大司法人员的积极性，如广东四会法院莫少军案、河南王桂荣法官被追究刑事责任案等。党的十八大后，完善司法责任制成为四项基础性司法体制改革举措之一，其核心在于“让审理者裁判”和“由裁判者负责”。一方面，要落实“谁办案谁负责”，让审理者裁判、由裁判者负责等主要内容；另一方面，在提出实行办案质量终身负责制和错案责任倒查问责制的同时，对司法人员的权责内容和边界进行清晰界定，科学设置符合司法规律的责任追究规则。“明确司法人员承担责任的前提必须是故意违法或者重大过失，对于不应追责的情形加强对司法人员依法履职的切实有效保障。”①

（二）促进司法公开

面对社会矛盾多发、案件数量大、新情况新问题层出不穷的状况，中国司法机关在加强自身建设的同时，全面推进司法公开，让司法权力在阳光下运行，在社会各界的有效监督下公开、公平、公正地行使②。

最高人民法院先后建成了裁判文书、审判流程、执行信息和庭审直播四大公开平台。2018 年，再次发布《最高人民法院关于进一步深化司法公开的意见》《最高人民法院关于人民法院通过互联网公开审判流程信息的规定》等有关司法公开的规范性文件，不断推动司法公开向纵深发展。

（三）进行量刑规范化改革

为规范量刑活动，最高人民法院在总结试点经验的基础上，制定了《人民法院量刑指导意见（试行）》和《关于规范量刑程序若干问题的意见（试行）》。明确量刑步骤，细分法定刑幅度，明确量刑情节的量化标准。对于公诉案件，人民检察院依法提出量刑建议，当事人和辩护人、诉讼代理人可以提出量刑意见。在法庭审理中，建立相对独立的量刑程序，对与定罪、量刑有关的事实、证据进行调查、辩论。人民法院在刑事裁判文书中说明量刑理由。这些改革进一步规范了量刑裁判权，保障了量刑活动的公开与“公正”③。

（四）建立案例指导制度

2010 年，中国的司法机关出台了案例指导制度的相关规定，标志着中国特色的案例指导制度得以确立。与英美法系的判例制度不同，中国的案例

---

① 王敏远：《破解司法责任制落实中的难点》，《人民法院报》2015 年 9 月 26 日，第 2 版。

② 中华人民共和国国务院新闻办公室：《中国的司法改革》，人民出版社，2012。

③ 中华人民共和国国务院新闻办公室：《中国的司法改革》，人民出版社，2012。

指导制度是在以成文法为主的法律体系下，运用案例对法律规定的准确理解和适用进行指导的一种制度。近年来，中国司法机关选择法律适用问题比较典型的案例作为指导性案例予以发布，供各级司法人员处理类似案件时参照。案例指导制度促进了司法自由裁量权的规范行使，加强了法律适用的统一性①。

五　审判方式改革

（一）民事诉讼证据规则

1998 年 7 月，最高人民法院颁布的《关于民事经济审判方式改革问题的若干规定》围绕当事人举证和法院调查收集证据问题、改进庭审方式问题、对证据的审核和认定问题、加强合议庭和独任审判员职责问题等民事、经济审判方式的核心问题进行改革，其核心是突出庭审的地位、确立当事人举证的民事证据规则。民事审判方式改革的深入使我国的证据制度发生了很大变化，也对我国证据制度提出了新的要求。2001 年 12 月，最高人民法院颁布《关于民事诉讼证据的若干规定》，第一次对我国民事诉讼中当事人的举证、法院调查收集证据、举证时限、证据交换、质证、证据的审核认定等内容作了统一和较为全面的规定。该规定的颁行，对规范法官和当事人运用证据行为，对解决民事诉讼实践中的一系列问题具有积极意义，对进一步推动我国民事审判方式改革，提升我国民事审判水平产生了积极而深远的影响。

（二）刑事审判模式改革

中国在 1979 年《刑事诉讼法》中确立了职权主义或超职权主义的审判方式。传统的超职权主义审判模式存在严重弊端，如庭前审查为实体审查，

---

① 中华人民共和国国务院新闻办公室：《中国的司法改革》，人民出版社，2012。

混淆了庭前审查和法庭审判的任务，造成了法官先入为主、先定后审的现象，使开庭审判成为走过场；法官控、审职能不分，使得辩护权萎缩，审判的公正价值受到损害。1996 年修正的《刑事诉讼法》对审判模式进行了重大改革，审判方式从纠问式转变为控辩式，被视为对英美当事人主义审判方式的合理借鉴。但是，以推进庭审实质化为目标的审判方式改革并未有效解决司法实践中的庭审虚化问题，尤其是证人出庭率相比改革之前并无明显上升①。

2012 年《刑事诉讼法》的再次修改，沿着控辩式庭审方式改革的方向取得了新的进展。例如，完善了回避制度，规定辩护人有权申请回避及复议；改革辩护制度，完善了法律援助制度，扩大了强制辩护的适用范围，强化了辩护律师的会见权、阅卷权、申请调取证据权及保守职业秘密权等执业权利；修改证据制度，建立了非法证据排除规则，完善了证人保护制度，建立了证人作证补偿制度；完善审判程序，建立了强制证人出庭作证制度等。上述新规定都有助于控辩式庭审方式改革的深化。

在新一轮的司法体制改革中，中央提出要建立“以审判为中心的诉讼制度”，强调要实现庭审实质化，要求确保侦查、审查起诉的案件事实证据经得起法律的检验。

（三）注重调解与多元化纠纷解决机制

诉讼调解制度植根于中国的历史传统和司法实践，也与当前国际司法界多元化、多途径解决民事纠纷的发展潮流相吻合。在司法改革的四十年中，调解的思路也不断变化，先后经历了“调解为主”“着重调解”“调解与判决并重”以及缩减调解又到加强调解几个阶段。

近几年，人民法院收案数量剧增，解决“诉讼爆炸”问题已成当务之急。为应对社会快速发展时期社会矛盾纠纷易发多发的状况，人民法院再次将多元化纠纷解决机制作为裁判方式的一种重要补充。不断健全诉讼与非诉

---

① 熊秋红：《刑事庭审实质化与审判方式改革》，载《比较法研究》2016 年第 5 期。

讼相衔接的矛盾纠纷解决机制，深入推进矛盾纠纷大调解工作，构建起符合国情的多元纠纷解决机制。2012 年修改的《民事诉讼法》增加了先行调解、调解协议司法确认等内容，巩固了司法改革成果。2016 年 9 月，最高人民法院再次出台《关于进一步深化多元化纠纷解决机制改革的意见》，进一步完善多元化纠纷解决机制。

与判决程序相比，调解方式灵活，具有简便、高效、经济的特点，更符合诉讼效益的要求，能减轻当事人的诉讼负担，也能节约司法资源。但是一味强调解率，也容易造成一些负面影响。例如：法官为追求结案率和调解率强制调解；当事人利用调解进行虚假诉讼，损害第三人利益。此外，由于诉讼费降低和中国特有的审限规定，当事人进行诉讼的时间和经济成本较低，本身阻碍了当事人选择多元化纠纷解决方式的动力。

六 完善诉权和诉讼权利保障

（一）严格控制和慎重适用死刑

死刑直接关系到公民生命权的剥夺，人的生命一旦被剥夺就无可挽回，因此适用死刑必须慎之又慎。过去 40 年“慎杀少杀”逐步成为中国司法机关的主导理念，保留死刑，但严格控制和慎重适用死刑。刑法规定死刑只适用于极少数罪行极其严重的犯罪分子，并规定了严格的适用标准。2011 年颁布的《刑法修正案（八）》取消了 13 个经济性非暴力犯罪的死刑，占死刑罪名总数的 19.1%，规定对审判时已年满 75 周岁的人一般不适用死刑，并建立死刑缓期执行限制减刑制度，为逐步减少死刑适用创造法律和制度条件。

从 2007 年开始，由最高人民法院统一行使死刑案件的核准权。中国实行死刑第二审案件全部开庭审理，完善了死刑复核程序，加强死刑复核监督。最高人民法院复核死刑案件，应当讯问被告人，辩护律师提出要求的，应当听取辩护律师的意见。最高人民检察院可以向最高人民法院提出意见。

死刑复核程序的改革，确保了办理死刑案件的质量。自2007年死刑案件核准权统一由最高人民法院行使以来，中国死刑适用标准更加统一，判处死刑的案件逐步减少①。

（二）改革法院案件受理制度

党的十八大后，法院还推行了立案制度改革，保障当事人诉权。2015年4月，十八届中央全面深化改革领导小组第十一次会议审议并通过《关于人民法院推行立案登记制改革的意见》，将法院案件受理制度由“立案审查制”改为“立案登记制”，同时加大对虚假诉讼、恶意诉讼的惩治力度。同月，最高人民法院出台规范性文件，要求禁止不接收诉状、接收诉状后不出具书面凭证、既不立案又不作出裁定或者决定等违法违纪情形。

实行立案登记制后，当事人的起诉权得到充分保障，不予立案、控制立案的现象杜绝，“立案难”得到彻底扭转。立案登记制出台的2015年，全国法院受理案件1952.7万件，新收、审执结案件同比增幅均创新高，受理案件数量上升24.68%。2016年全国法院共受理案件2305.6万件，同比增长18.07%，当场登记立案率达到95%。但是，立案登记制也造成法院案件数量增长迅猛，一些当事人滥用诉权，一些不符合诉讼法规定、不应由法院受理的案件也大量涌向法院，司法资源进一步紧张。

（三）解决申诉难

“申诉难”是人民群众在诉讼过程中遇到的“三难”之一②。为解决人民群众的申诉难问题，2007年《民事诉讼法》修改，完善了民事再审程序，确立再审向上一级法院提出审查的原则，依法保护当事人的申请再审权。2012年修订的《民事诉讼法》又将规范申请再审和审判监督程序作为重点之一，并将规范申请再审与实现司法终局性结合起来。

---

① 中华人民共和国国务院新闻办公室：《中国的司法改革》，人民出版社，2012。

② “三难”分别指“立案难”“申诉难”和“执行难”。

一是进一步将再审事由具体化，将可以申请再审的事由从 5 项扩展为 13 项，使事项更加具体化，提起申诉的理由更加明确。二是明确了向上一级人民法院申请再审为原则，并且规定了三个月的再审审查期间，提高了再审审查的效率。三是完善了检察机关的法律监督职能，规定在人民法院驳回再审申请、逾期未对再审申请作出裁定和再审判决、裁定有明显错误这三种情况下，检察机关都可以进行检察监督。

（四）破解执行难

执行是落实司法裁判、保障当事人权益的最后一道关口，是实现社会公平正义、提升司法公信力的关键环节。长期以来，“执行难”被当事人和学界所诟病，对司法权威造成较大的损害。为此，改革通过审判权和执行权相分离，规范执行行为，提高执行查控能力等，加大民事执行力度，力争破解执行难。2016 年初，最高人民法院宣布要用两到三年时间基本解决执行难问题。

一是法院实行立案、审判、执行分立。各级人民法院增设立案庭、执行局等机构，立案、审判和执行分别由不同的机构负责，强化内设机构职权行使的相互制约机制，促进执行权的公正行使。

二是不断强化规范化管理，将执行权关进制度之笼。法院实行执行裁决权与执行实施权分立。2015 年以来，最高人民法院密集出台了一系列有关执行的司法解释，进一步规范了执行程序的各个方面、各个环节，进一步加大了惩戒力度，提高了执行效率。各级人民法院建立执行指挥中心，统一管理和协调执行工作，必要时实行提级、跨区执行。

三是建立执行联动机制。近年来，各地法院普遍建立了与公安、检察、金融、国土、建设、工商、出入境管理等部门密切配合的执行联动机制。截至 2018 年 12 月底，执行查控系统累计查询 1.95 亿次。借助执行查控系统，执行法官可以迅速查询到全国 3000 多家银行账户，极大地提高了执行查控的效率，突破了查物找人的瓶颈，从而推动执行模式实现质的飞跃。

四是建立失信被执行人监督、警示和惩戒机制。2016 年初，最高人民法院与国家发展和改革委员会等44家单位联合签署了《关于对失信被执行人实施联合惩戒的合作备忘录》，共推出八大类55项惩戒措施，涉及30多个重点领域，涉及领域之广、项目之多前所未有，为进一步完善联合信用惩戒提供了实施纲领。2018年3月，国家发展和改革委员会、最高人民法院、国土资源部发布《关于对失信被执行人实施限制不动产交易惩戒措施的通知》，共同对失信被执行人采取限制不动产交易的惩戒措施。

（五）废除劳教制度

劳动教养是一种非经司法审判程序而较长时间限制人身自由的行政处罚措施。随着国家民主、法治、人权事业的不断发展进步，劳动教养制度越来越为社会所不容。《中共中央关于全面深化改革若干重大问题的决定》明确提出，废止劳动教养制度。2013年12月28日，十二届全国人大常委会第六次会议通过《关于废止有关劳动教养法律规定的决定》，标志着实行了半个多世纪的劳动教养制度正式废除。废止劳动教养制度，受到社会各界普遍认可，是中国人权司法保障的重大进步。这一制度废除后，全国劳动教养场所全部摘牌转型，转为强制隔离戒毒场所、轻刑犯教育矫治和矫正场所①。

七　司法改革展望

随着司法改革的推进，中国的司法越来越文明、公正。未来，司法改革的步伐仍将继续前行，司法改革将在深度、广度和制度化上进一步发展，将更加侧重司法改革各项措施的落实与督查。

（一）用立法、修法巩固改革成果

为使司法活动更加符合司法规律，本轮司法改革的一些举措，在原有的法律法规的基础上进行了大胆突破。例如，在去除司法地方化的举措上，本

① 黄文艺：《中国司法改革基本理路解析》，《法制与社会发展》2017年第2期。

轮改革将司法机关人财物统一交由省级层面管理，这与中国《宪法》《人民法院组织法》《人民检察院组织法》等基本法的相关规定冲突。在“员额制”改革过程中设立的法官、检察官遴选委员会，为加强司法人员职业保障、落实司法责任制所设立的法官、检察官惩戒委员会在原有的法律中都没有规定。改革中一些好的做法及经验也应当通过立法或者修法形式固定下来，如目前保障法院、检察院独立行使司法权，加强司法人员履职保障的措施只是在中共中央办公厅、国务院办公厅的文件中予以规定。

目前，《人民法院组织法》《人民检察院组织法》已经修改完成，《法官法》《检察官法》的修改也在紧锣密鼓进行中。今后，应当遵循党的十八届四中全会确定的司法体制改革的方向和路径，注意充分吸收试点经验、历年来司法改革的成果，将司法改革成果中较为成熟的内容，以修法的形式固定下来。例如，《保护司法人员依法履行法定职责规定》等文件中有关法官履职保障、安全保障有突破性意义的法条；将本次司法改革中已经取得共识并且在实践中逐步推开的重要内容，如法官员额制、法官遴选委员会、法官单独职务序列及工资制度、法官惩戒委员会等，通过修订法律确定下来。一些基本法律制度的冲突，也可以在宪法层面上加以讨论和修改。例如，将地方人大及其常委会任免法院院长、检察院检察长改为由省级人大常委会决定，将两院报告的票决制改为不符合任职条件的罢免制。同时，《公务员法》也应作相关修改，将法官、检察官从公务员队伍中分离，使其脱离行政部门管理[①]。

（二）进一步细化落实改革举措

司法改革过程中出台了一系列法律、政策、文件和规定，很多司法改革的各项措施仍有待进一步落实和细化。

一是一些制度虽然作出原则性规定，但是具体的操作办法和实施保障仍

① 陈卫东、郑博：《司法改革：问题与展望》，载李林、田禾主编《中国法治发展报告 No. 13（2015）》，社会科学文献出版社，2015。

未制定。这就要求下一步制定保障措施，将改革措施落到实处。

二是虽然改革措施已经出台，但是还需要后续配套制度的出台和保障。例如，目前，司法人员员额制改革已经完成，全国范围内已经遴选出员额法官 12 万余名、员额检察官 8.4 万余名，但是还需要进一步出台配套机制解决以下问题：员额外法官、检察官的过渡机制，明确员额外司法人员如何转岗、转岗后从事什么工作、今后的职业发展规划；如何建立员额法官、检察官的责任范围和退出机制；完善员额法官的遴选机制，如何实现从法官助理、律师或者法律学者中遴选法官的常态化机制；员额法官辅助人员的配备，员额制改革后案多人少矛盾愈加突出，亟待补充大量高素质的法官助理、书记员，招录司法辅助人员的路径和措施尚不明确。

司法改革不可能一劳永逸，40 年的司法改革在促进司法权独立行使、推进司法权运行更加符合司法规律、努力实现公平正义方面有了长足的进步，在改革中出现的一些问题和挑战，还需要通过不断深化改革、构建保障司法权力独立行使的司法环境、完善法律法规、落实改革责任逐步加以解决。唯有如此，中国的司法才有望朝着实现公平、透明、高效和廉洁的目标更进一步。

B.12
中国劳动法治四十年

谢增毅*

摘　要： 1978 年中国实行改革开放政策以来，中国劳动法治不断完善。劳动法治经历了探索、初创和完善三个阶段。在此期间，中国初步形成中国特色劳动法律体系，劳动监察行政执法不断加强，劳动争议处理制度不断完善。未来，中国应完善法律调整机制、健全劳动法律体系，加强劳动行政执法、提高执法监督水平，完善劳动争议处理机制，促进劳动法制统一。

关键词： 劳动　劳动法　劳动监察　劳动争议

1978 年中国开始实行改革开放政策，伴随着经济体制改革以及国家实施依法治国的基本方略，中国劳动法治不断完善，劳动法成为中国特色社会主义法律体系的重要组成部分。改革开放以来，劳动法治取得了巨大成就，为构建和谐劳动关系、保障和改善民生、促进社会和谐稳定，满足人民对美好生活的需要提供了重要保障。1997 年，党的十五大提出依法治国、建设社会主义法治国家的治国基本方略。依法治国基本方略的确立，极大推动了中国法治建设。在此背景下，中国劳动法治也得到了巨大发展，立法不断完善，执法不断加强，司法不断改进，有力促进了中国的社会建设和民生保障。

* 谢增毅，中国社会科学院法学研究所研究员。

一 劳动法治建设的三个阶段

1978 年 12 月，党的十一届三中全会召开，中国进入了一个新的历史时期。十一届三中全会明确提出把党的工作重心转移到社会主义现代化建设上来。党和国家政策的转变推动了劳动法治的发展。40 年来中国劳动法治取得了巨大进步。根据中国劳动立法的发展状况，中国劳动法治的发展进程大致可分为三个阶段。

（一）劳动法治探索阶段（1978～1992）

这一阶段中国劳动法治的主要任务是改革计划经济时期的劳动用工制度，探索建立符合市场经济要求的现代劳动法律制度。这一阶段，中国劳动立法和劳动相关工作，从整顿工作制度入手，以服务于恢复和发展生产为目的，而后以经济体制改革为依托，着力改革劳动管理和工资制度。

（1）整顿劳动纪律。为加强劳动纪律、整顿生产制度，改变生产管理混乱的状况，中央在许多文件中提出要加强和整顿劳动纪律。国务院 1982 年 4 月发布了《企业职工奖惩条例》；1986 年 7 月出台了《国营企业辞退违纪职工暂行规定》；1988 年 4 月通过的《全民所有制工业企业法》再次规定，应遵守劳动纪律和执行奖惩制度。

（2）探索实行劳动合同制，改革劳动管理制度。20 世纪 50 年代，中国逐步形成固定工制度，企业用工只许进不许出，不许流动，职工无择业权利，企业无用工自主权。在经济体制改革中，改革僵化的用工制度成为一项重要内容。1980 年 8 月，中共中央召开劳动就业会议，确定了新的就业方针：劳动部门介绍就业、自愿组织起来就业和自谋职业相结合。1982 年 2 月，劳动人事部发布了《关于积极试行劳动合同制的通知》，使劳动合同制有了很大的发展。通过劳动合同，明确规定用人单位与劳动者的权利义务，有利于减少劳动纠纷，促进生产的发展。1986 年 7 月，国务院发布了《国营企业实行劳动合同制暂行规定》，在新招工人中实行劳动合同制。具体在招工方面，相应逐步实行公开招考、择优录用的方法。1986 年 7 月，国务院发布《国营企业招用工人暂行规定》，进一步废除“子女顶替”和“内招”办法，实行公开招用制度。

在加强民主管理方面，国家非常重视职工代表大会制度。1981 年 7 月，党中央、国务院转发了《国营工业企业职工代表大会暂行条例》，确保了中国职工代表大会制度的恢复和发展。1987 年，国务院颁布《国营企业劳动争议处理暂行规定》，正式恢复已中断 30 年的劳动争议处理制度。

（3）改革工资制度。为推进工资制度改革，1985 年 1 月，国务院颁发了《关于国营企业工资改革问题的规定》，1985 年 6 月颁布了《关于国家机关和事业单位工作人员工资制度改革后奖金、津贴、补贴和保险福利问题的通知》，1985 年 7 月颁布了《国营企业工资调节税暂行规定》，这些法规的实施大大促进了工资制度的改革。

（4）加强劳动保护。1982 年国务院颁布了《锅炉压力容器安全监察暂行条例》《矿山安全条例》和《矿山安全监察条例》，劳动安全监察工作得到很大加强，并逐步形成了国家监察、行业管理和群众监督相结合的体制。1984 年 7 月国务院发出《关于加强防尘防毒工作的决定》，1987 年 12 月国务院发布《尘肺病防治条例》。1989 年 3 月国务院颁布了《特别重大事故调查程序暂行规定》，专门规定了对特别重大事故的调查办法。1992 年颁布了《矿山安全法》。1988 年国务院发布了《女职工劳动保护规定》，这是中国首部系统规定女职工劳动保护的专门法规，就女职工的招收、禁忌从事的劳动、产假及其待遇、保护设施等问题作出全面规定。

这一时期，中国经济体制改革刚刚开始，劳动法制处于探索和改革时期。由于市场经济体制尚未确立，加上企业所有制结构比较单一，劳动关系并不清晰，这一时期中国劳动法整体上处于摸索阶段，国家尚未建立起现代化、系统化的劳动法律制度，劳动法律的内容也带有从计划经济向市场经济过渡的色彩，在体系上也比较零散。

（二）劳动法治初创阶段（1993～2006）

以邓小平同志1992年南方谈话和党的十四大为标志，中国改革开放和现代化建设事业进入了一个新的发展阶段。十四大明确提出建立社会主义市场经济体制的目标。1993年十四届三中全会通过了《关于建立社会主义市场经济体制若干问题的决定》，明确了经济体制改革的新形势和新任务，该决定指出，“改革劳动制度，逐步形成劳动力市场”。“发展多种就业形式，运用经济手段调节就业结构，形成用人单位和劳动者双向选择、合理流动的就业机制。”经济体制改革包括劳动制度的改革呼唤劳动法治的完善。

进入20世纪90年代，尤其是党的十四大召开以后，社会主义市场经济发展速度加快，外商投资企业、私营企业数量增多，劳动关系出现多样化、复杂化的形势，劳动者权利受侵犯的情况层出不穷，客观上迫切需要制定一部系统的劳动法。1994年7月中国通过了《劳动法》，对市场经济的培育和发展、对劳动力市场的建立和完善、对保护劳动者的合法权益具有十分重要的意义。《劳动法》明确了其立法宗旨是“保护劳动者的合法权益”。由于在劳动关系中，劳动者相对于用人单位一方往往处于弱势地位，《劳动法》的立法目的是矫正这种不平衡状况，使劳动关系能在和谐状态下得到合理、稳定发展。《劳动法》还扩大了其适用范围，除了中国境内的企业、个体经济组织和与之形成劳动关系的劳动者适用《劳动法》，国家机关、事业组织、社会团体和与之建立劳动合同关系的劳动者，也依照该法执行。《劳动法》坚持社会主义市场经济体制改革的方向，其内容涉及就业促进、劳动合同和集体合同、工作时间和休息休假、工资、劳动安全卫生、女职工和未成年工特殊保护、职业培训、社会保险和福利、劳动争议、监督检查等内容，初步系统建立了中国的劳动法律制度。

《劳动法》颁布实施以来，取得了显著的阶段性成果。《劳动法》实施后，企业遵守劳动法律法规的自觉性和职工依法维护自身合法权益的意识都明显增强。劳动合同制度改革取得突破性进展。1995年底，全国实行劳动合同制度的企业职工占全国企业职工总数的85%。劳动争议处理制度的组织建设得到加强，劳动争议结案率有较大提高。到 1995 年底，全国已建立各级仲裁委员会 3003 个，仲裁办 2969 个；全国专兼职仲裁员人数达 11292 人。1995 年全国各级劳动争议仲裁委员会共受理了劳动争议案件 33030 起，比上年的 19098 起增加 13932 起，增长 73.0%；涉及职工 122512 人，比上年增长 57.5%①。

《劳动法》的颁布是中国劳动立法的里程碑。《劳动法》颁布后，有关部门颁布了相关的法律、法规和规章，这些法律、法规和规章对调整劳动关系、保护劳动者的权益发挥了重要作用。在工资和工时方面，有《最低工资规定》（2004）、《国务院关于职工工作时间的规定》（1995）；在安全卫生方面，有《职业病防治法》（2001）、《安全生产法》（2002）、《使用有毒物品作业场所劳动保护条例》（2002）、《职业健康监护管理办法》（2002）、《企业职工患病或非因工负伤医疗期规定》（1994）；在合同解除方面，有《违反和解除劳动合同的经济补偿办法》（1994）、《违反〈劳动法〉有关劳动合同规定的赔偿办法》（1995）；在纠纷处理方面，有《最高人民法院关于审理劳动争议案件适用法律若干问题的解释》（2001）、《最高人民法院关于审理劳动争议案件适用法律若干问题的解释（二）》（2006）、《企业劳动争议处理条例》（1993）、《最高人民法院关于人民法院审理事业单位人事争议案件若干问题的规定》（2003）；在劳动监察方面，有《劳动保障监察条例》（2004）、《违反〈中华人民共和国劳动法〉行政处罚办法》（1994）。在这些法律和法规中，《劳动保障监察条例》具有重要意义，该条例建立了中国劳动监察制度，明确了劳动监察的机关、劳动监察的事项和范围、劳动监察的手段和方式、劳动监察的处罚等等，对于促进《劳动法》的实施、维护当事人尤其是劳动者的合法权益具有重要意义。

经过十年的努力，到 2006 年，劳动法及其配套规定的实施更加完善。2006 年末全国就业人员 76400 万人，城镇就业人员 28310 万人。全国共有劳动保障监察机构 3201 个，劳动保障监察机构组建率为 94.5%，各级劳动

① 劳动部、国家统计局：《1995 年劳动事业发展年度公报》。

保障部门配备劳动保障专职监察员 2.2 万人。2006 年全年主动检查用人单位 141 万户，对 122 万户用人单位进行了书面审查，调查处理举报投诉案件 39.9 万件，查处各类劳动保障违法案件 40 万件。通过劳动保障监察执法，责令用人单位为 1243 万劳动者补签了劳动合同，为 770 万劳动者补发工资待遇等 58 亿元，督促 19 万户用人单位补缴社会保险费 56 亿元，督促 11 万户用人单位办理了社会保险登记、申报，取缔非法职业中介机构 9067 户，责令用人单位退还收取劳动者的风险抵押金 1.6 亿元。全年各级劳动争议仲裁委员会受理劳动争议案件 44.7 万件，其中案前调解 13 万件；立案受理劳动争议案件 31.7 万件，涉及劳动者 68 万人。立案受理的劳动争议案件中，集体劳动争议案件 1.4 万件，涉及劳动者 35 万人，结案率为 91.6%①。

（三）劳动法治完善阶段（2007 ~2018）

市场经济体制确立后，加强经济立法成为立法工作的指导思想，社会立法则处于相对滞后状态。随着工业化、城镇化和经济结构调整进程加快，企业制度改革不断深化，企业形式和劳动关系日趋多样化，劳动用工领域出现了一些新情况、新问题，劳动者合法权益受到侵害的现象时有发生，影响了劳动关系的和谐稳定。带有一定普遍性的问题主要包括：劳动合同签订率低，出现劳动争议时劳动者的合法权益得不到有效保护；劳动合同短期化，劳动关系不稳定；用人单位利用自己在劳动关系中的强势地位侵犯劳动者合法权益。劳动保障部的统计显示，1995 ~2006 年，劳动争议案件数量增加约 13.5 倍，集体劳动争议案件数量增加约 5.4 倍②。为解决这些问题，完善劳动合同制度，合理规范劳动关系，中国于 2007 年 6 月通过了《劳动合同法》，该法于 2008 年 1 月 1 日生效。

《劳动合同法》在借鉴国外先进经验和考量中国劳动关系具体情况的基

---

① 劳动和社会保障部、国家统计局：《2006 年度劳动和社会保障事业发展统计公报》。

② 参见劳动部、国家统计局《1995 年劳动事业发展年度公报》，以及劳动和社会保障部、国家统计局《2006 年度劳动和社会保障事业发展统计公报》。

础上，充分考虑劳动关系中劳动者和用人单位地位和实力的不平衡，贯彻向劳动者倾斜的立法原则，规定了一系列保护劳动者的制度。主要包括：建立劳动关系，应当订立书面劳动合同；鼓励和扩大无固定期限劳动合同的适用；限定了违约金条款的适用；进一步规范了竞业限制条款的适用；适当扩大经济补偿金的适用；严格规范劳务派遣用工形式；明确了单位规章制度与集体合同制度；进一步明确了行政机关的监察职能。

除了《劳动合同法》，2007 年 8 月中国颁布了《就业促进法》，明确了政府在促进就业中的责任，对职业中介机构进行了规范，进一步明确禁止就业歧视。为了促进劳动争议又好又快解决，中国于 2007 年 12 月通过了《劳动争议调解仲裁法》，该法基本保留了“先裁后审”的体制，重在强化调解和仲裁程序，符合劳动关系的特征和劳动纠纷的特点。这三部法律的出台也是中国继《劳动法》颁布后劳动立法的新的里程碑，大大促进了中国劳动法治的完善。

除了三部综合性的劳动立法，在此期间，相关法律法规也出台或修订、修正，劳动立法体系进一步完善。2009 年修改了《工会法》《矿山安全法》《劳动法》，2012 年修改了《劳动合同法》，2014 年修改了《安全生产法》。2007 年出台了《生产安全事故报告和调查处理条例》《职工带薪年休假条例》，2008 年出台《劳动合同法实施条例》，2012 年出台了《女职工劳动保护特别规定》，2014 年修改了《安全生产许可证条例》。

党的十八大以来，中国更加重视劳动法治建设和和谐劳动关系构建。2015 年《中共中央、国务院关于构建和谐劳动关系的意见》出台，强调要充分认识构建和谐劳动关系的重大意义，明确了构建和谐劳动关系的指导思想、工作原则和目标任务；依法保障职工基本权益，健全劳动关系协调机制，加强企业民主管理制度建设，健全劳动关系矛盾调处机制，营造构建和谐劳动关系的良好环境。该意见是新时期中国构建和谐劳动关系的纲领性文件，为劳动关系的发展指明了方向。

经济发展和法治完善，促进了中国就业和劳动关系的发展。经济发展为扩大就业创造了条件，全国城乡就业人数持续增加，从 2010 年的 7.61 亿人增加到2015年的7.75亿人。其中，城镇就业人数从3.47亿人增加到4.04亿人，年均增加1100余万人。2015年城镇新增就业1312万人，年末城镇登记失业率为4.05%，延续平稳运行态势。2008年至2015年，中央财政累计投入就业补助资金3055.11亿元。妇女就业数量和层次不断提高，2014年全国女性就业人员占全社会就业人员比重为45%，女性专业技术人员占专业技术人员总数的46.5%。国家加强技能培训，通过能力建设促进更公平地分享就业机会，截至2015年底，全国技能劳动者总量达1.67亿人，其中高技能人才4501万人。国家积极促进农村劳动力就地就近转移就业，县域经济范围内吸纳农村劳动力总量的65%①。

近年来，劳动法治的完善促进了劳动关系总体和谐稳定。中国就业规模持续扩大。2017年末，全国就业人员77640万人，其中城镇就业人员42462万人。全国就业人员中，第一产业就业人员占27.0%；第二产业就业人员占28.1%；第三产业就业人员占44.9%。2017年全国农民工总量28652万人，其中外出农民工17185万人②。

2017年全国企业劳动合同签订率达90%以上，全国报送人力资源和社会保障部门审查并在有效期内的集体合同累计为183万份，覆盖职工1.6亿人。截至2017年末，经各级人力资源和社会保障部门审批且在有效期内实行特殊工时制度的企业14.5万户，涉及职工1320万人。2017年，全国各地劳动人事争议调解仲裁机构共处理争议166.5万件，同比下降6.0%；涉及劳动者199.1万人，同比下降12.4%；涉案金额416.4亿元，同比下降11.8%；办结案件157.5万件，同比下降3.6%。案件调解成功率为67.9%，仲裁结案率为95.9%，终局裁决11.1万件，占裁决案件数的33.1%。

2017年，全国各级劳动保障监察机构共主动检查用人单位171.9万户次，涉及劳动者6910.7万人次，其中书面审查用人单位207.6万户次，涉

① 国务院新闻办公室：《发展权：中国的理念、实践与贡献》白皮书，2016年12月。

② 人力资源和社会保障部：《2017年度人力资源和社会保障事业发展统计公报》。

及劳动者7449.2万人次。全年共查处各类劳动保障违法案件20.6万件。通过加大劳动保障监察执法力度，为308.7万名劳动者追发工资等待遇250.1亿元，其中为218万名农民工追发工资等待遇196.4亿元。共督促用人单位与劳动者补签劳动合同167.5万份，督促1.7万户用人单位办理社保登记，督促2.8万户用人单位为60.3万名劳动者补缴社会保险费12.9亿元，追缴骗取的社会保险待遇或基金支出990.5万元，共依法取缔非法职业中介机构1971户①。

2017年，劳动人事争议调处机制进一步完善。中国制定进一步加强劳动人事争议调解仲裁、完善多元化处理机制的意见，修订实施劳动人事争议仲裁办案规则和组织规则，出台加强仲裁与诉讼衔接机制建设的意见。为加大对拖欠工资违法失信行为的惩戒力度，推进企业工资支付诚信体系建设，健全源头预防、动态监管和失信惩戒相结合的工资支付制度保障体系，人社部建立和实施了拖欠农民工工资“黑名单”制度。2017年9月，人社部专门制定印发了《拖欠农民工工资“黑名单”管理暂行办法》，于2018年1月1日起施行。

二 改革开放四十年中国劳动法治建设的主要成就

（一）中国特色劳动法律体系初步形成

改革开放以来，为适应市场经济体制发展需要，建立与社会主义市场经济体制相适应的劳动力市场，中国劳动立法理念不断更新，目前基本建成了适应市场经济发展需要的劳动法律体系。劳动法律体系一方面促进了劳动力资源的优化配置、保障了劳动力的合理流动，另一方面也为劳动者提供了有力保障。中国劳动法律体系总体上尊重市场在劳动力资源配置中的基础性地位，同时针对劳动者在劳动关系中的弱势地位，贯彻倾斜保护原则，为劳动

① 人力资源和社会保障部：《2017年度人力资源和社会保障事业发展统计公报》。

者提供了相应的保护。劳动立法总体上较好平衡了劳动力市场安全性和灵活性的关系，劳动关系总体上和谐稳定。

在坚持正确立法理念的基础上，中国劳动法律体系不断完善。《劳动法》《劳动合同法》《劳动争议调解仲裁法》《就业促进法》《安全生产法》《矿山安全生产法》《工会法》《社会保险法》等一批法律的出台和修订，形成了中国劳动法律体系的基本框架，基本解决了中国劳动用工领域无法可依的问题，并不断促进科学立法、民主立法。特别是《劳动法》和《劳动合同法》两部劳动基本法的出台，建立健全了中国劳动基本法律制度。此外，《劳动保障监察条例》《劳动合同法实施条例》《职工带薪年休假条例》《全国年节及纪念日放假办法》《女职工劳动保护特别规定》《工伤保险条例》《失业保险条例》等一批行政法规的出台，也促进了劳动法律体系的完善。

（二）劳动监察行政执法不断加强

劳动监察制度由于行政机关的权威性和强制力，在纠正用人单位违法行为、保障劳动者合法权益方面发挥了重要作用。侵害劳动者合法权益的违法行为得到有效遏制。劳动监察机构在维护劳动者基本权益，尤其是工资方面的权益作用突出，政府也把治理拖欠工资尤其是拖欠农民工工资作为劳动监察的重点。2016 年 1 月，国务院办公厅印发《关于全面治理拖欠农民工工资问题的意见》，从规范企业工资支付行为、健全工资支付监控和保障制度、推进企业工资支付诚信体系建设等方面，明确了具体的政策措施，提出到 2020 年拖欠农民工工资问题得到根本遏制、实现基本无拖欠的目标任务。各地区、各部门认真贯彻落实党中央、国务院的决策部署，建立健全政府统一领导、部门分工负责和协调配合的工作协调机制，以治理工程建设等领域欠薪为重点，坚持日常执法与集中整治相结合，加强劳动用工守法诚信体系建设，形成打击和震慑欠薪违法犯罪行为的高压态势。经过不懈的努力，全国查处欠薪案件数、涉及工资数、涉及劳动者人数呈明显下降趋势，拖欠农民工工资问题高发多发的态势得到有效遏制。

（三）劳动争议处理制度不断完善

改革开放以来，中国劳动争议处理制度不断完善，形成了具有中国特色的调解和“一裁二审”体制，有效化解了劳动纠纷。大量案件通过调解或仲裁的方式得到解决，避免大量案件进入法院。2012 年党的十八大以来，调解仲裁工作取得重大突破性进展。劳动人事争议多元处理格局基本形成，党委领导、政府主导、综治协调、人社部门牵头、有关部门发挥职能作用、社会力量积极参与的多元处理机制不断完善。调解仲裁制度机制逐步健全，调解仲裁法律政策体系日趋完善，推行协商解决机制，完善专业性调解机制，创新仲裁办案机制，加强调解、仲裁、诉讼衔接机制建设。调解仲裁机构和队伍建设成效明显，建立健全多层次调解组织网络，仲裁机构实体化建设成效显著，调解员仲裁员队伍不断扩大，注重培育特色文化，调解仲裁队伍作风明显改善。调解仲裁基础建设不断夯实，大力推进“互联网 + 调解仲裁”，分类分批开展预防调解示范工作，加强基础设施建设，开展全媒体宣传工作等。各地勇于创新，积极探索新型争议处理方式。例如，2014 年 7 月，江苏省在全国首创建成统一规范、高效便捷的劳动人事争议网上调解服务平台。平台运行以来，共登记案件 5.39 万件，办结案件 5.3 万件，调解成功 4.41 万件，涉及金额 12.87 亿元。

三　劳动法治完善的未来展望

党的十九大报告指出，就业是最大的民生。要坚持就业优先战略和积极就业政策，实现更高质量和更充分就业。大规模开展职业技能培训，注重解决结构性就业矛盾，鼓励创业带动就业。提供全方位公共就业服务，促进高校毕业生等青年群体、农民工多渠道就业创业。破除妨碍劳动力、人才社会性流动的体制机制弊端，使人人都有通过辛勤劳动实现自身发展的机会。完善政府、工会、企业共同参与的协商协调机制，构建和谐劳动关系。党的十九大报告为中国劳动法治完善指明了方向。

（一）完善法律调整机制，健全劳动法律体系

第一，完善劳动法的调整机制。当前，中国对劳动关系的法律调整总体上实行整齐划一的单一调整模式，劳动法对所有劳动者实行“一体适用、同等对待”，这种模式产生了诸多问题。现实中，由于用工形式不断发展以及劳动者“从属性”的弹性，“劳动者”类型表现出多样性，除了典型劳动者，还存在从属性较弱的从业人员以及其他特殊的劳动者。为此，应更新劳动法的立法理念，在坚持向劳动者倾斜的前提下，根据具体场景，考察不同类型从业人员的差异，进行相应的规则设计。应对“劳动者”进行类型化处理，实现劳动关系法律调整模式从一体调整向分类调整和区别对待转变①。例如，家政工或网络服务提供者虽然无法完全纳入劳动法的调整范围，但是可以适用劳动法的部分规则，立法应为其提供基本权利保护，尤其是最低工资、工作时间、安全卫生、社会保险保护等。在完善劳动法调整机制的背景下，应加强对非典型劳动者，包括派遣工、非全日制工、家政工、网络服务提供者等群体的法律保护。

第二，完善相关立法。一是不断完善劳动合同制度。要根据实践的需求，进一步处理好灵活性和安全性的关系，更好平衡用人单位和劳动者的诉求和利益。加强对《劳动合同法》的司法解释，促进各地规则的统一。特别是当前中国网络平台用工发展迅速，如何为这部分劳动者提供保护是一个重要课题。据统计，2017 年中国共享经济市场交易额约为 49205 亿元，共享经济平台企业员工数约 716 万人，比上年增加 131 万人；参与共享经济活动的人数超过 7 亿人，比上年增加 1 亿人左右；参与提供服务者人数约为 7000 万人，比上年增加 1000 万人②。平台服务提供者与平台是否建立劳动关系，这一群体是否受劳动法保护，传统的“劳动者”概念或“劳动关系”判断标准是否已经过时，劳动法应当如何应对，成为一个重要问题。实践

① 谢增毅：《我国劳动关系法律调整模式的转变》，《中国社会科学》2017 年第 2 期。

② 国家信息中心分享经济研究中心、中国互联网协会分享经济工作委员会：《中国共享经济发展年度报告（2018）》，2018 年 2 月，第 1 页。

中，劳动关系认定也是与互联网有关的劳动争议案件的焦点问题。例如，2015 年至 2018 年第一季度，北京市朝阳区人民法院共受理互联网平台用工劳动争议案件 188 件，其中 61.2% 的案件，从业者要求确认劳动关系，在审结的 171 件案件中，超过 84% 的案件双方对是否建立劳动关系存在争议①。二是加强劳动基准立法，特别是加强有关工资、工时等的立法，确立更加合理的劳动基准。当前，中国劳动法中的工时制度比较粗疏，许多规则难以实施，需要根据时代发展尤其是技术进步和用工形式的多样化加以完善。另外，虽然中国治理拖欠工资的力度不断加大，但欠薪问题依然没有得到彻底解决，应加强工资保障立法，维护劳动者基本权益。三是完善有关职业培训的法律。随着技术的发展，尤其是网络技术和人工智能等技术的发展，以及人口老龄化的加快，加强对求职者和劳动者的培训，提高他们就业的能力和质量尤显重要，因此要加强职业培训立法。四是完善集体劳动法。应完善集体协商规则，增强集体协商的实效，促进工会作用的发挥。

（二）加强劳动行政执法，提高执法监督水平

当前中国劳动监察机构和人员相比监察对象数量比例非常低，应进一步加强劳动监察队伍建设，创新劳动监察的工作方式。例如：2013 年末，全国共有劳动保障监察机构 3291 个，各级人力资源和社会保障部门配备专职劳动保障监察员 2.5 万人；全国就业人员 76977 万人，其中城镇就业人员 38240 万人②。中国就业人口和企业众多，但劳动监察机构和人员有限，必须通过完善劳动监察体制，提高劳动监察的主动性、针对性、实效性。应完善劳动监察制度，优化劳动监察的范围，将劳动监察重点放在工资、工时、安全卫生等关涉劳动者基本权益的事项，更好地处理劳动监察和劳动仲裁的关系。

---

① 《朝阳法院发布互联网平台用工劳动争议审判白皮书》，参见北京市法院网，http://bjgy.chinacourt.org/article/detail/2018/04/id/3261190.shtml，最后访问日期：2018 年 4 月 13 日。

② 人力资源和社会保障部：《2013 年度人力资源和社会保障事业发展统计公报》。

（三）完善劳动争议处理机制，促进劳动法制统一

中国注重通过调解、仲裁解决劳动争议，实行“一裁二审”模式。目前，中国劳动争议调解组织的专业性还不强，要通过加强调解组织和队伍建设，提高调解组织的专业性和公信力。要健全争议仲裁制度，完善仲裁办案规则，贯彻三方原则，建立工会干部等社会力量参与劳动案件调处的机制，进一步完善调解仲裁机构与法院审判裁审衔接工作机制。针对部分案件要经历“一裁二审”复杂程序的问题，应加强对改革一裁二审制度的研究。此外，还应加强《劳动合同法》等劳动法律的解释，统一各地对《劳动合同法》等法律的适用标准，统一执法尺度，增强法制统一性。

法 治 指 数

Indices of Rule of Law

B.13

中国政府透明度指数报告（2018）

——以政府网站信息公开为视角

中国社会科学院法学研究所法治指数创新工程项目组*

摘　要： 2018 年度，中国社会科学院国家法治指数研究中心、法学研究所法治指数创新工程项目组围绕决策公开、管理服务公开、执行和结果公开、政策解读与回应关切、依申请公开等方面，对机构改革后的 49 家国务院部门、31 家省级政府、49 家较大的市政府、100 家县级政府开展了政务公开情况评估。报告分析了各评估对象在政务公开工作中取得的进展和存在的

* 项目组负责人：田禾，中国社会科学院国家法治指数研究中心主任，法学研究所研究员；吕艳滨，中国社会科学院法学研究所研究员、法治国情调研室主任。项目组成员：王万秀、王小梅、王子豪、王庚煜、王泽楠、王祎茗、王绪新、卞泽娟、卢逸涵、田纯才、冯迎迎、向林、刘宇、刘俊翔、刘海昕、刘雁鹏、米晓敏、李彤、李佳悦、李炎成、吴俊杰、陈丹、武倩倩、郑欣、赵童、胡昌明、侯冰洁、洪梅、栗燕杰、柴金鸽、徐梦雅、郭甲一、黄晴、梁雅婷、葛欣、傅桐、廖珮、熊宇杉、颜欢等（按照姓氏汉字笔画排序）。统稿人：吕艳滨。

问题，并提出相应的对策建议。

关键词： 政务公开　政府透明度　法治指数　政府网站

2018 年，中国社会科学院国家法治指数研究中心、法学研究所法治指数创新工程项目组（以下简称“项目组”）继续对各级政府政务公开情况进行调研和评估，本报告对此次调研和评估情况进行了总结分析。

一　评估对象、指标及方法

2018 年的评估对象包括机构改革后对外有行政管理权限的 49 家国务院部门、31 家省级政府、49 家较大的市政府、100 家县级政府。本次选取的县级政府评估对象与 2017 年不同。2017 年选择的县级政府为《国务院办公厅关于印发开展基层政务公开标准化规范化试点工作方案的通知》确定的 100 家开展试点工作的区县政府。该试点区县政府仅覆盖了部分省份，因此，为提升在全国的覆盖面，2018 年项目组在所有试点省份抽取部分试点县级政府，在非试点省份按照 GDP 排名抽取部分县级政府作为评估对象。

项目组根据《政府信息公开条例》、中共中央办公厅和国务院办公厅印发的《关于全面推进政务公开工作的意见》、国务院办公厅《〈关于全面推进政务公开工作的意见〉实施细则》、国务院办公厅《2018 年政务公开工作要点》等相关文件，设定了 2018 年的评估指标。针对国务院部门和地方各级政府的一级指标包括决策公开、管理服务公开、执行和结果公开、政策解读与回应关切、依申请公开（见表 1、2、3、4）。

决策公开指标主要考察国务院各部门、各级政府进行重大决策预公开以及公开规范性文件的情况。管理服务公开指标主要考察有相应职权的国务院部门和各级政府公开权力清单、政务服务信息、“双随机”监管信息、行政处罚信息的情况，对县级政府还评估了其公开义务教育管理信息的情况。其中，对国务院部门公开的“双随机”监管信息情况不计入本次评估得分。执行和结果公开指标主要考察公开法治政府建设情况年度报告和建议提案办理结果的公开情况，对省级政府和较大的市政府还考察了其审计报告的公开情况。政策解读与回应关切指标包括政策解读和回应关切两项二级指标。依申请公开指标仅考察31个省级政府卫生行政部门和100个县级政府教育行政部门在线申请和信函申请渠道的畅通性和答复规范化程度。

表1　中国政府透明度指数评估指标体系（国务院部门）

一级指标	二级指标
决策公开(35%)	重大决策预公开(60%)
	规范性文件公开(40%)
管理服务公开(20%)	权力清单公开(30%)
	政务服务信息公开(40%)
	行政处罚信息公开(30%)
执行和结果公开(25%)	法治政府建设情况年度报告(60%)
	建议提案办理结果公开(40%)
政策解读与回应关切(20%)	政策解读(70%)
	回应关切(30%)

表2　中国政府透明度指数评估指标体系（省级政府）

一级指标	二级指标
决策公开(20%)	重大决策预公开(60%)
	规范性文件公开(40%)
管理服务公开(25%)	权力清单公开(10%)
	政务服务信息公开(35%)
	“双随机”监管信息公开(25%)
	行政处罚信息公开(30%)
执行和结果公开(25%)	审计结果公开(35%)
	法治政府建设情况年度报告(35%)
	建议提案办理结果公开(30%)
政策解读与回应关切(20%)	政策解读(70%)
	回应关切(30%)
依申请公开(10%)	渠道畅通性(40%)
	答复规范化(60%)

表3 中国政府透明度指数评估指标体系（较大的市政府）

一级指标	二级指标
决策公开(25%)	重大决策预公开(60%)
	规范性文件公开(40%)
管理服务公开(35%)	权力清单公开(10%)
	政务服务信息公开(35%)
	“双随机”监管信息公开(25%)
	行政处罚信息公开(30%)
执行和结果公开(20%)	审计结果公开(35%)
	法治政府建设情况年度报告(35%)
	建议提案办理结果(30%)
政策解读与回应关切(20%)	政策解读(70%)
	回应关切(30%)

表4 中国政府透明度指数评估指标体系（县级政府）

一级指标	二级指标
决策公开(20%)	重大决策预公开(60%)
	规范性文件(40%)
管理服务公开(30%)	权力清单公开(10%)
	政务服务信息公开(20%)
	“双随机”监管信息公开(20%)
	行政处罚信息公开(25%)
	义务教育信息公开(25%)
执行和结果公开(25%)	法治政府建设情况年度报告(60%)
	建议提案办理结果(40%)
政策解读与回应关切(15%)	政策解读(70%)
	回应关切(30%)
依申请公开(10%)	渠道畅通性(40%)
	答复规范化(60%)

项目组通过观察各评估对象门户网站及其相关部门网站发布的相关信息，分析其落实公开要求的情况。项目组从 2018 年 7 月 31 日至 11 月 20 日，陆续通过在线申请（在线平台或者电子邮件）和信函申请（邮寄挂号信）的方式，对 31 个省级政府卫生行政部门和 100 个县级政府教育行政部门进行了依申请公开情况的评估。对于省级卫生行政部门申请公开“载有截至 2017 年 12 月底，全省医院中儿科数量的统计报表或报告”；对 100 个县级教育行政部门申请公开“本地批准的招收外来人口子弟的小学信息，

包括本地批准的招收外来人口子弟的小学学校名称、地址和招生规模”。指标评估的时间段不尽相同，但总体上截至2018年12月31日。

二　评估结果的总体情况

2018年，国务院部门排在前列的有：国家税务总局、教育部、商务部、交通运输部、科学技术部、中国证券监督管理委员会、国家知识产权局、司法部、人力资源和社会保障部、生态环境部（评估结果见表5）。省级政府排在前列的有：安徽省、北京市、上海市、贵州省、四川省、山东省、宁夏回族自治区、天津市、云南省、海南省（评估结果见表6）。较大的市排在前列的有：深圳市、青岛市、苏州市、成都市、宁波市、合肥市、广州市、福州市、淄博市、银川市（评估结果见表7）。县级政府排在前列的有：北京市西城区、上海市普陀区、浙江省宁波市江北区、广东省佛山市禅城区、上海市虹口区、北京市东城区、山东省威海市荣成市、浙江省金华市义乌市、山东省烟台市龙口市、贵州省六盘水市六枝特区（评估结果见表8）。

表5　中国政府透明度指数评估结果（国务院部门）

单位：分

排名	国务院部门	决策公开（35%）	管理服务公开（20%）	执行和结果公开（25%）	政策解读与回应关切（20%）	总分（满分100分）
1	国家税务总局	86.40	66.00	64.00	91.60	77.76
2	教育部	64.00	38.96	88.00	91.60	70.51
3	商务部	64.00	67.75	52.00	100.00	68.95
4	交通运输部	68.80	42.16	64.00	97.90	68.09
5	科学技术部	40.00	60.70	100.00	84.60	68.06
6	中国证券监督管理委员会	86.40	67.75	64.00	34.90	66.77
7	国家知识产权局	54.40	41.16	82.00	87.40	65.25
8	司法部	54.40	70.00	64.00	76.90	64.42
9	人力资源和社会保障部	54.40	26.16	82.00	97.90	64.35
10	生态环境部	54.40	70.00	46.00	90.90	62.72
11	工业和信息化部	54.40	42.16	76.00	76.90	61.85
12	外交部	54.40	20.16	76.00	93.70	60.81
13	海关总署	64.00	69.00	28.00	84.60	60.12

续表

排名	国务院部门	决策公开（35%）	管理服务公开（20%）	执行和结果公开（25%）	政策解读与回应关切（20%）	总分（满分100分）
14	自然资源部	64.00	45.96	46.00	82.50	59.59
15	中国民用航空局	54.40	30.96	76.00	75.50	59.33
16	国家林业和草原局	54.40	74.95	28.00	85.30	58.09
17	财政部	54.40	47.00	46.00	86.70	57.28
18	国家统计局	40.00	47.00	70.00	80.40	56.98
19	国家中医药管理局	54.40	42.96	64.00	64.30	56.49
20	国家广播电视总局	25.60	40.16	88.00	85.30	56.05
21	国家药品监督管理局	54.40	61.20	28.00	86.00	55.48
22	中国气象局	54.40	42.16	40.00	87.40	54.95
23	住房和城乡建设部	40.00	42.16	58.00	89.50	54.83
24	民政部	54.40	42.16	28.00	100.00	54.47
25	水利部	54.40	41.16	28.00	93.70	53.01
26	国家卫生健康委	54.40	41.16	40.00	76.90	52.65
27	国家体育总局	40.00	41.16	64.00	64.30	51.09
28	农业农村部	54.40	42.16	70.00	30.00	50.97
29	应急管理部	54.40	2.16	64.00	76.90	50.85
30	国家发展和改革委员会	54.40	42.16	28.00	72.70	49.01
31	文化和旅游部	40.00	42.16	28.00	97.90	49.01
32	国家能源局	54.40	29.36	28.00	85.30	48.97
33	国家文物局	54.40	25.16	28.00	89.50	48.97
34	国家铁路局	40.00	62.95	28.00	74.80	48.55
35	国家信访局	54.40	41.16	40.00	51.00	47.47
36	审计署	14.40	2.16	88.00	87.40	44.95
37	国家粮食和物资储备局	54.40	29.36	28.00	64.30	44.77
38	国家市场监督管理总局	40.00	63.54	28.00	45.87	42.88
39	国家邮政局	40.00	52.95	31.00	51.70	42.68
40	中国银行保险监督管理委员会	40.00	59.75	28.00	44.35	41.82
41	中国人民银行	54.40	55.87	28.00	9.00	39.01
42	公安部	40.00	36.36	0.00	72.00	35.67
43	国务院国有资产监督管理委员会	16.80	12.56	46.00	76.90	35.27
44	国家国际发展合作署	52.00	2.16	60.00	0.00	33.63
45	国家外汇管理局	0.00	27.76	28.00	90.90	30.73
46	国家烟草专卖局	0.00	29.36	40.00	63.60	28.59
47	国家民族委员会	0.00	9.12	64.00	51.70	28.16
48	国家移民管理局	0.00	14.16	60.00	51.00	28.03
49	国家医疗保障局	0.00	2.16	60.00	0.00	15.43

表 6　中国政府透明度指数评估结果（省级政府）

单位：分

排名	省级政府	决策公开（20%）	管理服务公开（25%）	执行和结果公开（25%）	政策解读与回应关切（20%）	依申请公开（10%）	总分（满分100分）
1	安徽省	88.56	64.16	77.00	100.00	97.50	82.75
2	北京市	92.64	78.00	60.63	83.90	100.00	79.96
3	上海市	63.76	71.42	86.00	86.00	100.00	79.31
4	贵州省	83.68	75.10	72.63	86.00	87.50	79.05
5	四川省	64.80	81.19	65.63	95.80	96.00	78.42
6	山东省	61.60	81.48	73.50	83.90	100.00	77.84
7	宁夏回族自治区	76.00	79.89	69.13	77.60	95.00	77.47
8	天津市	64.80	85.63	74.13	73.40	96.00	77.18
9	云南省	47.68	83.96	78.13	83.90	87.50	75.59
10	海南省	63.76	61.83	69.13	100.00	97.50	75.24
11	河北省	63.76	69.48	72.63	86.00	97.50	75.23
12	广东省	82.56	70.83	54.63	86.00	100.00	75.08
13	江西省	63.76	82.25	69.63	73.40	95.00	74.90
14	黑龙江省	69.76	67.90	86.63	87.40	27.50	72.81
15	江苏省	53.44	76.81	69.13	77.60	100.00	72.69
16	重庆市	63.76	60.46	69.13	85.30	96.00	71.81
17	辽宁省	82.56	65.93	51.63	75.50	97.50	70.75
18	福建省	41.68	74.23	52.50	100.00	95.00	69.52
19	吉林省	41.92	71.89	82.13	97.90	26.00	69.07
20	内蒙古自治区	71.68	68.32	65.00	87.40	30.00	68.15
21	浙江省	31.20	82.00	74.13	74.80	76.00	67.83
22	山西省	45.76	62.50	53.38	91.60	97.50	66.19
23	河南省	81.76	72.77	21.00	77.60	100.00	65.31
24	甘肃省	84.96	62.23	38.50	100.00	27.50	64.93
25	青海省	58.00	50.44	59.00	86.00	81.00	64.26
26	湖北省	45.12	60.73	68.00	77.60	67.50	63.48
27	湖南省	52.00	56.64	56.00	77.60	67.50	60.83
28	新疆维吾尔自治区	26.56	54.89	63.63	72.70	96.00	59.08
29	陕西省	38.88	66.65	83.13	50.30	27.50	58.03
30	广西壮族自治区	45.12	75.10	44.00	77.60	20.00	56.32
31	西藏自治区	17.76	53.27	54.63	55.90	26.00	44.31

表7　中国政府透明度指数评估结果（较大的市政府）

单位：分

排名	较大的市	决策公开（25%）	管理服务公开（35%）	执行和结果公开（20%）	政策解读与回应关切（20%）	总分（满分100分）
1	深圳市	84.40	81.55	86.63	95.80	86.13
2	青岛市	95.44	84.73	83.13	79.70	86.08
3	苏州市	87.44	81.33	87.50	86.00	85.03
4	成都市	75.76	78.79	83.13	86.00	80.34
5	宁波市	84.40	73.50	86.63	79.70	80.09
6	合肥市	81.28	82.92	59.50	93.70	79.98
7	广州市	75.76	73.22	91.00	86.00	79.97
8	福州市	70.48	78.79	77.00	95.80	79.76
9	淄博市	70.48	79.29	87.50	83.90	79.65
10	银川市	83.20	71.13	83.13	86.00	79.52
11	厦门市	79.84	68.16	91.00	87.40	79.50
12	淮南市	68.48	78.24	77.00	95.80	79.06
13	大连市	68.48	82.83	87.50	76.90	78.99
14	武汉市	61.52	76.90	82.25	97.90	78.32
15	济南市	78.40	74.96	78.00	83.90	78.22
16	海口市	64.64	74.10	78.75	100.00	77.85
17	贵阳市	83.20	65.57	87.50	77.60	76.77
18	哈尔滨市	56.00	80.65	71.13	100.00	76.45
19	郑州市	59.52	79.00	74.13	83.90	74.14
20	洛阳市	52.00	83.96	73.00	76.90	72.37
21	杭州市	40.00	74.36	92.13	83.90	71.23
22	珠海市	67.20	81.04	47.00	81.10	70.78
23	抚顺市	58.88	61.75	82.25	86.70	70.12
24	沈阳市	50.88	66.65	87.50	81.80	69.91
25	汕头市	48.64	57.11	82.13	100.00	68.57
26	西安市	60.00	71.24	52.50	86.00	67.63
27	无锡市	48.00	72.04	55.13	95.80	67.40
28	昆明市	67.12	81.33	46.38	64.30	67.38
29	南宁市	51.52	80.55	59.50	71.30	67.23
30	南京市	42.88	78.83	68.63	75.50	67.14
31	徐州市	47.52	87.46	44.63	78.30	67.08
32	长春市	40.00	65.48	83.13	86.00	66.74
33	邯郸市	71.44	36.90	78.75	97.90	66.11
34	南昌市	60.64	65.16	52.50	77.60	63.99
35	唐山市	40.64	67.97	74.38	75.50	63.93

续表

排名	较大的市	决策公开（25%）	管理服务公开（35%）	执行和结果公开（20%）	政策解读与回应关切（20%）	总分（满分100分）
36	长沙市	39.84	69.01	51.63	91.60	62.76
37	齐齐哈尔市	68.48	77.74	10.88	72.70	61.04
38	西宁市	60.00	47.75	69.13	76.90	60.92
39	石家庄市	36.16	53.50	92.13	70.60	60.31
40	呼和浩特市	42.88	65.06	21.00	95.80	56.85
41	吉林市	44.16	66.98	24.00	64.30	52.14
42	乌鲁木齐市	33.12	59.63	35.00	77.60	51.67
43	兰州市	63.36	43.16	37.38	64.30	51.28
44	本溪市	46.24	42.84	38.50	79.70	50.19
45	太原市	19.84	79.58	15.50	71.30	50.17
46	大同市	12.48	46.06	69.00	64.30	45.90
47	拉萨市	1.44	73.50	25.50	68.50	44.89
48	鞍山市	24.48	50.44	38.50	64.30	44.33
49	包头市	40.00	53.94	6.50	64.30	43.04

表 8　中国政府透明度指数评估结果（县级政府）

单位：分

排名	县级政府	决策公开（20%）	管理服务公开（30%）	执行和结果公开（25%）	政策解读与回应关切（15%）	依申请公开（10%）	总分（满分100分）
1	北京市西城区	75.80	72.71	94.00	92.60	97.50	84.11
2	上海市普陀区	72.24	77.97	88.00	100.00	90.00	83.84
5	浙江省宁波市江北区	72.24	64.18	100.00	77.60	95.00	79.84
4	广东省佛山市禅城区	70.80	68.46	88.00	86.00	100.00	79.60
6	上海市虹口区	56.64	61.71	100.00	89.50	95.00	77.76
7	北京市东城区	58.88	70.63	88.00	81.80	97.50	76.99
3	山东省威海市荣成市	66.88	68.16	76.00	93.70	97.50	76.63
8	浙江省金华市义乌市	78.80	41.89	100.00	74.80	80.00	72.55
9	山东省烟台市龙口市	46.48	56.44	88.00	97.20	95.00	72.31
10	贵州省六盘水市六枝特区	64.32	41.19	100.00	79.70	77.50	69.93
11	广东省深圳市罗湖区	65.20	70.63	64.00	75.50	80.00	69.56
12	浙江省杭州市拱墅区	72.24	59.71	88.00	86.00	10.00	68.26
13	上海市浦东新区	52.48	64.18	76.00	75.50	80.00	68.08
14	浙江省温州市瓯海区	79.44	46.30	61.00	86.00	100.00	67.93
15	安徽省六安市金寨县	80.96	66.19	28.00	100.00	85.00	66.55

续表

排名	县级政府	决策公开（20%）	管理服务公开(30%)	执行和结果公开(25%)	政策解读与回应关切（15%）	依申请公开（10%）	总分(满分100分)
16	安徽省黄山市徽州区	76.88	69.32	28.00	91.60	95.00	66.41
17	北京市海淀区	48.00	77.34	39.00	95.80	92.50	66.17
18	广东省惠州市博罗县	40.88	49.70	88.00	83.90	73.50	65.02
19	宁夏回族自治区银川市贺兰县	43.20	77.00	40.00	83.90	81.00	62.43
20	黑龙江省哈尔滨市道里区	16.00	48.98	88.00	83.90	95.00	61.98
21	安徽省宿州市灵璧县	64.64	63.75	40.00	100.00	30.00	60.05
22	贵州省遵义市播州区	27.84	43.19	88.00	78.30	75.00	59.77
23	四川省眉山市仁寿县	32.00	53.75	88.00	76.90	36.00	59.66
24	上海市徐汇区	66.88	46.18	34.00	93.70	97.50	59.53
25	北京市朝阳区	44.00	79.00	6.00	100.00	97.50	58.75
26	广西壮族自治区贵港市桂平市	35.52	57.88	88.00	72.70	6.00	57.97
27	甘肃省酒泉市肃州区	40.00	56.55	82.00	73.40	10.00	57.47
28	安徽省合肥市庐阳区	50.88	51.22	28.00	97.90	97.50	56.98
29	河南省洛阳市洛龙区	15.84	35.43	88.00	87.40	75.00	56.41
30	内蒙古自治区呼和浩特市新城区	36.00	44.50	88.00	66.40	20.00	54.51
31	山东省济南市历下区	52.48	60.50	31.00	70.60	75.00	54.49
32	江苏省南京市建邺区	38.88	60.02	64.00	32.10	71.00	53.70
33	贵州省贵阳市南明区	44.00	51.60	34.00	86.70	77.50	53.54
34	辽宁省大连市瓦房店市	32.16	44.86	88.00	30.00	71.00	53.49
35	福建省福州市鼓楼区	48.00	61.83	12.00	83.90	97.50	53.49
36	云南省昆明市五华区	40.00	64.75	28.00	74.10	77.50	53.29
37	天津市滨海新区	24.00	54.76	40.00	81.80	95.00	53.00
38	吉林省松原市前郭尔罗斯蒙古族自治县	36.48	43.26	28.00	93.70	97.50	51.08
39	宁夏回族自治区吴忠市青铜峡市	40.00	44.80	64.00	83.90	10.00	51.03
40	黑龙江省牡丹江市东宁市	12.00	35.05	88.00	81.80	36.00	50.79
41	天津市南开区	12.48	54.20	40.00	76.90	96.00	49.89
42	福建省泉州市晋江市	36.00	55.83	36.00	32.10	95.00	47.27
43	四川省成都市龙泉驿区	44.00	59.78	0.00	76.90	86.00	46.87
44	云南省楚雄彝族自治州楚雄市	36.00	55.77	22.00	75.50	55.00	46.26

续表

排名	县级政府	决策公开（20%）	管理服务公开(30%)	执行和结果公开(25%)	政策解读与回应关切（15%）	依申请公开（10%）	总分(满分100分)
45	广东省广州市海珠区	52.88	45.25	28.00	83.90	20.00	45.74
46	广西壮族自治区玉林市博白县	59.60	47.88	13.00	76.90	27.50	43.82
47	贵州省黔西南布依族苗族自治州贞丰县	56.64	42.08	28.00	61.50	30.00	43.18
48	天津市武清区	44.64	52.41	0.00	64.30	86.00	42.89
49	河北省唐山市丰润区	23.20	55.35	64.00	30.00	6.00	42.35
50	海南省定安县	46.24	15.26	58.00	34.90	85.00	42.06
51	宁夏回族自治区固原市彭阳县	50.48	41.18	28.00	76.90	10.00	41.98
52	江苏省徐州市新沂市	36.00	50.94	10.00	72.70	50.00	40.89
53	福建省泉州市石狮市	12.00	51.74	6.00	77.60	95.00	40.56
54	湖北省武汉市江岸区	48.00	52.03	0.00	37.00	95.00	40.26
55	江苏省苏州工业园区	27.60	50.10	0.00	79.70	76.00	40.11
56	广西壮族自治区百色市平果县	36.00	40.94	28.00	86.70	6.00	40.09
57	吉林省长春市农安县	0.00	43.79	70.00	34.90	40.00	39.87
58	湖南省长沙市浏阳市	43.20	47.05	4.00	86.00	27.50	39.41
59	云南省保山市腾冲市	24.00	30.00	28.00	72.70	75.00	39.21
60	四川省绵阳市涪城区	24.00	46.43	34.00	61.50	26.00	39.05
61	陕西省咸阳市彬州市	23.84	31.19	28.00	75.50	65.00	38.95
62	山西省太原市万柏林区	8.00	71.15	24.00	59.40	6.00	38.45
63	河南省郑州市上街区	29.76	45.05	3.00	73.40	71.00	38.33
64	甘肃省天水市甘谷县	38.88	37.71	16.00	84.60	20.00	37.78
65	湖南省衡阳市衡阳县	45.76	17.38	7.00	85.30	85.00	37.41
66	江苏省宿迁市沭阳县	15.84	44.71	4.00	76.90	75.00	36.62
67	海南省乐东县	21.60	40.15	10.00	64.30	75.00	36.01
68	海南省海口市美兰区	12.00	41.69	60.00	30.00	16.00	36.01
69	重庆市渝中区	8.00	38.44	64.00	34.90	16.00	35.97
70	青海省西宁市城东区	0.00	27.06	60.00	34.90	75.00	35.85
71	河北省唐山市迁安市	3.84	51.71	54.00	32.10	6.00	35.19
72	黑龙江省齐齐哈尔市龙沙区	40.00	39.98	6.00	69.90	30.00	34.98
73	陕西省延安市安塞区	20.48	35.86	4.00	75.50	77.50	34.93
74	辽宁省葫芦岛市建昌县	12.00	23.62	28.00	72.70	75.00	34.89

续表

排名	县级政府	决策公开（20%）	管理服务公开(30%)	执行和结果公开(25%)	政策解读与回应关切（15%）	依申请公开（10%）	总分(满分100分)
75	湖北省宜昌市宜都市	8.00	46.24	16.00	34.90	95.00	34.21
76	河北省石家庄市长安区	44.16	63.90	0.00	30.00	6.00	33.10
77	重庆市奉节县	16.00	45.00	40.00	34.90	10.00	32.94
78	山西省吕梁市孝义市	10.08	39.44	24.00	34.90	75.00	32.58
79	四川省资阳市安岳县	32.64	45.88	0.00	64.30	26.00	32.54
80	陕西省西安市未央区	27.84	36.13	16.00	70.60	10.00	32.00
81	河南省开封市祥符区	13.44	33.97	0.00	73.40	81.00	31.99
82	内蒙古自治区鄂尔多斯市准格尔旗	24.00	44.32	6.00	71.30	7.50	31.04
83	湖北省荆州市监利县	0.00	33.69	60.00	34.90	6.00	30.94
84	辽宁省沈阳市铁西区	0.00	35.13	28.00	34.90	72.50	30.02
85	内蒙古自治区包头稀土高新区	18.96	47.56	0.00	61.50	17.50	29.04
86	湖南省株洲市渌口区	12.00	41.32	10.00	34.90	56.00	28.13
87	江西省南昌市南昌县	13.44	24.50	10.00	34.90	95.00	27.27
88	山西省吕梁市柳林县	1.44	43.69	0.00	85.30	6.00	26.79
89	河南省安阳市汤阴县	10.08	44.30	0.00	68.50	6.00	26.18
90	新疆维吾尔自治区乌鲁木齐市天山区	12.00	21.71	4.00	87.40	26.00	25.62
91	新疆维吾尔自治区巴音郭楞州库尔勒市	16.00	18.55	24.00	61.50	6.00	24.59
92	吉林省延边州朝鲜族自治州延吉市	1.44	54.83	6.00	34.90	10.00	24.47
93	内蒙古自治区通辽市科尔沁区	1.44	35.74	28.00	32.10	10.00	23.82
94	甘肃省兰州市永登县	32.16	35.30	0.00	30.00	6.00	22.12
95	重庆市万州区	0.00	44.56	4.00	34.90	7.50	20.35
96	江西省鹰潭市贵溪市	13.44	31.93	0.00	32.10	30.00	20.08
97	江西省上饶市鄱阳县	1.44	35.55	0.00	32.10	6.00	16.37
98	西藏自治区拉萨市堆龙德庆区	0.00	22.71	0.00	0.00	27.50	9.56
99	西藏自治区日喀则市南木林县	0.00	13.33	0.00	0.00	6.00	4.60
100	青海省海西蒙古族藏族自治州德令哈市	0.00	8.00	0.00	0.00	7.50	3.15

三　评估发现的亮点

2018 年是《政府信息公开条例》实施十周年，是政务公开步入法治化轨道的关键一年，全国政务公开工作不断深化。评估显示，多个领域的政务公开亮点纷呈。

（一）拓展公开领域、细化公开规定

2018 年，政务公开领域进一步拓展，政务公开规定继续细化。继 2017 年底发布《国务院办公厅关于推进重大建设项目批准和实施领域政府信息公开的意见》《国务院办公厅关于推进公共资源配置领域政府信息公开的意见》、细化重大建设项目批准和实施领域以及公共资源配置领域的公开要求后，2018 年，国务院办公厅又发布了一系列规定，如《国务院办公厅关于推进社会公益事业建设领域政府信息公开的意见》、《国务院办公厅关于做好政府公报工作的通知》《国务院办公厅关于全面推行行政规范性文件合法性审核机制的指导意见》《国务院办公厅关于加强行政规范性文件制定和监督管理工作的通知》《国务院办公厅关于全面推行行政执法公示制度执法全过程记录制度重大执法决定法制审核制度的指导意见》《国务院办公厅关于聚焦企业关切　进一步推动优化营商环境政策落实的通知》等。一些特定领域的公开工作也有所细化，如财政部印发《地方政府债务信息公开办法（试行）》，明确了地方政府债务的信息公开要求。

（二）重大决策预公开情况多有进步

推动重大决策预公开是在重大决策制定环节有序引入公众参与的重要方面，是落实中国共产党十八大、十九大确定的国家治理体系和治理能力现代化的重要举措，是实现共建共治共享的重要路径。评估发现，2018 年重大决策事项目录公开程度有所提升。有 9 家较大的市政府、16 家县区级政府网站公开了 2018 年度重大决策事项目录，2017 年分别为 6 家和 2 家。

部分地区和部门的意见征集渠道丰富，便于公众参与，海关总署、上海市、安徽省、陕西省、云南省、福建省、广州市、石家庄市、长春市、大同市等政府门户网站意见征集渠道丰富，同时提供了在线反馈、电子邮件、电话传真、信函等形式。不少评估对象重视对决策草案的解读，有29家国务院部门、23家省级政府、20家较大的市政府及10家县级政府公开了对决策草案的解读或说明。不少区县政府还在网站设置专门栏目集中公开对征集到意见建议的采纳情况，如北京市西城区、上海市普陀区、山东省荣成市等。

（三）规范性文件清理信息公开改善明显

《国务院关于加强法治政府建设的意见》明确要求，加强对行政法规、规章和规范性文件的清理，建立规章和规范性文件定期清理制度，对规范性文件一般每隔2年清理一次，清理结果要向社会公布。评估发现，有39家国务院部门、27家省级政府、46家市级政府及68家县级政府或其法制部门发布了规范性文件清理信息，明显好于2017年的17家、10家、12家和43家。

（四）政务服务信息公开趋于细化

公开政务服务信息是落实“放管服”改革的基础性工作。评估发现，各评估对象公开的政务服务信息细致化程度明显较好。首先，政务服务办事指南公开更加细致。部分评估对象在严格按照政务服务事项办事指南的内容要素进行公开的基础上，添加了更加详细和人性化的信息，如浙江省网上办事大厅的政务服务指南，不仅有申请材料名称和格式文本，还明确了材料来源（申请材料提供方）、申请材料形式、材料详细要求；福建省和广东省的政务服务事项指南不仅有明确的办事地点，而且有交通指引，方便群众和企业办事。其次，行政审批结果公开精细化，方便查找。有的评估对象按照行政审批事项的种类、时间等对审批结果进行了精细化分类。例如，北京市环保局将行政审批结果细分为10个子项，并可以限定条件进行筛选。

（五）“双随机、一公开”落实较好

在市场监管领域全面推行“双随机、一公开”监管是对市场监管理念和方式的重大创新，是将公开融入监管工作的重要方面。评估显示，不少评估对象设置专门栏目集中展示并公开“双随机”相关信息，方便公众查找。市场监管领域随机抽查结果公开程度相对较高，26 家省级政府市场监督管理（工商）部门、37 家较大的市政府市场监督管理（工商）部门、67 家县级政府市场监督管理（工商）部门公开了 2018 年本部门的随机抽查结果。不少评估对象随机抽查结果详尽，便于查阅。例如，海关总署公布了“双随机、一公开”统计表，按市分类公开稽查办结数、随机抽查情况（包括随机选取作业数、随机选取作业占比、随机选取有效率），公布了 2017 年的海关行政检查随机抽查事项清单，并对之前失效的清单做了标注。部分评估对象汇总了随机抽查清单，如海口市政府门户网站设置了单独的《双随机公示》栏目，集中发布了各部门的随机抽查事项清单及抽查结果，清单要素齐全，抽查结果将抽查事项、抽查对象、抽查时间、执法人员、检查结果一并展示，有利于了解随机抽查的整体脉络。

（六）法治政府建设年度报告公开有所改善

《法治政府建设实施纲要（2015～2020 年）》要求，政府部门每年第一季度要向本级政府和上一级政府有关部门报告上一年度法治政府建设情况，报告要通过报刊、政府网站等向社会公开。评估显示，国务院部门法治政府建设年度报告的公开比例明显提升。随着国务院各部门对法治政府建设工作越来越重视，越来越多的部门制作并对外公开了法治政府建设年度报告。2018 年度共有 27 家国务院部门网站公开了本部门法治政府建设年度报告，比 2017 年的 12 家有了明显提升。部分市、县政府的报告公开时效性较强。有 31 家较大的市政府、31 家县级政府能按时甚至提前落实文件要求。此外，法治政府建设情况年度报告内容更加规范。多数报告能够涵盖政府职能的履行、制度体系的完善、决策水平的提升，以及决策、执法、监督、化解矛盾、提高人员素质等法治政府建设的各个方面，详细列明了上一年度法治政府建设工作的情况，并注重结合当地实践对相关问题作具体说明。不少评估对象均分析了本级政府在法治政府建设或依法行政工作方面存在的主要问题，并提出了详细的改进措施和明确的努力方向。

（七）政策解读信息发布更加规范、便民

首先，有42家国务院部门、31家省级政府、49家较大的市政府、91家县级政府均在门户网站设置了政策解读专门栏目。不少地方开设了政策解读专题页面，集中展示了省政府文件解读、省级部门文件解读及各地市政策解读信息，方便群众集中查阅。例如，北京市在“打赢蓝天保卫战”“优化营商环境”“防控金融风险”等多个专题中分别针对性地设置了政策解读、图解、视频解读等栏目进行专题解读；广东省佛山市禅城区在政策解读专题中设置了视频解读、政策图解、部门解读及专家、媒体解读等形式，并且每种形式信息发布都超过了20条。在便民功能设置方面，贵州省专门开设了政策解读搜索功能，便于群众直接搜索查阅。其次，政策解读的内容完整规范。在2018年度发布了政策解读信息的评估对象中，几乎全部准确阐明了政策的出台背景、主要依据、对象范围、重点内容、特色亮点等要义。最后，解读形式更加多样化，动图解读、H5页面解读、视频解读、动画解读等多种形式纷纷涌现。多媒体的解读形式更符合移动互联网时代的传播规律，公众的阅读体验感更强，更便于理解和阅读。例如，上海市政府网站发布图解《上海市第七轮环保三年行动计划》，创新性地使用Flash动图的形式，让政策图解“动”起来。

（八）网站互动平台成为回应关切的重要渠道

习近平总书记指出，对广大网民，要多一些包容和耐心，做到六个“及时”，即对建设性意见要及时吸纳，对困难要及时帮助，对不了解情

况的要及时宣介，对模糊认识要及时廓清，对怨气怨言要及时化解，对错误看法要及时引导和纠正。本次评估发现，绝大多数评估对象门户网站都设置了在线政民互动平台，公众可在平台上提出咨询、建议，为公众咨询问题、建言献策提供切实可靠的平台。46 家国务院部门、31 家省级政府、49 家较大的市政府、97 家县级政府门户网站均设置了在线政民互动平台，互动平台的设置已成普遍现象。评估对象普遍公开了公众提出的问题及回应情况。评估发现，2018 年，35 家国务院部门、30 家省级政府、49 家较大的市政府、97 家县级政府门户网站都对民众互动平台上提交的问题进行了回应。这将公众监督落到实处，倒逼政府提高反馈质量，也可方便关注类似问题的公众。同时，多数评估对象对公众在网站互动平台上提交的问题进行了及时有效的回应，如贵州省遵义市播州区，对书记信箱的许多问题都做到了当天回复。为提升回应质量，部分评估对象在来信回复信息后放置满意度评价调查问卷，提供公众对回复问题的反馈监督渠道。

（九）不少地方依申请公开渠道畅通、便民性较好

评估发现，省级部门的依申请公开渠道畅通性较好。对省级政府部门卫生行政部门的申请发现，23 个省级卫生行政部门允许在线提交申请，且渠道畅通；未开通在线渠道的 8 个省级卫生行政部门的信函申请渠道也均畅通。不少评估对象注重提升依申请公开的便民性。对县级政府教育部门的申请显示，不少评估对象较为注重依申请公开方面的便民性。有的评估对象在申请人进行依申请公开之后及时设置专栏主动公开相关信息，并通过短信的方式告知相应的链接和网址，如山东省荣成市教育部门。有的评估对象在网站公开了群众提交的依申请公开的具体问题，如合肥庐阳区教育部门，便于其他需要此类信息的群众查找。有的教育行政部门网站平台对于成功提交申请或者已作出答复的情况会短信提示。

四　评估发现的问题

（一）重大决策预公开仍有改进空间

第一，栏目信息发布混乱。部分评估对象有意见征集栏目，但栏目下无2018年度相关内容，或将2018年度相关信息置于栏目外。例如：文化和旅游部、山西省太原市意见征集栏目仅有一些无关的公示公告信息；昆明市五华区将草案的征求意见稿放置在通知公告中，难以查找。

第二，部分重大决策意见征集未明确征集意见的期限，涉及1家省级政府、3家较大的市、4家县级政府，如甘肃省政府的部分意见征集公告仅列有截止日期，而公告上网日期晚于截止日期。

第三，部分评估对象未公开重大决策草案征集意见信息。有10家国务院部门、3家省级政府、5家较大的市政府、38家县级政府未公开2018年重大决策草案征集意见信息。

第四，对征集意见的反馈情况公开质量不高。有44家国务院部门、14家省级政府、21家较大的市政府、70家县级政府未在门户网站公开2018年对重大决策草案征集意见的反馈情况。部分公开上述信息的评估对象缺少对意见征集情况的整体描述，未公开征集到的意见数量或主要观点。5家有意见反馈信息的国务院部门中，有1家仅公开了收集到的反馈意见数量；17家有意见反馈信息的省级政府中，有8家仅公开了收集到的反馈意见数量、1家仅公开了收集到的主要观点；28家公开意见反馈信息的较大的市政府中，有11家仅公开了收集到的反馈意见数量、5家仅公开了收集到的主要观点；30家公开意见反馈信息的县级政府中，有19家仅公开了收集到的反馈意见数量、2家仅公开了收集到的主要观点。

第五，意见采纳情况公开不理想。5家公开意见反馈信息的国务院部门中，有2家未公开意见采纳情况；17家公开意见反馈信息的省级政府中，有1家未公开意见采纳情况；28家公开意见反馈信息的较大的市政府中，有3家未公开意见采纳情况；30家公开意见反馈信息的县级政府中，有1家未公开意见采纳情况。例如，广州市政府的公众参与情况栏目仅有采纳数量，未列出采纳哪些、不采纳哪些意见及原因说明。

（二）部分规范性文件备案、清理信息未公开

《国务院办公厅关于加强行政规范性文件制定和监督管理工作的通知》要求，强化规范性文件的备案与监督，做到有件必备、有备必审、有错必纠。而评估发现，有13家省级政府、23家较大的市政府、88家县级政府门户网站或其法制部门网站未公开2018年规范性文件备案审查信息。此外，部分地区未公开近三年规范性文件清理结果。有10家国务院部门、4家省级政府、3家较大的市政府和32家县级政府门户网站或其法制部门网站未公开近三年规范性文件清理结果。另外，多数评估对象未对已公开的规范性文件标注有效性或有效期，有39家国务院部门、15家省级政府、33家较大的市政府和56家县级政府未在规范性文件栏目或目录中设置子栏目集中公开失效文件，或在具体规范性文件页面上显示有效性，或在文件末尾规定有效期。

（三）权力清单公布完整度、更新及时性不佳

首先，部分地区权力清单公布不完整。多数评估对象未公开清单编制发布的时间；部分单位权力清单中未包含完整的“9 + X”类权力事项，如拉萨市专题集中展示了各部门2018年版权力清单，但仅公布行政许可、行政处罚、行政奖励三类权力；部分单位将权力清单设置为查询事项，只有登录才能查询，如河北省邯郸市政府网站首页权力清单栏目、政务公开网权责清单栏日专题及检索出的相关信息均需要登录账户才可查看，未登录无法查看；部分单位权力清单以附件形式发布，附件下载后为乱码，如四川省仁寿县2017年7月14日公开的《仁寿县县级权力清单（2017年本）》。

其次，权力清单动态调整不及时。2017年新修订并实施的《文物保护法》（2017年修正）第20条规定了县级以上文物行政部门对建设工程选址

不能避开文物保护单位而实施原址保护措施的行政审批权。但评估发现，有4家省级政府、16家较大的市政府、42家县级政府的民政部门的权力清单中没有上述事项。

最后，国务院部门公开权力清单情况不理想。仅有三家被评估的国务院部门公开了权力清单，分别是国家林业和草原局、国家税务总局、国家药品监督管理局。其中，仅国家税务总局的权力清单更新到2018年。国家药品监督管理局最新的权力清单为2016年发布的。国家林业和草原局发布的权力清单无法确认是哪一年的且权力清单中只有行政许可一种权力事项。国家自然资源部的权力清单栏目中仅公开了行政审批清单。

（四）政务服务办事指南不全面、内容不一致

首先，政务服务事项办事指南的公开程度较低。抽查的企业印制发票审批、辐射安全许可证、慈善组织登记三项审批服务指南的公开程度均不理想。有14家省级政府、38家较大的市政府、83家县级政府无企业印制发票审批服务指南；2家省级政府、14家较大的市政府、80家县级政府无辐射安全许可服务指南；25家省级政府、38家较大的市政府、85家县级政府无慈善组织登记服务指南。

其次，政务服务事项办事指南的内容不全面。评估发现，部分评估对象提供的政务服务事项办事指南内容未能包括办理依据、申报条件、申报材料、办理地点、办理流程、办理时限、收费标准等核心要素。例如，淮南市辐射安全许可证指南的办理依据仅列出了法律法规名称，无条款数。

再次，多平台发布的政务服务事项办事指南内容不一致。评估发现，10家省级政府、11家较大的市政府、3家县级政府多平台发布的同一政务服务事项的办事指南内容不一致，主要体现在办理依据的法律法规名称及其条款数不一致、申报材料不一致、办理期限不一致、面向对象不一致等。有的多平台公布的办事指南中存在一个内容详细、一个内容简略的情况。多平台发布同一信息，由于数据不同源，发布标准不统一，信息发生变化后多平台不能同步更改，不仅造成大量信息重复录入，浪费行政资源，而且使得办事企

业、群众面对不同的办事指南无所适从，或者对照错误陈旧的服务指南准备，造成表格应用错误、材料准备疏漏、找错办事地址、反复跑腿等问题，增加办事的时间成本，降低群众办事的满意度。

最后，部分地区行政审批结果公开混乱。评估发现，仍有部分评估对象未公开行政审批结果。例如，49 家国务院部门中有 20 家未设置集中发布审批结果的栏目，15 家国务院部门未对审批结果进行分类发布，23 家国务院部门网站未公开 2018 年本部门的行政审批结果。又如，31 家省级政府环保部门网站、本级政府门户网站、政务服务中心网站中有 12 家未对审批结果进行分类发布；多平台单独公开审批结果的省级政府均存在审批结果发布混乱的问题，审批结果信息发布不一致、不对应。

（五）部分“双随机”信息未公开、内容不全面

首先，随机抽查事项清单公开程度低。有 16 家国务院部门未公布本部门随机抽查事项清单，其中，参与评估的新成立的国务院部门中，只有文化和旅游部及自然资源部公开了随机抽查事项清单，且清单公开时间分别为 2017 年、2016 年。7 家省级政府、6 家较大的市政府、52 家县级政府门户网站未公开本级政府各部门随机抽查事项清单。其中，部分政府门户网站仅公开了部分部门的随机抽查事项清单。其次，随机抽查事项清单内容不全。评估抽查了各地工商行政管理领域的“双随机”信息公开情况，结果发现，1 家省级政府、4 家县级政府的随机抽查事项清单中未包括抽查依据，5 家省级政府、1 家较大的市政府、7 家县级政府的随机抽查事项清单中未包括抽查主体，3 家省级政府、3 家较大的市政府、8 家县级政府的随机抽查事项清单中未包括抽查内容，11 家省级政府、19 家较大的市政府、14 家县级政府的随机抽查事项清单中未包括抽查方式。最后，随机抽查结果和查处情况公开程度低。以环境保护领域为例，21 家省级政府、18 家较大的市政府、62 家县级政府的环保部门网站、政府门户网站或企业信用信息网未公开本部门 2018 年的随机抽查结果，20 家省级政府、18 家较大的市政府、77 家县级政府的环保部门网站、政府门户网站或企业信用信息网未公开本部门 2018 年的查处情况。

（六）法治政府建设年度报告发布尚未常态化

有22家国务院部门网站、7家省级政府、12家较大的市政府、63家县级政府门户网站或其法制部门网站未公开2017年度法治政府建设情况年度报告。部分已公开法治政府建设情况年报的评估对象发布报告不及时。按照《法治政府建设实施纲要（2015～2020年）》的要求，各级政府及其部门应每年第一季度制作完成报告并对外公开。但在2018年3月31日前通过网站公开法治政府建设情况年度报告的，仅有12家国务院部门、7家省级政府、31家较大的市政府、31家县级政府。甚至有个别地区的报告在下半年才公布，如浙江省温州市瓯海区2017年法治政府建设情况报告2018年3月20日形成，但7月16日才公布。

（七）部分行政处罚事项与结果公开不及时

首先，行政处罚事项清单内容有所欠缺。有2家省级政府、2家较大的市政府、14家县级政府公开的行政处罚事项清单中未包括部分行政处罚事项的法律依据，部分处罚依据不明确，未完整包括法律法规名称、条款数和条款内容，公开形式过于简单。其次，部分领域行政处罚结果公开程度低。34家国务院部门未公开2018年本部门的行政处罚结果，5家省级环境保护部门、12家省级市场监督管理部门未公开2018年本部门的行政处罚结果，12家较大的市政府市场监督管理部门未公开2018年本部门的行政处罚结果，24家县级政府环境保护部门、38家县级市场监督管理部门未公开2018年本部门的行政处罚结果。再次，未常态化公开行政处罚结果。例如，国家文物局网站虽然设置了行政处罚专栏，但专栏中没有正式的行政处罚信息，只有通知或通报，且最近更新信息时间为2017年1月；西藏自治区环境保护厅公布的行政处罚结果只更新到2013年，且发布的信息也很少；河北省邯郸市环境保护局的行政处罚结果只更新到2017年；江苏省苏州工业园区管委会门户网站没有公布2018年环保部门的行政处罚信息。

（八）地方政府审计结果公开不全面不及时

本次对审计结果的评估包括公开“2017/2016 年本级预算执行审计报告及其发现问题”“2017 年度专项审计报告”“2017/2016 年度审计发现问题整改情况报告”“审计信息网站公布情况”4 项内容。评估结果发现，有 8 家省级政府、29 家较大的市政府、75 家县级政府未全部公开上述内容，而且普遍存在本级审计信息公开量较少的现象。很多地方政府转发了国家审计署的审计报告，而关于本级转发的审计报告却较少，如安徽、天津。此外，不少评估对象发布审计信息滞后。以陕西省为例，其公布的“2018 年第 2 号审计结果”内容是 2014 年度的专项审计报告。截止到 2018 年 10 月 20 日，河南省采集数据最近的审计报告为 2016 年的。有 25 家较大的市政府、77 家县级政府未公布“2017 年度本级预算执行审计报告”。

（九）建议提案办理结果公开程度仍不高

第一，部分评估对象未公开 2018 年建议提案办理复文，其中多数县区对建议提案结果公开程度较低。有 9 家国务院部门、8 家省级政府、13 家较大的市政府和 49 家县级政府未公开 2018 年人大代表建议的办理复文，10 家国务院部门、11 家省级政府、13 家较大的市、46 家县级政府未公开 2018 年政协提案的办理复文。虽然可能存在有的部门 2018 年度未收到建议提案或不是建议提案的主办单位，又或者有的建议提案的办理结果因为涉密或敏感等不宜公开的情况，但一级政府一年中无一件办理复文公开也比较罕见。第二，部分评估对象公开 2018 年建议提案办理复文不规范。有 3 家国务院部门、1 家省级政府、2 家县级政府存在仅公开 2018 年全国人大代表建议的办理复文摘要或者公开部分全文、部分摘要的情况。第三，多数评估对象未公开本单位 2018 年办理建议提案的总体情况。42 家国务院部门、23 家省级政府、43 家地级市政府、77 家县级政府未公开 2018 年度本单位办理全国人大建议的总体情况，41 家国务院部门、24 家省级政府、42 家较大的市政府、82 家县级政府未公开 2018 年度本单位办理全国政协提案的总体情况。

（十）政策解读信息发布质量仍有待提升

首先，政策解读信息发布混乱。有3家国务院部门、1家省级政府、2家较大的市政府和16家县级政府政策解读栏目内发布了与政策解读无关的信息。其次，本级政策解读发布情况有待加强。多数评估对象在政策解读栏目大量转发上级政府政策解读信息，有的县级政府政策解读栏目本年度发布信息几十条，但本级政策解读信息仅几条，甚至无本级解读信息。最后，政策解读信息发布不及时、时效性不强。有21家国务院部门、15家省级政府、25家较大的市政府、38家县级政府首次解读信息的网上发布时间与政策文件的网上发布时间间隔超过3个工作日。

（十一）部分县区义务教育信息公开程度较低

部分县级政府或其教育行政部门公开义务教育招生入学政策以及义务教育招生划片范围、招生计划、招生条件、学校情况、招生结果等信息的情况不理想。有40家县级政府未公开本级政府2018年义务教育阶段入学工作的文件；43家县级政府未公开义务教育入学政策咨询电话；40家县级政府未公开本地区小学招生范围，42家县级政府未公开本地区中学招生范围；74家县级政府未向社会公众公开2018年本地区小学招生人数，66家县级政府未公开2018年本地区中学招生人数；35家县级政府未公开幼升小或小升初普通学生招生入学条件，31家县级政府未公开幼升小或小升初随迁子女招生入学条件；84家县级政府未公开公办或民办的普通中小学招生简章。

（十二）部分地方政府依申请公开仍存短板

本次评估抽取了省级政府部门和县级政府部门进行依申请公开的验证，发现存在以下问题。首先，在线申请渠道存在运行不稳定或友好性不佳的问题。例如，陕西省卫生行政部门的在线平台总是显示验证码错误；黑龙江省卫生行政部门的在线平台在提交申请后未提示查询码，打电话咨询对方得知其平台一年来一直运行不稳定，工作人员建议重新提交申请；浙江省卫生行政部门在网页申请时需要很烦琐的注册手续，给申请带来诸多不便。县级政府教育部门中此问题更为突出，有 35 家平台存在上述现象。其次，回复不及时。项目组通过网络平台和信函申请方式对 100 个县的教育部门提交申请，但截至评估结束未收到答复的有 45 家，另有 6 家县级教育部门超出法定答复期限作出回复的。最后，答复不规范。部分县级政府教育部门出具的答复书没有盖公章，或未明示作出答复的机关。不少评估对象作出不予公开等不利于申请人的答复时未列明救济渠道，涉及 3 家省级政府部门。

五　未来展望

《全面推进政务公开工作的意见》提出，到 2020 年，政务公开工作总体迈上新台阶，公开制度化、标准化、信息化水平显著提升，用政府更加公开透明赢得人民群众的更多理解、信任和支持。2019 年是实现全面推进政务公开工作目标的关键一年，应进一步巩固此前政务公开工作的成效，推广各地各部门各领域政务公开工作经验，提升政务公开工作的总体水平。

首先，坚持公开促参与、公开促管理的理念。公开不是目的，而是手段，是为了有效促进公众有序参与，实现共建共治共享的目标；公开不只是晒出政府的行为和结果，关键是要借助公开推动政府权力运行规范化。因此，应当在治理体系和治理能力现代化视角下审视公开工作，把公开作为做好基层治理的重要抓手。

其次，切实推进政务公开标准化，避免公开水平受到人为影响。实现政务公开标准化才能有效改变不同地区、不同级别的行政机关公开水平差异大以及不同人负责公开工作影响公开效果等问题。为此，还需要加强政府信息源头管理，从信息制作产生环节规范属性认定、扩大公开范围；进一步梳理好公开清单、明晰家底责任，通过编制目录加强管理；切实做好政府信息的动态调整，根据社会形势、群众需求、法律法规修改等及时调整公开范围，逐步扩大主动公开范围；确立标准、明确方式方法，编制明晰的公开流程、操作规程，确保新人上手快、任何人一个样。

再次，借力信息化，提升公开效果。应借信息化固化公开流程，在政府管理的各个环节深度运用信息化手段，实现在线服务、在线管理、在线办公，用信息化铁笼管好信息产生、属性认定、数据归集、自动导出、前台展示等各个环节。不断强化用户思维、提高展示水平，公开什么、如何公开、网站如何设计，均应从公众的需求出发，而不是从自己工作的便利出发。

最后，提升政务公开与政府管理业务活动直接的黏合度。政务公开不是游离于政府管理的孤立业务，而是遍及政务公开的全业务和全流程。为此，要改变“就公开说公开”的狭隘认识，将公开内嵌于政府管理和服务的各个环节，使其成为政府活动必不可少的内容。

B.14

中国司法透明度指数报告（2018）

——以法院网站信息公开为视角

中国社会科学院法学研究所法治指数创新工程项目组*

摘　要： 2018年，随着司法体制改革不断推进深入和最高人民法院司法公开平台的建设完善，司法公开已经成为全国各级各地法院的共识，审务信息公开范围不断扩大、审判信息公开的广度和深度进一步拓展、执行信息公开对实现“基本解决执行难”目标产生重要影响、司法改革信息越来越开放透明。未来，为适应深化司法体制综合配套改革的要求，司法公开在细节和人性化方面仍然存在进一步提升的空间，应当更多借助信息化手段优化平台建设、从公众需求角度出发深化司法公开、进一步规范公开的体制机制、发挥大数据公开的作用、加强法院网站的运行维护，进一步提升司法公开质量，提升司法公信力。

关键词： 司法公开　司法透明度　阳光司法　司法改革

2018年是人民法院深化司法体制综合配套改革的开局之年。加强司法

* 项目组负责人：田禾，中国社会科学院国家法治指数研究中心主任，法学研究所研究员；吕艳滨，中国社会科学院法学研究所研究员、法治国情调研室主任。项目组成员：马效领、王小梅、王祎茗、田纯才、刘雁鹏、阮雨晴、阳馨兰、宋君杰、庞悦、赵祎铭、胡昌明、栗东升、栗燕杰、恩赫、蔡韩婵、熊宇杉（按照姓氏汉字笔画排序）。执笔人：胡昌明，中国社会科学院法学研究所助理研究员。

公开是落实宪法法律原则、保障人民群众参与司法的重大举措，是深化司法体制综合配套改革、健全司法权力运行机制的重要内容，是推进全面依法治国、建设社会主义法治国家的必然要求。2018 年 3 月，最高人民法院在第十三届全国人民代表大会第一次会议上所作的工作报告中提及“公开”18 次，在肯定司法公开取得重大进展的同时，对司法公开提出进一步的要求，强调人民法院要“主动公开司法信息，让司法公正看得见、能评价、受监督”。

为呈现和评价 2018 年中国司法公开成效，中国社会科学院国家法治指数研究中心、中国社会科学院法学研究所法治指数创新工程项目组（以下简称“项目组”）继续以法院网站公开为视角对最高人民法院、31 家高级人民法院（以下简称“某某高院”）和 49 家原较大的市中级人民法院（以下简称“某某中院”）——共计 81 家法院的司法透明度进行评估。这是 2011 年以来项目组开展的第 8 次评估，评估时段为 2018 年 9 月 15 日至 11 月 30 日。

一　评估指标体系

中国司法透明度指数评估指标体系每年都会根据中国司法的进展变化和年度特点进行优化、调整。2018 年中国司法透明度指数评估的指标体系加强了对司法公开实效的考察，评估重点放在了执行公开和司法改革公开。

调整后，2018 年中国司法透明度指数评估的指标体系包括“审务公开”“审判公开”“执行公开”“数据公开”“司法改革公开”5 个一级指标。

审务公开主要是指与审判执行相关的司法行政事务的公开，包括平台建设、人员信息、规范性文件以及任职回避信息等内容。由于在门户网站上公开地址、交通图示、联系方式、管辖范围、下辖法院、内设部门、机构职能、投诉渠道等概况信息已成法院公开的常态，因此本年度不再将其作为评估内容。平台建设评估的重点是法院门户网站的有效性和友好性两个方面，本年度将法院网站无障碍功能增加为法院网站友好性的评估内容之一；人员信息除了评估法院领导姓名、学习工作简历、职务及分管事项，审判人员的姓名、学历及法官等级两方面公开情况外，本年度新增了司法辅助人员——法官助理和书记员信息公开的评估内容；本年度继续评估法院审判人员回避情况，旨在考察法官任职回避工作的落实和公开情况。

审判公开包括诉讼指南、审判流程、庭审公开、减刑假释信息和司法文书公开等内容，其中，诉讼指南公开评估法院门户网站公开的诉讼指南信息的准确性、便捷性和全面性；庭审公开除了公众旁听规则、旁听预约、庭审视频直播之外，还特别强调能否公开庭审文字直播。这一直播方式比庭审视频直播更有利于当事人快速、便捷地了解庭审全过程；减刑假释信息公开则强调评估法院门户网站能否提供“全国减刑、假释、暂予监外执行信息网”链接，并便于当事人直接浏览评估法院的相关信息；司法文书公开评估的重点仍然是裁判文书的反向公开情况，即是否在互联网公开了不上网文书的数量、案号、裁判日期及不公开理由等。

执行公开仍然是本年度评估的重点。2018 年是最高人民法院宣布用两到三年基本解决执行难的决胜之年，执行公开对于规范执行行为、提高执行工作质效、提升当事人的满意度都至关重要。执行公开包括执行查询、终本案件信息、执行曝光、执行惩戒、执行举报等。2018 年，项目组调整了执行公开指标，增加了执行查询这一指标；在执行曝光这一指标中，增加了失信被执行人公开和执行曝光查询两个评估项目；在执行惩戒中增加执行惩戒查询这一评估项目，引导法院主动公开执行信息，并为当事人及时准确查询执行信息提供便利。

数据公开指标包括财务数据、工作报告和司法业务数据等内容。财务数据包括法院预决算、“三公”经费和涉案款物数据的公开；工作报告指法院的年度工作报告、年报、白皮书、司法建议书或专题报告；司法业务数据则包括案件统计数据等信息的公开。本年度项目组加大了对工作报告公开和财务公开专栏评估的权重，对同类的预决算数据进一步予以合并、简化，增加司法建议书发布数量统计是否公开等评估项目，同时新增了对年报和白皮书公开及时性的评估，引导法院及时、有效公开司法数据。

近年来，项目组十分重视法院司法改革信息的公开。从2015年起，项目组持续将司法改革信息公开纳入评估内容。2016年，项目组将其作为“审务公开”的二级指标计入分值。2017年，将司法改革信息作为司法透明度的一级指标，增加了权重和分值。2018年，司法改革公开共设置司法改革专栏、司法改革方案、员额制改革、立案登记制和领导干部办案五个二级指标，其中司法改革方案仅评估最高人民法院和各高级法院。在2017年的基础上，项目组根据司法改革新情况对该指标进行了调整，在司法改革栏目下增加司法体制综合配套改革方面的评估，在司法改革方案中增加了对法官入额、退出员额的规定、标准以及法官保障机制等的评估，员额制改革中增加对员额法官办案数量等内容的评估。

表1　中国司法透明度指数评估指标体系（2018）

一级指标	二级指标
审务公开(20%)	平台建设(40%)
	人员信息(30%)
	规范性文件(20%)
	任职回避信息(10%)
审判公开(30%)	诉讼指南(20%)
	审判流程(30%)
	庭审公开(30%)
	减刑假释信息(5%)
	司法文书(15%)
执行公开(20%)*	执行指南(15%)
	执行查询(15%)
	执行曝光(30%)
	执行惩戒(15%)
	终本案件信息(10%)
	执行举报(15%)
数据公开(20%)	财务数据(40%)
	工作报告(30%)
	司法业务数据(30%)

续表

一级指标	二级指标
司法改革公开(10%)	司法改革专栏(20%)
	司法改革方案**(20%)
	立案登记制(20%)
	员额制改革(20%)
	领导干部办案(20%)

*由于执行公开不适用于最高人民法院，因此，最高人民法院的审务公开、审判公开和数据公开和司法改革公开的权重分别为30%、30%、30%和10%。

**司法改革方案不适用于中级法院，因此，中级法院司法改革专栏、立案登记制、员额制改革和领导干部办案情况的权重分别为30%、30%、20%和20%。

二　总体结果

2018年，被评估的81家法院司法透明度指数的平均分为56.58分，与前两年基本持平，其中80分以上6家，比2017年增加2家，60～80分（含60分）的有19家法院，比2017增加1家，50～60分的有31家，50分以下25家。排名前20位的法院依次为广州中院、海口中院、浙江高院、南京中院、宁波中院、吉林高院、长春中院、成都中院、吉林中院、四川高院、江苏高院、上海高院、北京高院、杭州中院、合肥中院、湖北高院、徐州中院、深圳中院、最高人民法院、湖南高院（见表2）。

经过连续八年的司法透明度指数评估，评估对象司法透明度不断提升，特别是司法公开先进法院得分不断攀升，法院分差缩小，竞争日趋激烈，总分提高5分排名就可能提升20多名。但是评估也发现，个别法院常年不关注司法公开工作，网页公开内容少、信息滞后，排名长期靠后，法院之间透明度的差距持续拉大。部分法院始终注重司法公开工作，不断创新深化公开内容，在评估结果排名中稳居前列。例如，广州中院、海口中院、浙江高院、南京中院、宁波中院、吉林高院、长春中院、成都中院、吉林中院、上海高院、北京高院、杭州中院、最高人民法院、徐州中院、深圳中院、湖南

表2　中国司法透明度指数评估结果（2018）

单位：分

排名	法院	审务公开	审判公开	执行公开	数据公开	司法改革公开	总分（满分100分）
1	广州中院	96.00	100.00	81.50	96.00	70.00	91.70
2	海口中院	78.00	95.00	88.00	93.60	95.00	89.92
3	浙江高院	90.00	90.50	85.50	84.60	57.00	84.87
4	南京中院	90.00	83.00	80.00	89.00	75.00	84.20
5	宁波中院	85.00	74.00	87.00	95.20	70.00	82.64
6	吉林高院	78.00	93.50	81.50	74.00	74.00	82.15
7	长春中院	83.00	91.50	64.00	72.20	68.00	78.09
8	成都中院	85.00	76.00	79.00	69.60	75.00	77.02
9	吉林中院	86.50	79.00	60.00	79.00	80.00	76.80
10	四川高院	85.00	68.00	81.50	75.00	66.00	75.30
11	江苏高院	62.00	67.00	75.00	84.00	38.00	68.10
12	上海高院	51.00	79.00	76.00	57.60	67.00	67.32
13	北京高院	63.00	62.00	76.00	76.00	57.00	67.30
14	杭州中院	58.00	64.00	83.00	74.00	38.00	66.00
15	合肥中院	70.00	59.00	69.00	72.00	45.00	64.40
16	湖北高院	59.00	69.00	68.00	69.00	42.00	64.10
17	徐州中院	61.00	79.50	49.50	69.00	40.00	63.75
18	深圳中院	57.00	60.00	64.50	76.00	60.00	63.50
	最高人民法院	82.00	54.00	—	54.00	65.00	63.50
20	湖南高院	68.00	66.50	55.50	74.00	38.00	63.25
21	天津高院	72.00	70.50	52.00	53.00	57.00	62.25
22	海南高院	53.00	49.00	56.50	92.00	67.00	61.70
23	黑龙江高院	71.00	64.50	39.00	70.00	59.00	61.25
24	厦门中院	60.00	58.00	65.00	72.00	40.00	60.80
25	江西高院	72.00	59.00	62.50	53.00	48.00	60.00
26	安徽高院	59.00	60.00	78.00	55.00	25.00	58.90
27	河北高院	57.00	63.50	63.00	55.00	36.00	57.65
28	广西高院	64.00	59.00	56.00	60.00	38.00	57.50
29	石家庄中院	60.00	64.50	55.00	52.00	40.00	56.75
30	福建高院	63.00	47.00	30.00	98.00	40.00	56.30
31	大连中院	56.00	70.00	43.00	50.00	45.00	55.30
32	重庆高院	73.00	56.00	55.00	51.00	25.00	55.10
33	汕头中院	54.00	45.00	52.50	73.60	53.00	54.82
34	青海高院	67.00	54.50	52.50	58.00	28.00	54.65

续表

排名	法院	审务公开	审判公开	执行公开	数据公开	司法改革公开	总分(满分100分)
35	河南高院	43.50	62.00	52.50	62.60	43.00	54.62
36	辽宁高院	54.00	46.00	71.00	62.00	33.00	54.50
37	广东高院	59.00	61.50	35.00	67.00	38.00	54.45
38	淮南中院	69.00	59.00	49.50	45.00	40.00	54.40
39	甘肃高院	52.00	61.50	60.50	40.00	51.00	54.05
40	陕西高院	60.50	57.00	45.00	62.00	33.00	53.90
41	南昌中院	54.00	59.00	52.00	53.00	43.00	53.80
	珠海中院	53.00	53.00	54.00	66.00	33.00	53.80
43	沈阳中院	68.00	54.00	43.00	54.00	45.00	53.70
44	云南高院	52.00	54.00	61.50	50.60	43.00	53.32
45	西安中院	47.50	62.00	45.00	61.00	40.00	53.30
46	本溪中院	60.00	54.00	52.00	47.60	50.00	53.12
47	西宁中院	37.00	51.50	62.00	68.00	40.00	52.85
48	唐山中院	60.00	53.50	53.50	55.00	30.00	52.75
49	宁夏高院	60.00	59.00	36.00	60.00	38.00	52.70
50	长沙中院	58.00	66.50	36.50	50.00	38.00	52.65
51	济南中院	55.00	47.00	71.00	48.00	25.00	51.40
52	邯郸中院	59.00	63.00	38.50	47.00	30.00	50.80
53	昆明中院	64.00	49.50	34.50	66.00	30.00	50.75
54	郑州中院	71.00	56.50	30.00	52.00	30.00	50.55
55	青岛中院	55.00	39.50	56.00	69.00	25.00	50.35
56	兰州中院	61.00	51.00	47.50	46.00	40.00	50.20
57	包头中院	42.00	66.50	30.00	55.00	45.00	49.85
58	贵州高院	59.00	65.00	24.50	47.00	41.00	49.70
	太原中院	51.00	53.00	30.00	63.00	50.00	49.70
	苏州中院	48.00	51.00	44.00	55.00	50.00	49.70
61	山东高院	47.00	63.00	40.50	52.00	28.00	49.60
62	乌鲁木齐中院	51.00	65.00	30.00	55.00	25.00	49.20
63	淄博中院	49.00	38.00	67.00	56.00	25.00	48.30
64	大同中院	72.00	54.00	30.00	35.00	45.00	48.10
	新疆高院	50.00	51.00	30.00	65.00	38.00	48.10
	无锡中院	56.00	41.00	54.00	54.00	30.00	48.10
67	哈尔滨中院	41.00	57.00	38.50	62.00	25.00	47.90
68	银川中院	47.00	59.00	30.00	60.00	25.00	47.60

续表

排名	法院	审务公开	审判公开	执行公开	数据公开	司法改革公开	总分(满分100分)
69	内蒙古高院	65.00	34.00	30.00	69.00	41.00	47.10
70	贵阳中院	39.00	43.00	40.00	70.00	35.00	46.20
71	武汉中院	62.00	56.00	52.50	17.00	30.00	46.10
72	齐齐哈尔中院	72.00	49.50	2.50	61.00	38.00	45.75
73	呼和浩特中院	51.00	64.00	15.00	45.00	25.00	43.90
74	南宁中院	40.00	46.00	34.50	60.00	30.00	43.70
75	山西高院	42.00	57.00	0.00	69.00	36.00	42.90
76	西藏高院	47.00	30.00	41.00	60.00	33.00	41.90
77	抚顺中院	58.00	35.50	41.00	41.00	25.00	41.15
78	鞍山中院	65.00	22.00	30.00	60.00	25.00	40.10
79	洛阳中院	54.00	37.50	17.50	46.00	50.00	39.75
80	福州中院	38.00	31.00	36.50	47.00	25.00	36.10
81	拉萨中院	69.00	35.00	30.00	6.00	25.00	34.00

高院等16家法院连续三年（2016年、2017年、2018年）排名进入前20位，其中，广州中院、浙江高院、南京中院、宁波中院、吉林高院、长春中院、吉林中院7家法院连续三年（2016年、2017年、2018年）排名进入前十位。2018年，也有一些法院开始重视司法公开工作，吸纳先进法院的公开经验，对门户网站进行了改版，司法公开工作开展得有声有色，排名不断提升。其中，近三年来透明度指数排名持续提升的法院包括四川高院、海口中院、湖北高院、天津高院、西安中院、宁夏高院等，特别是四川高院从2016年的第40名、2017年的第30名一举进入前十名，宁夏高院从2016年的排名垫底晋升到2018年的40余名，湖北高院、天津高院和西安中院的排名累计提升也都超过了20名。

从指标的五个板块看，数据公开平均得分最高，为61.3分；其后依次为：审务公开60.9分，审判公开58.7分，执行公开50.9分，司法改革公开得分最低，仅为45.8分（见图1）。

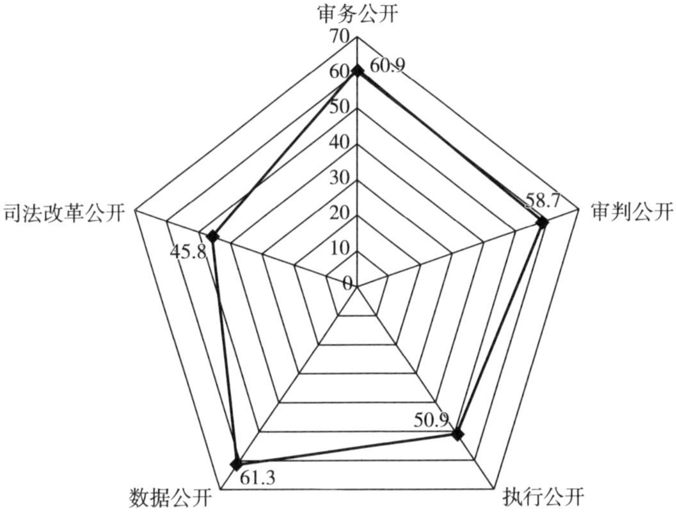

图 1　中国司法透明度指数各个板块得分

三　发现的亮点

随着司法改革的推进和深入以及最高人民法院司法公开平台的建设完善，司法公开已经成为全国各级各地法院的共识。2018 年，最高人民法院首次委托第三方机构——中国社会科学院法学研究所对全国司法公开情况进行了评估。在地方法院层面，有的地区整体实现了跨越式发展，全省（自治区、直辖市）法院统一部署司法公开工作，使得司法透明度走在全国前列，有的法院不断尝试公开新形式和新内容。总体而言，全国法院司法公开工作亮点纷呈，部分领域实现了大踏步前进，司法公开迈上新台阶。

（一）加强公开的顶层设计

2018 年，最高人民法院出台了多部关于推进司法公开、规范司法公开工作的规范性文件。11 月 20 日，《最高人民法院关于进一步深化司法公开的意见》把司法公开提升到加强对权力运行的制约，保障人民群众知情权、参与权、表达权和监督权，弘扬社会主义核心价值观，促进增强全民法治意识的高度。该意见不仅确立了主动公开、依法公开、及时公开、全面公开以及实质公开的原则，明确了司法公开的九大范围和内容，还对司法公开的程序、平台载体建设管理及组织保障提出了进一步要求。该意见既是最高人民法院关于司法公开方面的纲领性文件，也是有关司法公开具体操作的实施要求。

2月12日，《最高人民法院关于人民法院通过互联网公开审判流程信息的规定》出台，成为首个提出法院审判流程公开应当通过互联网公开的规定。该规定要求审判流程公开应当依法、规范、及时、便民，并要求自2018年9月1日起，全国法院的审判流程信息应当统一在中国审判流程信息公开网公开。

（二）加强统一公开平台建设

党的十八大以来，最高人民法院大力推进人民法院的司法公开工作，先后建成裁判文书、审判流程、执行信息和庭审公开四大司法公开平台。中国裁判文书网已经成为全球最大的裁判文书网站，截至2018年12月31日，网站共公布全国各级法院生效裁判文书近6000万篇，访问量超过212亿次，搜索功能逐步改善，访客来自全球210多个国家和地区。中国裁判文书网公布的文书不仅涉及刑事、民事、行政、执行和赔偿五大类案件，还公布了蒙古语、藏语、维吾尔语、朝鲜语及哈萨克语五种少数民族语言的裁判文书，公布文书类型广泛，语言多样。

中国庭审直播网开设了庭审直播、庭审预告、直播回顾、庭审录播、重大案件、热点排行、法院导航、数据公开等栏目，满足当事人和公众对观看庭审视频不同层次的需求。截至2018年12月31日，该网站已经公开了230余万件案件的庭审直播和录像，网站累计访问139亿余次。

向当事人公开执行相关信息有助于实现当事人的知情权，也有助于将执行工作展现在阳光之下，减少暗箱操作和权力寻租，同时加强执行的威慑力。中国执行信息公开网开通以来，上网信息不断丰富，目前，该网能够查询全国法院执行案件信息、被执行人信息、限制消费信息、终本案件信息、执行法律文书、公告、执行指南等信息，并将失信被执行人、限制高消费人、执行公开信息在主页滚动播出，增强了执行公开的威慑力。截至2018年12月31日，中国执行信息公开网累计公布执行案件3598万余件、被执行人信息5189万余条、失信被执行人信息1288万余条。

审判流程信息公开网是最高人民法院近年来着力打造的司法公开统一平台。目前，该网已经实现对全国各级法院的完全覆盖，当事人通过该网能够联系最高人民法院法官、签收文书、查询全国法院范围内案件的流程进展信息等。此外，社会公众还能够通过该网查询全国大部分法院的机构设置、公开指南、法官名录、开庭公开、名册信息、诉讼指南等信息，提出意见建议，成为司法公开的又一亮点和名片。

最高人民法院和高级人民法院建设公开平台的做法有助于统一审判执行信息的公开标准，也方便公众和当事人由统一网站、统一入口查询法院相关信息，避免在各法院网站平台查询过程中可能遇到的网站信息不好查找等问题，实现了上一个网站查遍全国、全省（自治区、直辖市）法院信息的目标，提升了司法公开集约化水平，大幅提高了公众查找信息的效率。

（三）司法公开形式不断创新

近年来，随着新媒体的蓬勃发展，司法公开的形式也不断突破、创新，传统的门户网站仍然是司法公开的主要形式，此外，各地法院还积极探索创新司法公开形式，并将其与传统网站公开结合，形成全方位、立体式的公开形式。例如，上海高院、郑州中院、福州中院、厦门中院等在门户网站首页展示了官方微博、微信、手机客户端的二维码及链接，便于浏览者通过扫码方式关注其微博、微信，拓宽公众获取司法公开信息的渠道。浙江法院在全国先行先试，开发微信小程序“浙江移动微法院”，利用微信的强大用户群，拓展小程序使用群体，将司法公开从门户网站延伸到当事人手机端，让当事人在办案全流程同步公开中看得见、感受得到公平正义，大大减少了因信息不对称、公开不够、沟通不畅所产生的信访问题、不信任问题，也使得司法公开更贴近人民群众，更受当事人欢迎。甘肃高院设置了新媒体矩阵专栏，公开了全省各级法院官方微博、微信二维码。福建石狮法院执行信息公开网不仅可以查询执行案件、失信名单、限高、限制出境、拘留、扣押、财产处置、法律文书、执行法官等全部执行内容，还把这些内容完全复制到石狮法院的微信公众号中，当事人在手机端就可以轻松查询、获取这些信息。此外，随着对外交流的日益频繁，一些法院也主动将人民法院的诉讼服务信息通过多语种进行公开。例如，北京审判信息网将最高人民法院指导文件、立案公开文件、破产公开文件和诉讼服务公开文件都翻译成英文，通过中英文双语形式对外公开。厦门中院也提供民事、行政案件立案指南的中英文双语版本，方便涉外当事人查阅信息。

（四）裁判文书公开成效显著

自从 2013 年 11 月最高人民法院颁布司法解释部署全国法院裁判文书上网公开以来，裁判文书上网公开逐渐成为各级人民法院的共识。2018 年，裁判文书公开取得新进展。一是裁判文书反向公开工作逐步受到重视，81 家受评估法院中，有 18 家公布了不上网文书的数量、案号和理由，比 2017 年增加了 11 家。18 家法院中高级法院 6 家，中级法院 12 家，相比去年的 2 家和 5 家都有显著提升。二是大部分法院在门户网站公布了裁判文书工作相关规章制度，《最高人民法院关于人民法院在互联网公布裁判文书的规定》第 13 条规定，高级、中级人民法院监督指导辖区法院在互联网公布裁判文书的工作。裁判文书公开工作相关制度是法院组织、指导在互联网公布裁判文书的重要手段，可以保障裁判文书公开工作的有序进行，有助于促进裁判文书公开工作的规范有序发展。三是披露裁判文书上网公开情况分析报告。部分被评估法院定期对辖区法院公开裁判文书的情况进行分析，并在网站公开分析结果，以供社会监督。例如，吉林省辖区内，高级法院、长春中院、吉林中院按照季度公开裁判文书上网情况分析报告，内容涉及辖区中级法院和基层法院的上网情况、民族语言裁判文书上网情况、裁判文书撤回修改情况等，并对此后的裁判文书上网提出明确要求。发布这些分析报告让当地裁判文书公开情况更加透明，也对辖区法院形成了一定的压力和动力。四是裁判文书公开成果不断显现。以“裁判文书”为关键词查询中国知网的论文，2012年前均不足50篇，2013年裁判文书大规模上网后开始稳步增长，其中2013年63篇，2014年89篇，2015年之后每年稳定在100篇以上。以裁判文书为研究对象论文数量的增长，从一个侧面反映了裁判文书公开促进了法学研究。此外，2018年在热点案件如滴滴顺风车司机杀人案、昆山“龙哥”反杀案发生后，都有学者从中国裁判文书网搜寻相关案例来进行分析。

（五）信息公开方式更加人性化

司法信息不但要公开而且要以当事人容易看见的方式公开。评估发现，2018年全国法院网站建设越来越能够体现以人为本、体现当事人的需求导向。一是便于当事人参与诉讼。诉讼费用是每位诉讼参与人都会考虑的诉讼成本，如果法院网站仅仅罗列诉讼费用缴纳办法等规定，面对复杂的计算方法，当事人仍然可能无法正确计算出诉讼费。因此，有的法院直接在门户网站上提供了诉讼费的计算公式，如浙江法院公开网、武汉中院司法公开网上服务平台等提供了诉讼费计算器，只要当事人输入案件类型和起诉金额，就能够一键马上计算诉讼费用。此外，网站还提供了迟延履行金、利息利率计算等小程序，方便当事人计算核查。二是网站提供更多实用的信息。有的法院根据司法实践的需要主动公开一些当事人需要的实用信息，如宁波中院主动在网站公开大要案信息、司法鉴定文书和司法拍卖公告，海口中院在网站首页为诉讼参与人提供网上事项申请、联系法官通道、网上信访通道，并主动收集当事人对法官的评价意见。三是为特殊当事人提供便利。2018年，项目组在网站友好性指标中增加了对无障碍功能的评估，81家法院中，有56家有辅助视力障碍者浏览网页的字体放大或者语音播放功能，占69.14%，其中2家兼有上述两项功能，大大便利了视力障碍者获取司法信息。此外，杭州中院在其网站主页上为浏览者提供了视力保护颜色供选择，真正做到以人为本，是一个值得点赞的创新做法。新疆法院诉讼服务网分别公开汉语、维吾尔语和哈萨克语三种语言的裁判文书。四是公开形式更加贴近民众。财务信息公开是司法公开的重要组成部门，但是财务信息专业性强、数据繁多、分类复杂，普通民众很难理解，更难以监督。四川高院预决算信息公开辅以图表形式，更加形象，也贴近百姓，做到真正的全面公开和实质公开。宁波中院将全市各法院收结案数通过柱状图形式予以公开，公众还可以根据需求自定义查询区间。

（六）主动公开意识不断增强

评估发现，2018 年全国法院的主动公开意识不断增强。一是主动扩大人员公开的范围。评估发现，一些法院除了公开法院领导、法官、司法辅助人员的信息外，还主动扩大公开范围，将当事人关注的审判委员会委员、廉政监督员、职能部门领导及干部、人民陪审员以及鉴定机构的名册等信息向公众公开。例如，北京高院在审判信息网不仅主动公开了全市各级法院人民陪审员姓名、性别、所在单位等详细资料，还公开了全市法院特邀调解员组织和特邀调解员名册，鉴定、评估、拍卖入选机构名册，信用担保公司名册等相关信息。广东高院公开了内设职能机构的主要负责人、各专业审判委员会组成人员以及全省各法院新闻发言人及其联系方式。二是主动公开司法改革相关信息，包括司法改革相关政策、最新做法、改革成果等。例如，吉林中院主动公开司法改革最新进展，将审判团队建设、成立专业审判合议庭的情况予以公开，并撰写《司法责任制改革落实整改情况报告》总结吉林中院司法责任制情况，并向社会公开。海口中院在司法改革栏目下设置司法体制综合配套改革子栏目，公示院内案件扁平化管理、院庭长行使审判监督权的情况。南京中院每年及时更新员额法官名单，并主动公布离职法官名单，法官遴选委员会名单等。吉林高院、广州中院等主动公开律师权益保障相关信息。三是主动公开审判执行相关信息。不少法院还主动公开了民众关心的审判执行工作信息。北京审判信息网定期主动公示每个评估、拍卖案件摇号随机确定的结果，公示案件的破产管理人以及全市每家法院的在执实施案件数量、终本案件的数量，案号、终本裁定书等详细信息。南京中院、长春中院等法院在数据公开栏目中主动对审判态势进行分析，对收结案数量变化提供分析和预测，为司法决策提供帮助。四是提供信息公开申请和投诉功能。例如，广州中院借鉴政府信息公开的做法，主动提供司法信息公开申请指南、申请表，并出台了关于办理司法信息公开申请的实施办法。

四　存在的问题

（一）裁判文书公开细节仍需完善

虽然最高人民法院《关于人民法院在互联网公布裁判文书的规定》颁布实施后全国法院都充分认识到裁判文书公开工作的重要性，并且随着中国裁判文书网的不断升级改版，裁判文书公开工作已经取得了长足进步。但是，裁判文书公开与公众的需求和该规定的要求还有一定差距，主要体现在以下几个方面。

第一，中国裁判文书网仍有待完善之处。中国裁判文书网虽然已经实现了根据案由、案号、当事人、法院、案件类型、审判人员、律师、法律依据和全文等事项进行高级检索的功能，但是仍然不够人性化，仍然存在检索结果不准确、检索人为设置障碍、检索完一个内容后需要清除原来检索条件才能重新检索等不足。例如，项目组输入中级人民法院、刑事裁判文书两个检索条件后，网站却显示“无符合条件的数据”。在项目组连续进行三次检索后，网站就要求输入验证码后才能继续浏览网页。特别是网站运行缓慢、网站响应时间过长已经到了令人难以忍受的地步。网站建设的不足导致裁判文书网的强大数据库和功能无法充分发挥作用。第二，裁判文书公开事项不符合法律要求。有的法院上传的裁判文书只是一个固定模板，没有任何内容。例如，发布于2016年10月11日的（2016）豫1681民初2555号民事裁判文书，只有原被告信息是比较完整的，原告诉称、被告辩称、法院审理查明、本院认为以及判决结果部分均以省略号代替，裁判文书公开只有形式，没有内容。而这一现象在裁判文书网中并不鲜见。又如，《关于人民法院在互联网公布裁判文书规定》第 17 条第 2 款规定，“中国裁判文书网根据案件适用不同审判程序的案号，实现裁判文书的相互关联”。但是，目前，中国裁判文书网上的大部分文书尚未实现不同审判程序案件之间的关联，给公众寻找关联案件、搜索相关信息带来不便。第三，裁判反向公开有待进一步提升。评估显示，2018 年，公开不上网的文书数量、案号和理由的仅有天津高院、吉林高院、青海高院、大连中院、成都中院、西安中院、徐州中院等 18 家法院，占评估法院的 22.2%，裁判文书反向公开规定的落实情况仍然不佳。此外，评估还发现，有些法院不上网的理由不清晰，模糊地表述为“其他”；有的法院不上网理由比较牵强，如裁判文书不上网信息项显示，文书不上网的原因是系统上网失败、网站通不过；有的法院公开的裁判文书内容与法律要求不符。

（二）网站友好性有待进一步提升

法院门户网站的友好性直接反映网站建设者是否贯彻用户思维，是否把公众、当事人作为司法公开的对象，是否把门户网站作为司法公开的重要窗口。评估发现，各地法院网站的友好性仍不尽如人意，有些方面甚至出现倒退现象。一是网站浮动窗口增加。2018 年，全国法院门户网站有浮动窗口的明显增加，内容包括党建工作、法院宣传工作、十佳干警评选等法院内部工作、近期法院重点工作（如打黑除恶、基本解决执行难工作）、网站栏目介绍等。评估发现，有浮窗的法院 29 家，占全部法院的 35.8%，比 2017 年增加 18 家，增加幅度超过 160%，29 家有浮动窗口的法院中，浮动窗口在网页两侧不影响公众浏览网页的 10 家，其余 19 家法院的浮动窗口可以关闭的 11 家，无法关闭的 8 家，分别比 2017 年增加 2 家和 5 家，有一家法院主页上的浮动窗口甚至多达 4 个，严重影响网站浏览的体验性。二是人为设置浏览障碍。除了中国裁判文书网外，一些地方法院的裁判文书栏目也设置了浏览障碍，只要连续搜索三次以上就要求输入验证码，这一做法虽然可以避免一些公司利用爬虫技术抓取法院裁判文书，但更会对普通公众正常搜索、浏览、下载裁判文书带来很大不便，导致网站体验差，得不偿失。三是信息外挂链接无法直接浏览。一些法院的信息没有在网站上直接公开，而是将信息文件以外挂形式放在网页中，当事人必须将文件下载到本地电脑，且电脑只有安装了相应的软件才能打开、浏览，给信息公开制造了障碍。

（三）执行公开仍有提升空间

近年来，中央对于解决执行难工作高度重视。2016 年 6 月，十八届中央全面深化改革领导小组第二十五次会议审议通过《关于加快推进失信被执行人信用监督、警示和惩戒机制建设的意见》，明确提出“进一步提高人民法院执行工作能力”“维护司法权威”，依靠党的坚强领导，基本解决执行难工作大格局基本形成。全国人大常委会、全国政协调研组多次在全国调研执行难问题，摸清法院执行工作存在的问题和困难。“基本解决执行难”已经不仅是全国法院系统全面深化改革的主要任务，也是地方各级政法部门的头等大事之一。执行公开对于提高执行工作威慑力、规范执行行为都意义重大。但是评估发现，全国法院执行公开情况仍然不容乐观。执行指南、执行查询、终本案件信息、执行曝光、执行惩戒、执行举报这六项二级指标中只有执行指南和执行举报这两项得分率超过 50%，其余几项指标法院公开少、内容不全现象比较普遍。一是执行流程的公开率不高。在对法院执行流程公开的评估中发现，80 家法院[①]中仅 19 家公开了执行流程或者执行流程图，占 23.75%，对于普通当事人了解执行过程造成不利影响。二是终本信息仍不透明。“终本”是“终结本次执行程序”的简称，是指人民法院在案件执行过程中，对于确实无财产可供执行的案件暂时终结本次执行程序，等待被执行人有财产可供执行时，再行恢复执行。由于在实践中终本程序往往被滥用，法官为提高结案率，在未穷尽执行措施的情况下或者将不属于无财产可供执行的案件进行终本结案[②]。公开终本信息有助于增强法院自身终本

① 由于执行公开不适用于最高人民法院，因此，对执行公开的评估为 80 家法院。

② 中国社会科学院法学研究所法治指数创新工程项目组：《中国司法透明度指数报告（2016）——以法院网站公开为视角》，载李林、田禾主编《中国法治发展报告 No. 15（2017）》，社会科学文献出版社，2017。

程序案件的规范性，便于申请执行人和社会公众的监督。评估发现，全国法院公开终本完整信息，包括终本案件的案号、被执行人、立案日期、结案日期、终本裁定书、终本案件数量、举报线索的，仅甘肃高院、浙江高院、北京高院、成都中院、杭州中院、南京中院、海口中院等 11 家，还有 3 家公开了部分信息，共占 17.50%，虽然公开法院比 2017 年明显增加，但与民众需求相比还有较大差距。三是执行惩戒信息公开不足。自 2015 年开始，指标体系增加了“执行惩戒”信息公开，以便于社会监督，倒逼法院提升执行惩戒措施的适用力度，同时也能够营造“逃避执行必受惩戒”的氛围①。连续四年的评估发现，各级法院“执行惩戒”信息公开情况仍然不容乐观。2018 年，公开被采取罚款、拘留等制裁措施案件信息的法院 14 家，占 17.50%，公开被追究刑事责任的执行案件信息的只有 7 家，占 8.75%，提供途径可以查询执行惩戒情况的只有 5 家，占 6.25%。四是执行曝光仍需进一步提升。评估发现，2018 年，公开失信被执行人名单的法院 47 家，占 58.75%，公开限制高消费人员名单的法院 35 家，占 43.75%，公开限制出境人员名单的法院 30 家，占 37.50%，公开执行悬赏的法院 21 家，占 26.25%，公开特殊主体被执行人名单的法院 10 家，占 12.50%，提供执行曝光查询功能的法院只有 13 家，占 16.25%。公开上述内容的法院中还有部分信息更新缓慢，近半年甚至三五年都没有更新过，执行曝光力度有进一步提升的空间。

（四）司法改革信息公开步履维艰

司法体制改革是党的十八大以来法院乃至整个政法系统工作的重点之一，公开改革进程、内容、成效有助于凝聚社会共识。评估发现，虽然各地法院司法改革信息公开的意识逐渐增强，设置司法改革专栏的法院越来越多，但整体上司法改革公开信息少，特别是关键信息公开不足。第一，司法改革专栏建设不力，更新不及时现象比较普遍。评估发现，虽然本轮司法体

---

① 中国社会科学院法学研究所法治指数创新工程项目组：《中国司法透明度指数报告（2015）——以法院网站公开为视角》，载李林、田禾主编《中国法治发展报告 No. 14（2016）》，社会科学文献出版社，2016。

制改革轰轰烈烈进行了多年，但是相当一部分司法改革信息仍然未予公开。81 家法院中，设置了司法改革专栏、公开了司法体制配套改革情况的只有 35 家，占 43.21%；其中及时更新的只有 18 家，占 22.22%，可见大部分法院仍未意识到司法改革公开的重要性。在司法改革方案的公开方面①，公布了中央司法体制改革方案或者本级司法改革实施细则的法院共 8 家，占 25%，公开了法官保障机制及其实施细则的法院则只有最高人民法院、江苏高院和海南高院三家，占 9.38%。第二，员额制改革措施未公开到位。司法员额制改革是本轮司法改革的重要任务之一，也是影响司法体制改革成败的关键，是法院内外都十分关注的问题。评估发现，员额制改革实施过程、遴选标准及完成情况等公开程度不高。在 31 家高院及最高人民法院中，公布法官入额规定及遴选标准的仅 9 家，占 28.13%；公开法官遴选程序的 6 家，占 18.75%；公开法官遴选委员会组成人员的 2 家，占 6.25%；没有一家法院公开有关法官退出员额的相关规定。81 家被评估法院中，公布本院法官入额数量及名单的只有四川高院、湖南高院、广州中院、合肥中院、武汉中院等 26 家，占 32.10%，公布入额法官办案数量的只有 3 家，公开员额法官退出情况和法官保障的实际案例都只有 2 家，分别仅占 3.70%、2.47% 和 2.47%。员额制改革的公开工作仍然任重而道远。第三，领导干部办案情况不公开不透明。2017 年 4 月 10 日发布的《最高人民法院关于加强各级人民法院院庭长办理案件工作的意见（试行）》不仅要求进入法官员额的院长、副院长、审判委员会专职委员、庭长、副庭长应当办理案件，明确了院庭长办案的案件数量、类型，而且要求各院审判管理部门负责本院庭长、副庭长办案量的测算核定和定期通报。评估发现，公开院庭长办案规定及数量的法院仍然偏少。其中公开院庭长办案规定的法院只有最高人民法院、吉林高院、广州中院、宁波中院、吉林中院、成都中院、海口中院等 7 家，占 8.64%；公开院庭长办案数量的 11 家，占 13.58%；公开院庭长办案类型的只有 5 家，占 6.17%。

① 这一指标仅评估最高人民法院及各高级人民法院，共 32 家。

（五）各地法院公开水平参差不齐

2017 年司法透明度评估发现，各地司法公开呈现“马太效应”。2018 年评估发现，各地法院司法公开水平参差不齐的情况并未明显改观，甚至存在两极分化愈演愈烈的可能性，前十名和后十名法院的分差持续拉大。先进法院的司法公开工作越来越扎实。例如，广州中院根据司法公开的最新进展情况和上一年度的司法透明度报告，专门撰写了司法透明度指数评估自评整改台账，列明司法公开现状、自评情况、责任部门、学习借鉴法院。近年来，深圳中院司法透明度排名靠前，但他们不满足于现状，继续扩大司法公开范围，不断完善门户网站，使司法公开工作持续提升。

相反，部分法院对司法公开工作不够重视，网站管理松懈，司法公开工作停滞不前，体现在以下方面。一是门户网站时断时续。评估发现，个别法院的门户网站在评估的两个月期间时断时续，有时候可以正常浏览，有时又无法查看，严重影响公众上网体验。有的法院网站维护升级期间大量信息空缺，且维护升级时间较长，反而影响了司法公开的效果。二是内容更新迟滞。做好司法公开必须持之以恒，有的法院司法公开有一阵风的倾向，所有信息都在同一时间上网，此后半年甚至若干年都没有变化。评估发现，有的法院执行公开工作 2012 年之后就没有更新过，有的法院概况和机构设置十多年没有更新，有的法院公布的工作报告是 6 年前的旧报告，还有的法院历任院长介绍还停留在 2007 年，更多的法院在介绍一些审务信息时没有上网日期，因此无从判断信息是否已经过期。在对行政诉讼指南的评估中发现，只有 13 家公开且更新了行政诉讼指南，占 16.05%。三是公开信息错误或者不完整。与不公开和公开更新不及时相比，内容错误容易造成对公众更大的误导。例如，某法院的审判信息网中提示当事人可供选择的非诉讼纠纷解决方式为两种：当事人执行和解、社会团体性质的人民调解组织调解。实际上，非诉讼纠纷解决方式至少还有仲裁和行政调解等其他方式。另外，虽然法律规定社会团体可以设立人民调解委员会，但是“社会团体性质的人民调解组织”这样的表述也不够准确和严谨。

五　完善建议与展望

2018 年，全国法院在推动司法公开方面取得了很大进步，但同时也存在不少亟待改进之处。总体而言，各级法院需要落实《最高人民法院关于进一步深化司法公开的意见》的要求，进一步深化司法公开，不断拓展司法公开的广度和深度，健全完善司法公开制度和体系，优化升级司法公开平台载体，大幅提升司法公开精细化、规范化、信息化水平，推进建设更加开放、动态、透明、便民的阳光司法机制，形成全面深化司法公开新格局，促进实现审判体系和审判能力现代化。

（一）理念上重视司法公开工作

最高人民法院《关于进一步深化司法公开的意见》把司法公开作为实现审判体系和审判能力现代化，促进新时代人民法院工作实现新发展的重要抓手，对司法公开工作提出了很高要求。推动司法公开不是权宜之计，不是形象工程，而是服务党和国家大局、服务经济社会发展、服务广大人民群众切实利益，实现让人民群众在每一个司法案件中感受到公平正义的民心工程。因此，首先需要各级法院在理念上高度重视司法公开工作。一是需要法院领导高度重视。院领导尤其是“一把手”重视司法公开的法院，司法透明度评估排名往往比较靠前，司法公开是一项系统工程，只有领导重视，才能形成合力，持之以恒、不断深化司法公开。二是要把司法公开与司法体制配套改革相结合。应当树立推动司法公开是深化司法体制配套改革基础工作的意识，在司法体制配套改革过程中推进司法公开工作，通过司法公开促进司法体制改革进一步深化。

（二）尽快细化司法公开的标准

与政务公开相比，司法公开一定程度上存在内容和形式不统一、不规范、随意性大等问题。司法公开过程中，各地法院重视程度不一，造成各地司法公开水平参差不齐。先进的地方，网站中司法公开内容应有尽有，落后的地方，网站还没有彻底解决好能不能正常打开、信息更新是否及时等初级问题。一些地方的法院网站停留在宣传院领导工作部署、宣传法院文化建设、法官个人情怀等内容的层次。究其原因，虽然最高人民法院高度重视司法公开工作，近年来出台了不少规范性文件明确司法公开的原则和要求，但是由于缺乏配套的实施细则，司法公开缺乏统一性和强制性，对哪些内容可以公开、哪些内容必须公开、司法公开的范围、公开的重点领域以及不应公开的领域等均不明确。以庭审直播为例，一方面，大量的庭审直播浏览量极低；另一方面，有些社会关注的案件没有进入庭审直播。因此，建议最高人民法院尽快研究出台有关司法强制公开的规范性文件，统一公开标准和公开渠道，并将司法公开状况纳入考核范围。

（三）妥善处理统一平台公开与创新公开的关系

2018 年，从最高人民法院开始，逐步建立统一公开平台，在一个平台上公开所有法院的信息。与此同时，一些高级法院也积极打造自己的司法公开平台，在统一平台上将全省（自治区、直辖市）三级法院的全部信息统一公开，统一公开标准和公开通道。统一平台有助于统一公开标准，可以更加开放、透明、便民，可以充分利用大数据，进行专项分析，为司法决策服务。但是，公开平台建设存在如何处理好与各级法院自身平台建设的关系等问题。因此，建议通过宣传、培训统一各级法院对集中公开重要性的认识，以在统一平台按照规定发布信息为司法公开的基本要求，以各分院自行发布个性化内容为补充。在集中统一平台发布司法公开信息的同时，也应鼓励各级法院自行创新发布形式和发布内容。

（四）明确专门部门负责司法公开工作

目前司法公开中存在的门户网站维护不到位、关键信息公开不足、各地法院门户网站从栏目到内容都缺乏统一性、公开平台林立等问题，与人民法院工作繁多、司法公开没有专门的主管部门有一定的关系。最高人民法院除了四大公开平台外，还有全国企业破产重整案件信息网、中国司法案例网、中国司法大数据服务网，这些网站没有统一的主管部门。地方法院有的司法公开主管部门也各不相同，有的是审判管理办公室，有的是新闻办公室，有的则是院办公室。司法公开作为一项日常工作，需要对信息发布进行定期清理和维护，缺乏统一部门造成统一政令缺乏。因此，建议法院内部确定司法公开统一的主管部门，由这个统一部门负责司法公开工作，并设专人进行维护门户网站，保证信息发布的准确性和及时性。

（五）通过信息化手段拓展司法公开渠道

身处信息化时代，信息化的不断发展不仅倒逼法院需要公开更多审判信息，智慧法院3.0版的建成也为司法公开提供了强大的技术支持。近年来，各地法院尝试各种贴近民众的方式，通过微博、微信、App、微信小程序等多种途径扩宽司法公开渠道，取得了良好的效果。建议各级法院继续利用好信息化工具，通过短信、微信、电话语音系统、电子邮箱、客户端等媒介辅助公开，拓展司法服务能力，不断拓宽当事人获得审判信息的渠道。当然，在运用各种新媒体平台的时候，也要注意保护当事人的信息安全，在保障当事人和公众知情权的同时，确保其隐私权、信息自主权不受侵害。另外，在不断拓展司法公开新渠道的同时，要明确门户网站为司法公开的基础平台，促进网站与两微一端等新媒体的良性互动。

B.15

中国检务透明度指数报告（2018）

——以检察院网站信息公开为视角

中国社会科学院法学研究所法治指数创新工程项目组*

摘　要： 2018年，中国社会科学院法学研究所法治指数创新工程项目组在连续6年评估基础上，根据法律修改微调评估指标，对包括最高人民检察院、31家省（自治区、直辖市）人民检察院和49家较大的市人民检察院的检务公开工作，以网站公开为主线，从基本信息、检务指南、检察活动、统计总结四个方面进行量化评估。2018年，中国检务公开成效显著，案件信息公开与法律文书公开常态化，新媒体利用日渐娴熟，中西部一些检察机关表现突出，便民利企探索亮点多见。与此同时，检务公开存在的问题也不能低估，部分评估对象停滞不前，文书公开去标识有待统一，网站平台不稳定、检务公开发展不均衡等问题依然严重，今后检务公开纵深发展的任务仍相当艰巨。

关键词： 检务公开　门户网站　量化评估

* 项目组负责人：田禾，中国社会科学院国家法治指数研究中心主任，法学研究所研究员；吕艳滨，中国社会科学院法学研究所研究员、法治国情调研室主任。项目组成员：王小梅、王祎茗、田纯才、刘雁鹏、刘颖、李彤、吴昊旻、宋君杰、张曦月、胡昌明、栗燕杰、郭莎莎等（按照姓氏汉字笔画排序）。执笔人：栗燕杰，中国社会科学院法学研究所副研究员；田禾；吕艳滨。李彤、郭莎莎、张曦月参与了部分内容的写作。

2018 年，中国社会科学院法学研究所法治指数创新工程项目组连续第 7 年对全国检务透明度进行评估。

一　评估概述

基于以往六年检务透明度评估实践，2018 年度评估指标与 2017 年度保持连续性，对三级、四级指标细项进行了增删，并相应调整了权重。

评估对象也与 2013 年以来保持一致，为最高人民检察院、31 家省（自治区、直辖市）人民检察院和 49 家较大的市人民检察院。在评估对象之外，其他检察院在检务公开方面的探索做法，报告也会涉及，但不计算分数、不排名次。

首先，指标板块仍分为基本信息、检务指南、检察活动和统计总结四个板块（见表 1）。

其次，关于具体评估指标和评估方式，考虑到人民检察院案件信息公开网公开检察法律文书日渐常态化，从以往以检察机关门户网站为主，转而以案件信息公开网为主、门户网站为补充。

再次，关于具体评估指标和权重，根据相关法律的修改完善、2017 年度检务公开的发展情况以及预评估摸底情况，予以适当调整。对于检察院普遍做到的起诉书公开、重要案件信息公开，适度调低其权重，而更加关注其他类型文书的公开；鉴于工作报告公开日渐成为规定动作，引入对公开专项报告、白皮书等情况的评估；适度增加文书公开统计情况的权重。

在法律层面，2018 年修订了《宪法》《人民检察院组织法》《刑事诉讼法》，通过了《监察法》，加之《检察官法》正在修改过程中，相关法律的修改完善，给检务公开带来新的机遇和挑战。特别是 2018 年 10 月 26 日全国人大常委会通过关于修改《刑事诉讼法》的决定，完善了检察意见、量刑建议、认罪认罚等制度机制，这成为衡量检务公开特别是检务指南公开的重要指标。

在司法解释层面，2018 年 2 月，最高人民法院、最高人民检察院联合出台的《关于检察公益诉讼案件适用法律若干问题的解释》第13条明确规定，对于检察机关拟提起民事公益诉讼的，应当依法公告；公告期满后，法律规定的机关和有关组织不起诉的，检察院可提起诉讼。此种诉前公告程序，也对检务公开提出了新要求。

表1　中国检务透明度指数评估指标体系（2018）

1. 基本信息(20%)	1.1　网站设置(20%)
	1.2　微平台客户端(30%)
	1.3　机构设置(20%)
	1.4　人员信息(30%)
2. 检务指南(30%)	2.1　工作流程(8%)
	2.2　权利义务须知(60%)
	2.3　网上咨询平台(8%)
	2.4　公益诉讼(16%)
	2.5　新闻发布会(8%)
3. 检察活动(30%)	3.1　法律文书(70%)
	3.2　申诉审查(20%)
	3.3　重要案件信息(10%)
4. 统计总结(20%)	4.1　检察报告(40%)
	4.2　财政信息(40%)
	4.3　文书统计(20%)

在数据获取渠道方面，项目组仍以门户网站为主，辅以微博、微信等方式。评估时间为2018年10月15日至12月1日。在评估结束后，对于新上线的内容和做法探索，报告会有所提及，但不计入分数。

二　总体情况

2018年，最高人民检察院和地方检察机关高度重视检务公开工作，检务公开日渐成为各级检察机关的共识。一个具有里程碑意义的事件是，2018年7月最高人民检察院出台《全国检察机关智慧检务行动指南（2018～2020年）》，明确了检察信息化的发展方向，提出要遵循科学化、智能化、人性化来推进检察工作。这将给检务公开提供更加稳定、先进的技术支撑，为检务公开的新方式、新成效提供更多可能。比如，检察知识库、案例库、文书库的建立健全，为检务信息获得提供更多便利。

2018 年度，最高人民检察院在多个检察文件中提到检务公开。2018 年 6 月《最高人民检察院关于充分发挥检察职能　为打好“三大攻坚战”提供司法保障的意见》提出，要让“司法办案成为生动的普法课堂”，“精心选择和及时发布社会关注度高、法律适用准、政策把握好、办案效果佳的金融、扶贫、环保领域典型案例，充分利用报刊、广播、电视和门户网站、微信、微博、新闻客户端等平台，宣传解读有关‘三大攻坚战’的方针政策和相关法律法规”。《最高人民检察院关于充分发挥职能作用　营造保护企业家合法权益的法治环境　支持企业家创新创业的通知》提出，要“充分利用媒体宣传平台，及时报道检察机关工作部署、举措、进展和成效，剖析侵害产权案例，总结宣传依法有效保护产权的好做法、好经验、好案例”。由此，这些领域的法律文书、重大案件、典型案例，成为检务公开的新增长点。

2018 年 6 月，12309 检察服务中心实体大厅正式启动。12309 检察服务中心由网上平台（网址为：www. 12309. gov. cn/）和实体大厅组成，公众可通过门户网站、服务热线、移动终端等方式获取各级检察机关的“一站式服务”。《最高人民检察院关于人民检察院加强对民事诉讼和执行活动法律监督工作情况的报告》专门提及“继续深化司法公开”，作为提升检察工作社会认知度和影响力的重要举措①。

2018 年度，31 家省级人民检察院、49 家较大的市人民检察院均开通了门户网站，且均能打开②。这与评估之初的 2012 年度相比，乃至跟 2017 年度相比，均可算质的飞跃。但也应指出，在评估复查期间，仍有浙江省宁波

① 参见最高人民检察院检察长张军《最高人民检察院关于人民检察院加强对民事诉讼和执行活动法律监督工作情况的报告》，2018 年 10 月 24 日在第十三届全国人民代表大会常务委员会第六次会议上。

② 其中，陕西省人民检察院在评估时有旧版网站（网址为：www. sn. jcy. gov. cn：8084/），标注了“旧版”。

市等数个较大的市人民检察院曾数日或较长时间无法打开。

2018 年度全国的检务透明度评估，排名前十的依次为：安徽、江苏、长沙、最高人民检察院、江西、湖南、广东、包头、河北、天津。在省级人民检察院层面，排名前五的依次为：安徽、江苏、江西、湖南、广东。在较大的市人民检察院层面，排名前五的依次为：长沙、包头、厦门、唐山、合肥。

总体来说，省级人民检察院的网站公开情况比地市级检察院稍好，内容更加丰富，页面设计相对精美也更加友好。有的检察机关网站可定制性较强，界面相对友好。比如，湖北省人民检察院官网设置了无障碍阅读模式，可以自己设置字体大小颜色等，非常便民。有一些网站积极响应检察院职能的转变，设置了公益诉讼专栏，还有一些网站设置了以案释法栏目，用真实的案例辅以视频或动漫形式进行普法宣传；大部分网站设置了与 12309 检务中心的链接等。

表 2　中国检务透明度指数评估结果（2018）（满分：100 分）

单位：分

排名	检察院	总分	基本信息	检务指南	检察活动	统计总结
1	安徽	78.80	100.00	76.00	60.00	90.00
2	江苏	78.00	100.00	70.00	60.00	95.00
3	长沙	76.60	79.00	70.00	86.00	70.00
4	最高检	70.60	65.00	72.00	60.00	90.00
5	江西	69.80	97.00	48.00	60.00	90.00
6	湖南	68.50	65.00	65.00	60.00	90.00
7	广东	68.00	87.00	62.00	60.00	70.00
8	包头	67.20	87.00	54.00	52.00	90.00
9	河北	66.90	77.00	65.00	80.00	40.00
10	天津	66.10	77.00	49.00	60.00	90.00
11	厦门	65.70	65.00	65.00	64.00	70.00
11	唐山	65.70	66.00	57.00	78.00	60.00
13	合肥	65.40	82.00	56.00	64.00	65.00
14	长春	64.10	77.00	45.00	64.00	80.00
15	汕头	63.90	62.00	69.00	56.00	70.00
16	南京	63.60	90.00	50.00	42.00	90.00

续表

排名	检察院	总分	基本信息	检务指南	检察活动	统计总结
17	福建	63.30	77.00	53.00	60.00	70.00
17	浙江	63.30	75.00	41.00	60.00	90.00
19	山西	63.10	42.00	59.0	80.00	65.00
20	无锡	62.90	75.00	49.00	64.00	70.00
21	内蒙古	62.10	62.00	59.00	60.00	70.00
22	成都	62.00	80.00	58.00	52.00	65.00
23	北京	61.90	77.00	67.00	40.00	72.00
24	大同	61.70	52.00	59.00	52.00	90.00
25	新疆	61.50	77.00	67.00	40.00	70.00
26	杭州	61.10	82.00	47.00	42.00	90.00
27	海南	61.00	97.00	42.00	50.00	70.00
28	河南	60.90	74.00	47.00	60.00	70.00
29	哈尔滨	60.70	67.00	57.00	54.00	70.00
30	宁夏	60.50	54.00	59.00	60.00	70.00
31	呼和浩特	60.40	67.00	46.00	54.00	85.00
32	徐州	60.10	65.00	45.00	52.00	90.00
33	吉林省	59.40	67.00	52.00	60.00	62.00
34	上海	59.20	77.00	68.00	30.00	72.00
35	重庆	58.70	61.00	55.00	60.00	60.00
36	湖北	58.40	67.00	42.00	60.00	72.00
37	石家庄	58.10	72.00	37.00	64.00	67.00
38	山东	57.90	62.00	45.00	60.00	70.00
39	吉林市	57.50	62.00	45.00	52.00	80.00
39	兰州	57.50	57.00	43.00	64.00	70.00
39	广州	57.50	72.00	45.00	52.00	70.00
42	郑州	56.40	65.00	46.00	52.00	70.00
43	淮南	56.30	77.00	41.00	52.00	65.00
44	南昌	55.70	72.00	47.00	64.00	40.00
45	洛阳	55.50	57.00	45.00	52.00	75.00
46	深圳	55.20	39.00	44.00	64.00	75.00
47	大连	54.90	62.00	43.00	52.00	70.00
48	广西	54.20	67.00	36.00	60.00	60.00
49	苏州	53.70	75.00	17.00	52.00	90.00

续表

排名	检察院	总分	基本信息	检务指南	检察活动	统计总结
50	邯郸	53.60	77.00	32.00	42.00	80.00
51	贵阳	53.50	72.00	35.00	52.00	65.00
52	四川	53.40	67.00	50.00	60.00	35.00
53	海口	53.00	54.00	40.00	54.00	70.00
54	辽宁	52.60	65.00	32.00	60.00	60.00
54	珠海	52.60	57.00	32.00	52.00	80.00
56	陕西	52.30	52.00	13.00	80.00	70.00
57	黑龙江	51.90	48.00	41.00	60.00	60.00
58	宁波	51.40	54.00	42.00	52.00	62.00
59	甘肃	51.20	57.00	36.00	60.00	55.00
60	本溪	51.00	69.00	32.00	52.00	60.00
61	银川	50.90	69.00	45.00	52.00	40.00
62	济南	50.40	61.00	42.00	52.00	50.00
63	沈阳	50.30	67.00	21.00	62.00	60.00
64	福州	49.90	67.00	23.00	52.00	70.00
65	西安	49.80	52.00	46.00	52.00	50.00
66	淄博	47.90	54.00	35.00	42.00	70.00
67	齐齐哈尔	46.20	47.00	22.00	54.00	70.00
68	太原	45.80	22.00	36.00	64.00	57.00
69	贵州	44.90	67.00	45.00	20.00	60.00
70	南宁	44.20	42.00	34.00	42.00	65.00
71	抚顺	43.70	39.00	21.00	64.00	52.00
72	鞍山	43.20	65.00	22.00	52.00	40.00
73	云南	39.10	64.00	21.00	60.00	10.00
74	青海	38.30	32.00	13.00	60.00	50.00
75	武汉	37.00	57.00	30.00	42.00	20.00
76	青岛	35.90	44.00	25.00	52.00	20.00
77	西藏	35.40	62.00	30.00	30.00	25.00
78	乌鲁木齐	34.10	37.00	17.00	52.00	30.00
79	昆明	29.90	26.00	17.00	52.00	20.00
80	拉萨	24.40	47.00	18.00	32.00	0.00
81	西宁	18.10	14.00	9.00	42.00	0.00

三　成效与创新

评估结果显示，2018 年度中国检务公开有所作为，既有中央要求“规定动作”的继续加大力度贯彻落实，也有地方“自选动作”的创新探索，检察系统开放度日益深化。

（一）基本信息公开进步显著

在机构信息公开方面，7 家省级人民检察院和 12 家较大的市人民检察院提供了部门设置、部门职能和联系电话等完整信息，分别占比 22.58% 和 24.49%；有 23 家省级人民检察院和 30 家较大的市人民检察院提供了部分信息，占比达到 74.19% 和 61.22%。究其原因，大部分被评估检察院提供部门信息不完整的，往往缺失部门联系电话，这与其观念认识存在密切关联。一旦突破认识瓶颈，部门信息完整公开会迅速普遍化。

人员信息公开同样成效突出。在检察院领导信息公开方面，提供本院领导姓名、职务、管理范围、教育背景、工作经历的全部或部分信息的，有 29 家省级人民检察院和 42 家较大的市人民检察院，分别占比 93.55% 和 85.71%；提供本院检察官姓名、任职时间、身份的部分或全部信息的，有 10 家省级人民检察院和 28 家较大的市人民检察院，分别占比 32.26% 和 57.14%。一些检察院的做法更是让人眼前一亮。比如，江苏省人民检察院将机构设置、人员信息置于一处公开，内容包括部门职责、人员姓名及其级别、入额情况、部门联系电话等。再如，海口市人民检察院在《检务公开》栏目设置了“院领导简介”“检察官信息”两个子栏目，完整公开了院领导的姓名、性别、出生年月、籍贯、学历、参加工作时间、现任职务、级别和分管职责等信息；后者公开了普通检察官的基本信息。另外，海口市人民检察院还在《机构设置》栏目公开了检察院内部各部门负责人的姓名、职务和级别等信息。河南省人民检察院则分门别类公开了院领导信息、检察委员会委员、员额检察官、人民监督员、特约检察员等人员信息。最高人民检察院还公开了法律实习生人选。

（二）案件公开走向常态化

自2014年案件信息公开系统（www. ajxxgk. jcy. gov. cn/）上线运行后，案件流程、办案结果、法律文书、办事渠道等案件信息均在该平台上统一公开，目前已是检务公开的重要窗口平台，便利乃至满足了一般群众、当事人及其代理人、辩护人知情权、监督权和诉讼权等的行使。

重要案件信息公开普遍化。有30家省级人民检察院和48家较大的市人民检察院，通过门户网站或案件信息公开网公开了重要案件信息，占比分别达到96.77%和97.96%。今后趋势已从重要案件信息是否公开、有无公开，发展为是否常态化公开以及公开效果如何。

法律文书公开日渐成为规定动作。从起诉书公开起步，一方面，公开起诉书的检察机关逐步普及；另一方面，不起诉决定书、刑事申诉复查决定书等检察文书公开也日渐增多。刑事申诉复查决定书的公开方面，已有27家省级人民检察院和37家较大的市人民检察院，通过自身门户网站或案件信息公开网公布了刑事申诉复查决定书，占比分别87.10%和75.51%。显然，刑事申诉复查决定书的公开，已从过去的个别检察机关所为，逐步走向广泛化和常态化。究其原因，一方面，最高人民检察院在人民检察院案件信息公开网公开了聂树斌一案的检察意见书，公开了林某某案的刑事申诉复查决定书。最高人民检察院的做法，对各级检察机关法律文书的公开起到良好示范效果。另一方面，案件信息公开网在《法律文书公开》栏目将起诉书之外的抗诉书、不起诉决定书、刑事申诉复查决定书单独设置类型，这对推动公开起了重要作用[①]。

① 但也应看到，案件信息公开网在法律文书公开栏目设置了“其他法律文书”子栏目，但评估组发现，截至评估结束，多数评估对象的“其他法律文书”内容仍为空白。

（三）新媒体公开成效显著

2018 年度评估结果显示，所有被评估对象不仅实现了官方微博、微信公众号和客户端的全覆盖，而且在新媒体与传统门户网站的无缝对接方面，取得巨大进展。官方网站首页提供链接，且可以直接点击或扫描登录的官方微博，有 30 家省级人民检察院和 42 家较大的市人民检察院，分别占比 96.77% 和 85.71%；官方网站首页提供链接，可以直接扫描查看信息的微信公众号，有 27 家省级人民检察院和 40 家较大的市人民检察院，分别占比 87.10% 和 81.63%。评估结果还显示，微博的更新度和微信公众号的功能拓展都有了质的飞跃。项目组以 2018 年 10 月 26 日修改通过的《人民检察院组织法》进行验证，发现到 2018 年 10 月底，29 家省级人民检察院和 42 家较大的市人民检察院的官方微博有相关法条、解读或新闻报道，分别占比 93.55% 和 85.71%。有 28 家省级人民检察院和 22 家较大的市人民检察院的微信公众号已可进行咨询，分别占比 90.32% 和 44.90%；有 17 家省级人民检察院和 20 家较大的市人民检察院，人民群众还可通过微信公众号办理部分检察业务，占比也达到了 54.84% 和 40.82%。

（四）数据报告公开有力有效

2018 年，检察院工作报告的公开成效突出、可圈可点。网站设置了工作报告或类似栏目并有对应内容的，有 29 家省级人民检察院和 37 家较大的市人民检察院，分别占比 93.55% 和 75.51%；提供了 2017 年检察工作报告相关内容的，有 28 家省级人民检察院和 38 家较大的市人民检察院，分别占比 90.32% 和 77.55%。另外，自 2017 年起，江苏省人民检察院在门户网站逐期公开《江苏省人民检察院公告》，内容涉及制度规范、重要文献、参考案例和任免事项等。由此，检务公开的严肃性、权威性大大增强。

江苏省人民检察院、江苏省徐州市人民检察院等均设置了专门的“办案数据公开”栏目[①]，其内容包括“主要办案数据公开”，并按季度予以公开，还有年度性的“纪检监察检察公开数据”，在数据公开方面迈出了宝贵一步。

2018 年 5 月，广东省检察院发布《广东未成年人检察工作白皮书》，通过一系列统计数据显示未成年人犯罪情况变化、保护未成年人权益的情况等。2018 年 12 月，湖南省举行“检察公益诉讼白皮书”发布会，发布了《湖南检察公益诉讼白皮书》，对湖南全省检察机关公益诉讼线索收集、立案、检察建议、公益诉讼、法院判决、发挥效果等进行数据统计分析。这对于检察机关公益诉讼的纵深推进具有积极意义。

财政预算公开走向普及。在评估结束前公开本院 2018 年度预算的，有 28 家省级人民检察院和 40 家较大的市人民检察院，分别占比 90.32% 和 81.63%；在评估结束前公开本院 2018 年度决算的，有 27 家省级人民检察院和 40 家较大的市人民检察院，分别占比 87.10% 和 81.63%。公布 2018 年度“三公”经费的，也同样有 27 家省级人民检察院和 40 家较大的市人民检察院。发展至今，公开预决算和“三公”经费已成为大多数检察院的常态动作，未公开的则成为例外少数。

（五）部分中西部省份表现抢眼

一般而言，沿海经济发达城市检务公开程度比经济欠发达地区、边疆地区高很多，如青海省西宁市人民检察院官网空无一物，检察院官网成为摆设，任何信息都没有公布。但有一些中西部的检察机关检务公开取得突飞猛进。例如，安徽、江西、湖南、河北、天津、湖南长沙、内蒙古包头等省、市检察机关，其总体表现或部分板块、一些指标，取得较好成效。就总体而言，安徽省人民检察院一举夺冠，成为检务公开的最大“黑马”。就板块指标而言，邯郸市人民检察院门户网站设置了人员信息专栏，以 Excel 表格形式，完整公开了检察官信息，要素涵盖姓名、性别、出生年月、行

① 网址为：http://xz.jsjc.gov.cn/jianwu/baxiang/，最近访问日期：2018 年 12 月 26 日。

政职务及任职时间、法律职务及时间、原籍等信息，将人员信息公开向前推进了一大步。

（六）积极探索便民友好

检索功能日渐普及。在31家省级人民检察院中，27家有经验证有效的检索功能；在49家较大的市人民检察院中，41家有经验证有效的检索功能，分别占比87.10%和83.67%。其中，最高人民检察院、江苏省人民检察院等检察机关所提供的检索功能，可选择搜索位置、设置时间等要素进行筛选，选择排序方式，并提供相关的“智能推荐”，与以往相比有了长足进步。更值得一提的是，评估结束后，项目组发现有更多检察机关的门户网站，新提供了检索功能。

集约化公开纵深发展。最高人民检察院开通“12309检察服务中心”，是全国检察机关统一对外的检察为民综合服务网络平台，通过12309网站（网址为：www.12309.gov.cn/）、12309检察服务热线电话、12309移动客户端手机App、12309微信公众号四种渠道，集检察服务、检务公开、接受监督、提供咨询等功能于一体，向社会各界提供一站式服务。

检务公开注重便利民众使用。①法律文书的标题表述逐步规范。在起步时，以诸如“起诉书（自然人犯罪案件适用）（公开版）”作为标题的，较为常见，受众无法从标题中获取相关信息，不利于民众查阅使用。到2018年，法律文书标注被告人、案由等信息的，越来越多见。②文书模板公开便于使用。比如，陕西省人民检察院提供起诉书、抗诉书、刑事附带民事起诉书、民事行政案件申诉书等法律文书的模板，给群众自行撰写法律文书提供了指引。③公众关切信息置于醒目位置。比如，江苏检察网将“检务指南”置于网站首页的首个栏目，内容分为“检务须知”和“办案流程”，便于查找使用。

信息无障碍建设成效显著。2018年度，许多检察院门户网站进行了全部或部分的信息无障碍改造。其中，江苏省徐州市、南京市的检察院门户网站，在醒目位置以文字、图标两种形式提供“听新闻”“放大镜”功能，给视力障碍人士提供信息获取的便利。安徽省人民检察院同时设置了“网站无障碍”和无障碍客户端。前者可通过声音、语速、阅读以及配色、放大、缩小、大字幕、读屏等方式，为使用者提供便利；后者点击安装即可使用。

新闻发布会成为重要公开方式。在两三年前，检察机关通过举行新闻发布会宣传已算表现尚可。直到2017年度，通过图文方式，完整、全面公开新闻发布会内容的，也不过2家省级人民检察院和3家较大的市人民检察院①。2018年度评估发现，完整、全面公开新闻发布会的，分别有25家省级人民检察院和18家较大的市人民检察院，分别占比80.65%和36.73%，已有遍地开花之势。另外，江苏、安徽等地检察院在网上提前发布新闻发布会预告，对民众及时关注新闻发布会并提升发布会效果起到积极促进作用。

四　问题与展望

检务改革进行多年，势必进入深水区，遭遇理念、惯性、制度等方面的瓶颈障碍。检务公开发展至今，有些问题延续多年并无明显改善，其背后深层次原因乃至“基因”值得发掘。只有破解这些问题，检务公开才能稳步推进，在新时代有新突破、新作为。

（一）部分领域短板凸显，亟待补齐

无论是省级人民检察院还是市级人民检察院，其网站基本信息的人员信息板块和微信便民度板块均不尽如人意，尤其是检察院的基本信息公开，“非不能也，实不为也”。与法院系统普遍将法官、入额法官信息完整公开上网存在较大差别，检察官信息公开仍有待加强。一些检察院网站检索功能形同虚设。比如，云南省人民检察院网站的站内搜索，无论输入什么关键词，其检索结果完全相同。

---

① 参见《中国检务透明度指数报告（2017）》，载《中国法治发展报告No.16（2018）》，社会科学文献出版社，2018。

在检察法律文书方面，量刑建议书、检察建议书、检察意见书等类型文书的公开严重停滞，公开相关法律文书的寥寥无几，尚未实现面上推开。刑事申诉公开审查的预先公告与结果公开仍基本处于未启动状态。

自我设限妨碍检务公开发展。早在1999年，北京市东城区检察院就向法院提交了量刑建议法律文书即量刑建议书，量刑建议制度2008年在北京全面推开、2010年随着《关于规范量刑程序若干问题的意见（试行）》的出台在全国试行，并逐步成为中国刑事诉讼司法制度的组成部分。因此，量刑建议书的公开，一则，并无法律直接予以禁止；二则，在起诉书、抗诉书、不起诉决定书、刑事申诉复查决定书公开日渐普及、常态化的背景下，探索量刑建议书公开，可谓顺理成章而水到渠成。但是，有的检察机关却明确提出，量刑建议书不属于案件文书公开范围而直接拒之门外，致使下级检察机关丧失了探索可能。

对此，有必要解放思想，本着“以公开为常态、不公开为例外”的理念原则，本着负面清单的思路，进行新时期检务公开的顶层设计和制度落实。

（二）友好性、便利性缺失，有待提升

当检务公开内容已有较大推进后，如何提升已公开内容的公开效果，增强体验友好性、信息获取便利性则迅速摆上桌面。

网站内容摆放混乱随意问题凸显。检务公开内容多样，网站分门别类、板块名称与内容一致，是基本要求。网站内容摆放混乱，自检务透明度评估伊始即非常突出。直到2018年，检务信息摆放随意的现象依然突出。比如，检察机关的机构设置，有的被置于检察院简介栏目，有的归集在检务公开栏目，还有的放在基本信息栏目。有的检察机关栏目名为“人员信息”，但点击后却发现为机构设置、职责情况和联系方式等内容的机构信息。有的检察院就特定主题设置了栏目，但点击后发现内容为空，有关内容却出现在别的栏目中。其结果是，虽然内容已公开上网，但摆放混乱给受众带来了不必要的麻烦。

浮动窗口无法关闭妨碍浏览。比如，仍有5家省级人民检察院和2家较

大的市人民检察院，门户网站首页有浮动窗口且无法关闭。应当说，浮动窗口具有醒目的优势，提醒网站浏览者关注特定信息，但浮动窗口无法关闭，则妨碍正常浏览获取其他检务信息。

文件格式不常见、不便使用。再如，有的检察院预决算信息公布文件的格式不常见，不是常见的 . pdf 或者是 . doc 格式，而是 . ceb 格式，对于想要查询相关内容的公众来说多了一步不必要的麻烦，也不便于使用。另外，一些检察机关的门户网站，即便是简单的法律问题咨询，也需要先注册、再登录后才能使用，无形中抬高了检务公开的门槛。

公开可读性较差。比如，安徽省宿松县、河北省阜城县等地检察院的重要案件信息，其内容非常简略，其重要性并未得到体现，其浏览量也相应较低，未起到预期的公开效果。

缺乏必要互动。一些被评估检察院的微信公众号，虽然形式上提供了“咨询”按钮，但评估组点击并发出咨询问题后，数天甚至十多天后仍然无回应。

各级检察院应当从公众需求出发，本着保障知情权、参与权、表达权和监督权的需要，不断将检务公开向纵深推进。尤其应注意：①提升站内搜索的智能程度，借鉴商业网站、数据库等领域检索技术行之有效的方法，提升搜索的精准度；②尽快完善网站排版布局，合理分门别类，方便公众快速获取所需信息；③增强检务公开的可读性和传播力，尊重并利用好传播规律，以人民群众喜闻乐见的方式予以公开，将检务公开与检察宣传有机统一；④借鉴政务公开、法院司法公开等经验，应用技术手段实现公开的检察信息可检索、可核查、可利用。

（三）停滞与突击并存，应走向常态化

检务公开如逆水行舟不进则退。停滞不前与突击公开，成为一些评估对象的共性问题。

动态更新有待加强。有的检察机关工作报告栏目长期未进行更新，典型为甘肃省人民检察院，工作报告栏目中最新年度工作报告为 2014 年。在

《刑事诉讼法》于2018年10月修订后，不少检察机关未根据法律修改情况更新犯罪嫌疑人的权利和义务等检务指南信息。再如，按照最高人民检察院统一部署，自2018年8月1日起，全国检察机关停止行贿犯罪档案查询工作。但截至评估结束，仍有不少检察机关在网站首页醒目位置设置了《行贿犯罪档案查询》栏目，其行贿犯罪档案查询的内容也依然如故，容易导致误解。《监察法》出台、《刑事诉讼法》修改后，不少检察机关并未相应更新检务指南。直至评估结束，不少被评估的检察机关仍未将其网站上的《刑事诉讼法》或相关指南按照修订决定予以更新。这在检务公开相对较好的江苏、安徽等地，也同样存在。

突击集中公开现象凸显。例如，海南省人民检察院2012～2018年工作报告公布时间全部为2018年7月9日，贵州省人民检察院工作报告公布时间全部为2018年7月10日。

突击公开与公开停滞问题虽表现不同，但有类似的深层次原因，即检务公开缺乏必要强制性、可操作的法律依据、技术标准和奖惩机制，导致了检务公开“一阵风”。领导推一推就动一动，领导关注重心转移，则陷入低谷。上级或最高人民检察院出台文件，则一时间予以突击落实；劲头过后，则缺乏持续动力。对此，应当考虑中央层面立法，出台可操作的司法文件统一标准要求，并加强奖惩，增强检务公开的内生动力。

（四）做法五花八门，有待制度建设规范统一

检务公开的发展，一度呈现“野蛮生长”状态。各地探索积极性得到充分发挥，但经过数年发展后也表现出不规范、不统一、不持续等问题。各地做法大有五花八门之势。典型如检察法律文书中当事人信息的去标识化处理。同样为起诉书公开，不同检察机关甚至同一检察机关内部，是否对姓名进行部分隐名处理，做法并不一致；户籍所在地、住所地、案情信息以及证据情况等，是否处理，处理程度如何，均做法迥异。再如，同为重要案件信息公开，广东省佛山市南海区、河北省邢台市等地检察机关在案件信息公开网上发布的重要案件信息，进行了隐名处理；而北京市、贵州省遵义市、吉

林省吉林市等地检察机关则将姓名原原本本予以公示；而江苏等地则未予统一，视情况或隐名或未隐名。

对此，有必要加强顶层设计，兼顾个人信息保护与检务公开，兼顾促进法治宣传与避免传播犯罪技巧，形成统一的公开和去标识规范。

（五）当地特色需求体现不够，应突出各司其职

在全国统一集约平台，如案件信息公开网、12309 检察服务中心日渐强大、功能完善的背景下，各级检察院门户网站仍大有可为。以检务指南为例，不少检察院门户网站的工作流程（如申诉须知）等内容设置都是直接从最高人民检察院网站或文件上截取或复制，不够具体，对普通民众的指引性不明确。例如，可以在工作流程图中将本省市具体负责该项工作的单位列出而非笼统的相关单位。

门户网站内容还应及时更新，确保不会因网站信息过时而误导民众。完善网上咨询平台建设，减少咨询的不必要门槛与前置程序，及时准确地回复相关咨询；对于咨询内容具有一定普遍性且不涉密的，可考虑将答复结果予以公开，进而减少咨询工作量。

（六）平台不稳定问题凸显，需强化运维保障

信息化是现代检务公开的基础。通过信息化，一方面，可以极大便利群众获得检务信息；另一方面，对于检察院工作人员而言，信息化也可极大减少检务公开带来的工作量。但评估显示，检务公开与信息化的结合仍有很长一段路要走。比如，青海省、宁波市、珠海市、成都市、西宁市等地人民检察院网站不够稳定，在评估期间能打开的次数很少，在复查期间也经常无法打开。评估还发现，一些检察院的微博、微信也存在打不开的问题，极大损害了官方平台的公信力和权威性。对此，一是应当充分发挥门户网站和集约平台的第一平台作用，丰富信息发布、回应关切、检务办理的功能；二是应注重检务公开的传播效果和服务效果，以公开促服务，以公开改进形象、提升公信力；三是应以公开为基础，强化互动交流。

B.16

中国警务透明度指数报告（2018）

——以公安机关网站信息公开为视角

中国社会科学院法学研究所法治指数创新工程项目组*

摘 要： 警务公开是深化警务改革的重要方面，对于规范公安执法、增强警务公信力、提升民众的安全感和获得感具有重要意义。2018年，中国社会科学院法学研究所法治指数创新工程项目组对中国警务透明度指标体系进行了调整和优化，进一步契合社会对警务公开的新诉求，体现新时代警务工作的特征。2018年中国警务透明度指数评估显示，公安机关通过便民服务、阳光执法、处罚公开、开放数据等系列公开活动，在改善民生、彰显法治、助力诚信、智慧决策等方面取得实效，但也遭遇宣传与公开、公开与保密、实名与匿名、分散与集约等选择困境，而去敏感化、集约化、标准化终将成为提升中国警务透明度的路径选择。

关键词： 警务透明度　警务公开　阳光执法　警务大数据　法治指数

* 项目组负责人：田禾，中国社会科学院国家法治指数研究中心主任，法学研究所研究员；吕艳滨，中国社会科学院法学研究所研究员、法治国情调研室主任。项目组成员：马凡钧、王小梅、王祎茗、王娜、王颖、田纯才、刘雁鹏、谷静萱、胡昌明、栗燕杰、柴金鸽、徐海童、高振娟等（按照姓氏汉字笔画排序）。执笔人：王小梅，中国社会科学院法学研究所副研究员。田纯才参与了部分内容的写作。

“透明”是现代法治的一个重要维度，也是监督公权力规范、廉洁运行的内在要求。中国的信息公开工作虽然起步较晚，但是由于甫一开始就处于信息技术高度发达和互联网应用普及的时代，因而具有后发优势，信息公开的广度、信息供需双方的交互性以及信息获取的便捷度借助互联网平台得以指数效应地放大。公安机关作为户政、出入境、交通、治安等行政管理部门和刑事侦查部门，既提供公共服务，又兼具行政执法与刑事执法双重职能，直接影响公民的居住、出行等日常活动，关系民生，其权力运行的规范透明关乎公民的人身安全和财产安全、社会公平正义的实现以及民众安全感、获得感的提升。2018 年是《政府信息公开条例》实施十周年，作为政府信息的集大成者，公安机关是跟踪中国政府信息公开制度实施的最佳观测点，警务公开的广度和深度也是衡量中国政府透明度的重要面向。作为刑事侦查部门，警务公开又与审判公开、检务公开和狱务公开一起，构成完整的政法信息公开，属于广义司法公开的范畴。为梳理和总结中国信息公开工作成效，挖掘和分析在推动透明中国过程中存在的深层次问题，促进信息公开制度的完善，中国社会科学院国家法治指数研究中心、法学研究所法治指数创新工程项目组（以下简称“项目组”）继续以网站信息公开为视角对中国警务透明度进行指数评估，这也是继 2017 年之后开展的第二次年度评估。

一　指标体系、评估对象与方法

（一）指标体系的优化

科学的指标体系是指数评估成功的前提和保障。为保证指数评估的连续性，指标体系应保持一定的稳定性，其框架和重要指标要在历年的指标体系中得以延续。为适应新的制度变化和新的实践需求，指标体系也要适当予以微调和优化，这也是指数评估科学性的体现。中国警务透明度指标体系在研发过程中依托和立足于中国警务公开的制度规定和工作实践，以服务公众以及当事人的需求为本位，广泛征求法律共同体的意见，并充分考虑和结合中国全面警务改革的重点问题。2018 年，项目组依据最新的警务公开制度文件，围绕信息公开的全面性、及时性、便捷性和准确性等维度，对中国警务透明度指标体系进行优化，进一步彰显警务公开的时代特点，更好地服务于改善民生、规范警务执法和深化警务改革的需要。

1. 适应执法公开新形势

警务公开源于宪法。《宪法》关于“一切权力属于人民”的规定，揭示了权力的来源和属性，源于人民、具有公共属性的权力应该以人民看得见的方式运行，接受人民的监督。《人民警察法》第 44 条规定：“人民警察执行职务，必须自觉地接受社会和公民的监督。人民警察机关作出的与公众利益直接有关的规定，应当向公众公布。”早在 1999 年，公安部就下发了《公安部关于在全国公安机关普遍实行警务公开制度的通知》（公通字〔1999〕43 号），但是当时警务公开主要是警务相关文件的公开，如执法依据、程序规定、权利义务、警察纪律等，属于静态公开、平面公开。2005 年公安部刑侦局下发《关于实行“办案公开制度”的通知》（公刑〔2005〕1228 号），要求在全国公安机关刑侦部门实行“办案公开制度”，对刑事案件的立案、进展和结果进行公开，公开对象仅限于案件的当事人和相关人员。2012 年，公安部颁布《公安机关执法公开规定》（公通字〔2012〕38 号），将散见于一些法律法规和规范性文件中关于公安执法公开的要求予以整合，是中国警务透明度指标体系设置的直接依据。2018 年 8 月，公安部修订了该文件，颁布了新的《公安机关执法公开规定》（公通字〔2018〕26 号），以进一步适应深化依法治国实践和“放管服”改革新要求。《公安机关执法公开规定》第 35 条规定：“公安机关可以委托第三方机构对执法公开情况进行评估，并参考评估结果改进工作。”虽然该文件自 2018 年 12 月 1 日起才开始施行，但也为指标体系优化提供了重要参考。为此，2018 年中国警务公开指标体系加大了执法公开的指标权重，进一步充实执行公开的内容。

2. 回应民众关切与诉求

“有困难找警察”这种“雷锋式”警察寄托了民众对政府、对公安机关的无限信任。然而，在推动依法行政建设法治政府进程中，规范公安执法的前提是对警务事项进行“瘦身”，将非警务事项剥离出去。为此，公安机关梳理并公布了权力清单和责任清单。对于属于职责范围内的事项，公共机关应严格规范执行。例如，打击诱骗儿童犯罪是公安机关的一项重要职责，公安机关接到儿童失踪报案，经过核实后及时立案，并启动相应的搜查措施。儿童失踪后能够得到国家公权力及时有效的寻找、救助，是儿童的一项基本人权，关乎儿童平安、家庭幸福、社会安定，也是有关机关积极履行国家责任的体现。为回应全社会的共同关切，2018 年中国警务透明度指标体系增加了依申请公开，就儿童权益保护事项向公安机关申请公开。

3. 呼应大数据时代需求

公安机关在其提供管理服务和执法过程中掌握了海量数据，如出生人口、流动人口、汽车保有量、交通事故、道路流量以及警情、治安、犯罪等数据，这些数据的聚合、挖掘对于提升政府管理水平、辅助科学决策、精准预判社会形势具有重要意义。2017 年中国警务透明度指数评估报告在建议部分指出，警务公开发展到高级阶段必然要求数据开放，建立社会共享的公安大数据。2018 年《公安机关执法公开规定》对数据公开亦作出倡导性规定，如第 11 条、第 17 条规定，公安机关可以定期向社会公开辖区治安状况、道路交通安全形势、安全防范预警等信息。为适应国家大数据战略的时代需求，2018 年警务透明度指标体系将“警务大数据”作为一级指标单设。

4. 响应社会诚信体系建设

在信息时代，最核心的竞争最终会表现在对信息的有效占有，个人如此，组织如此，社会亦然。面对日益复杂的市场和社会，政府依靠传统的监管手段已经难以为继，建立以信用为核心的新型监管体制是必然选择，也是实现国家治理体系和治理能力现代化的必由之路。党的十八大、十八届三中全会、十八届四中全会均强调加强社会诚信建设。国务院于 2014 年和 2016 年相继发布《社会信用体系建设规划纲要（2014～2020 年）》《关于建立完善守信联合激励和失信联合惩戒制度 加快推进社会诚信建设的指导意见》，提出要促进本地区各部门、各单位的信用信息整合应用。公安机关向社会公开执法信息，一方面有助于执法主体接受社会监督，另一方面也可以使执法相对人尤其是受处罚人置于舆论监督之下，从而推动和完善社会诚信体系建设。为此，2018 年指标体系在“执法公开”一级指标项下强化提升了执法结果和执法文书公开的指标设计和权重，通过推动公安机关开放行政许可、行政处罚、行政复议的结果数据，实现与其他部门信用信息的共享、整合与应用。

（二）指标体系的建构与解读

2018 年中国警务透明度指标体系由“基本信息公开”“便民服务”“执法公开”“数据公开”4 个一级指标组成（见表 1）。

1. 基本信息公开

基本信息主要指公安机关的职能、机构设置以及人财物等信息。“基本信息公开”下设“网站建设”“职能架构”“人员信息”“财务信息”等 4 个二级指标。

网站作为警务公开的载体，其建设的友好性直接影响公开效果。网站建设友好性有一个重要原则是不得强迫受众阅读。一个理想的网站，其首页的栏目或目录设置应该科学、醒目，公众登录网站可以根据需要点击相应的栏目阅读目标信息。当然，这对信息整合、分类提出了较高要求。现阶段，网站友好性的考察指标是首页有无浮动窗口。浮动窗口的设置是为了提醒浏览者注意该信息，然而这种设置往往会干扰阅读，重要的或者最新的信息完全可以置顶或滚动播出，同样能够起到提醒作用。

“职能架构”指标旨在让公众了解公安机关的职责和机构设置，具体包括公安机关的职责、人民警察的权利义务、内部架构及职能、派出所等信息。公安机关是民众身边熟悉的“陌生人”，“有困难找警察”，但是对于究竟哪些属于警务根本“拎不清”，因此有必要向社会普及公安机关的职能、架构、警察的权利义务等，并公开派出所的联系方式，方便群众办事。

作为公权力机关，其财政供养人员的数量、结构、素质应该保持一定的社会公开度。2017 年评估结果显示，人员公开属于薄弱环节，来自公安机关的反馈是警察数量属于秘密，不宜公开。不可否认，公安机关的某些职能如缉毒等较为敏感，然而指标中所要求公开的信息仅仅是公安机关笼统的数量信息和结构信息，不涉及敏感信息，更不属于侦查秘密。因此，2018 年指标体系仍坚持设置“人员信息”指标，下设“领导信息”“警察数量”“警察结构”3 个三级指标，因为什么样的人在领导警察队伍、有多少警察在提供服务、执法人员的素质结构如何，必然会对服务水平和执法质量产生一定影响。

作为财政供养单位，包括预决算、“三公”经费、警察薪资及津贴在内的财务公开是法治政府的应有之义。另外，公安机关作为行政收费、行政处罚的主体，虽然实行收支两条线原则，但是其罚没的财产和收费数据应该向社会公开，接受社会监督。

2. 便民服务

公安机关所提供的公共管理和服务覆盖户政、出入境、治安、交通安全、网络安全、经济文化保卫、保安等诸多方面，其服务是否高效便捷将深刻影响公民的生产生活。2018 年《公安机关执法公开规定》第 27 条要求公安机关网上公开办事事项和行政事业性收费事项，提供网上咨询、网上预约办理、网上申请等服务。2018 年指标体系仍从“户政服务”“出入境服务”“交管服务”三方面考察“便民服务”，与 2017 年相比，每项服务增加了“网上查询办理进度”指标项的考察。“户政服务”主要考察公安机关按区提供户籍室的地址和联系电话情况，提供办理居住证的指南信息情况和是否提供在线申报服务，提供网上查询办理进度的情况。“出入境服务”主要考察大陆居民办理电子普通护照、港澳通行证、台湾通行证的便捷度，如是否按区公开接待大厅的地址和联系电话；如果是外国人签证、台湾居民业务的，是否提供接待大厅的地址和联系电话，并提供指南信息；提供网上查询办理进度的情况。“交管服务”主要考察交通违法处理、机动车证件和驾驶证业务办理大厅的地址和联系电话的公开情况，以及提供网上办理进度查询的情况。

3. 执法公开

执法公开可分为静态公开和动态公开，静态公开是指执法指南信息的公开，如分类公开执法依据、执法流程及时限、当事人的权利义务、监督投诉须知等；动态公开是指案件办理情况的公开，包括个案办理进度、办理结果、文书公开以及监督投诉内容的公开。

2018 年指标体系在“执法公开”项下设“执法依据”“执法流程及时限”“当事人的权利义务”“过程公开”“结果公开”“文书公开”“监督投诉”7 个二级指标。“执法依据”主要考察公安机关是否公开了行政执法和刑事执法的依据。“执法流程及时限”主要考察公安机关是否公开了接处警工作、办理行政案件、办理刑事案件、办理行政复议案件、办理国家赔偿案件的流程图和时限。“当事人的权利义务”主要考察公安机关是否公开犯罪嫌疑人、违法嫌疑人、被害人、证人的权利义务告知书。2018 年《公安机关执法公开规定》第 27 条要求，公安机关提供网上公开受理情况、办理进展、办理结果等执法信息的网上查询服务。“过程公开”是对特定对象的公开，考察案件办理进度是否能够进行网上查询。“结果公开”考察公安机关是否主动向社会公开行政处罚、行政许可的结果。“文书公开”是指公安机关是否将行政处罚决定书、行政复议决定书进行网上公开，以及是否提供文书检索功能。“监督投诉”是指公安机关是否提供投诉须知，以及是否将监督投诉的内容予以网上公开。

4. 数据公开

数据公开是警务公开的重点，2017 年指标体系从年报或工作总结入手建构数据公开的指标。为进一步推动公安机关数据开放，2018 年指标体系专门设定“数据公开”一级指标，并下设“年报”“年度工作总结”“交通统计”“行政执法统计”“犯罪案件统计”“投诉警务人员统计”“重大案情发布”“警情通报”“数据依申请公开”等9个二级指标。

年报和年度工作总结均是一个单位对过去一年的工作回顾、梳理，包括取得的成就、存在的问题以及对未来工作的展望。与年度工作总结相比，年报所涵盖和容纳的信息量则更丰富、翔实。年报（Annual Report）最早起源于企业，是企业向股东及其他利益群体提供企业经营活动和财务状况的年度综合性报告，上市公司的年报须向社会公开。不仅企业，越来越多的公共机构、机关团体也开始编制和公开年报，向社会介绍和展现其业绩。公安机关作为公共财政单位，应该制作年报，较为翔实地记录公安机关的职能、组成、制定的文件、开展的活动、主要业绩、重要数据等。公安机关通过年报或工作总结的公开，可以向社会集中展示一年的工作业绩及成效，接受社会公众的监督。

“交通统计”公开是指公安机关公开一定区域一定时期的交通状况统计数据，包括交通拥堵情况、交通管制、交通事故发生率等相关统计数据。“行政执法统计”公开是指公安机关公开行政处罚、行政许可或其他执法的统计数据。“犯罪案件统计”公开是指公安机关按照犯罪类型公开刑事案件统计数据。这些统计数据的公开，有助于公众对城市交通、治安状况以及整个社会形势有整体的了解和判断，也为相关研究者和政策制定者作出科学决策提供数据支撑。

监督投诉是公民基本的宪法权利，为避免监督投诉流于形式，切实推动投诉事项得到实质处理，项目组设计了“投诉警务人员统计”指标，要求公安机关公开投诉事项的分类处理情况。“重大案情发布”指标要求公安机关发布涉及公共利益、社会高度关注的重大案/事件调查进展和处理结果，以及打击违法犯罪活动的重大决策和行动。“警情通报”考察公安机关是否定期发布警情。“儿童失踪人口立案数依申请公开”一方面考察公安机关依申请公开渠道是否畅通，另一方面考察公安机关是否对该信息进行实质性公开。

表 1　中国警务透明度指数评估指标体系（2018）

一级指标及权重	二级指标及权重
基本信息公开(25%)	网站建设(10%)
	职能架构(30%)
	人员信息(30%)
	财务信息(30%)
便民服务(20%)	户政服务(40%)
	交管服务(30%)
	出入境服务(30%)
执法公开(30%)	执法依据(5%)
	执法流程及时限(10%)
	当事人的权利义务(5%)
	过程公开(20%)
	结果公开(20%)
	文书公开(20%)
	监督投诉(20%)
数据公开(25%)	年报(5%)
	年度工作总结(10%)
	交通统计(10%)
	行政执法统计(20%)
	犯罪案件统计(10%)
	投诉警务人员统计(5%)
	重大案情发布(5%)
	警情通报(5%)
	数据依申请公开(30%)

（三）评估对象与方法

2017 年中国警务透明度指数评估对象为 27 个省、自治区人民政府所在地的市级公安机关和 4 个直辖市的公安机关。2018 年，中国警务透明度指数评估对象进一步扩大，将大连、青岛、宁波、厦门、深圳等 5 个计划单列市的公安机关纳入评估范围，至此评估对象扩展至 36 个。市级公安机关具有承上启下功能，既承接和落实上级公安机关的工作任务和部署，又领导和统揽分局、县局的警务工作；省、自治区人民政府所在地的市公安机关比较具有代表性，一般而言，能够代表本地警务公开工作水平；在中国，大连、青岛、宁波、厦门、深圳等5个计划单列市无论是经济发展还是社会环境建设均属于“领头雁”，在警务公开方面会进行一些创新，应该能够为其他城市提供更好的借鉴。

警务公开的渠道多元，有设置公示栏、牌匾、发放手册等现场模式，有报刊、电台、电视台等传统媒介，也有网站、移动客户端、自助终端等线上平台。为适应社会信息化的发展，2018年《公安机关执法公开规定》第18条、第24条、第29条明确将互联网政府网站作为警务公开的第一平台，规定无论是向社会公开执法信息，还是向特定对象提供执法信息查询服务，乃至开展网上公开办事，都应该通过互联网政府网站进行，移动客户端、自助终端以及传统媒介作为辅助平台。该规定与项目组一贯坚持的“网站是信息公开的第一平台”理念完全契合。中国警务透明度指数评估采取网站测评为主的方法。评估人员在进行网站测评时，以评估对象的官方网站为主，辅助以上级公安机关网站、地方统一专项警务公开或办事平台、同级政府信息公开平台和征信平台以及微信等手机终端。复核人员对评估结果进行复查，重点核查扣分的指标项。无论是评估人员还是复核人员，均进行截屏留证。除了采取网站测评方法之外，项目组还采取电话验证的方式对网站公开的电话有效性进行验证。2018年，项目组增加了“依申请公开”形式，直接向公安机关申请信息公开。评估数据采集时间为2018年12月1日至2018年12月31日。

二　评估结果

2018年，36家公安机关的警务透明度指数平均得分为66.53分，其中26家公安机关得分在60分以上，及格率为72.22%。排名前十的公安机关分别为南京市公安局、深圳市公安局、贵阳市公安局、武汉市公安局、广州市公安局、宁波市公安局、西安市公安局、厦门市公安局、福州市公安局和石家庄市公安局（见表2）。与2017年相比，在31家直辖市、省会（自治区首府）城市公安机关中，15 家公安机关排名上升，其中沈阳市公安局、广州市公安局、郑州市公安局、南京市公安局和石家庄市公安局排名上升明显，南京市公安局、贵阳市公安局、武汉市公安局、西安市公安局、福州市公安局连续两年在 31 家直辖市、省会（自治区首府）城市公安机关警务透明度指数评估中排名前十，取得领先地位。5 家计划单列市公安机关的警务透明度指数平均得分为 70.92 分，其中深圳市公安局、宁波市公安局、厦门市公安局得分位列全部 36 家公安机关前十，表明计划单列市警务公开工作整体水平较高，但各计划单列市差距较大。

表 2　中国警务透明度指数评估结果（2018）

单位：分

排名	评估对象	基本信息	便民服务	执法公开	数据公开	总分（满分:100 分）
1	南京市公安局	82.00	100.00	89.00	90.00	89.70
2	深圳市公安局	86.00	100.00	94.00	72.65	87.86
3	贵阳市公安局	97.00	100.00	89.00	44.50	82.06
4	武汉市公安局	89.50	100.00	73.00	60.80	79.48
5	广州市公安局	82.00	100.00	86.00	48.15	78.34
6	宁波市公安局	73.00	100.00	80.50	62.50	78.03
7	西安市公安局	80.00	100.00	84.00	50.00	77.70
8	厦门市公安局	73.00	100.00	82.50	55.80	76.95
9	福州市公安局	73.00	100.00	64.50	70.80	75.30
10	石家庄市公安局	68.00	100.00	89.00	39.75	73.64
11	杭州市公安局	60.50	100.00	78.00	60.00	73.53
12	郑州市公安局	77.50	100.00	85.00	32.65	73.04
13	长沙市公安局	62.50	100.00	67.00	65.15	72.01
14	合肥市公安局	60.50	100.00	82.00	43.30	70.55
15	上海市公安局	76.00	100.00	65.00	40.00	68.50
16	北京市公安局	68.50	100.00	74.00	36.30	68.40
17	银川市公安局	75.50	100.00	68.50	33.30	67.75
18	长春市公安局	77.50	100.00	64.00	29.50	65.95
19	济南市公安局	60.50	100.00	71.50	35.80	65.53
20	沈阳市公安局	75.50	100.00	50.50	39.00	63.78

续表

排序	评估对象	基本信息	便民服务	执法公开	数据公开	总分（满分:100分）
21	昆明市公安局	53.50	100.00	42.50	64.90	62.35
22	天津市公安局	56.00	100.00	67.50	30.80	61.95
23	成都市公安局	68.00	100.00	45.50	45.00	61.90
24	兰州市公安局	77.50	100.00	60.00	16.50	61.50
25	海口市公安局	68.00	100.00	30.00	57.00	60.25
26	青岛市公安局	53.50	100.00	51.00	45.80	60.13
27	呼和浩特市公安局	61.00	100.00	48.50	40.00	59.80
28	哈尔滨市公安局	75.50	100.00	51.00	19.00	58.93
29	南宁市公安局	73.00	100.00	34.00	35.50	57.33
30	南昌市公安局	68.00	100.00	47.50	21.15	56.54
31	拉萨市公安局	58.00	100.00	40.00	32.50	54.63
32	乌鲁木齐市公安局	64.00	100.00	32.50	28.50	52.88
33	大连市公安局	68.00	100.00	25.50	28.00	51.65
34	太原市公安局	63.50	100.00	46.00	5.00	50.93
35	重庆市公安局	41.00	100.00	38.00	28.15	48.69
36	西宁市公安局	46.00	100.00	45.50	10.00	47.65

为验证公安机关警务数据公开的实际效果和依申请公开渠道的畅通性，2019年1月9日，项目组以本项目组成员的名义通过邮寄方式向36家被评估公安机关发出政府信息公开申请，截至2019年2月20日，共收到27家公安机关的答复，渠道畅通率为75%。评估发现，31家公安机关在本部门网站或同级政府网站公开了本部门信息公开指南，其中23家公安机关信息公开指南中提供了明确的依申请公开受理部门和信息公开申请表电子版，占全部评估对象的63.89%。作出答复的27家公安机关中，25家在法定期限（15个工作日）内及时作出了答复，占全部评估对象的69.44%；20家公安机关在答复书中提供了对答复不服的救济渠道，其中10家公安机关提供的救济渠道明确了期限和受理机关，占全部评估对象的27.78%。评估同时发现，作出答复的27家公安机关中，仅2家公安机关在答复书中提供了申请人需要的数据，其他评估对象多以“所申请内容保密”“不属于政府信息”

或“不掌握相关数据”为由不予公开，表明公安机关在警务数据公开工作中存在一定问题。

三　警务公开成效：智慧警务初见端倪

2018年中国警务透明度指数评估结果显示，公安机关积极搭建网上综合服务平台，开展便民服务、阳光执法、处罚公开、开放数据等系列公开活动，在改善民生、彰显法治、助力诚信、智慧决策等方面取得实效，智慧警务初见端倪。

（一）便民服务、改善民生

公安机关既是实现社会秩序与安定的执法部门，又是与民生息息相关的服务管理部门。警务公开要求人民警察在提供户政、出入境、治安、交通安全、网络安全、经济文化保卫、保安等公共管理与服务时，坚持公开、便民原则，不仅要公开办证网点和办事流程，还要提供网上办事渠道，方便人民群众，体现执法为民理念，服务和改善民生。早在2012年，为保障民生、建设服务型政府，公安部即集中推出14项便民利民措施，其中包括健全“网上公安局、网上派出所、网上警务室”，推行公安行政管理业务网上申请、网上办理、网上审批。2015年《关于全面深化公安改革若干重大问题的框架意见》也在深化公安行政管理改革方面提出，深化行政审批制度改革、扎实推进户籍制度改革、创新人口服务管理、健全完善外国人在中国永久居留制度和改革边防出入境、交通、消防监督管理制度等一系列服务改革开放、促进经济发展和便民利民的政策性措施、制度性安排。

2018年中国警务透明度指数评估结果显示，为落实《关于全面深化公安改革若干重大问题的框架意见》提出的便民利民要求，各地公安机关公开了办事指南，并搭建综合服务平台和移动终端，方便群众咨询、办事和查询、监督，向智慧警务迈出了关键一步。

评估结果显示，36家被评估的公安机关全部公开了办理所需材料清单，为公众办事提供指引，并提供网上预约服务、在线申报服务和网上查询服务。在36家被评估的公安机关中，有25家提供了所有派出所的电话，占69.44%。例如，深圳市公安局着力打造一站式警务平台，承诺“服务零距离”“办事一站通”，提供165项业务办理，137项在线办理。深圳市公安局不仅提供相对人的办件进度和结果查询，还将近30天的办件进度和结果向社会公示。吉林“互联网+公安”综合服务平台提供网上办事服务，开通“户政、出入境、交警、治安、监管、边防、消防、网安、禁毒、经文保”的办事业务；提供“预约、申报”业务，帮助市民查看办事指南信息。该综合服务平台除了提供办事指南、在线申请、网上查询等服务之外，还提供网上咨询服务，并公开了咨询的问题及解答，并分类梳理出户政热点问题、交警热点问题、出入境热点问题、法制热点问题、治安热点问题，以便给更多人提供参考。2018年评估发现，有的公安机关还在提供精准服务方面做了创新，如广州市公安局将业务咨询与办事指南有机结合，在用户回答几个简单的“是”与“否”问题后，即可进入相应网页阅读目标信息。

除了提供PC终端服务之外，公安机关顺应移动通信的发展趋势，提供App、微信公众号、微信小程序等移动终端服务，这种“掌上警务”“指尖警务”为公众提供更为便捷的查询和网上办事服务。另外，有的公安机关还打通了PC终端和移动终端，提供交互式服务。例如，广州市公安局所提供的PC终端的页面下方可通过二维码或微信分享，用户可以随时随地在移动终端阅读相关信息，实现了PC终端与手机终端的交互。

（二）阳光执法、彰显法治

在法治国家，权力越大，受到的监督和制约也越大。公安机关在行使治安、消防、户政、交通管理等执法权力时，往往会对公民的人身和财产采取强制和处罚措施，因此作为政府执法的缩影，公安行政执法应受到严格规范。除了行政执法之外，公安机关还负责刑事案件的侦查，因此公安执法又属于司法范畴。为规范公安执法，中共中央办公厅、国务院办公厅于2016年9月下发了《关于深化公安执法规范化建设的意见》。规范执法，除了用制度和信息化将执法权力装入“铁笼”之外，还应该加大执法过程和执法结果的公开力度，以公开促规范，打造“阳光警务”，接受社会监督，从而提升公安执法的法治化程度和水平。2015 年《关于全面深化公安改革若干重大问题的框架意见》提出，完善执法权力运行机制，将警务公开改革向纵深推进。按照中央全面深化改革委员会 2018 年 11 月 14 日审议通过的《关于全面推行行政执法公示制度执法全过程记录制度重大执法决定法制审核制度的指导意见》提出，“行政执法机关要在执法决定作出之日起 20 个工作日内，向社会公布执法机关、执法对象、执法类别、执法结论等信息，接受社会监督，行政许可、行政处罚的执法决定信息要在执法决定作出之日起 7 个工作日内公开，但法律、行政法规另有规定的除外。”

完整的执法公开是指执法全流程公开，包括执法依据公开、执法流程图公开、当事人权利义务公开、过程节点公开、结果公开、文书公开、监督公开等，既有静态公开又有动态公开，既有事前公开又有事中事后公开，既有过程公开又有结果公开，既有对当事人的公开又有对社会的公开。2018 年评估结果显示，36 家受评估的公安机关中，31 家公安机关提供了执法过程查询，当事人凭案号密码可以网上查询案件进度，占 86.11%；21 家公安机关向社会公开了行政许可结果，占 58.33%；提供行政复议文书网上公开的公安机关有 18 家，占 50%；提供文书检索的有 21 家，占 58.33%。深圳市公安局在执法公开方面尤为突出，分为事前公开、事中公开和事后公开，其中在事前公开环节，按部门公开了深圳市公安局行政执法岗位窗口人员的姓名、职务、主要职责和任务。长沙市公安局在警务公开栏目设置财政信息目录，逐月公开了行政性收费数额。

在 2018 年的执法公开中，监督公开是亮点。所谓监督公开，是指公安机关不仅提供投诉渠道，并将投诉事项及处理情况向社会公开。“投诉是金”，公众基于对政府的信任才会选择投诉或意见建议等渠道，通过反映个人诉求或揭露社会问题进行监督。公民对政府的批评监督权是宪法明确赋予和保障的，然而实践中，不少政府部门虽然也开通了网上投诉渠道，但是存在对公众的投诉意见不够重视、不反馈或反馈不及时等问题，造成监督流于形式、成为政民沟通的摆设。为倒逼公权力部门在接到投诉之后积极处理、反馈，项目组对公安机关的监督公开进行评估，结果显示，在36家受评估公安机关中，33家提供了监督投诉指引或渠道，占比91.67%；有26家将反馈意见进行了网上公开，占比72.22%。一些地方（如深圳、兰州、青岛、大连等）的公安机关将投诉建议以及处理结果全部放到网上向社会公开，让民众体验到政民沟通渠道的畅通，体会到政府关切民众诉求的诚意。深圳市公安局公开了有奖举报指南，接受网上举报，并公开有奖举报的典型案例，引导公民积极提供有效违法犯罪线索。兰州市公安局通过兰州政府网《给部门留言》栏目公开答复列表，列明办件编号、办件类型、标题、处理情况、受理时间等信息；点击列表中的某条信息，还会看到详细的投诉内容和答复内容。从公开的信息看，不乏尖锐问题。例如，有市民提出："为什么在道路上看到的城管执法车辆都没有挂号牌？作为执法者知法犯法，给社会造成了什么印象？是谁赋予的他们这种权力？"对此，公安机关的答复是："经核实，城管车辆所挂车牌属于地方管理车牌，如果不按规定悬挂号牌我们将处以未悬挂号牌处理。我局交警支队责成各辖区大队加强路面巡逻管控力度，加大对涉牌涉证车辆的查处力度。同时也会发函给城管执法局，要求合理合法管理好所用车辆，不再出现不挂牌上路等违法现象。"从回复内容看，执法部门直面正视问题，并表示要加大规范执法力度。大连市公安局在官网《为民服务》栏目公开了群众来信及回复情况。对于公民提出的批评意见，如果遮遮掩掩甚至打击报复，则会失去民心，相反，如果正确面对、积极回应，并向社会公开接受舆论监督，则会赢得民众的支持和理解，赢得民心。

（三）处罚公示、助力诚信

经济社会发展到一定阶段迫切需要构建诚信社会，阳光警务、执法公开不仅是公权力运行的本质要求，也是构建诚信社会的客观需要。公安执法涉及交通安全、出入境、治安等各个领域，公安机关所掌握的违法犯罪信息是构建社会诚信体系的重要数据来源。在各地诚信体系建设中，公安机关向信用平台推送违法处罚信息尤为关键。2017年1月，公安部及中国民航局等其他四部门联合印发了《关于加强交通出行领域信用建设的指导意见》（发改运行〔2017〕10 号），要求公安交通管理部门公开公示严重交通违法人员和企业。为适应新时期深化公安改革的要求，《关于全面深化公安改革若干重大问题的框架意见》提出，加快建立以公民身份证号码为基础的公民统一社会信用代码制度，推动建立违法犯罪记录与信用、相关职业准入等挂钩制度。

处罚公示包括两个层面，一是公安机关将违法行为进行公示，二是将公安机关的行政处罚决定书予以上网公开。2018 年《公安机关执法公开规定》第 12 条规定，“公安机关应当逐步向社会公开行政处罚决定、行政复议结果的生效法律文书”。评估发现，为警示违法行为，共建社会诚信，公安机关加大处罚信息的公开力度。在受评估的 36 家公安机关中，有 26 家向社会公开了行政处罚结果，占 72.22%；提供行政处罚文书网上公开的公安机关有 21 家，占 58.33%。也有的公安机关未直接进行文书上网，而是接受公民实名查询，公民如果想查询行政案件处罚决定书，要在“案件信息查询平台”中行政处罚决定书登录页输入身份证号，根据案件名称、案件类型、处罚时间及处罚单位等条件，即可查询相关法律文书。还有些地方（如南宁市）在公安执法信息公开中公开了刑事案件、行政案件、行政复议案件、国家赔偿案件的信息。

（四）数据开放、智慧决策

在信息化时代，所谓得数据者得天下，开放数据（Open Data）是大势所趋。开放数据包括两个面向，一是公权力部门之间数据共享，二是公权力机关向社会开放数据。从数据来源看，公权力部门在管理和服务中掌握的数据来源于相对人，属于公共数据，不属于公权力部门的私有资产，除了法定保密的之外，均应该向社会开放。然而，不少部门将公共数据私有化，拒绝向其他部门和社会共享。为此，项目组将数据开放作为政务公开和司法公升的重点进行评估，以推动数据资源的社会共享，建立民享大数据库。开放数据是智慧决策的前提，对开放的数据进行分析和挖掘，可以为政府科学精准决策提供有效支撑，而数据治理将成为国家治理体系和治理能力现代化的必然选择。

公安机关的管理和服务范围最为广泛，并且拥有强制执法权，因此公安数据既是海量的，又具有较高的准确性，是值得挖掘的富矿。为促进公安机关开放数据，建立民享的公安大数据，项目组从年报、年度工作总结、交通统计、行政执法统计、犯罪案件统计、投诉警务人员统计、重大案情发布、警情通报等几个方面对数据公开提出要求。评估结果显示，2018 年公安机关的数据开放意识有所增强，在网上设置了年度工作计划、数据发布、统计信息等专栏。

就年报和年度工作总结公开而言，虽然 36 家公安机关均未公开其年报，但是有 15 家直接或间接公开了其工作总结或工作计划。关于工作总结的公开，有几种类型。一是直接公开。例如，深圳市公安局每年 3 月会公开上年度工作总结和本年度工作计划；宁波市公安局在每年 2～3 月公开上年度工作总结（较为简略）和本年度工作安排，并在每个月下旬公开本月工作情况和下一个月的工作安排；长沙市公安局、杭州市公安局、海口市公安局、西安市公安局、贵阳市公安局、青岛市公安局、福州市公安局公开了工作要点、工作报告、工作总结、工作计划等；沈阳市公安局将“2017 年沈阳公安工作综述”作为政务公开重点工作予以公开。二是在公开的部门决算中介绍上年度工作情况。例如，昆明市公安局车辆管理所在其公开的 2017 年度部门决算中设置“2017 年度重点工作任务介绍”，该部分内容相当于 2017 年的工作总结；南京市公安局、西安市公安局在其公开的 2017 年决算中公开了 2017 年较为详细工作总结。三是公开专项工作报告。例如，昆明市公安局、杭州市公安局公开了法治政府建设工作情况报告；青岛市公安局公开了 2016 年、2017 年两个年度公安局法治政府建设工作情况报告；成都市公安局公开了《关于 2016 年主要工作目标完成情况的报告》；深圳市公安局公开了法治政府建设工作报告，且做到了及时公开，每年 12 月下旬在《年度信息公开报告》栏目中公开本年度法治政府建设工作报告；北京市公安局公开了法治政府建设工作总结和公安局绩效任务及完成情况；贵阳市公安局公开了历年的审计工作报告；海口市公安局在《会议纪要》栏目中公开了各种落实意见和专项工作总结。

就公安统计数据公开而言，在36家受评估的公安机关中，有12家提供了交通统计数据，其中有10家对交通统计数据按月按区进行详细公开；36家中公开行政处罚统计数据和行政许可（或其他执法）统计数据的分别有9家。公开数据统计信息最为典型的有深圳市公安局、广州市公安局、杭州市公安局和昆明市公安局。深圳市公安局网站专设《统计数据》栏目，逐月提供车辆管理、交通管理、治安管理、反网络诈骗等业务统计数据。深圳市公安局还在其网站的警务公开目录中设置《数据开放》栏目，点击链接直通“深圳市政府数据开放平台”。广州市公安局在广州市政府网站上公开了《广州市公安局2017年度行政执法数据》，重点公开了广州市公安局2017年度行政执法数据表，包括行政处罚实施情况统计表、行政许可实施情况统计表、行政强制实施情况统计表、其他行政执法行为实施情况统计表，并对其2017年度行政执法情况进行详细说明。广州市公安局还按月公开公安热线的情况分析，统计承接12345政府服务热线事项（公安热线来电）的数量，分析市民诉求数量前五位事项与数量以及占比情况，对诉求数量上升和下降的业务进行分析。杭州市公安局逐月按区公开交通事故情况，定期公开火灾情况分析报告。昆明市公安局公开了各类行政案件的查处情况，如逐月公开了2018年上半年昆明出入境管理局行政审批事项办理结果，包括接受出国（境）业务咨询人次、发放各类申请表份数、审批签发出国（境）证件及签注人次以及受理各类境外人员申请人次和审批人次；逐月公开了昆明市机动车客运行业治安备案登记办理情况，包括办理机动车客运行业治安备案登记人次；公开了昆明互联网上网服务营业场所违法行为查处情况；昆明市机动车客运行业治安违法行为查处情况；昆明交通违法行为查处情况，包括行政拘留人数和原因、吊销驾驶证数量和原因、查处各类严重交通违法情况。

四　警务公开遭遇选择困境

2018年，中国公安机关通过便民服务、阳光执法、处罚公开、开放数据等系列公开活动，在改善民生、彰显法治、助力诚信、智慧决策等方面取得实效。然而，公安机关在推进警务公开过程中，除了存在信息更新不及时、不全面等政务公开常见问题之外，还面临宣传与公开、公开与保密、实名与匿名、分散与集约等选择困境。

（一）宣传与公开

政务网站在建立伊始作为新媒体平台用以发布新闻、宣传领导活动和展示单位先进事迹。随着政务公开的推进，越来越多的政府部门选择在网站上进行信息公开，网站的公开功能日益显现。然而，由于长期以来形成的宣传思维定式，不少政府的网站仍以宣传为本位，从页面设置到目录架构，无不带有鲜明的宣传色调。打开多数受评估公安机关的网站，新闻图片、媒体报道、领导行踪占据首页显著位置。例如，合肥市公安局的网站首页，新闻图片和新闻目录占据半壁江山，仅新闻宣传类栏目就有四个，即《公安要闻》《新闻发布》《警务动态》《警界博览》。网站定位一旦宣传优先于公开，公开效果则会大打折扣，信息公开的及时性、全面性、准确性、便捷性将无从谈起。其实，政府建立官方网站，本来就应该作为服务于民众、满足民众知情权以及办事方便的平台，并且公开做得好，才能吸引更多的民众关注，才是最好的宣传，而宣传本身应该交给媒体。未来，应该确立“官方网站是政务公开的第一平台”“公开是最好的宣传”的理念，确立政府网站以公众需求为导向的公开本位。

（二）公开与保密

由于公安机关的职能涉及缉毒、刑事侦查等敏感业务，有些警务信息属于保密事项，不得对外公开。然而实践中，对于有些信息是否属于保密范畴，各地公安机关的标准不统一。以公安机关的编制人数为例，评估发现，贵阳市公安局、沈阳市公安局、呼和浩特市公安局提供了行政执法人员名单，太原市公安局、海口市公安局公开了民警数量，武汉市公安局公开得较为详细，不仅公开了在职人员的名单及详细情况，还在武汉市公安局机构编制情况表中公开了行政编制数和行政在职人数。还有些机关，如兰州、厦门、合肥、银川、武汉、哈尔滨、南昌等地公安局，虽然没有直接公开人员数量，但在其公开的预决算中均列明了公安机关的人员编制数或在职人数，其中哈尔滨市公安局还按照下辖单位及行政级别列明了数量。与上述公安机关公开人员数量信息形成鲜明对比的是，昆明、南宁等地公安局在其公开的2018年预算中特别声明，编制人数及实有人数涉密，依法不予公开。在36家受评估公安机关中，未公开人员数量信息的有19家，占52.78%。

即使同一个部门，对于同一个信息也出现前后标准不一致的情况。以人员数量和车辆公开为例，昆明市公安局、昆明市公安局车辆管理所、昆明市看守所在其公开的预决算中列明了行政编制人数、实有行政人员数、车辆的编制及实有情况。但是，昆明市公安局交通警察支队在其公开的2017年度部门决算中明确，"具体在编人数和车辆属涉密内容，按相关保密规定，不予对外公开"。即使是敏感性没那么强的事业单位，云南省昆明市人民警察学校在其公开的2017年度部门决算也明确，"具体定编人数和车辆配置按相关保密规定，不宜对外公开"。有类似做法的还有昆明市戒毒康复管理所。为此，项目组专门核查了公安部对相关信息公开的处理情况。公安部在其公开的2017年度部门决算中公开了公安部机关及所属单位机动车辆总数，并列明部级领导干部用车数量、一般公务用车数量、一般执法执勤用车数量、特种专业技术用车数量、其他用车（运警使用的大中型客车、要犯押解用囚车和救护车、警犬运输车辆和在校学生学习驾驶技能的教学用车等）数量。

除了警务人员数量、公务车辆信息之外，公安机关对于工作总结、工作计划类信息是否属于保密范畴也把握不尽一致。除了上文提到的深圳、青岛、沈阳、西安等地公安机关公开了工作总结、要点、计划等信息之外，多数公安机关将这类信息作为涉及警务秘密的信息不予公开。例如，大连市公安局在网上明确表示，"根据《中华人民共和国保密法》和公安部《公安机关保密工作规定》，经大连市公安局保密委员会审定，公安机关工作总结、要点等内容涉及警务秘密，属于依法不予公开范畴，不予公开"。合肥市公安局公开了 2018 年工作计划，而往年的工作计划以涉及警务秘密为由未向社会公开。

除了预决算和“三公”信息公开之外，财务公开还包括公职人员的收入公开和罚款、收费信息公开。评估结果显示，公安机关会在其公开的预决算信息中提到人员经费，涵盖薪资津贴、补贴等。公开收费信息的有 2 家，1 家是广州市公安局，发布了《广州出入境管理支队 2016 年度收费收入公示》，并在其公开的 2017 年决算信息表中列明了广州公安各种收费和罚没款的金额；1 家是长沙市公安局，公开了 2013 年行政事业性收费数据。未来，应强化公职人员的收入公开，并将罚款和收费信息纳入财务公开范围，真正实现财务透明。

（三）实名与匿名

2018 年《公安机关执法公开规定》对行政处罚决定书的公开作出具体规定，要求隐去作为被处罚人的自然人的名字。评估结果显示，在提供行政处罚决定书网上公开的 21 家公安机关中，有 13 家进行了隐名处理，超过了 60%。例如，石家庄、济南、合肥、贵阳、西安、西宁等市的公安局在处理违法行为人或申请人的身份证号、出生年月、家庭住址等信息时，也对其姓名进行了隐名处理。公安部的文件对行政处罚决定作出隐名公开的规定，是出于保护自然人隐私权的考虑，然而究竟选择实名公开还是匿名公开，还是应该服从文书公开的目的？行政处罚决定书的公开，是为了监督，一是行政处罚权行使的结果接受社会监督，二是被处罚人接受舆论监督。如果进行匿名公开，第二个监督效果就不复存在，也不利于社会诚信体系建设。横向比较，法院的裁判文书上网已然成为常态，最高人民法院不断修订文书上网的规定，并最终选择实名公开。在法治社会，公民的个人隐私固然应该受到尊重和保护，然而在接受社会监督、保护更大的公共利益面前，个人某些隐私权会受到适度克减。《关于全面深化公安改革若干重大问题的框架意见》提出，加快建立以公民身份证号码为基础的公民统一社会信用代码制度，推动建立违法犯罪记录与信用、相关职业准入等挂钩制度。未来，为完善社会诚信体系建设，必然会加强对行政执法大数据的关联分析、深化应用，如果公开的执法文书作了隐名处理，将会给数据关联造成障碍。

（四）分散与集约

平台林立、信息分散是包括司法公开在内的政务公开普遍存在的问题，警务公开尤为突出。评估发现，警务公开平台，多达七八个：本公安机关网站（有的公安机关有两个官方网站，如兰州公安局有 http：//gaj. lanzhou. gov. cn 和 http：//www. lzsgaj. gov. cn）、职能局网站（如北京市公安局公安交通管理局有 http：//www. bjjtgl. gov. cn）、上级公安机关网站、执法公开统一平台（如云南公安执法公开信息查询系统 http：//220. 163. 12. 25）、智慧警务平台（如云南互联网 + 公安政务服务平台）、警务专项平台（如公安出入境网上办事平台 http：//219. 136. 255. 192、交通安全综合服务管理平台 http：//www. 122. gov. cn）等，有些网站诸如本级政府网站、信用中国地方频道，虽然不是警务公开平台，但也会发布一些或某类警务信息。不同平台发布的信息无论数量还是内容都不一致，平台之间也缺乏有效的链接。

平台林立不仅增加公开成本，还造成数据碎片化，给公众获取完整信息制造障碍。2018 年《公安机关执法公开规定》第 32 条对公安机关建设互联网政府公开平台、统一公开公安机关的执法信息提出要求，同时规定可以通过上级公安机关或者本级人民政府统一互联网公开平台进行执法公开。未来，应借助政务网站集约化建设的趋势，在保障技术安全的前提下，对警务公开平台进行整合，实现警务信息公开的集约化。另外，平台友好度也亟待进一步提升，应关闭网站页面上的游动窗口。评估结果显示，36 家受评估公安机关的网站上，有 16 家公安机关的网站首页有游动窗口，影响信息查阅。

五 提升中国警务透明度之路径选择

态度决定尺度，尺度决定透明度，透明度决定信任度。针对警务公开存在的公开意识保守、平台林立、标准缺失等问题，去敏感化、集约化、标准化将成为提升中国警务透明度之路径选择。

（一）去敏感化

公安机关既是行政执法机关又是刑事侦查机关，在促进公安数据开放过程中，要妥善处理公开与保密的关系，既不能公开涉及国家秘密以及可能妨碍正常侦查活动或者影响社会稳定的执法信息，也不能因噎废食以保密为借口一概不公开。对于公安机关的哪些事项属于保密范畴，《公安工作中国家秘密及其密级具体范围的规定》《公安工作中警务工作秘密具体范围的规定》应该有明确规定，但是这两个规定公安保密事项范围的文件本身也被定密，因此具体哪些属于公安保密事项外界就不得而知了。实践中各地公安机关对于同一事项是否属于保密范围把握的标准不一致，孰是孰非，外界很难分辨。随着法治的不断完善和政务公开朝着实质化方向纵深推进，有些警务事项也应该去敏感化，经历一个脱敏的过程。以公安机关工作计划为例，不少公安机关以“工作规划涉及警务秘密”为由不予公开。但是评估也发现，不少机关将工作计划进行脱敏处理后予以公开。例如，北京市公安局在其公开的 2017 年决算中有“涉密事项说明”，即“已经国家保密局确认为涉及国家秘密的信息，根据国家保密法律法规和有关保密事项范围的规定，在预算公开中予以剥离”。未来，对于涉及保密的信息，如果能够区分开来，可以将保密信息隐去之后进行公开，而不能以部分保密为由拒绝对整体信息的公开，否则将无法最终构建公安大数据，损害公安机关的公信力和亲和力。

（二）集约化

政务网站集约化建设是大势所趋，相应地，在保障技术安全的前提下，也应对警务公开平台进行整合，实现警务信息公开的集约化。有些公安机关的网站开始有意朝着集约化的方向发展，如青岛市公安局 2018 年 4～5 月将青岛公安交通信息服务网站整体迁移至青岛公安网；厦门市公安局政府网站

（厦门公安公众服务网）已迁移至厦门市级政府网站统一技术平台，于2018年9月20日起上线并启用新域名：http：//ga. xm. gov. cn。深圳警务公开为集约化提供了一种过渡模式：深圳市公安局在其官方网站上提供统一的公开目录，多数信息在官方网站上公开，部分信息则链接至相应的集约平台，如行政处罚决定书和案件进度查询会链接至“广东公安执法信息公开平台”，执法主体公示信息链接至“深圳政府在线”，权责清单链接至“广东政务服务网（深圳市）”。未来，政务公开发展到高级阶段，必然是“一站式”公开，实现对警务信息“一网打尽”。

（三）标准化

标准化是行业发展成熟的标志。警务公开之所以存在一些乱象，深层次原因是认识不一致导致的标准缺失。未来，应该建立警务公开标准化，并逐步形成整个政务公开的行业标准。当然警务公开标准化是个系统工程，需要进一步扭转观念、统一认识；需要对警务进行数字化管理；需要对数据信息进行甄别，进行精细化、科学化分类，继而进行有效的整合。

B.17

中国海事司法透明度指数报告（2018）

——以海事法院网站信息公开为视角

中国社会科学院法学研究所法治指数创新工程项目组*

摘　要： 2018年，中国社会科学院法学研究所法治指数创新工程项目组对全国十家海事法院的司法公开情况进行了第六次评估。为能更全面反映各家海事法院的公开情况，项目组首次借助专业平台进行了用户体验调查，并参考了新媒体大数据平台的数据。评估结果显示，2018年，中国海事司法透明度情况稳中有升，趋势向好，具体表现为网站更新情况较好、国际化程度不断提高。但是，一些以往评估中发现的问题仍未得到根本改善，“僵尸栏目”和集中更新的现象依然较多，两极分化的格局继续延续。随着改革开放的深入推进，海事司法的重要性日益凸显。司法公开是提升司法公信力和影响力的有效途径。中国应不断提升海事司法透明度，定期发布典型案例、指导性案例和海事审判白皮书。

关键词： 海事法院　司法透明度　司法公开　法治指数

* 项目组负责人：田禾，中国社会科学院国家法治指数研究中心主任，法学研究所研究员；吕艳滨，中国社会科学院法学研究所研究员、法治国情调研室主任。项目组成员：王小梅、王祎茗、刘雁鹏、何欧阳、张文广、胡昌明、栗燕杰等（按照姓氏汉字笔画排序）。执笔人：张文广，中国社会科学院国际法研究所副研究员、最高人民法院“一带一路”司法研究基地副主任兼秘书长。本报告在指标设计、调研和报告写作中得到了许多专家、学者、法官和律师的支持与帮助，在此一并致谢。

为全程跟踪、如实记录、客观评价中国海事司法透明度的发展情况，2018 年度，中国社会科学院法学研究所法治指数创新工程项目组（以下简称“项目组”）继续以中国海事法院网站的信息公开为视角，结合海事法院微信公众号的更新情况，对中国海事司法透明度进行了第六次调研和评估。

一 2018年中国海事司法公开重要政策、事件回顾

2018 年是改革开放 40 周年，“一带一路”和自由贸易试验区建设 5 周年。从中国涉外商事海事审判网站的统计情况看，2018 年全国法院受理的涉外商事海事案件涉及近 70 个国家和地区，中国司法在国际上的公信力逐步提升①。

改革开放是中国的基本国策。随着对外开放程度的进一步扩大，海事司法的服务保障功能更加突出。以增强国际影响力为主线，深入贯彻实施审判精品战略，扎实推进国际海事司法中心建设成为中国海事审判的必然选择。

建设国际海事司法中心，关键在于提升司法公信力和国际影响力。2018 年，全国 10 家海事法院继续通过门户网站、全国性司法公开平台、中国涉外商事海事审判网及各种媒体、平台公开法院审判、执行情况，海事司法透明度、司法公信力和国际影响力不断提升。

作为国家最高审判机关，最高人民法院高度重视司法公开工作。2018 年 3 月 9 日，最高人民法院工作报告提出：“坚持以公开为原则、以不公开为例外，将司法公开覆盖法院工作各领域、各环节。”“持续深化司法公开，加快建设智慧法院。扩大庭审直播、文书上网、审判流程及各类司法信息公开范围，全面拓展司法公开的广度和深度。”②

2018 年 3 月 27 日，最高人民法院国际海事司法广州基地在广州海事法

---

① 《第五次全国涉外商事海事审判工作会议文件》，第 5 ~ 6 页。

② 《最高人民法院工作报告》，http：//www. court. gov. cn/zixun - xiangqing - 87832. html，2019 年 1 月 24 日最后访问。

院正式成立，最高人民法院院长与部分葡语国家最高法院院长考察基地①。同年6月12日，上海海事法院召开新闻发布会，发布《关于推进“最高人民法院国际海事司法上海基地”建设的实施意见》和《关于推进“智慧海事法院（上海）实践基地”建设的实施意见》②。

继2017年最高人民法院首次发布年度十大典型海事案例后，2018年8月最高人民法院再次发布年度海事审判十大典型案例③，受到了海事界、法律界的广泛关注。

2018年11月20日，最高人民法院发布《关于进一步深化司法公开的意见》，明确提出了司法公开的基本原则，即坚持主动公开、依法公开、及时公开、全面公开、实质公开。该意见特别指出，“海事法院和对外交往频繁、涉外案件较多的法院根据自身条件，推进司法公开平台外文版或外文版块建设，开展多语言译制和对外宣传推介工作”④。

在第二十六届全国海事审判研讨会上，最高人民法院再次明确，各海事法院要加强信息化建设，“要积极利用最高法院搭建的‘中国海事审判’工作平台，交流审判经验，开展司法协作，实现信息共享”⑤。

二　指标体系和评估方法

（一）评估对象

与前五次评估相同，2018年中国海事司法透明度指数的评估对象为全

① http://www.court.gov.cn/zixun-xiangqing-88402.html。

② 《上海海事法院出台意见　全力推进国际海事司法中心建设》，http://www.court.gov.cn/zixun-xiangqing-101812.html，2019年1月24日最后访问。

③ 《最高人民法院发布十件海事诉讼典型案例》，http://www.court.gov.cn/zixun-xiangqing-111541.html，2019年1月24日最后访问。

④ 《最高人民法院关于进一步深化司法公开的意见》，http://www.court.gov.cn/fabu-xiangqing-132411.html，2019年1月24日最后访问。

⑤ 《第二十六届全国海事审判研讨会召开》，http://www.court.gov.cn/zixun-xiangqing-131631.html，2019年1月24日最后访问。

国十家海事法院：上海海事法院、天津海事法院、青岛海事法院、大连海事法院、广州海事法院、武汉海事法院、海口海事法院、厦门海事法院、宁波海事法院和北海海事法院。

（二）评估重点

2018 年度中国海事司法透明度评估重点已在《中国海事司法透明度指数报告（2017）》发布时向社会公开：“2018 年度中国海事司法透明度评估的重点包括信息公开的及时性、同步性，网站检索功能，数据公开，海事审判白皮书，司法建议、重要事件、典型案例和精品文书的公开情况，与全国性司法公开平台和中国涉外商事海事审判网的链接和更新情况，等等。”①

（三）指标体系

在板块设置及其权重方面，与往年相比，项目组进一步优化完善 2018 年度中国海事司法透明度指标体系。具体表现为：一是增加了用户体验调查，借鉴了大数据平台的数据，提高了公众参与度；二是考虑到 2018 年是“基本解决执行难”的收官之年，因此增加了执行公开板块的权重，降低了立案庭审、文书公开的权重。调整后的板块设置及其权重如下：审务公开占 20%、立案庭审公开占 20%、文书公开占 20%，执行公开占 30%，平台数据占 10%，每一板块满分 100 分。

在二级指标和权重方面，2018 年度也有一定改变。经优化和调整后的中国海事司法透明度指数测评指标体系（2018）共有 5 个一级指标，25 个二级指标（见表 1）。

① 《中国海事司法透明度指数报告（2017）》正式发布，人民网，http://legal.people.com.cn/n1/2018/0322/c42510-29883636.html，2018 年 12 月 29 日最后访问。

表1　中国海事司法透明度指数评估指标体系（2018）

一级指标及权重	二级指标及权重
1. 审务公开(20%)	1.1　平台建设(25%) 1.2　人员信息(15%) 1.3　财务信息(15%) 1.4　年度报告与统计数据(25%) 1.5　审判白皮书(10%) 1.6　规范性文件(10%)
2. 立案庭审公开(20%)	2.1　诉讼指南(20%) 2.2　开庭公告(20%) 2.3　旁听(20%) 2.4　庭审直播(20%) 2.5　发布制度(10%) 2.6　庭审笔录(10%)
3. 文书公开(20%)	3.1　中国裁判文书网链接(10%) 3.2　及时性(10%) 3.3　文书内容(20%) 3.4　典型案例(30%) 3.5　数据公开(30%)
4. 执行公开(30%)	4.1　中国执行信息公开网链接(10%) 4.2　执行指南(20%) 4.3　终本案件(20%) 4.4　执行曝光(20%) 4.5　执行惩戒(20%) 4.6　执行举报(10%)
5. 平台数据(10%)	5.1　网站用户体验调查(50%) 5.2　公众号数据(50%)

（四）评估方法

评估主要采取观察、验证和投票的方法。2018年度，项目组对海事法院网站更新情况进行了全程跟踪，及时发现并记录海事法院网站上和媒体报道中有价值的信息。在对海事法院门户网站进行评估时，凡评估人员无法找到信息内容、无法打开网页的，均由其他评估人员利用互联网上的多个主要搜索引擎进行查找，采取更换计算机及上网方式、变更上网时间等方式进行多次验证。

在前四个一级指标评估结束后，项目组还通过业内知名公众号“海商法研究中心”进行了用户体验调查，调查期间，共计有23137个账户进行了投票。此外，项目组还调取了清博大数据的海事法院微信公众号年度报告，提取了10家海事法院微信公众号全年阅读量数据。鉴于本次评估是首次借助平台数据来反映海事法院的影响力，权重不宜过高，故平台数据指标权重仅为10%，是五个一级指标中权重最小的一个。

三 评估结果

2018年度，在全国10家海事法院中，有6家海事法院的排名发生了变化。从分数分布来看，有2家海事法院的得分超过90分，2家海事法院得分在80～90分，1家海事法院得分在70～80分，1家海事法院得分在60～70分，2家海事法院得分在50～60分，2家海事法院得分在40～50分（见表2）。

表2 中国海事司法透明度指数测评结果（2018）

单位：分

排名	海事法院	审务公开（20%）	立案庭审公开（20%）	文书公开（20%）	执行公开（30%）	平台数据（10%）	总分（100分）
1	上海	95.0	95.0	95.0	90.0	90.0	93.0
2	宁波	95.0	96.0	90.0	90.0	90.0	92.2
3	广州	93.0	95.0	90.0	85.0	55.0	86.6
4	厦门	90.0	84.0	90.0	85.0	80.0	86.3
5	北海	95.0	83.0	85.0	70.0	40.0	77.6
6	天津	80.0	60.0	80.0	60.0	15.0	63.5
7	武汉	72.0	50.0	70.0	40.0	80.0	58.4
8	海口	70.0	60.0	65.0	45.0	45.0	57.0
9	青岛	61.0	35.0	65.0	40.0	25.0	46.7
10	大连	60.0	45.0	60.0	30.0	30.0	45.0

需要指出的是，第一，门户网站一直是中国海事司法透明度评估的核心。没有将相关信息在门户网站上公开，且又没有相应说明的，会影响其最终得分。第二，排名反映的是相对水平。排名下降并不等于司法公开工作倒退，也可能是由于其他法院进步更快所致。第三，评估的标准不断提高。同样的指标，原来仅考察评估期内有没有更新，现在则同时需要考察公开的数量和时间。第四，评估有一套指标体系，每一项指标和每一个板块都有相应的权重，最终得分取决于各项指标、各个板块的综合表现。一些法院重视宣传工作，网站更新比较频繁，但其公开的内容集中于某一类，与评估系统的要求存在一定差距，因此得分也不理想。

本次评估是项目组对中国10家海事法院进行的第6次评估。历次评估的结果见表3。

表3　中国海事司法透明度指数评估排名（2013～2018）

排名	2013	2014	2015	2016	2017	2018
1	宁波	宁波	宁波	上海	上海	上海
2	广州	北海	北海	北海	宁波	宁波
3	北海	广州	广州	厦门	厦门	广州
4	上海	上海	海口	宁波	北海	厦门
5	海口	天津	青岛	广州	广州	北海
6	厦门	厦门	上海	青岛	海口	天津
7	武汉	青岛	天津	海口	天津	武汉
8	大连	大连	厦门	天津	武汉	海口
9	青岛	海口	大连	大连	青岛	青岛
10	大津	武汉	武汉	武汉	大连	大连

2018年，中国海事司法透明度稳中有升，整体趋势持续向好。

第一，公开意识明显提升。《中国海事司法透明度指数报告（2017）》发布后，新华网、人民网和法制网等网络媒体，公众号海商法研究中心、海事界、航运界、信德海事等圈内知名自媒体，以及《人民法院报》头版都对评估结果进行了报道，报告的社会影响力和行业穿透力进一步提升。报告发布后，多家海事法院召开了专题会议并主动与项目组联系，希望能改进工作，不断提升海事司法透明度。

2018 年度，一些海事法院对中国海事司法透明度指标体系进行了深入研究，同时借鉴历次评估报告总结的亮点，不断完善网页栏目设置，增加公开的内容，拓展了司法公开的广度和深度，取得了较为理想的结果。评估期内，上海、宁波、广州海事法院对门户网站进行了改版，厦门海事法院推出了英文网页。一些海事法院在评估期结束后，主动给项目组提供了 2018 年度司法公开总结。从趋势上看，随着领导的重视，制度的完善，资金和人员的到位，海事司法透明度排名竞争更加激烈，一个板块甚至一项指标得分不理想，都可能会影响最终排名。

第二，亮点特色继续保留。项目组以往报告中提炼了评估中发现的特色和亮点，如庭审笔录公开、典型案例公开、发布专题白皮书、定期公布数据、微信微博和网站发布同步等，大多都得到了保留，一些好的做法得到推广。以业界广泛关注的审判白皮书为例，2018 年，8 家海事法院发布了海事审判白皮书，宁波海事法院发布了三部白皮书，即《2017 年浙江海事审判情况报告》《浙江沿海水域水上交通事故防范与海事纠纷化解情况通报（2013～2017）》和《宁波海事法院海上保险纠纷审判状况（2014 年 1 月至 2018 年 10 月）》。尤其值得赞扬的是，大多数海事法院在发布白皮书的当天就做到了全文上网。又以典型案例公开为例，9 家海事法院在网站上公开了本院的典型案例，其中 6 家海事法院 2018 年在网站上公开的典型案例超过 10 个。另外 1 家海事法院虽然没有在网站上公开典型案例，但也通过其微信公众号推送了数个典型案例。

第三，国际色彩更加浓厚。从中国的大国地位、改革开放的需要、海事司法的国际性因素等考虑，最高人民法院历来特别重视海事司法的国际地位问题。建设国际海事司法中心，目的是整体上提高中国海事司法的国际地位和国际影响力①。门户网站是国外当事人了解中国海事司法状况的重要窗口。2018 年度，作为最高人民法院国际海事司法基地的上海海事法院和广州海事法院，以及宁波海事法院的英文网站运行更加稳定，内容更加丰富。

① 《第五次全国涉外商事海事审判工作会议文件》，第 17 页。

宁波海事法院、上海海事法院继续以中英双语发布年度海事审判白皮书，广州海事法院继续用中、英、葡三种语言发布海事审判白皮书。与2017年度相比，厦门海事法院开通官方网站英文版网页，并首次以中英双语向社会发布年度审判工作白皮书及年度典型海事案例。

但是，在取得进步的同时，2018年度，海事法院司法公开工作也存在以下不足。

第一，“僵尸栏目”众多的现象没有得到根本改善。在评估过程中，项目组对海事法院网站上的每一个栏目都进行了观察，点击阅读了评估期内公开的每一条信息。评估发现，一些海事法院网站上的栏目，一直是空白栏目，自栏目设置后就没有公开过一条内容。也有些栏目，长期不更新，最近的更新也发生在数年前。项目组认为，栏目设置精细化有利于公众查询信息，长期不更新则会导致一些不必要的误解。对于有的栏目，如执行惩戒，若本年度确实没有可以更新的内容，则应加以说明并标注日期。

第二，发布不及时和集中更新的现象依然较多。从十家海事法院网站公开的内容看，一些海事法院公开的内容比较齐全，数量也相当可观。然而，从更新的时间看，集中更新的现象并没有得到明显改善。一些网站长期不更新，但在某一时间点集中更新大量内容。此外，公开的及时性也有待加强。以审判白皮书的发布时间为例，一般而言，2018年度发布的白皮书，针对的应当是2017年度的情况或某个专题，然而，在2018年8家发布审判白皮书的海事法院中，有3家海事法院发布时间迟至2018年10月。

第三，两极分化的格局日益明显。从六次评估的结果看，两极分化的格局更加明显。在2018年评估中，上海、宁波、广州、厦门海事法院处于司法公开的第一梯队。与此同时，一些海事法院的司法公开意识仍然不强，重视程度不够，在多次评估中的得分都不理想。

四　完善建议

经过三十余年的发展，中国正处于从海事司法大国向海事司法强国转变的关键时期。稳定、公开、透明、可预期的法治环境是营商环境的核心要素之一，也是建设国际海事司法中心的重要保障。司法公开只有进行时，没有完成时。

第一，明确网站定位，打造统一平台。在往年发布的评估报告中，项目组曾多次建议将门户网站明确为海事司法公开的基础平台，但效果并不理想，多平台发布的现象依然较多。《最高人民法院关于进一步深化司法公开的意见》提出，“努力将人民法院政务网站建设成为及时、准确、规范、高效的司法公开平台、互动交流平台和公共服务平台。加强政务网站内容建设和规范管理，强化信息发布更新，及时归并或关闭内容更新没有保障的栏目版块，避免因内容更新不及时、信息发布不准确、意见建议不回应影响司法公开效果”。“海事法院和对外交往频繁、涉外案件较多的法院根据自身条件，推进司法公开平台外文版或外文版块建设，开展多语言译制和对外宣传推介工作。”① 这为司法公开下一步工作指明了方向。

第二，落实司法公开工作责任制。从历年评估的结果看，仅靠海事法院某一个内设部门或某几个人员负责司法公开工作的效果并不理想，“一把手”的重视程度是司法公开工作的关键因素之一。海事法院院长“承担本单位司法公开领导责任，每年至少听取一次司法公开工作汇报，研究部署和督促落实深化司法公开重点工作”②。

第三，加强海事审判白皮书和典型案例的发布工作。中国是世界上海事审判机构、海事案件数量最多的国家，丰富的海事案例和审判经验是中国海事司法的优势所在，也是中国可以向世界提供的公共产品。定期发布白皮书，可以使公众了解海事法院工作的重点和审判情况，可以获悉法院的司法态度和裁判规则。发布典型案例，有利于统一裁判标准，积极参与构建国际海事司法规则，为世界法治文明提供中国经验和中国方案。根据《最高人

① 《最高人民法院关于进一步深化司法公开的意见》，http：//www.court.gov.cn/fabu-xiangqing-132411.html，2019年1月24日最后访问。

② 《最高人民法院关于进一步深化司法公开的意见》，http：//www.court.gov.cn/fabu-xiangqing-132411.html，2019年1月24日最后访问。

民法院关于进一步深化司法公开的意见》的要求，海事法院应当主动公开典型案例，“扎实做好白皮书编写、制作、发布和宣传工作，切实增强白皮书权威性、规范性和可读性”[①]。

2019 年，项目组将根据《最高人民法院关于进一步深化司法公开的意见》《最高人民法院关于加强和规范裁判文书释法说理的指导意见》等文件的要求，完善中国海事司法透明度指标体系，全程跟踪、观察、记录中国海事司法的发展，与各界一起，努力提升中国海事司法公信力，扩大中国海事司法的国际影响力。

---

① 《最高人民法院关于进一步深化司法公开的意见》，http://www.court.gov.cn/fabu-xiangqing-132411.html。

法治国情调研

Investigation of Rule of Law

B.18 新时代“枫桥经验”的实践、内涵与价值

——以绍兴市为样本

卢芳霞*

摘　要： 中国特色社会主义进入新时代，中国基层社会面临经济转型、矛盾变化、心态浮躁和价值多元等新情况与新问题。“枫桥经验”及时应对，不断加快转型升级，在习近平新时代中国特色社会主义思想的指导下，不断创新体制机制与方式方法，走出了一条具有中国特色的基层社会治理新路子。新时代“枫桥经验”的内涵发生了变化，不再仅是化解矛盾纠纷的经验，而成为创新基层社会治理的一套行之有效的方法，其以党建为引领，以人民为主体，以“五治”为新做法、新经验，以基层为基础，以平安为目标。新时代“枫桥经验”彰

* 卢芳霞，中共浙江省绍兴市委党校教授、“枫桥经验”研究中心常务副主任。

显了崭新的时代价值，为坚定中国特色社会主义道路自信、理论自信、制度自信和文化自信贡献了基层力量。

关键词： “枫桥经验”　新时代　基层社会治理　四个自信

引　言

时代是出卷人，“枫桥经验”的创造者和传承者是答卷人，群众是阅卷人。每一个新的时代都赋予“枫桥经验”新的历史使命。55 年来，“枫桥经验”一直与时俱进，勇立潮头，有效破解新的难题，经受人民群众检验。“枫桥经验”是贯彻党的群众路线的一个典范，是全国政法战线的一面旗帜，是中国基层社会治理的一个缩影。

在社会主义建设时期，对“四类分子”进行社会主义教育运动过程中，浙江绍兴枫桥的干部群众创造了“发动和依靠群众，坚持矛盾不上交，就地解决，实现捕人少，治安好”的经验，得到了毛泽东主席的亲笔批示：“要各地仿效，经过试点，推广去做。”在这个初始阶段，“枫桥经验”是贯彻落实毛泽东同志“发动群众、依靠群众”群众路线思想的标杆，是全国改造“四类分子”的样板。在改革开放新时期，社会矛盾发生了变化，社会治安形势严峻，“枫桥经验”开始大转型，创造出融“打、防、教、管、建”于一体的社会治安综合治理经验，有效维护了社会稳定。在第二个阶段，“枫桥经验”是贯彻落实邓小平同志“稳定压倒一切”方针的有力执行者，被誉为全国政法综治战线的典范。在中国特色社会主义新时代，“枫桥经验”又肩负起新的历史使命，开始再次大转型，针对人民群众民主法治意识提升、对美好生活向往等新情况，健全共建共治共享新格局，加快打造新时代“枫桥经验”步伐。在第三个阶段，“枫桥经验”是贯彻落实习近平总书记“以人民为中心”思想的时代先锋，是中国特色基层社会治理的典型。

绍兴作为“枫桥经验”的发源地，率先在中国特色基层社会治理方面有了新探索与新实践。2015～2016年，绍兴市所辖的诸暨市枫桥镇出台的坚持发展“枫桥经验”三年规划，就已经按照基层社会治理现代化的思路设计大量创新项目，并上报给浙江省委政法委、中央政法委。2017年6月，绍兴市出台打造“枫桥经验”升级版、建设“平安中国示范市”的文件，进一步提升基层社会治理现代化水平。随后，浙江省第十四次党代会采纳了绍兴的建议，提出打造“枫桥经验”升级版，提升社会治理现代化水平，建设平安中国示范区。2018年11月，纪念毛泽东同志批示学习推广“枫桥经验”55周年暨习近平总书记指示坚持发展“枫桥经验”15周年大会在绍兴举行，会议高度肯定浙江和绍兴推动新时代“枫桥经验”的实践创新。

新时代“枫桥经验”已经踏上社会治理新征程，在习近平新时代中国特色社会主义思想指导下，不断提升城乡基层社会治理能力。“枫桥经验”的时代内涵发生了变化，不再限于化解基层矛盾纠纷的做法，而是向全面创新基层社会治理转型，探索出一系列新做法、新经验，为完善新时代中国特色社会主义基层社会治理体系提供了鲜活样本，为坚定中国特色社会主义道路自信、理论自信、制度自信、文化自信贡献了绍兴力量。

一　新时代“枫桥经验”的实践探索

当前中国基层情况发生了变化，出现了矛盾纠纷复杂多样、民主法治意识高涨、互联网时代来临、工作专业化要求提高等一系列新情况和新问题，这对“枫桥经验”提出了新挑战。绍兴作为“枫桥经验”发源地，突破传统治理模式，创新基层社会治理方法，通过“政治、自治、法治、德治、智治”五治联动，构建共建共治共享社会治理新格局，不断提升基层治理能力现代化，打造“枫桥经验”升级版。

（一）政治统领

党建统领是基层社会治理的最大政治优势。要坚持党建引领，全面加强基层党的建设，充分发挥基层党组织战斗堡垒作用和党员先锋模范作用，真正把基层党建的政治优势转化为基层社会治理的工作优势①。

绍兴“枫桥经验”实践近年来重点从五个方面加强党建引领基层治理。一是充分发挥“五个引领”作用。以党建为龙头，强化基层党组织的政治引领、组织引领、能力引领、机制引领、作风引领作用，以政治引领领导力、组织引领执行力、能力引领发展力、机制引领凝聚力、作风引领战斗力。二是积极创新“党建+”模式。坚持把党建作为引领发展、推进基层治理的“牛鼻子”，深入实施“党建+基层治理四平台”“党建+乡村振兴”“党建+两新组织”“党建+流动人口管理服务”“党建+阵地建设”，使党的旗帜在每一个阵地高高飘扬，确保党的全面领导落实到基层工作中②。三是推行党建工作清单制，每年市、县（市、区）、乡镇（街道）、村（社区）都制定党建工作责任清单、任务清单，并与各级党委政府的中心任务、重点工作紧密结合，使党建工作“脱虚向实”、量化考核、层层落实。四是开展“五星达标、3A争创”工作。2017年7月绍兴市出台《关于基层党建引领基层治理　促进农村各项工作全域提升的实施意见》，将“五星达标、3A争创”列为市县“一把手”工程、加强农村工作的总抓手。计划通过3年时间，全市1000个以上村实现五星达标，100个以上村达到国家级3A级景区标准，打造党建引领乡村振兴的绍兴样板。所谓“五星”指的是党建星、富裕星、美丽星、和谐星、文明星，所谓“3A”指的是争创国家3A级景区村，不一定是做旅游，而是其基础设施、村民生活水平、文明程度都达到了3A级景区的标准。五是将全面从严治党延伸到基层。从2013年以来，连续两届整治村级贿选，提高村两委班子的政治要求。实施村干部“四不公开”承诺，要求村干部签订“不承包承建本村工程、不违规干预和插手本村工程、不违规发展党员和不履职就辞职”的承诺。实施党员“四零”承诺，要求所有党员“零四违、零非访、零脏乱、零污水”，并开展党员日常表现量化管理，如枫桥镇每年对1%左右的党员进行警示教育。

---

① 陈一新：《推进基层社会治理现代化要发挥“五治”作用》，长安剑（中央政法委微信公众号），2018年10月12日。

② 马卫光：《坚持发展新时代“枫桥经验”》，《求是》2018年第23期。

（二）自治基础

人民群众是基层社会治理的力量源泉，村（居）民自治是基层自治的重要载体。要始终坚持以人民为中心的发展思想，尊重群众主体地位，让人民群众成为推进基层社会治理现代化的最大受益者、最积极参与者和最终评判者，最大限度调动群众参与基层社会治理的积极性、主动性、创造性，打造人人有责、人人尽责的基层社会治理共同体①。

绍兴“枫桥经验”实践近年来重点从四个方面加强基层自治。一是完善村（居）民自治制度。充分发挥村（居）民委员会的基层群众性自治组织作用，创新村民代表会议制度、村民代表履职规范，加强村民自我管理、自我教育、自我服务，实现“民事民议、民事民办、民事民管”。二是健全基层协商民主机制。通过村（居）民议事会、民情恳谈日等形式，开展灵活多样的民主协商活动，涌现出以诸暨市枫源村“三上三下”民主决策机制、越城区蔡家江村村级民主协商制度、新昌大市聚镇重大事务协理团制度等为代表的一批基层民主自治实践典型。三是激发各类社会组织活力。建立健全社会组织服务和管理机制，培育大量社会组织，并引导其积极参与公共服务、治安维护、矛盾化解、慈善救助等活动。至 2018 年 12 月，绍兴市依法登记的社会组织 3726 家，备案登记的社区社会组织 15596 家，新增 5833 家。四是推进村规民约建设。充分发挥村规民约（社区公约）在基层社会治理中的积极作用，以规约引导规范村民和社区居民的行为。到 2018 年 6 月，绍兴全市 2615 个行政村和社区在浙江省率先完成村规民约制（修）订工作。

（三）法治保障

法治是治国理政的基本方式。要认真贯彻全面依法治国要求，坚持把群众路线与法治方式结合起来，善于运用法治思维和法治方式谋划思路、推进

① 陈一新：《推进基层社会治理现代化要发挥“五治”作用》，长安剑（中央政法委微信公众号），2018 年 10 月 12 日。

基层社会治理①。

绍兴“枫桥经验”实践近年来重点从五个方面加快推进基层法治建设。一是加强“民主法治村（社区）”建设。至2018年12月，绍兴市成功创建全国民主法治村11个、省级民主法治村120个，市级以上民主法治村累计已达到677个，同时又筛选100个市级以上民主法治村（社区）首批实行“挂牌子、亮身份”，在村（社区）显眼位置突出“民主法治村（社区）”标牌，发挥“民主法治村（社区）”的示范引领作用。二是创建“枫桥式”基层政法单位。发挥绍兴的独特优势，打造基层平安建设品牌，高标准开展“枫桥式”系列创建。至2018年12月，绍兴市累计创建“枫桥式”乡镇（街道）90个，“枫桥式”派出所23个，“枫桥式”人民法庭18个，“枫桥式标杆法庭”2个，“枫桥式”司法所16个。三是实施“法治惠民”工程。健全村（社区）法律顾问制度，绍兴市所有村和社区实现“一村（社区）一律师”配置。同时提高乡村信息基础设施和技术装备水平，探索运用新媒体平台引领基层群众参与村级公共事务；加快实现村（社区）法律顾问“e服务微信群”建设全覆盖，加速构建网络立体化的法律服务模式。四是加强公民信用体系建设。公民信用建设是法治建设的重要组成部分，2017年以来，绍兴市着力探索打造体系完备、机制健全、运转有序、奖惩有度的公民信用体系，建设市公共信用信息平台，对个人信用实行评分制管理，逐步形成使守信者“处处守信，事事方便”、失信者“一处失信，处处受制”的信用联动奖惩机制，引导公民守信守法。五是健全依法维权和化解纠纷机制。树立法律权威，营造“办事依法、遇事找法、化纠靠法”的氛围。建立矛盾法治甄别疏导机制，加强源头甄别和分类疏导，对不适合调解或多次调解无果的案件，发放依法处置劝导书。推动信访法治化，规范信访秩序，杜绝“花钱买平安”，加大“非访”打击力度。2016年、2017年诸暨市平安考核蝉联浙江省第一，2017年、2018年绍兴市连续两年实现“零非访”。

---

① 陈一新：《推进基层社会治理现代化要发挥“五治”作用》，长安剑（中央政法委微信公众号），2018年10月12日。

（四）德治先导

德育是中华文化的生命禀赋，德治是中国数千年的历史传统。道德教化既治心又治本，在基层社会治理中具有不可替代的先导性、基础性作用。要通过加强道德教化，提高城乡居民的道德修养，促进基层社会和谐稳定①。

绍兴“枫桥经验”实践近年来重点从五个方面加快推进基层德治建设。一是动员乡贤参与社会治理，重塑乡土精英治理模式，发挥乡贤反哺桑梓、凝心聚力、教化村民等作用。至2018年12月，绍兴市已发展村级乡贤参事会1832个，会员6万余名，募集资金2.3亿元。二是充分发挥家训家规的作用。挖掘整理50余位绍兴名人家训家规，征集评选文明家训家规、优秀家风故事，使全社会形成家风好、民风纯的良好道德氛围。三是建立农村文化大礼堂，建成高标准农村文化礼堂近700家，打造精神家园。四是健全“最美绍兴人”挖掘培育学习机制，充分利用报纸、电视、广播、网络等加强宣传，精心培育好人文化。建设一批好人工作室、好人长廊、好人主题公园、好人广场、好人展馆，用身边好人会聚社会善行。五是探索社会心理服务体系建设。社会心理服务是“心防”工程，可以培育理性平和、积极向上的社会心态，对德育有前置性作用。绍兴市加大基层社会治理的“心防”工程，推动社会心理服务和教育进学校、进社区、进单位。从2017年开始，在28个乡镇（街道）、495个村（社区）开展试点，全面推进心理服务进机关、进学校、进企业。

（五）智治支撑

智能化建设为基层社会治理提供了有力的技术支撑，极大提升了基层社会治理效率。要强化互联网思维，善于运用智能化手段推动基层社会治理创

---

① 陈一新：《推进基层社会治理现代化要发挥“五治”作用》，长安剑（中央政法委微信公众号），2018年10月12日。

新，使互联网这个“最大变量”变为促进基层社会治理现代化的“最大增量”①。

“枫桥经验”近年来重点从五方面加快推进基层智能化治理。一是加强“基层治理四个平台”建设。利用互联网手段，加强基层“七站八所”力量整合，实现“基层治理四个平台”② 建设全覆盖，推动县乡之间职责重构、资源重配、体系重整，解决乡镇（街道）“看得见的管不了、管得了的看不见”的现实难题。2017 年全市“基层治理四平台”处理各类案（事）件 103.9 万件、办结率达 99.6%，连续六轮全省考核第一。深入推进“全科网格”建设，统一编制网格代码，绘制网格地图，实行网格事项准入制，确定网格责任清单。截至 2018 年 12 月，全市共划分网格 9385 个，配备专职网格员 9639 名，兼职网格员 14635 名，网络指导员 5423 名，受理事件按时办结率达 98% 以上。二是实现行政审批“最多跑一次”。利用“大数据”和科技手段，构建各种信息互通平台，全力开展重点突破、难点突破、典型突破，加快打造办事效率最高、政务环境最优、办事群众最满意的城市。至 2018 年 6 月底，绍兴市县两级已有 10023 个事项实现“最多跑一次”，实现率达 98.9%。全市 118 个乡镇（街道）均已建立便民服务中心，平均每个乡镇（街道）实现“最多跑一次”事项 73 项。三是推进“雪亮工程”建设。以县、乡、村三级综治中心为指挥平台、以综治信息化为支撑、以网格化管理为基础、以公共安全视频监控联网应用为重点，推进“群众性治安防控工程”，发动社会力量和广大群众共同监看视频监控，让群众用“雪亮的眼睛”来一起加强治安防控。至 2018 年 12 月，公安视频监控网络平台共接入各类视频监控 111047 路，实现重点公共区域视频监控覆盖率、联网率达 100%，重点行业、领域涉及公共区域视频监控覆盖率达 100%，联网率提高到 95%。另外，全面推进综治视联网“村村通”工程，截至 2018 年 6 月底，已经在浙江省率先实现地级市范围内的全覆盖。四是部署“在线矛

① 陈一新：《推进基层社会治理现代化要发挥“五治”作用》，长安剑（中央政法委微信公众号），2018 年 10 月 12 日。

② 四个平台是指综治工作、市场监管、综合执法、便民服务四个功能性工作平台。

盾纠纷多元化解平台”推广应用工作。依托互联网技术、人工智能和大数据，将在线咨询、评估、调解、仲裁、诉讼五大功能有机结合，在矛盾纠纷化解领域推进“最多跑一次、最好不用跑”改革。2018 年 6 月，浙江省矛盾纠纷多元化解工作暨在线矛盾纠纷多元化解平台建设现场推进会在诸暨市举行。五是建立政法机关一体化办案系统。通过跨部门的数据交换、业务协同、数据共享、流程再造，打破信息壁垒，开通信息“高速公路”，构建政法机关一体化的网上协同办案体系。2017 年，诸暨市被列为第三批浙江省“一体化办案系统”试点地区，所有刑事报捕、起诉案件均走“一体化办案系统”流程。目前，绍兴市正在加快“一体化办案系统”试点面上推广。政法机关“一体化办案”被喻为政法领域“最多跑一次”改革，增强了人民群众对执法司法的获得感、满意度。

二　新时代“枫桥经验”的核心内涵

新时代“枫桥经验”已经有了崭新的时代内涵，成为习近平新时代中国特色社会主义思想的重要组成部分。这一新经验包含五个基本内涵，即以党建为引领，以人民为主体，以“五治”为方法，以基层为基础，以平安为目标。

（一）以党建为引领

2018 年中央政法工作会议明确提出，“坚持以党建为引领，筑牢社会和谐稳定新防线”，纪念毛泽东同志批示学习推广“枫桥经验”55 周年暨习近平总书记指示坚持发展“枫桥经验”15 周年大会又强调，“坚持把党的领导作为根本保证”。党建有自己独特的政治优势，能通过政治引领、组织引领、能力引领、机制引领、作风引领等，从全局上调动最广泛的力量参与、从综合施策上解决矛盾纠纷、从方向上保证平安建设有力推进。所以，坚持党的领导，强调党建引领，始终是“枫桥经验”坚持、发展和创新的政治优势和推动力量，也是中国特色基层治理跟西方国家基层治理的重要区别。

（二）以人民为主体

新时代“枫桥经验”以人民为中心，这包含三层意思，即“一切为了人民”“一切依靠人民”“一切让人民来评判”。首先，“枫桥经验”为了人民。践行党的宗旨，为了人民群众，造福人民群众，把一切工作的出发点、落脚点都着眼于人民群众，一切为了让人民群众有获得感、幸福感。其次，“枫桥经验”依靠人民。中国共产党的执政根基在群众，必须善于“发动群众、依靠群众”开展工作，才能提高人民群众的参与感、认同感；必须善于团结群众力量共同解决矛盾与问题，才能确保党和国家的事业长治久安。最后，“枫桥经验”让人民来评判。以人民群众满意不满意为标准，来衡量各项工作的成效。通过领导干部社会化评价、平安建设满意度测评、第三方中立评估等多种形式，让人民群众参与评价干部业绩、平安建设等工作，让人民群众有更多的话语权、评论权。

（三）以“五治”为方法

重视方法论创新是“枫桥经验”的一大特点，也是“枫桥经验”始终保持生命力的奥秘所在。新时代“枫桥经验”的方法论又有创新，实现政治、自治、法治、德治、智治五种方法的互补、联动。其中政治是统领，发挥党的领导在基层社会治理的最大政治优势；自治是基础，激发基层社会治理的内生动力；法治是保障，运用法治思维和法治方式推进基层社会治理；德治是先导，使基层社会治理建立在较高的道德水平之上；智治是支撑，以智能化建设提升基层社会治理的活力和效率。“五治联动”是浙江“三治融合”的升级版，2013 年浙江已经提出“三治融合”，经过五年的探索创新，目前又升级成为“五治联动”，体现了“枫桥经验”方法论创新。

（四）以基层为基础

基层强则工作强，基础实则基层稳，“枫桥经验”的关键是“基层基础”很强。当前“枫桥经验”从党政组织、自治组织和社会组织三个层面同步推进基层基础建设。第一，在综治组织建设方面，继续加强“枫桥式乡镇（街道)”“枫桥式派出所”“枫桥式法庭”“枫桥式司法所”“枫桥检察室”等基层政法组织建设，这些源于枫桥镇的政法先进创建，都已经在绍兴全市推广。第二，在自治组织建设方面，重点是加强村级自治能力，改变以往政府包揽过多的现象。枫桥镇推行的“枫源式行政村”自治模式在诸暨全市推广。第三，在社会组织建设方面，引导支持各类社会组织在开展自我活动的同时，积极参与基层社会治理，开展义工志愿活动、帮助困难群众、帮教特殊人群等公益事务，不断激发社会活力，夯实基层基础建设。

（五）以平安为目标

“枫桥经验”最原初、最精髓的是“矛盾不上交”，毛泽东主席最初就指出“这叫矛盾不上交，就地解决”。习近平同志在浙江主政期间坚持发展“枫桥经验”，大力推进平安浙江建设；习近平同志在纪念毛泽东批示“枫桥经验”50周年时强调，要“创新群众工作方法，善于运用法治思维和法治方式解决涉及群众切身利益的矛盾和问题，把“枫桥经验”坚持好、发展好”；习近平同志在省部级主要领导干部坚持底线思维，着力防范化解重大风险专题研讨班上又强调，“要推进社会治理现代化，坚持和发展‘枫桥经验’，健全平安建设社会协同机制，从源头上提升维护社会稳定能力和水平”。这都体现了上层最为关注的是“枫桥经验”的社会稳定器作用。因此，绍兴在打造新时代“枫桥经验”时，仍然把平安和谐作为主要目标，不断创新矛盾纠纷多元化解机制，建设“平安中国示范市”。

三　新时代“枫桥经验”的时代价值

“枫桥经验”作为马克思主义理论与中国实践相结合的产物，始终能够顺应时代要求，及时担当历史使命与破解时代难题，其每一次转型都为中国特色社会主义道路、理论、制度、文化的拓展提供了可借鉴、可复制的经验，一直是中国特色社会主义道路、理论、制度和文化实践创新的领头羊。“枫桥经验”是人民群众在实践中的伟大创造，体现了中国特色社会主义道路的正确性和优越性，蕴含在科学丰富的中国特色社会主义法治理论和社会治理理论之中，展示了社会治理现代化的重大成果，传承着中华民族的优良传统①。新时代“枫桥经验”已经成为中国特色基层社会治理的经典样本，它的成功之路，有助于我们进一步坚定中国特色社会主义的道路自信、理论自信、制度自信和文化自信。

（一）有助于坚定道路自信

党的十八大对中国特色社会主义道路作了清晰的界定和科学的概括，即“在中国共产党领导下，立足基本国情，以经济建设为中心，坚持四项基本原则，坚持改革开放，解放和发展社会生产力，建设社会主义市场经济、社会主义民主政治、社会主义先进文化、社会主义和谐社会、社会主义生态文明，促进人的全面发展，逐步实现全体人民共同富裕，建设富强文明和谐的社会主义现代化国家”②。“对于这条道路，我们充满信心，坚信它是全面建成小康社会、加快推进社会主义现代化、实现中华民族伟大复兴的必由之路。因为这条道路是中国共产党团结带领中国人民艰苦探索的必然结果，是历史和人民的正确选择。”③

“枫桥经验”走出了一条具有中国特色的基层社会治理道路。首先，这条道路始终坚持党的领导。“枫桥经验”一直有很强的政治意识、大局意识、看齐意识和服从意识，能把党的路线方针政策有效贯彻落实，从不自搞一套，阳奉阴违，又能在大的方针政策和法治框架下适度创新，从而产生比别的地方更好的执行效果。其次，这条道路充分发挥党的政

---

① 陈冀平：《努力做好新时代“枫桥经验”理论总结和课题研究工作》，《法制日报》2018 年 2 月 14 日。

② 《坚定不移沿着中国特色社会主义道路前进　为全面建成小康社会而奋斗》，《人民日报》2012 年 11 月 9 日，第 1 版。

③ 任洁：《中国特色社会主义道路自信的根基》，《前线》2017 年第 6 期。

治优势。“枫桥经验”善于发挥基层党组织的政治引领功能、思想引领功能、制度引领功能和作风引领功能，把基层干部、党员、村民代表、社会组织、企事业和群众力量都调动起来，齐心协力干好新时代社会主义新事业。

（二）有助于坚定理论自信

党的十八大对中国特色社会主义理论体系作了明确的阐述，即“中国特色社会主义理论体系，就是包括邓小平理论、‘三个代表’重要思想、科学发展观在内的科学理论体系，是对马克思列宁主义、毛泽东思想的坚持和发展”。党的十九大又进一步明确：“习近平新时代中国特色社会主义思想是中国特色社会主义理论体系的重要组成部分。”习近平新时代中国特色社会主义思想已经成为该理论的重要组成部分，其社会治理思想又是其中最富有新意的思想之一。自党的十八大以来，习近平同志逐步形成了“社会治理战略布局论、社会治理性质论、社会治理格局论、社会治理主体论、社会治理动力论、社会治理基本原则论、社会治理体系论、社会管理体制改革论、社会治理机制论、网络社会治理法治论”① 等一系列社会治理新理论，这对新时代社会治理工作起到了全面指导作用。

在中国特色社会治理理论的指导下，“枫桥经验”形成了与西方相异的基层社会治理模式。西方国家大致有“社会主导、政府协助型模式”“社区、政府、国家合作管理型模式”“政府主导、社会协作管理型模式”三种基层社会治理模式，“枫桥经验”是在对中国传统基层治理文明创新性挖掘基础上进行的基层社会治理体系建设的实践探索，是打造共建共治共享社会治理格局的“东方模式”②。这种社会治理是党政社民协同治理而非互相制衡、互为对抗的模式，能把全党全社会的力量都整合起来，实现合作共治。

---

① 徐汉明：《习近平社会治理法治思想研究》，载《法学杂志》2017 年第 10 期。

② 徐汉明《“枫桥经验”：打造共建共治共享社会治理格局的“东方模式”》，在第十三届中国法学青年论坛“新枫桥经验与社会治理创新”上的主题发言，2018 年 7 月 8 日，https：//www. chinalaw. org. cn/Column/Column_ View. aspx? ColumnID = 1176&InfoID = 28574。

这进一步丰富了中国特色社会主义的治理实践与理论，为坚持和发展中国特色社会主义理论贡献了基层力量。

（三）有助于坚定制度自信

党的十八大指出，“中国特色社会主义制度，就是人民代表大会制度的根本政治制度，中国共产党领导的多党合作和政治协商制度、民族区域自治制度以及基层群众自治制度等基本政治制度，中国特色社会主义法律体系，公有制为主体、多种所有制经济共同发展的基本经济制度，以及建立在这些制度基础上的经济体制、政治体制、文化体制、社会体制等各项具体制度”。落实到基层社会治理领域，最密切相关的是基层群众自治制度这一基本政治制度以及基层协商民主制度等具体制度。自党的十七大将“基层群众自治制度”纳入中国特色基本政治制度范畴以来，全国各地基层涌现了丰富多样的基层群众自治形式。

新时代“枫桥经验”积极探索基层群众自治的新方法新路径，重点是落实基层群众自治制度，由村（居）民委员会带领广大人民群众开展自我教育，自我管理，自我服务，加大村（居）事务信息公开，加强议事协商，扩大有序参与，强化权力监督，从源头上保证“小事不出村”；探索创新基层协商民主制度①，从乡镇、村（社区）和企事业单位各个层面开展民主协商，从制度上为“大事不出镇”提供保障。新时代“枫桥经验”是贯彻基层群众自治制度最为典型的代表，是提升基层自治能力最为显著的样本，也是佐证中国特色社会主义制度自信最有说服力的地方经验。

（四）有助于坚定文化自信

党的十九大指出，“文化是一个国家、一个民族的灵魂。文化兴国运兴，文化强民族强。没有高度的文化自信，没有文化的繁荣兴盛，就没有中华民

① 卢芳霞：《基层协商民主与“枫桥经验”创新》，《浙江工业大学学报》（社会科学版），2018 年第 2 期。

族伟大复兴。要坚持中国特色社会主义文化发展道路，激发全民族文化创新创造活力，建设社会主义文化强国”。中国特色社会主义文化，源于中华民族五千多年文明历史所孕育的中华优秀传统文化，熔铸于党领导人民在革命、建设、改革中创造的革命文化和社会主义先进文化，植根于中国特色社会主义伟大实践[①]。文化治理已经是体现一个现代国家治理“软实力”的重要标志。

“枫桥经验”有着深厚的文化底蕴，是传承中华优秀文化和弘扬现代治理文化的垂范者。第一，“枫桥经验”蕴含“和合”文化。“枫桥经验”提倡以和为贵、平安和谐，主张用调解而非打官司的方式解决问题，这非常契合“和合”文化的精神。第二，“枫桥经验”传承乡贤文化。乡绅治理是中国几千年封建社会有效治理的基石之一，中国有着深厚、源远流长的乡贤文化。近年来“枫桥经验”重建乡贤组织，充分调动乡贤在发展经济、化解矛盾、公益服务等方面的作用，重新塑造了一股乡贤文化气息。第三，“枫桥经验”弘扬基层协商文化。传统“枫桥经验”一直蕴含着丰富的协商基因，新时代“枫桥经验”又走出了一条基层协商民主的新路子[②]。但这种基层协商民主跟西方协商民主不一样，不是权力较量与利益分配的竞争过程，而是建立在社会共同利益基础之上，其本质内容是全面实现人民当家作主的各项权利，进一步推进有序的政治参与[③]。第四，“枫桥经验”孕育基层法治文化。这种基层法治文化重视民间法，重视本土法律文化资源的利用，重视具体法治[④]，跟西方国家机械注重法条的法治文化有明显区别，具有中国自己的特色。“枫桥经验”已经成为中国特色社会主义文化的集大成者，也让人深切感受到了中国文化自信的魅力所在。

---

① 中共浙江省委党校、浙江省行政学院编著《文化自信与浙江实践》（中国自信与浙江实践丛书），浙江人民出版社，2017，第4页。

② 卢芳霞：《基层协商民主与“枫桥经验”创新》，《浙江工业大学学报》（社会科学版），2018年第2期。

③ 谭波、刘杉：《比较政治视角中中西协商民主的异同》，中国社会科学网，http://ex.cssn.cn/zt/zt_xkzt/zt_zzxzt/zzxzt_xsmz/zxbj/wz/201504/t20150428_1605525.shtml，2015年4月28日。

④ 蒋传光：《大力繁荣中国特色社会主义法治文化》，《学习时报》2017年6月12日。

B.19
人民法院创新发展新时代“枫桥经验”的实践与思考
——以衢州市为样本

魏新璋*

摘　要： “枫桥经验”作为化解基层社会矛盾纠纷的经典样板，对于进一步健全完善多元化纠纷解决机制，促进社会治理现代化有积极意义。衢州法院立足法院职能，坚持创新发展“枫桥经验”，提出并积极实践“法院＋社会”“专业＋群众”“现代＋传统”“线上＋线下”矛盾纠纷多元化解平台的总体架构，在打造新时代“枫桥经验”司法版上做了有益的实践与探索。要让“枫桥经验”在人民法院焕发活力就要进一步坚定以人民为中心的发展思想，坚持借势借力、综合治理，坚决依靠群众、动员群众，着力提升法院工作信息化智能化水平，不断增强人民群众的获得感、幸福感、安全感。

关键词： 枫桥经验　多元纠纷化解　基层治理

新时代“枫桥经验”是习近平新时代中国特色社会主义思想的重大成果，其核心要素包括党建引领、人民主体、“三治”结合、共建共治共享、平安和谐等，反映了新时代“枫桥经验”的本质特征。人民法院作为国家审判机关，肩负着维护社会公平正义最后一道防线的重要职责，是践行

* 魏新璋，浙江省衢州市中级人民法院党组书记、院长。

“枫桥经验”的重要职能部门。在基层社会治理现代化过程中，基层司法融入、参与、推动基层社会治理，积极发挥基层治理现代化作用，成为必须面对的课题，值得认真研究和回答。

一　理念价值：“枫桥经验”在推进法院多元化纠纷解决机制改革中的作用

随着经济社会发展和利益格局的深刻调整，矛盾纠纷多发，诉讼案件数量激增，人民群众解决纠纷的诉求也日益多元，这对纠纷解决体系提出更高要求，不仅需要诉讼渠道的畅通，还需要有效整合各类社会解纷资源，构建更加多元化的纠纷解决体系。而在当前实践中，由于纠纷分流渠道不畅通，仲裁、行政调解等非诉矛盾化解的效果不理想，优势未得到充分发挥，纠纷解决依然过度依赖诉讼方式。这不仅过度耗费司法资源、加剧人案矛盾，而且也影响了矛盾化解的社会效果。纠纷解决体系的实际状况，决定了人民法院必须切实发挥在多元化纠纷解决机制中的引领、推动、保障作用，引导当事人自主解决纠纷，培育社会自愈能力，有效防范和化解各类风险。

“枫桥经验”作为化解基层社会矛盾纠纷的经典样板，对于人民法院进一步健全完善多元化纠纷解决机制，促进社会治理现代化有积极意义。一是“枫桥经验”强调矛盾不上交，就地化解的属地原则，重视纠纷的源头治理，鼓励引导当事人更多选择非诉讼方式化解矛盾纠纷。“将纠纷解决从后端诉讼向前端矛盾化解推移，促进社会治理模式由‘消极安全’向‘积极安全’转变，是社会治理转型升级的一个重要表现。”① 二是发动和依靠群众是“枫桥经验”的灵魂和精髓，善于通过社会各方力量系统推进矛盾纠纷的全程治理。这就要求人民法院在推进多元化纠纷解决机制建设过程中要加强党委政府、基层组织、各类调解组织的沟通对接，完善诉调衔接机制，

① 参见余潇枫《安全治理：从消极安全到积极安全——“枫桥经验”五十周年之际的反思》，载《探索与争鸣》2013 年第 6 期。

构建共建共治共享的社会治理格局。三是建立调解前置程序，加大矛盾纠纷诉前分流力度，推动部分适宜诉前调解的纠纷在诉前得到化解。四是人民法院要加强对调解等工作的法律指导，充分发挥司法裁判规范、指导、评价、引领社会价值的功能，提升非诉方式化解矛盾纠纷的法治化、规范化水平。

为此，我们应当坚持问题导向，认真总结提炼推广新时代“枫桥经验”，推动形成“社会调解优先，法院诉讼断后”的矛盾纠纷解决理念，不断完善多元化纠纷解决机制，促进社会治理现代化。

二　司法实践：“枫桥经验”在衢州法院的探索与实践

近年来，衢州法院在党委领导和上级法院监督指导下，坚持发展“枫桥经验”，从衢州实际出发积极创新实践，始终坚持“社会调解优先，法院诉讼断后”矛盾纠纷解决理念，不断拓展“法院＋社会”“专业＋群众”“现代＋传统”“线上＋线下”等矛盾纠纷多元化解平台，促进纠纷全程化解、源头治理，服务保障打造中国营商环境最优城市、中国基层治理最优城市和“南孔圣地、衢州有礼”城市品牌，在新时代焕发新风采，取得一定成效，也为“枫桥经验”的理论发展提供了实践素材。2018 年 1～11 月，衢州法院在浙江省高院通报的 51 项审执质效指标中，有 6 项排名第一，22 项居全省前三位，34 项高于全省均值。衢州中院在浙江省高院通报的 48 项审执质效指标中，有 8 项在全省中院排名第一，22 项居全省中院前三位。其中充分体现矛盾纠纷化解成效的一审服判息诉率 95.14%，申诉率 0.96%，诉前化解率 31.74%，立案可调撤率 72.96%，民事可调撤率 85.87%，均居全省前列。

（一）积极构建党委领导、司法推动、社会参与的调解工作大格局

一是紧紧依靠党委统一领导。法院主要领导逐一上门走访市、县（市、区）委书记，通报法院“大调解”工作开展情况和面临的问题困难，积极争取工作支持。衢江区委将法院“大调解”纳入 2018 年度全区工作重点，

成立“无讼衢江”创建工作领导小组，由政法委书记担任组长，公、检、法、司负责人任副组长，21个乡镇（街道、办事处）党委书记任成员，下设工作专班，从县域经济社会发展全局的高度，制订“大调解”的路线图和时间表，构建整体协调、分工明确、各负其责的工作格局。柯城区成立以区政法委书记为组长的“在线矛盾纠纷多元化解平台”领导小组，设立工作专班，制订实施方案，并将平台推广应用工作纳入平安综治考核，形成了政法委牵头、法院落实、司法局保障的工作机制。

二是健全诉调对接工作机制。衢州市中级人民法院主要领导带队走访市司法局、市妇联、团市委、市律协等十余家单位，促成全市两级法院与行政机关、人民调解、行业调解、仲裁机构、公证机构、综治部门建立广泛的矛盾纠纷排查、调处和化解协同机制，已联合26家单位出台诉调对接工作意见18个，涵盖道路交通、劳动保障、医疗卫生、物业管理、婚姻家庭等重点领域。发挥行政诉讼案件集中管辖制度优势，促进行政争议实质性化解，市中级人民法院在柯城区人民法院成立行政争议调解中心，与市政府法制办公室共同指派或聘任专职调解员负责行政争议协调调解、引导、沟通、衔接等工作，并在市、县两级法制办设立7个行政争议调解点，形成“1+7”行政争议协调调解工作格局。该中心成立以来，共引导调解行政争议175件，协调撤诉率达46.29%，邀请地方党委政府主要领导参与协调39次。启动司法拘留社会矛盾化解工作，市中级人民法院、常山县人民法院分别与公安机关在拘留所联合成立“社会矛盾化解工作室”，按照“司法联动、资源共享、矛盾同调”的原则，充分发挥司法职能优势，建立健全有机衔接、协调联动、高效便捷的矛盾化解工作机制。常山县人民法院与县公安局自2017年9月建立“拘调衔接”机制以来，已成功化解矛盾纠纷51起，累计达成经济赔偿600多万元。

三是主动融入基层社会治理。加强与基层组织联动合作，坚持地域优势和联动综治相结合，不断夯实城乡社区群众自治组织在矛盾纠纷化解中的基础性作用。衢江区人民法院与区社会治安综合治理委员会办公室出台实施意见，将法院“大调解”工作纳入全科网格，职能落实到全区21个乡镇705

个网格内，并从3000余名网格员中择优遴选出经验丰富、法律素养高的172人担任法院兼职调解员，2018年以来共成功调解案件182件，当事人自动履行率92.3%。柯城区人民法院2个人民法庭与辖区派出所建立庭所联调机制，提前介入轻微治安案件和民事纠纷，2018年以来共推动达成调解协议案件414件，自动履行率100%，法庭受理的侵权纠纷同比下降37.81%。江山市人民法院为辖区每个调解组织指派1名对接法官，开化县人民法院与辖区15个乡镇建立全覆盖的法官联系乡镇制度，有效提升基层矛盾纠纷化解能力，实现矛盾纠纷就地化解。

（二）建立健全分层递进、多方协作、运行规范的纠纷化解机制

坚持优化资源、完善制度、法治保障，进一步畅通纠纷解决渠道，充分发挥各种纠纷解决方式的优势，建立高效便捷的多元化纠纷解决机制，不断满足当事人多层次、多途径、低成本、高效率的纠纷化解需求，切实提升纠纷解决的效率和效果。

一是实行纠纷分层递进式化解。按照“纠纷解决分层递进”思路，构建诉前调解、立案调解、简案速裁三道“过滤网”。对适宜先行调解的案件，实行诉前调解程序前置，引导当事人选择调解或者由法院委派特邀调解组织、特邀调解员进行调解，2017年以来，全市法院立案前调解成功率达55.49%。对已立案登记的案件，通过诉讼引导对案件进行分流，对适宜调解的交由法院专职调解员进行立案调解，充分发挥调解的纠纷过滤功能；对不适宜调解或者经诉前调解、立案调解不成的，依据纠纷的性质进行繁简分流，从而实现简案速裁、繁案精审，推动案件高效流转。全市法院诉前化解率为31.74%，同比上升9.70个百分点，居全省第一位。

二是集聚多元化调解力量资源。坚持“尊重群众、为了群众、发动群众、依靠群众”的工作思路，充分吸纳各类社会力量参与纠纷化解。健全特邀调解制度，聘请孔子第75代嫡长孙、“全国文明家庭”代表等社会各界贤达组成一支扎根基层、分布广泛、品德高尚的特邀调解员队伍。举行首批特邀调解员聘任仪式，编制特邀调解员名册，制定特邀调解管理规定和特

邀调解工作手册，提升工作规范化水平。全市法院现有在册特邀调解员394人，已参与化解纠纷5632件，调解成功率65.20%。积极开展律师调解试点，建立律师调解员和设立律师调解室的律所名册，已纳入律师211名、律所48家，2018年3月启动以来，共接受法院委托、委派调解案件979件，调解成功率40.70%。柯城区人民法院针对农村法律服务资源缺乏的实际，在2个人民法庭设立律师调解工作站，在40余个乡镇（街道）、行政村设置律师调解点，每月至少开展一次巡回调解。

三是弘扬社会主义核心价值观。衢州中院出台《关于进一步把社会主义核心价值观融入审判执行工作的责任分工方案》，将法院矛盾纠纷多元化解工作与当前市委、市政府打造“南孔圣地、衢州有礼”城市品牌、创建中国基层治理最优城市的决策部署相结合，以司法公正引领社会公正，培育社会主义法治文化，努力营造依法行事、遇事找法、解决问题靠法的社会氛围。从衢州南孔儒家文化中汲取智慧，将“和”“仁”理念融入调解工作，推动自治、法治、德治“三治融合”。衢江法院发挥乡贤优势，在2个人民法庭成立“乡贤工作室”，邀请10名口碑好、品行优、威信高的乡绅名流组成乡贤观察团旁听庭审、参与点评、化解纠纷，用老百姓的法，解老百姓的难，切实做到案结事了、调了执了，调解成功率达100%。

（三）始终坚持办民事、谋民利、暖民心的司法为民理念

人民法院为人民，创新发展新时代“枫桥经验”，必须坚持以人民为中心，以不断满足人民日益增长的美好生活需要为价值追求。衢州法院始终坚持办民事、谋民利、暖民心，把“以人民为中心”贯穿到法院工作的方方面面，最大限度满足人民群众多元司法需求。

一是建设新型诉讼服务中心。将多元纠纷解决机制与诉讼服务中心建设深度融合，构建完善网上、窗口、12368诉讼服务热线、自助立案终端一体机、跨域立案、巡回审判“六位一体”诉讼服务体系，让群众诉讼、办事更加舒心、便捷。2017年7月，全省法院院长读书会暨“三大机制”现场会在衢州召开，推广衢州“大立案、大服务、大调解”工作经验。现场会

后，衢州法院因势利导、借势借力、顺势而为、乘势而上，在党委政府大力支持下，全市法院诉讼服务中心场所建设、服务流程规范、信息化智能化配套等，全面提档升级、整体推进，衢州市中级人民法院和衢江、龙游、江山、常山、开化等基层人民法院诉讼服务中心全部新建，柯城区人民法院诉讼服务中心 2017 年完成升级改造。人民法庭诉讼服务中心建设一体规划、同步推进，全市 13 个人民法庭中有 11 个完成新审判用房建设，真正把最好的场所让给群众、将最优的服务送给百姓。衢州市中级人民法院诉讼服务中心荣获省级“青年文明号”荣誉称号，衢江法院诉讼服务中心被评为首批五星级示范诉讼服务中心。

二是提升司法服务能力水平。衢州法院一直强调，处理案件化解纠纷、维护群众权益，必须“用真心、倾真情”，密切关注当事人对公平正义的切身感受，坚持做到“五个一”，当事人来了，一声亲切问候、一把椅子请坐、一杯热茶接待、一颗诚心办事、一流态度服务，让人民群众切实感受到法院诉讼服务的温度，进而消弭内心的愁结，让当事人纠结而来、释负而归，忧心而来、舒心而回，用法官的辛苦指数换取老百姓的便利指数和幸福指数。在全省率先推行专职调解法官制度，选派业务能力强、调解经验丰富、热爱群众工作的未入额法官 23 名、员额法官 14 名联合组建调解团队。组建以员额法官为核心、以法官助理和特邀调解员为主体的立案调解团队，从事诉前调解指导、立案调解工作。2017 年以来，衢州中院专职调解团队（1 名员额法官 +2 名法官助理 +1 名书记员）结案 1451 件，调解 456 件，撤诉 595 件，调撤率为 72.43%。

三是健全便民利民工作机制。在全市法院诉讼服务中心设立法律援助工作站，实行律师轮岗值班。2015 年 8 月以来，已为 2385 名当事人无偿提供法律咨询和服务。注重多元解纷网络延伸，完善以巡回审判站为点、车载法庭为线、人民法庭为面的全覆盖巡回审判网络，全省法院首辆巡回审判车落户开化，目前全市法院共配备巡回审判车 9 辆，巡回审判站（点）从 23 个增加至 35 个，法官进村入社、深入田间地头，近 5 年来开展巡回审判 2953 次，以案释法，用真情化解纠纷，努力让法官多跑腿、群众少跑路。实行

“一卡通”式网上案款管理，确保一人一案一账号，当事人交退费更加安全便捷高效。

（四）着力搭建高效、便捷、透明的网上纠纷化解平台

信息化时代，人民群众对司法的便捷性、高效性、公开性提出了新的需求，包括开放的解纷途径、即时的交流沟通、便捷的在线场景、灵活的适用规则、高效的处置程序。衢州法院主动适应新变化，积极推广现代信息技术在多元纠纷解决机制中的运用，着力搭建高效、便捷、透明的网上纠纷化解平台，不断推动多元纠纷解决机制在线化、集成化、平台化、开放化发展，实现多元纠纷解决机制的提档升级。

一是不断深化“互联网+”诉讼服务平台。坚持以人民群众需求为导向，优化提供线上线下、便捷高效的诉讼服务。创新立案方式，健全网上立案、跨域立案和延伸立案，在偏远乡镇设置自助立案一体机9台，2017年以来，全市法院网上立案率72.38%，居全省第二位，基本实现当事人起诉立案“最多跑一次”。推动诉讼服务中心转型升级，有效集成网上查询、网上阅卷、网上信访、网上缴退费等智能服务，同时依托浙江智慧法院App等平台，在全省率先出台诉讼项目“最多跑一次”实施意见和办事项目清单，真正让“信息多跑路，群众少跑腿”。衢江、开化法院自主研发延伸立案导诉平台、移动执行联络站，荣获2017年度全省法院信息化应用最佳实践奖。

二是推广应用在线矛盾化解平台。以柯城法院为试点，在全市法院推广运用“在线矛盾纠纷多元化解平台”，实行网上统一管理分流，破除纠纷解决部门之间的“信息孤岛”和数据壁垒，推动纠纷处理模式从事后处理向源头预防转变。2018年1月试点以来，平台注册上线调解机构241家、调解员2246名，成功调解纠纷3476件，成功率为80.86%。全面上线道路交通纠纷“网上数据一体化”处理、电子商务网上法庭、微法院等平台，实现纠纷的在线咨询、在线评估、在线调解、在线仲裁、在线诉讼等功能，切实减轻群众诉累，让人民群众在法院信息化发展中有更多的获得感。2017

年以来，全市法院通过道路交通纠纷“网上数据一体化处理平台”成功调解1033件，调解成功率89.29%，调解涉案金额9000余万元。主动推进与党委政府“雪亮工程”、综治“四个平台”对接互联，龙游法院充分利用该县基层治理信息化平台“村情通”覆盖262个行政村、注册用户18万人的强大网络优势，在平台中嵌入“法院”模块，集成在线送达、在线调解、上网缴费等20余项功能和服务，有效提升基层治理智慧化水平。

三 发展方向：打造“枫桥经验”司法升级版的举措建议

最高人民法院将传承创新“枫桥经验”纳入2018年司法改革工作要点，要求各级人民法院大力弘扬“枫桥经验”，不断健全完善多元化纠纷解决机制。这不仅是人民法院深化司法体制综合配套改革必须坚持的重要方面，而且是推进国家治理体系和治理能力现代化的重要内容。

（一）坚定人民法院为人民的根本立场

习近平总书记把“以人民为中心”作为新时代坚持和发展中国特色社会主义的根本立场，把人民对美好生活的向往作为我们党的奋斗目标。进入新时代，社会主要矛盾已发生历史性变化，人民群众对民主、法治、公平、正义、安全、环境等方面的需求日益增长，对司法的要求更高、更多元。

衢州法院把“以人民为中心”体现到办理的每一个具体案件的每一个环节，一以贯之践行“三项承诺”，努力向人民群众交出满意答卷。对起诉到法院的民事纠纷，多年前最高人民法院提出“能调则调、当判则判、调判结合、案结事了”原则，衢州法院拉高标杆、自我加压，确立“了事结案”工作思路和工作目标，目的是通过法官尽心尽责地做工作，让当事人纠结而来、释负而归，忧心而来、舒心而回。这就需要在法院工作中坚持和发展“枫桥经验”，把专门工作和群众路线结合起来，创新工作方法，帮助人民群众切实解决最关心、最直接、最现实的矛盾问题，用法官的辛苦指数换取老百姓的便利指数和幸福指数，把党的群众路线坚持好、贯彻好。实践当中，有的法官一个案件就是一个案件，纠纷彻底解决，三个效果有机统一，案结事也了。而有的法官一个案件可能会衍生出多个案件，案结事不了，不仅给当事人造成讼累，更影响司法公正、司法公信力和司法权威。在衢州法院，有一个重要理念：“一个案件就是一个案件”。一个纠纷起诉到法院，经过人民法院审理，做到法、理、情有机融合，不因为审理中的差错，衍生出其他案件，更不允许有民转刑等情形发生，真正实现结案了事。

（二）坚持借势借力、综合治理

党的十八届四中全会明确提出，“建立社会矛盾纠纷预防化解机制，完善调解、仲裁、行政裁决、行政复议、诉讼等有机衔接、相互协调的多元化纠纷解决机制”。党的十九大报告从统筹推进“五位一体”总体布局和协调推进“四个全面”战略布局的高度，对社会治理问题进行了阐述，明确提出打造共建共治共享的社会治理格局。习近平总书记在系列重要讲话中强调，“创新社会治理体制，要坚持党委领导、政府主导、社会协同、公众参与、法治保障的体制机制，实现政府治理和社会调节、居民自治良性互动、推进社会治理精细化”。这为人民法院在新的历史条件下参与和创新多元化纠纷解决机制改革指明了方向。

为充分发挥司法在多元化纠纷解决机制建设中的引领、推动和保障作用，有效破解案多人少矛盾，为群众提供更多解决纠纷途径，可以加强与司法、妇联、团委、行政服务中心、律师协会等单位对接，促成法院与行政机关、人民调解、行业调解、仲裁机构、公证机构、综治部门建立广泛的矛盾纠纷排查、调处和化解协同机制，在法院、人民法庭设立人民调解、行业调解、特邀调解、律师调解等调解工作室和服务窗口，对机动车交通事故责任纠纷、婚姻家庭纠纷、劳动争议、房地产买卖合同纠纷、借款合同纠纷等先行调解。通过社会力量广泛参与“大调解”，化解纠纷的渠道进一步拓宽，对当事人的引导力、调解的公信力、自动履行力更强。此外，还可以主动推进与党委政府“雪亮工程”、综治“四个平台”对接互联，加强与基层组织、社会团体的联动合作，将法院“大调解”工作纳入全科网格，把问题解决在基层、矛盾化解在源头。

（三）坚决依靠群众、动员群众

“一切为了群众，一切依靠群众，从群众中来，到群众中去”的群众路线，是我们党的根本工作路线、领导作风和工作方法，是我们党的优良传统和政治优势。“枫桥经验”历久弥新的重要原因就是充分调动社会调解力量去化解纠纷。可以广泛从乡镇（街道）、村（居）等基层组织、仲裁委、公证处、社会中介机构及社会组织吸收德高望重、热心公益、感召力强的各界贤达加入特邀调解员队伍。根据法院案件数量、类型以及人员配比情况推行专职调解法官制度，选派业务能力强、调解经验丰富、热爱群众工作的员额法官和未入额法官联合组建调解团队。

同时，为切实满足人民群众多元司法需求，加快诉讼服务中心的转型升级，努力将诉讼服务中心打造成为纠纷分流和矛盾化解中枢，推动建立网上一体化纠纷解决平台，广泛借助社会各界的力量参与调解，构筑了诉前调解、立案调解、简案速裁“三道过滤网”，不断从新矛盾中把握人民群众的新需求，较好地满足了人民群众多层次、多途径、低成本、高效率的纠纷化解需求。例如，浙江法院的“三道过滤网”就是根据中央、最高法院多元化解、繁简分流相关会议精神，按照纠纷解决分层递进思路，将大部分矛盾纠纷化解在诉前、审前环节，快速有效解决纠纷，最大限度方便当事人诉讼。衢州法院有一个“三八经验”，就是婚姻家庭（继承）纠纷、机动车交通事故责任纠纷、民间借贷纠纷等三类案件分流至诉讼服务中心专职调解团队先行调解，分流的案件数不低于该三类案件的80%，分流到诉讼服务中心的案件80%调撤，调撤的案件80%自动履行。通过诉前化解、立案调解、简案速裁和繁案精审，将大部分矛盾纠纷化解在诉前、审前环节，快速有效解决纠纷，真正实现了结案了事。

（四）坚守法治信仰、弘扬社会主义核心价值观

任何国家、地区，特别是在基层、社区，都将最大限度地减少诉讼作为

基层社会治理的目标，作为社会公正、和谐的象征。但这些效果不可能通过禁止诉讼、拒绝裁判或压制诉讼请求来实现，只能通过合理的风险预防机制减少纠纷发生，在纠纷发生后通过非诉机制及时有效地协商、调解，尽量减少社会矛盾纠纷对具有强制力、对抗性、高成本的审判程序的启动和依赖。实践证明，以国家强制力和法律规制民意的最正当、最权威的纠纷解决方式——审判也存在种种局限和弊端。许多案件更适合用社会主义核心价值观、中国传统文化中的“中庸、和谐、宽容、仁爱”等美德去化解。《论语》曾说：“礼之用，和为贵。”衢州作为南孔圣地，是儒家思想文化传播发展的重镇，衢州法院始终牢记习近平总书记“让南孔文化重重落地”的嘱托，将大调解机制建设与弘扬社会主义核心价值观、传播儒家文化“和、仁”理念和良好社会风尚相结合，在婚姻家庭、相邻关系等案件中组成乡贤调解观察团，旁听庭审，参与纠纷化解。将获得“全国模范法官”“浙江好人”“最美衢州人”等称号的优秀法官遴选为调解指导法官，融合法、理、情，把案件处理过程作为宣传法律、传播法治精神、培养规则意识、弘扬社会主义核心价值观的过程，推动形成自治、法治、德治相结合的基层治理体系。衢江法院在两个人民法庭成立“乡贤工作室”，通过邀请口碑好、品行优、威信高的乡绅组成乡贤观察团旁听庭审、列席评论、参与评判，发挥乡贤优势，用老百姓的“法”，解老百姓的难，切实做到案结事了、调了执了，备受好评。

习近平总书记深刻指出：“要懂得‘100－1＝0’的道理，一个错案的负面影响足以摧毁99个公平裁判积累起来的良好形象。”2006年3月5日接受《人民法院报》采访时，习近平同志指出：“不要忽视一个微小的案件，一个人一生很可能只接触一个案件，进一次法院，但会影响一个人对整个司法机关的认识，影响党和政府的形象。”处理案件化解纠纷、维护群众权益时，衢州法院一直强调“用真心、倾真情”六个字，密切关注个体对公平正义的切身感受。“用真心、倾真情”可以用“三三制”表达其丰富内涵。第一组三个字“理、便、利”。“理”是受理的理，当事人来了，一声亲切问候、一把椅子请坐、一杯热茶接待、一颗诚心办事、一流态度服务，让人民群众切实感受到法院诉讼服务的温度，进而消弭内心的愁结。“便”是方便的意思，就是一窗受理、一条龙服务。“利”就是坚持人民利益至上，始终维护当事人的权利、利益，维护好社会公平公正最后一道防线。第二组三个字“化、教、势”。“化”好理解，就是化解矛盾。“教”是通过化解矛盾纠纷培养法律意识、法制观念、规则意识、诚信意识等等。“势”就是通过我们的工作，形成一种趋势，“成势成事”，“势”出来了，事情也成了。通过我们驰而不息、久久为功，向好的趋势转化行进。第三组三个字是关于整个矛盾纠纷化解的多元格局构建，叫“主、辅、合”。“主”就是法院主导，诉讼案件肯定由法院主办。“辅”就是相关的辅助，就是相关部门要通力协作，辅助法院化解矛盾纠纷。“合”就是合力化解矛盾，并且结果合理合法。

（五）坚实“互联网+”的技术支撑作用

信息化时代，人民群众对司法的便捷性需求日益提升，应该紧紧抓住人民群众日益增长的司法需求与人民法院工作发展不平衡、保障群众权益不充分之间的矛盾，密切关注人民日益增长的美好生活需要呈现的多样化、多层次、多方面特点，认真分析研判社会主要矛盾新变化在审判执行工作中的新反映，通过实施“智慧法院”工程，充分发挥现代科技服务法官办案、服务群众诉讼的功能。深化运用道路交通事故“网上数据一体化”处理平台、浙江智慧法院App、电子商务网上法庭等“互联网+诉讼服务”平台，提供网上、窗口、12368诉讼服务热线、自助立案终端一体机、跨域立案、巡回审判“六位一体”诉讼服务。在严格落实立案登记制基础上，依托浙江智慧法院等网上立案平台，出台落实诉讼项目“最多跑一次”实施意见和办事项目清单。畅通网上立案、跨域立案和延伸立案，并在偏远乡镇设置自助立案一体机，当事人既可以到有管辖权的法院申请立案，也可以通过网上平台立案，或者向就近的法院、人民法庭、巡回审判点递交起诉材料，还可选择到所在乡镇街道综治中心、司法所提出立案申请，真正把司法服务送到老百姓家门口。真正做到“让信息多跑路，让群众少跑腿”。

B.20

新时代"枫桥经验"的余杭实践

中国社会科学院法学研究所法治指数创新工程项目组*

摘　要： 作为中国共产党坚持群众路线推动社会综合治理的历史经验和本土资源，"枫桥经验"与时俱进，历久弥新，不断顺应社会治理的新要求。浙江省杭州市余杭区不仅继承了"枫桥经验"，而且创造性地发展了"枫桥经验"，开辟了一条有效结合区情实际，充分发挥区位优势的社会治理新路径。以余杭为代表的中国基层政府在探索新时代"枫桥经验"的过程中还面临着思想观念转变不及时、体制机制障碍、技术不够完善、传统与现代调解方式关系紧张等难题。要解决这些难题，还需进一步理顺党的领导和基层自治、纠纷化解和预防善后、ADR 与 ODR、社会治理与依法治国的关系，以矛盾纠纷多元化解能力的提升带动国家治理体系和治理能力现代化水平的整体提升。

关键词： 新时代"枫桥经验"　矛盾纠纷多元化解　社会治理

一　新时代"枫桥经验"和快速发展的余杭

（一）历久而弥新的"枫桥经验"

2018 年是毛泽东同志批示"枫桥经验"55 周年、习近平同志批示"枫

---

* 项目组负责人：田禾，中国社会科学院国家法治指数研究中心主任，法学研究所研究员；吕艳滨，中国社会科学院法学研究所研究员、法治国情调研室主任。项目组成员：王小梅、王祎茗、刘雁鹏、胡昌明、栗燕杰等（按照姓氏汉字笔画排序）。执笔人：王祎茗，中国社会科学院法学研究所助理研究员。

桥经验”15周年。作为中国共产党坚持群众路线实现社会综合治理的历史经验和本土资源，枫桥经验具有扎根基层社会与其共同发展的天然属性，与时俱进，历久弥新，不断顺应社会治理的新要求。

1963年11月，毛主席在批复公安部文件上指出，依靠群众、矛盾不上交、就地解决的“枫桥经验”甚为妥当，指示各地推广，“枫桥经验”应运而生，并逐步进入推广阶段。

2003年11月25日，时任浙江省委书记、省人大常委会主任的习近平同志在纪念毛泽东同志批示“枫桥经验”40周年暨创新“枫桥经验”大会上指出，要牢固树立“发展是硬道理、稳定是硬任务”的政治意识，高度重视并切实抓好维护社会稳定的各项工作，特别是要充分珍惜“枫桥经验”，推广和创新“枫桥经验”。在2013年10月11日纪念毛泽东同志批示“枫桥经验”50周年大会上，习近平总书记就坚持和发展“枫桥经验”作出重要指示，强调把“枫桥经验”坚持好、发展好，把党的群众路线坚持好、贯彻好，适应时代要求，创新群众工作方法，善于运用法治思维和法治方式解决涉及群众切身利益的矛盾和问题。党的十九大报告指出，要打造共建共治共享的社会治理格局。党的十九大之后首次中央政法工作会议提出，以总结推广新时代“枫桥经验”为契机、提升城乡基层社会治理现代化水平的新要求：要坚持以人民为中心，推动形成共建共治共享社会治理新格局；要坚持以善治为目标，推动创新城乡基层社会治理新模式；要坚持以预防为基点，构建社会矛盾风险综合防控新体系；要坚持以党建为引领，筑牢社会和谐稳定新防线。崭新的定位推动“枫桥经验”由乡村治理向城镇、社区治理转型，其背后的治理理念也实现了从社会管制到社会管理再到社会治理经验的历史性飞跃。

（二）快速发展的余杭

余杭区地处浙江省杭州市区西北部，位于杭嘉湖平原南端，物产丰富，百姓富足，又因良渚文化发源于此，素有“鱼米之乡，丝绸之府，花果之地，文化之邦”的美誉。余杭区下辖乔司、运河、崇贤、仁和、良渚、闲林、余杭、仓前、中泰、临平、东湖、南苑、星桥、五常14个街道，塘栖、径山、瓶窑、黄湖、鸬鸟、百丈6个镇。2017年，余杭区国民生产总值（GDP）1695.13亿元，户籍人均2.48万美元，主要指标位居浙江省前列。2018年上半年，余杭区实现地区生产总值880.72亿元，增速在浙江省各区县市高居首位，财政总收入和地方公共财政预算收入蝉联浙江省第一。截至2017年末，余杭区共有建制村183个，社区172个，户籍人口104.05万人，其中城镇人口占56%左右。根据《2018年余杭区节后流动人口流动状况抽样调查分析》，2018年2月22日至3月7日，余杭区共登记流动人口9.55万人，同比增加3.25万人，增幅为51.59%，特别是3月5日至7日流动人口平均每日登记数在1.5万人左右，春节后返城流动人口数量和增长势头较往年有所提升。调查还显示，余杭区就业岗位充足，薪资待遇高，社会福利保障落实到位，因而过半数受调查流动人口有落户意愿，余杭区流动人口在册底数已超过本区户籍人口登记数，出现“人口倒挂”现象。

余杭区地域面积1220多平方千米，三面拱卫杭州主城区，余杭所在的长江三角洲城市群是中国经济最具活力、开放程度最高、创新能力最强、吸纳外来人口最多的区域之一，城市化程度高、社会发展水平高是其突出特点，但此类城市同时也存在民商事纠纷多发、劳资纠纷多发、城市包容性和外来人口市民化滞后等问题，上述矛盾虽多为“细事”，但对基层社会治理形成严峻的考验。同时，以中国最大的互联网交易平台阿里巴巴为代表的众多电子商务企业坐落余杭，2017年余杭区电子商务产业增加值高达832.02亿元，增长41.0%，电子商务产业主营业务收入近1500亿元，增长46.8%。在经济收入大幅增长的同时，纠纷也呈现逐年上升趋势，这些以电商平台作为一方当事人或主要参与人的纠纷管辖压力最终也归属余杭，考验着余杭对新业态引发的新型纠纷的应变和处理能力。

（三）“枫桥经验”在余杭的创造性阐释

党的十九大报告指出，中国社会主要矛盾已经转化为人民日益增长的美好生活需要和不平衡不充分的发展之间的矛盾。随着经济的快速发展，利益格局的深刻调整、思想观念的深刻变化，余杭区社会总体稳定，但影响和谐稳定的源头性、根本性、基础性社会矛盾日趋复杂，呈现群体性、多样性、易激化等特点，仅靠单一部门已很难将矛盾纠纷及时有效化解。如何做好社会矛盾纠纷化解、维护社会和谐稳定已成为各级党委、政府研究解决的重要课题。近年来，余杭区积极探索多元化矛盾纠纷解决机制，围绕矛盾纠纷化解这一主线，探索建立了由党委政府统一领导，综治委综合协调，整合人民调解、行政调解和司法调解、仲裁调解多种矛盾纠纷解决形式的资源和力量，形成各部门分工协作、社会力量广泛参与的新型社会矛盾纠纷解决体系，改单兵作战为多兵种联动，改事后处理为源头预防，改坐等上门为主动服务。这种调解体系既充分发挥人民调解的优势，又注重吸收行政调解、司法调解、仲裁调解的特长，对及时有效地预防和化解社会矛盾纠纷、节约纠纷解决的社会成本具有重要作用。

余杭区矛盾纠纷多元化解工作的突出特点在于其建立在大调解机制基础上向前向后均有所延展的两个向度。向前的向度是指余杭不仅着力解决纠纷，更注重收集相关信息，借助互联网、大数据分析等手段对纠纷的产生进行预警和预防，从而防患于未然；向后的向度是指余杭的大调解虽然卓有成效，但各部门对于不适宜调解的案件皆不强制调解，而是引导当事人通过诉讼解决纠纷，从而充分保障了当事人的诉权，也保证了调解工作的合理限度和规范性。因此可以说，余杭不仅继承了“枫桥经验”，又创造性地发展了“枫桥经验”，开辟了一条有效结合区情实际、充分发挥区位优势的社会治理新路径。

二 余杭对“枫桥经验”的实践解读与创造性发展

（一）深耕小网格，找准风险点

1. 综治网格排查隐患

社会综合治理近年来对基层提出的新要求是实现服务管理网格化，随着这项工作的持续推进，物联网等技术的引入，各地特别是治理水平相对较高的东部地区将人、事、物、部门、组织等基本要素统筹纳入城乡社区网格的脚步日益加快，万物互联、信息数据化水平不断提高，数据壁垒不断打破，数据分析研判能力不断提升，都为社会矛盾的及时感知、准确排查提供了前所未有的便利。

余杭区着力打造以“区基层治理综合指挥中心 + 镇（街）综合信息指挥室 + 综治工作、市场监管、综合执法、便民服务‘四平台’ + 全科网格”为组织架构的基层治理体系，将矛盾纠纷排查工作融入“四平台”[①]与“全科网格”建设，将矛盾纠纷的日常排查纳入网格事项。通过网格的矛盾摸排、实时上报、风险预警、交办化解，做到第一时间发现，第一时间介入，第一时间处置，确保矛盾不上交，平安不出事。良渚街道建立常态化“零报告”机制，各级调委会、各网格发现矛盾纠纷、信访、群体性事件等不稳定因素第一时间报告，实现常态化运作机制。临平街道通过明确网格内矛盾纠纷排查、化解量化标准，每月通过网格员开展专项排查行动、结合日排查要求，拓宽各类纠纷掌控渠道，及时发辖区内的矛盾纠纷。

在通过网格排查矛盾之后，本着“哪里有人群，调解组织就建在哪里；哪里需要人民调解，人民调解就在哪里发挥作用”的基本原则，余杭区不断巩固完善区、镇（街道）、村（社区）三级调解组织网络，区社会矛盾纠纷大调解中心、镇（街道）社会矛盾纠纷大调解中心、村（社区）社会矛盾纠纷调处工作站形成了纠纷调解的“全科网格”。

2. 特殊领域重点防控

除通过综治网格全面排查隐患外，余杭区还对风险较高的领域重点防范。针对区内制造业企业多、建设工程项目多，容易发生欠薪的特定情况，贯彻《国务院办公厅关于全面治理拖欠农民工工资问题的意见》和《浙江省人民政府办公厅关于深入开展“浙江无欠薪”行动的通知》精神，余杭区印发《“余杭无欠薪”行动专项治理方案》，加大查处力度，落实企业责

① 所谓基层治理体系“四平台”，是指综治工作、市场监管、综合执法、便民服务四个功能性工作平台，对乡镇（街道）和部门派驻机构承担的职能相近、职责交叉和协作密切的日常管理服务事务进行归类，最终形成一个资源集合平台。

任，通过源头治理、属地管理、部门联动等建立治理拖欠工资问题长效机制，切实保护劳动者权益。其中，欠薪一体化预警系统的建立为类似问题的集中防范提供了有益的借鉴。

余杭欠薪一体化预警平台的设计目标是利用大数据分析技术，增强系统智能研判，形成一个横向共享、上下贯通、交互印证的全方位、多层次、立体化的预警体系。截至2018年底，欠薪一体化预警系统已完成信访信息、工商处罚信息、欠水电费、在建项目及工资专户异常户明细数据、欠社保费用数据、冻结查封企业账户数、网络舆情信息、法院黑名单数据、经济诉讼案数据等10个方面的数据接入。在预警系统之外还设有交办系统。预警信息按照人员、金额、社会影响等因素分为“红、橙、黄”三色预警，其中红色、橙色预警是对已发生欠薪案件可能会上升到群体性事件的预警，通过维稳办的三色预警平台进行交办；黄色预警是对可能存在欠薪隐患以及未尚掌握确切证据的欠薪案件的预警，主要是通过“四平台”进行交办，与“四平台”交办系统对接已全部完成，处置流程和形成的资料能够在欠薪系统中实时反馈。

目前，余杭欠薪一体化预警系统通过数据共享分析，共产生预警信息166条，其中8条预警信息单位已不在余杭区，故通过“四平台”交办158件，交办到部门的38件，交办到各镇街的120件。截至2018年11月18日，已反馈135件，5件已经产生欠薪，68件存在欠薪隐患，62件无欠薪隐患，预警成功率为54.07%。其中在建项目的工资专户监管数据和舆情数据最为准确，欠薪或存在欠薪隐患预警准确率100%。

（二）调解大联动

余杭区坚持化解矛盾“调解优先”，通过加强法院、公安、检察、人社、工商等部门间的相互协作与联系，积极探索以人民调解为基础，人民调解、行政调解、司法调解有机衔接的社会矛盾纠纷大调解体系。

1. 警调、检调衔接

早在2010年，余杭区司法局就与区公安分局联合制定下发《关于在全区推行警民联调工作室意见》，在各派出所建立警民联调工作室，配备专职人民调解员，将人民调解引入治安案件化解工作。出台《关于建立检调对接机制的规定》，对于符合《刑事诉讼法》规定的刑事和解条件、犯罪嫌疑人与被害人自愿和解的，由相关人民调解委员会进行调解。一方面起到化解相对轻微的矛盾纠纷和修补社会关系裂痕的作用，另一方面能够有效地教育和挽救主观恶性较小、犯罪情节显著轻微且社会危害性不大的嫌疑人。

2. 诉调衔接

2008 年 5 月起，余杭区司法局在区人民法院立案大厅、民三庭及余杭、瓶窑、塘栖、良渚法庭分别设立人民调解工作室进行诉调对接试点，之后在试点基础上成立区联合人民调解委员会，在法院设立人民调解工作室，对法院在案件受理前、受理后开庭审理前以及审理过程中比较简单的民事案件，在征得双方当事人同意的前提下，将案件委托人民调解委员会调解，形成诉前、审前、审中全程委托与业务庭室、派出法庭全方位委托相结合的立体式委托调解工作模式。

余杭诉调衔接涵盖的案件范围非常广，主要包括：家事纠纷，农村宅基地、房屋权属和相邻关系纠纷，小额债务纠纷，消费者权益保护纠纷，道路交通事故、工伤事故等权利义务较为明确的损害赔偿纠纷，医疗纠纷，物业服务、租赁合同纠纷，农村集体土地承包纠纷和征地拆迁合同纠纷，等等。加大在区法院立案窗口引导和律师引导双方当事人调解的力度，在诉前向当事人申明利害，让群众了解、知晓人民调解免费、便捷、高效的优势。进入“矛调在线”系统线上流转委托人民调解组织进行诉前调解的案件，由“矛调在线”在 2 个工作日内根据案件情况合理委托人民调解组织进行调解，调解期限一般为 15 天，相对于一般民事诉讼而言，效率之高为广大群众所认可。除人民调解委员会外，专业调解委员会、专业律师和法官参与的诉前引调，针对不同案件的复杂程度和实际情况，提供了多元化的调解方案，从而保证了诉调衔接机制的高质量良性运转，让更多当事人自愿将调解作为解决纠纷的首选方式。

3. 访调衔接

2018 年 11 月，余杭区司法局与区信访局共同拟定了《关于深化人民调解参与信访矛盾化解的实施方案》，深入推进人民调解参与信访矛盾化解，充分发挥人民调解在多元化纠纷解决机制中的基础性作用，依法、及时、就地调处基层信访矛盾，着力化解一批突出信访问题，推动信访积案明显下降，助力“无信访积案区”和“三无两减半”（无新增积案、无历史陈案、无重点人员、重复信访比例减半、赴京上访总量减半）工作目标的实现。

在案件甄别审核阶段，对适合调解案件，区信访局进行一般纠纷或重大疑难纠纷区分，打上标签后，导入访调对接程序，征求信访人意见，信访人有调解意愿的，引导与移送至区人民调解委员会驻区信访局工作室（以下简称“访调对接”工作室）调解与梳理，人民调解员受理及调处部分案件，未受理的案件提出意见建议提交区司法局业务科室审核，区司法局业务科室对适合调解的纠纷提交区矛盾调解中心，由矛盾调解中心统一分流指派各行业性专业性人民调解组织、镇街人民调解委员会、“访调对接”工作室及相关部门进行调处；对不适合调解的纠纷退回区信访局。调解成功的，由调解工作人员制作人民调解协议书、息诉罢访承诺书，并引导双方当事人对调解结果进行司法确认，做好监督履行和跟踪回访工作；调解不成功的，出具“终止调解告知书”，引导通过诉讼等法定途径解决纠纷，并反馈信访部门，同时通报属地镇街做好稳控化解工作。

4. 行政调解

余杭区对行政调解的必要性有充分的认识，鉴于行政争议引发纠纷的多元化、复杂化，以及这类纠纷在特定人群、特定领域集中化的特点，结合区情实际积极开展行政调解，取得了显著成效。

余杭区人民法院会同区政府法制办共同出台了《关于行政争议调解工作的实施意见》，在杭州市率先成立行政争议调解中心（设在余杭区法院）并进入实质性运作阶段。在制度建设方面，余杭区法制办专门出台行政调解工作办法，对行政调解范围、争议化解方式、工作具体流程等内容作了规定。

对适宜调解的案件特别是“三改一拆”案件涉征拆安置补偿款纠纷的，引导当事人达成协议，将矛盾化解在起诉前。区法院在接到诉请的第一时间告知相关部门、镇街案件情况，各部门、镇街积极应对，在争议产生初期主动与行政相对人进行沟通，把握解决争议的最佳时机。行政执法监督员可作为特邀调解员参加调解，极大提升了行政调解的专业性和规范性。对于不适宜调解的案件，畅通救济渠道，引导群众选择行政复议、行政诉讼表达利益诉求，充分保障其诉权。

2018 年余杭区全年行政调解总计 114888 件，涉及 105727 人次，涉及金额 6438 万元，调解率 48.29%，主要类别涉及消费纠纷、停车收费、教育卫生、农村土地承包、房屋安置补偿合同纠纷等。

对行政调解的质量予以全方位保障。首先，组织开展领导干部行政调解业务培训，强化行政调解队伍工作能力水平。其次，落实行政调解专项评查工作，对行政调解登记、受案及时性，调解程序合法性，调解协议是否符合合法正当、自愿平等等原则进行评查。最后，明确将行政调解工作纳入年度法治政府建设（行政执法责任制）考核范围。

（三）提升纠纷化解专业性

余杭区的多元纠纷化解起步早，发展水平高，还体现在已经由最初的“泛泛而为”向专业化发展，纠纷化解更有针对性，服务更能满足个性化的需求。

1. 纠纷排查专业化

按照“谁主管谁负责”的原则，严格实行部门、行业矛盾纠纷排查化解责任制。各区直有关部门要通过基层调查研究、网络舆情、来电来信等渠道，及时掌握本单位管理或服务范围内发生的矛盾纠纷，及时研究矛盾纠纷的苗头、倾向、产生的原因及发展的规律并做好跟踪处置。将矛盾纠纷的日常排查、调处工作纳入网格实绩考核，发挥基层网格员“人熟地熟情况熟”的优势，做好矛盾纠纷的就地排查及化解工作。

2. 解纷队伍专业化

余杭区重视调解员的选任工作，致力于打造专业化的调解队伍。在专职人民调解员队伍建设方面，优化配备力量，通过设立特邀调解员、特邀调解组织、个人调解工作室等方式，广泛动员老干部、老党员、退休司法工作者、居民小组长等社会力量，消协、商会、行业协会等社会组织参与调解工作。在处理一些特定类型纠纷时，基层党组织、群团组织、志愿者群体的作用也得以充分发挥。各级工会、共青团、妇联等群团组织积极参与劳动争议、涉妇女儿童合法权益纠纷、婚姻家庭纠纷的预防和调处工作，鼓励平安志愿者、社会义工参与基层矛盾纠纷化解。

余杭区南苑司法所重视调解员队伍建设，发展出以调解员专业性为核心的“调解员+”人民调解工作新模式。建立法官、律师及心理咨询专家库，发挥其职业特长，为当事人提供专业建议与心理疏导。从社区层层选拔为人正直、办事公道、威信较高、说服能力强，且有一定政策法律水平、热心公益事业，能积极建言献策的老党员、老干部、老模范、老战士、老教师组成民主评议团，对当事人进行劝导说理。“调解员+”工作模式一定程度上改变了以往调解员素质欠佳的状况，实践效果显著。

3. 调解组织专业化

余杭区加强行业性专业人民调解组织建设，将人民调解引入劳动争议、物业纠纷、医患纠纷、消费权益纠纷、交通事故纠纷化解中，先后在物业小区、外来人员聚集地、消费协会行业、房产小区、风景旅游区、工业园区、接边地区等建立区域性、行业性专业人民调解委员会。目前已在交通事故纠纷、物业纠纷调解领域建立区、镇（街道）、村（社区）三级专业性行业性调解委员会，试点将物业调解延伸至重点小区。建立区级调解协会，在物业管理、工伤认定、医疗事故等领域建立调解专家库，以委托调解或政府购买服务等形式为基层网格员、人民调解员调处矛盾纠纷提供专业支撑。

以物业纠纷调解为例，从2013年12月起，余杭区在浙江省内率先探索推行物业纠纷人民调解机制，区住建局牵头建立起“区、镇（街道）、村（社区）”三级物业管理纠纷指导和调解组织系统，按照“固定+专业”的模式，成立区物业纠纷人民调解委员会，在设立专职工作人员队伍基础上，建立由律师、法官、警察、房管专业人士等30余人组成的物业纠纷调解专家库，由社区在小区探索建立物业纠纷人民调解工作室。目前余杭区已建立物业纠纷调解委员会12个，其中区物业调解委员会专职人员2名，兼职人员9名；建立物业调解委员会工作室16个，聘请物业纠纷调解专家30余名。累计共受理化解物业信访13763起，其中通过区物业调解委员会现场成功调解物业纠纷就有867起，村镇现场成功调解物业纠纷1121起。

余杭区物业纠纷人民调解的突出特点在于：在遵守法律法规的前提下，针对不同纠纷类型制定不同的调解策略，综合运用不同的解纷手段，以实现个性化的定分止争为目标。针对物业公司与业主之间矛盾多由物业公司服务不到位所致，调解中会以维护业主合法权益为前提，敦促物业公司先充分履行义务再要求业主缴纳物业费；针对业主之间矛盾多由资源有限难以充分满足个体需求所致，调解侧重公平分配，在调解技巧上更强调邻里关系、以情理服人。例如，通过召开业主大会、抽签并轮换的方式分配小区车位，公平稳妥地解决了业主因争抢车位引发的纠纷。对于经多次调解当事人拒不履行调解协议的行为，依法予以行政处罚，以处罚促成进一步的调解与履行。

（四）智能平台建设助力智慧治理

2017年，余杭区信息经济（智慧经济）产业增加值总量居杭州市第一，信息经济（智慧经济）产业增加值占余杭全区GDP比重达到54.8%。信息软件、数字内容、电子商务、移动互联网、云计算与大数据等五大主导产业成为余杭经济的领头羊。余杭区将这一得天独厚的技术优势运用到纠纷化解领域，为智慧治理做出了先行先试的大胆探索。

1. 以“矛调在线”为代表的在线解纷、综合治理平台

余杭区依托区基层治理综合信息平台开发区社会矛盾预防和化解信息平台——矛调在线，充分运用互联网、云计算、大数据和人工智能等先进技术，有效整合相关信息系统及数据资源，实现社会矛盾排查化解工作的系统

在线整合、数据在线汇总、力量在线汇聚、功能在线打通、纠纷在线流转、效率在线提升、处置在线跟踪、绩效在线考核、风险在线预警、服务在线升级等十大功能，具有汇聚各类矛盾纠纷案例、在线整合专家资源、增强辅助化解力量、提升化解效率和成功率等鲜明特色。

作为旨在辅助社会治理工作的综合性数据平台，矛调在线已经与基层治理“四平台”、信访系统、劳动仲裁系统、法律援助系统、企业多维度信用平台、网络交易纠纷在线调解平台、交通事故处理网上数据一体化系统、省“在线矛盾纠纷多元化解平台”八大系统进行对接；实现了余杭区所有人民调解、行政调解、司法调解矛盾数据全汇聚；打通社会矛盾源头预防、排查预警、多元化解、善后处置的各项工作流程，做到纠纷人民调解与仲裁、诉讼的在线衔接。

2. 专业领域一站式、标准化矛盾纠纷化解平台

随着机动车个人保有量的持续增长，各地机动车交通事故均呈多发趋势，由此引发的纠纷在部分地区成为法院案件量快速增长、激化“案多人少”矛盾的原因之一。道路交通事故纠纷传统处理方式存在信息不对称、过程不公开、数据不共享、部门不主动、标准不统一等诸多弊端，导致当事人需要“多点多线”奔波于不同机构之间，过程冗长、手续烦琐，部分环节黄牛滋生，当事人利益受损。为破解这一难题，余杭区打造全程在线的一体化处置平台。利用互联网最新技术联通公安交警、司法行政、行业协会、鉴定机构、保险单位等交通事故纠纷处理的各职能部门和单位，实现在线司法确认、在线视频庭审（全程录音录像）、在线鉴定、一键理赔等功能，为交通事故当事人提供在线的全流程调解、诉讼、鉴定和保险赔付等服务。同时，开发裁判文书自动生成功能，通过理赔计算器核算损失，自动生成调解书判决司法确认民事裁定书，并通过司法邮箱自动向在线当事人送达。“道交纠纷一体化处理平台”保护了受害人的合法权益，提高了交通事故处置效率，还促进了保险业的健康良性发展，缓解法院“案多人少”矛盾，可谓一举多得。

中国网络购物市场已经成为全球最大的网络购物市场。网络购物成为人

们消费新常态的同时，网络交易过程中引发的矛盾纠纷也越来越多。2016年余杭区市场监管局受理各类网络消费投诉举报16万余件，2017年上升到20.4万件，占到全国网络消费投诉举报总量的30%，海量的网络交易纠纷如果得不到及时化解，容易激化社会矛盾，甚至引发群体性事件，影响社会和谐稳定。

余杭区司法局与区市场监管局、国内某大型电商平台技术团队合作，建立了全国首个网络交易矛盾纠纷调解“云平台”——余杭区网络交易纠纷在线调解平台。该平台结合网络市场交易纠纷虚拟化、跨地域等特点，充分运用社会多元力量，依靠信息智能技术化解海量网络消费纠纷矛盾，先后开发运用网络消费投诉举报受理平台、网络交易纠纷在线调解平台、异地行政部门协作平台等多个信息化系统，其中网络交易纠纷在线调解中心自上线以来，共化解网络消费投诉纠纷3.9万余件，普法商家近3万家。

该平台集矛盾纠纷自行和解、全程在线调解、信息智能分析、一键司法确认等多功能为一体。该平台可以实时调取电商平台交易相关数据，具备三方通话和在线视频功能，实现调解记录向调解协议的自动转化和“一键司法确认”功能。该调解中心在网络交易规则尚存在大量空白的情况下，以实践逻辑对社会管理工作中电商平台的定位进行了探索，注重发挥电商平台的多重身份作用，在鼓励其发挥市场主体作用、参与消费纠纷矛盾化解工作中，做好网络交易信息提供者、商家经营行为监管者以及电商平台责任人三重身份基础上，进一步加强政企合作背景下的信息数据共享、涉案商品处理、消费者权益保护等工作。尤为值得称道的是，该网络交易纠纷在线调解平台在解决纠纷的同时开展普法工作，从源头预防矛盾纠纷的产生。在“6·18”年中促、双十一、双十二、年货节等重大网购活动前期，网络交易纠纷调解中心提前介入，积极对交易平台进行促销活动规则的审核和指导，提前预防新促销可能引发的系列纠纷矛盾。同时，调解中心充分利用电商平台后台的公众号、商家在线问答专场、网络直播等新媒体开展网络普法、互动式在线普法，在督促商家自律和规范经营方面取得显著的成效。

（五）城市大脑引领未来

包括矛调在线平台、欠薪预警系统、道路交通纠纷一体化处理平台、网络交易纠纷在线调解平台在内的全部应用或管理数据平台在线服务化解矛盾纠纷的功能不容小觑，但通过这些平台实现社会治理数据沉淀、分析，进而实现对潜在社会风险进行预测、预警、防控，最终辅助治理的强大功能则更具有未来意义。这些平台都是余杭“城市大脑”整体构架下的有机组成部分，而余杭“城市大脑”整体规划可谓中国智慧城市建设的未来缩影。2016 年 4 月 19 日，习近平总书记在网络安全和信息化工作座谈会上的讲话中指出，“要以信息化推进国家治理体系和治理能力现代化，分级分类推进新型智慧城市建设，更好用信息化手段感知社会态势、畅通沟通渠道、辅助科学决策”。《“十三五”国家信息化规划》明确规划了建设智慧城市的路线图。余杭“城市大脑”的设计思路就是对国家“智慧城市”建设理念的实践应用，其所描绘的万物互联、智慧治理的图景也是国家“智慧城市”建设的未来蓝图。

三　发展新时代“枫桥经验”可能面临的问题

余杭纠纷多元化解的实践走在了全国前列，一路走来克服了诸多困难，也不断遭遇新的问题，无论是以往攻坚克难的经历还是正在进行的探索，甚至之前走过的弯路，都有可能对其他地方形成借鉴。“枫桥经验”的内涵也正是在不断地遭遇问题、解决问题的过程中得以丰富，从而具有划时代的意义。余杭只是探索新时代“枫桥经验”的一个代表，放眼全国，各地在纠纷化解、基层社会治理过程中都面临着各种各样的问题。

（一）群众、调解员和管理者观念均亟待转变

中国自古便有“无讼”之说，千百年来这种不懈的追求恰恰证明没有诉讼始终是一种理想化的从未变为现实的终极目标。当今经济发展速度、人

际交往范围早已超乎睿智的古人的想象，“无讼”的理想似乎与现代人渐行渐远。世界各国都在现代化转型的过程中面临“诉讼爆炸”的问题，中国法院自立案登记改革以来民事案件收案量剧增，法院“案多人少”的矛盾日益尖锐，司法体系超负荷运行。靠亲缘、地缘关系维系的人情社会瓦解之初，百姓间一旦出现纠纷最为信任似乎也是唯一可选择的就是走进法院进行诉讼。“健讼”之风形成，公众也形成解决纠纷找法院的心理路径依赖。另外，社会流行语从前些年“我告你去”到近些年“你告我呀”的转变，民事案件“执行难”，都表明“健讼”之风之下的社会诚信缺失现象已相当严重，诚信受损不足以对当事人造成任何威慑，这是矛盾纠纷多发的一个根本性原因。

在多元纠纷化解领域，部分调解员的观念存在偏差，依法调解的理念没有确立。大多数调解员是非法律专业人士，调解过程中侧重于“情”与“理”等调解手段的运用，而不注意“德”与“法”的结合。“各打五十大板”或“和稀泥”的做法在公众法治意识大幅提升的当今社会已经难以奏效，即便可以暂时压制矛盾，也难防矛盾的进一步发酵甚至出现更加恶劣的结果。

对于作为社会管理者的政府而言，社会矛盾发生一起解决一起、头痛医头脚痛医脚、只救火不防火的现象在部分地区仍较为突出。政府对既发矛盾救火为主，未能建立预警预防机制。对群体性事件的处置仍以事后应对为主，群体性事件一旦发生，普遍是以公安机关作为主力平息事件。对于社会矛盾滋生的根源欠缺建立在大数据基础上的科学分析，后续也难以形成预警预防机制。

（二）传统与现代解纷手段之间形成紧张关系

在线矛盾纠纷多元化解（Online Dispute Resolution，ODR）发展势头强劲，依靠网络信息技术进行矛盾纠纷化解在多个地区、多个领域取得了令人瞩目的成就，极具智能化和未来感的解纷方式让人耳目一新。但需要看到，一方面，互联网在中国的发展具有地域不平衡性，而网络不甚发达的地区通常是经济不够活跃、在线调解需求不高的地区，如无视地域差别强行推进ODR平台建设容易陷入“重建设轻应用”的误区，加之IT技术与硬件设施更新迭代快，可能造成资源的闲置与浪费。另一方面，ODR在网络交易纠纷化解等领域有先天优势，但对于某些其他类型纠纷的解决优势并不明显。例如，婚姻家庭纠纷还是需要在调解员与当事人亲友的共同努力下通过“面对面”的方式更能“动之以情，晓之以理”，而交通事故处理中各执一词的当事人往往需要面见调解员进行倾诉，继而调解员以“背靠背”的方式分别进行劝导。传统的调解技巧中一些面部表情、肢体语言的运用在网络条件下通常不能充分发挥作用。如果有关部门忽略当地实际情况过分推广ODR挤占传统调解生存空间，则会人为造成二者的鸿沟，割裂传统与现代调解的内在联系，不符合继承发扬“枫桥经验”的宗旨。

（三）矛盾纠纷化解社会联动不足

余杭的矛盾纠纷多元化解调几乎调动起全区政府部门和一切可能的社会力量，但余杭作为综治水平相对较高的地区，其成就不能代表全国。在其他很多地区矛盾纠纷化解只是个别部门的职责，参与主体远未达到“多元”，转移交办等流程节点仍未打通，严重制约了解纷实效。社会联动不足还导致纠纷化解专业人才匮乏。例如，在一些地方法院并未承担起多元解纷工作的“领头羊”角色，掌握法律专业知识的法官极少参与相关工作，相应的律师等法律工作者的积极性也没有有效调动起来，调解工作还是走依靠离退休人员的老路，而在当今社会特别是在城市社区中，“耆老”的凝聚力与威信已经不复存在了。

（四）智慧治理水平仍需进一步提升

在全国大部分地区，社会矛盾纠纷有关资料仍多分散于各级政府、各部门、基层群众性自治组织或第三方机构，且其中大量为纸质资料，没有电子化，更未提炼为可供分析的电子数据；平台重复建设、条块分割、部门间数据藩篱依然是较为严峻的现实问题，即使是在网络技术根本不成问题的余杭，由于部分数据未能及时接入，仍未真正实现全区数据汇聚功能，现存的三个平台又要求人民调解员重复多次录入调解数据信息，徒增负担，且在不同平台中录入可能出现失误进而导致数据不准确，或可能由此影响政府决策的准确性；在矛盾纠纷多元化解语境下，调处矛盾的主体早已超出村（居）委会、政府、法院的范围，为数不少的民间第三方纠纷化解机构纷纷涌现，这些机构掌握的海量数据与政府数据分析预警平台精准对接仍存在主客观两方面的障碍。现阶段的社会矛盾纠纷底数不清、总体数量不明、类型比例不详、分布状况不明等情况，再加上重复统计、遗漏统计等现象，导致国家无法精确、全面地掌握矛盾纠纷情况，从而无法有效治理。

（五）缺乏统一的社会治理水平评价标准

目前，社会矛盾背后所隐藏的社会风险、党政机关决策科学性、政府部门监管有效性等问题往往缺乏深入科学的挖掘分析，社会矛盾纠纷中大量具有评价社会治理水平指向性的指标并未系统梳理出来并设置科学的评价标准。以矛盾纠纷数据为核心的社会综合治理评价指标体系和科学合理的大数据分析模型亟待建立。

（六）社会治理数据安全面临严峻考验

基层社会治理是一项需要动员全社会力量共同参与的系统工程，有大量社会组织和企业参与其中。这些社会组织和企业的管理方式灵活，人力资源充沛，容易接受新的理念、掌握新的技术手段，因此他们的参与对基层社会治理的积极作用毋庸置疑。但是，这些政府外主体掌握大量的社会治理数据，如何保障这些数据的安全和不被滥用，无论是从制度上还是技术上都缺乏有效的监管措施。在经济活动中，还有一些数据平台在政府部门甚至司法机关需要提取相关数据作为证据时，拒不提供或恶意篡改数据等现象必须引起足够重视。一旦发生数据安全事件，威胁的可能不只是个人利益、一时一地的社会稳定，有可能对国家安全造成难以挽回的损失。

四　新时代“枫桥经验”展望

“枫桥经验”起源于诸暨乡村，如今从乡村走向城市，新时代发展“枫桥经验”的累累硕果遍布全国。新时代“枫桥经验”本质上是适应中国社会主要矛盾变化，破解社会治理难题的突破口，体现了中国共产党和中国政府未来治国理政的基本思路，这个基本思路既总结了过去的优良传统经验，又结合当下实际，还具有面向未来的远见卓识。当然，这个基本思路还需要在实践中进一步丰富和完善，未来各地发展“枫桥经验”还须注意从以下几方面着力。

（一）进一步理顺党的领导和基层自治的关系

习近平在2018年1月16日召开的中央政法工作会议上指出，要善于把党的领导和中国社会主义制度优势转化为社会治理效能，完善党委领导、政府负责、社会协同、公众参与、法治保障的社会治理体制，打造共建共治共享的社会治理格局；要贯彻好党的群众路线，坚持社会治理为了人民，善于把党的优良传统和新技术新手段结合起来，创新组织群众、发动群众的机制，创新为民谋利、为民办事、为民解忧的机制，让群众的聪明才智成为社会治理创新的不竭源泉。从中可以看出两个核心词特别突出，即“党的领导”和“群众路线”。

群众路线是中国共产党的根本路线，是党领导人民在长期的斗争和各项建设事业中不断取得胜利的法宝。“一切为了群众，一切依靠群众，从群众中来，到群众中去，保持和人民群众的血肉联系”是中国共产党人一以贯之的工作原则，也是“枫桥经验”的精髓所在。党的领导和群众路线并行不悖，相得益彰。在社会治理重心不断下沉、基层自治发展充分的当下，有必要适当突出和强调党的领导，时刻把握正确的前进方向。余杭区着力构建“党建+社会治理”新格局，把加强基层党建作为贯穿基层社会治理的“一条红线”，坚持把支部建在网格上，建立网格支部活动室和网格工作室，实现了支部活动和网格活动阵地的全覆盖，就是其基层秩序良好、氛围活跃、和谐稳定的根源所在。

坚持党的领导，进一步理顺党的领导和依靠群众的关系，也是发展“枫桥经验”过程中解决人的思想意识问题、强化顶层设计、加强社会联动和正视安全问题的前提。

（二）进一步理顺纠纷化解和预防、善后的关系

提升社会治理水平根本上是要全面履行管理职能，把政府该管的管好，变事后被动的“堵”“救”为事前、事中主动的疏导与化解，以最小的成本实现治理效果最大化。因此，应彻底转变社会治理观念、实现治理关口前移，及时掌握社会发展态势，分析矛盾纠纷现状、原因及可能的发展趋势至关重要。还应建立健全社会矛盾善后处置机制。在这两方面，余杭的经验都值得推广借鉴。

余杭区现有的矛盾纠纷化解实践和“城市大脑”的未来设计，都不仅关注调解本身，而是以矛盾预防为重点。此外，还建立了相关机制处理矛盾善后问题。余杭建立困难救助机制，进一步畅通困难救助渠道，发挥好司法救助资金、困难补助资金、欠薪应急周转资金、信访维稳专项资金作用，通过司法救助、诉讼费减免、法律援助以及政府各项救助帮扶政策，依法解决纠纷当事人的生活困难或其他特殊困难，引导和支持其理性表达诉求；建立信访维稳机制，对短期内无法化解且可能影响社会稳定的重大矛盾纠纷继续深化落实清单管理、领导包案、约访接待和挂牌督办制度，加强阳光化、责任化、法治化信访建设，严格落实涉法涉诉信访事项依法终结机制，合力攻坚重大矛盾纠纷的化解和稳控工作；建立应急处置机制，运用涉稳情报信息处置、涉稳利益诉求群体群访群聚稳控等工作机制，更新完善《余杭区处置群体性突发事件应急预案》，做好本地区、本部门应急处置预案的修订、群体性突发事件实战演练，提高对群体性突发事件应急处置水平，形成矛盾预防、化解、善后的闭环。

（三）进一步理顺 ADR 与 ODR 的关系

替代性纠纷解决机制（Alternative Dispute Resolution，ADR）也称“多元化纠纷解决机制”，即突破单一诉讼手段，通过沟通、谈判、调解等多元化的方式解决纠纷的机制。在近年来的推广实践中，ODR 与 ADR 的关系应从以下两方面予以明晰和理顺。

一方面，ODR 与 ADR 部分与整体的关系应重点予以明确。ODR 是依托互联网的“线上”纠纷解决方式，可以说是信息时代 ADR 全新的一种表现形式，但归根到底其本质是 ADR 的一部分。在社会综合治理、多元化解矛盾纠纷的语境下，应回归 ADR 的表述，不可过分强化 ODR 以偏概全。

另一方面，ODR 作为 ADR 的创新表现形式，应注意协调与传统纠纷解决方式之间的关系。ODR 借助新技术在纠纷化解领域的成就的确十分突出，但相对于传统的纠纷解决方式 ODR 并不是替代性的，二者各有所长，互为补充。例如，鉴于信息技术发展的不平衡性，从地域上讲，在网络设施不甚发达的中西部城市或乡村，线下调解方式依然会占据主导地位。就纠纷类型来看，网上交易、道路交通责任认定及保险理赔本来就具有城市化、流程化的特性，以及一些跨域纠纷等本身具有选择线上的天然倾向性，ODR 在调处这类纠纷时可以当仁不让地作为主力，但是一些因情感而生的纠纷，最佳选择还是面对面调解，可以充分运用调解技术、全面促成当事人和解。

另外，ODR 作为 ADR 的重要组成部分，应将自身发展置于社会治理的大背景下进行审视。党的十九大报告提出，要提高社会治理社会化、法治化、智能化、专业化水平。ODR 在未来建设过程中也需要注意以下问题。作为社会治理必不可少的重要一环，应进一步完善 ODR，在智慧治理中扮演重要角色。首先，应把 ODR 平台沉淀的初级电子素材加工成为可供运算的电子数据；其次，信息化助力社会治理应谋划搭建社会综合治理大数据平台，ODR 平台应将这些数据接入社会综合治理大数据平台，从而迅速提升数据量，确保分析结果的全面性、准确性；最后，基于各类数据，还应进行充分、深度的数据挖掘和分析，以掌握各类社会现象背后所隐藏的深层次原因，分析特定领域、特定行业的发展态势和监管效能，从矛盾纠纷类型反思决策和执法疏漏，进而发现社会治理中存在的问题，这有赖于科学精准的社会综合治理评估指标体系的建立。

（四）进一步理顺社会治理与依法治国的关系

ADR 秉持多元共治、纠纷解决分层递进的理念，构建起一张逐层消化分流、科学系统的漏斗式社会解纷“过滤网”，最大限度地减少进入诉讼程序的案件。以 ODR 较早上线运行的浙江全省数据为例，2018 年 1～10 月，浙江省全省法院收案为 149.1 万件，同比增幅从 2017 年的 14.8% 下降至 4.39%，34 家法院实现收案负增长。可见，矛盾纠纷多元化解工作的推进有效缓解了法院“案多人少”压力，帮助法院整合有限的诉讼资源，集中人力精力快办案、办好案。但是，目前的社会调解工作和司法工作仍存在一定张力，导致这种张力的原因在于：以社会调解为代表的社会治理工作中法治原则没有贯彻到底，本应为人民法院分忧的调解工作反而可能额外增加了司法工作负担。社会治理工作需要面对复杂的社会现实，也需要穿插运用形式多样的策略和手段，但法治的底线不能突破，依法治国的基本方略必须得到从顶层到基层的恪守与遵循。

目前，社会调解推进过程中遭遇的最大阻力来自当事人不选择调解而直接选择诉讼，百姓“健讼”心理的形成与法治意识的提升不无关联，但更主要的则是客观上解决纠纷的路径单一、资源有限，除司法途径外其他解纷方式权威性不足。诉讼爆炸的压力不可能通过压制诉讼、强迫调解达成。无论是社会调解组织还是人民法院都应该清醒地认识到，“社会调解优先、法院诉讼断后”理想目标的达成还需假以时日，当务之急是强化社会调解工作的合法性、规范性，使其公信力得到公众认可，矛盾纠纷当事人才能鉴于其低成本、高效率等优势逐渐自愿主动地选择社会调解。现有的法制观念和普法成果为依法调解奠定了坚实的基础，依法进行调解可能比单纯倚重情理更容易博得群众的信任，经过数十年普法构建起的法治文化资源不应浪费。社会调解法治化这个目标的实现需要从制度设计、提升人才素质、考核监督、改变观念等多方面入手。而在过渡阶段，人民法院还应注意充分保障当事人的诉权，有担当、负责任地将国家实施立案登记制的良法美意执行下去。

在调解活动中恪守法律是社会治理法治化的基本要求，而在调解的同时进行普法则彰显社会治理的能力和水平。余杭区网络交易矛盾纠纷解决工作中同时对商家进行法律知识普及的做法为基层治理工作提供了有益启示。

最后，网上调解有界，网络治理无限。习近平同志多次指出，应构建互联网治理体系，促进公平正义。应以在网络空间中优势明显的 ODR 为契机，以线上调解为手段，进一步营造网络空间的良好秩序和和谐风气，这也是创新社会治理、建设更高水平的平安中国的题中应有之义。

B.21
"智慧检务"助推乡村治理现代化
——以四川省营业县为样本

周永刚　罗 伟　吴 波*

摘　要："枫桥经验"是党的群众路线在基层社会治理中的生动实践，其核心内涵是"动员和依靠群众，坚持矛盾不上交，就地解决，实现捕人少，治安好"。在推进乡村治理进程中，营山县以智慧检察打造"群众家门口的检察院"，通过走网上群众路线，提供高效便捷的服务，以社会化、法治化、智慧化、专业化的治理举措和服务方式构建乡村良序，在党委政府和群众之间建立起"纽带"，充分履行宪法赋予的法律监督职责，为乡村治理提供法治解决方案，探索新时代"枫桥经验"检察版，让智慧检察"接地气"，在乡村落地生根，推动乡村治理体系和治理能力现代化，增强基层群众的获得感、幸福感和安全感。

关键词："枫桥经验"　智慧检务　群众家门口的检察院　乡村治理

20世纪60年代初，浙江省诸暨市枫桥镇的干部群众凭着实践创造的"枫桥经验"，一直是全国政法战线的一个典范。随着经济发展水平的不断提升、社会主要矛盾的悄然转变、人民群众多样化的需求和科学技术的飞速

* 周永刚，四川省南充市人民检察院检察长，西华师范大学客座教授；罗伟，四川省营山县人民检察院党组书记、检察长；吴波，四川省营山县人民检察院信息技术检察部副主任。

发展，“枫桥经验”也随着时代不断升级，逐渐形成了具有鲜明时代特色的“党政动手，依靠群众，防止纠纷，解决矛盾，保持稳定，促进发展”的新经验。2013 年，习近平总书记就坚持和发展“枫桥经验”作出重要指示，要求“各级党委和政府要充分认识‘枫桥经验’的重大意义，发扬优良作风，适应时代要求，创新群众工作方法，善于运用法治思维和法治方式解决涉及群众切身利益的矛盾和问题，把‘枫桥经验’坚持好、发展好，把党的群众路线坚持好、贯彻好”。这为营山县推进乡村治理体系和治理能力现代化提供了理论依据和实践方向，在党委和上级检察机关的正确领导下，在政府和各机关单位的支持配合下，营山县检察院秉持“发动和依靠群众，坚持矛盾不上交，就地解决”的理念，牢牢把握“乡村治理是国家治理体系中不可或缺的组成部分，是高质量脱贫和实施乡村振兴战略的基石”的定位，结合县域乡村发展现状，走网上群众路线，推进智慧检察工作，建起“群众家门口的检察院”，通过互联网、大数据、人工智能等信息技术，有效整合司法机关、执法机关、行政机关的相关信息平台，创新服务群众方式，推动乡村治理，维护基层社会安全稳定，打造“枫桥经验”检察版。

一　“群众家门口的检察院”与“枫桥经验”具有共性

“枫桥经验”的每个阶段都是从实践到认识、从认识到实践的反复探索过程，并体现了鲜明的时代特征。2017 年以来，营山县人民检察院认真分析本地经济社会发展所处的历史方位，深入研究新时代乡村群众对社会治理与公共服务的新需求，针对群众对互联网、视频聊天、人工智能等已高度接受并融入日常生产生活的实际，找准改革切入点，用现代信息技术真正“把办公桌搬到群众家门口，把公平正义放到群众手心头”，拓展法律监督范围，提升检察工作能力，聚焦精准扶贫、乡村振兴、扫黑除恶等民生工程，将“群众家门口的检察院”建设内容与“枫桥经验”的精髓相契合，着力创造乡村依法治理新方式。

一是民本共性。"枫桥经验"是人民群众集体智慧的结晶，是以人为本的工作经验总结，其基本精神和基本做法反映了"一切依靠群众、一切为了群众"的本质，广泛动员群众、组织群众，依靠群众化解矛盾，促进和谐，努力创造良好的和谐稳定局面。"群众家门口的检察院"建立的初衷就是严格把"以人民为中心""人民至上"理念并作为根本指导方针，结合检察职能走网上群众路线。

二是社会共性。"枫桥经验"诞生于农村，源于公安，肇始于化解矛盾，并在化解矛盾的实践中不断坚持和发展，涵盖了综合管理、社会稳定、经济发展等方面，同时也从农村逐渐延伸到城市、企业、学校等各个领域，"枫桥经验"始终根植于社会，预防和化解矛盾的实质始终没有改变，一直具有普遍的指导意义。"群众家门口的检察院"全面贯彻落实党的十九大精神，奋力打造共建共治共享的社会治理格局，通过将"综治、法治、检察"相结合，通过搭建中心、广布终端、互联互通等方式提高乡村治理的社会化、法治化、智能化、专业化水平。

三是发展共性。发展是世界的主题，任何经验的形成都是基于特定的时代背景和客观条件。如果经验不随着时代的变化而变化，它就会随着客观条件的丧失而消失。经过几十年的发展，"枫桥经验"仍然有强大的生命力，关键在于它"与时俱进"的品质。中国特色社会主义建设进入新时代，日新月异的社会发展形势，对乡村治理与公共服务水平提出了更高要求，迫切需要对现有乡村治理和公共服务方式进行改革创新。由于发展的不平衡、不充分，社会矛盾也发生了改变。例如：来自农村偏远山区的群众涉法涉诉涉农信访占比较大，且逐年上升，但传统模式在服务乡村群众信访、法律咨询等方面存在诸多不足，这种供需矛盾不利于乡村社会环境的稳控。主要表现在：单一的"坐访""等访"接访模式因接待效率低、处理方式落后，已无法满足乡村群众对信访的需求；传统的"信访不信法""唯上不唯实""推拖躲责任""拿钱买太平"等观念大量存在，导致"层层上访，层层下交"，导致"小事拖大、大事拖烂"，导致"上访有甜头，不访没落头"，加上乡村群众政策法律知识不足，常常迷惑误解，甚至缠访、闹访、越级访，各方均苦不堪言；与此同时，司法、执法、信访等部门能够提供的法治服务产品量少质差、合力解决问题的手段不足，法治化、制度化、信息化程度不高，对同一信访问题回答各异、解决不一，且解决问题的统筹机制和利用法律手段进行过程监督及干预的硬性措施也不力，虽强调乡村群众要用法治思维和法治方式解决问题，但不重过程干预引导疏导、偏重事后惩罚的执法司法观念和方式长期存在，司法救济不力、主动性不强、及时性不够。在这样的时代背景下，“群众家门口的检察院”应运而生，充分利用“互联网+”等现代信息手段，走好网上群众路线，为乡村群众提供便捷高效的诉求表达和解决渠道，拓宽法律监督线索来源，及时参与和监督化解各类信访及基层矛盾，是符合新时代群众需求的检察产品，为乡村治理提供了新样本。

四是法治共性。“枫桥经验”的历史沿革、组织建设和运行机制，客观反映了中国基层法治建设的历程，法治建设为枫桥经验的发展提供了保障和方向，依法制定规章制度，依法参与民主管理，依法解决社会矛盾，依法打击犯罪，依法维护社会稳定等。进入新时代，法治精神和法治理念贯彻基层社会治理，根据《宪法》和新修订的《人民检察院组织法》的规定，人民检察院是国家的法律监督机关，通过行使检察权，维护国家安全和社会秩序，维护个人和组织的合法权益，维护国家利益和公共利益，保障法律的正确实施，维护社会公平正义，维护国家法制的统一、尊严和权威。建设“群众家门口的检察院”是基层检察院面临多重改革叠加压力，主动应对新时代乡村治理的新情况、新问题，利用现代信息技术探索基层社会治理、依法化解乡村矛盾的新路径，有利于法律的统一正确实施，有利于提升检察服务能力和社会治理水平，保障社会安定有序，响应人们的新需求和新期望，构建乡村治理新模式。

二　“群众家门口的检察院”对“枫桥经验”的应用与发展

“枫桥经验”的精髓是“走群众路线”，在新的历史时期经过不断与时俱进地丰富发展和改革创新，“枫桥经验”被赋予了新的时代内涵，成为社会治理的一个标杆。各地在学习借鉴、发展运用“枫桥经验”的实践过程中涌现出了很多成功案例，“群众家门口的检察院”就是其中之一。近年来，营山县检察院准确把握“枫桥经验”的精神实质，针对县域地广人稀、山高路远、偏远封闭等诸多现实情况，践行中央政法委强调“要运用科技创新的理念走群众路线，创新公共服务方式，让人民群众在家门口、掌心里、指尖上就能办成事、办好事”的要求，结合检察机关职责，联合各方力量，利用现代信息技术，搭建平台、布设终端、联通网络等，开辟“走网上群众路线”路径，创造性地建设“群众家门口的检察院”，促进乡村社会治理，把这一检察产品充分推广到脱贫攻坚、乡村振兴等实践中，维护基层稳定和谐。

（一）“群众家门口的检察院”实践探索的路径

一是整合资源，合作共建。针对乡村治理传统模式中法治服务缺位错位、各部门多数时间在“单打独斗”、治理力量不集中等现象，营山县检察院在县委、县委政法委的领导下，争取县政府、纪委监委、组织部、公安局、法院、信访局等部门的支持，整合各方资源，紧密合作，齐心共建。营山县将“群众家门口的检察院”列为全县深化改革的内容之一，平台和终端实现了县、乡（镇）、村的全覆盖，有事在平台上对接、通过终端“会诊”已成为各部门化解乡村矛盾和处理乡村信访的首选，打破了时间和空间的限制。

二是搭建中心，形成中枢。面对群众方方面面的诉求、其他平台信息的大量涌入，营山县检察院建立一个大数据中心来存储、计算和分析数据，有效地集法治服务、法治公开和法律监督于一身，实现对信息进行集成、实时动态分析、综合研究、风险预警、多终端融合等功能，并将大数据进行可视化处理，在前端显示，后台自动生成报告，为决策提供参考，为监督提供依据。

三是布设网络，打通渠道。利用广电专线、互联网、组织部党员远程教育平台，在县、乡（镇）、村分层分级布设采集信息、咨询接访、公共服务所需网络。同时，为最大限度地整合利用资源，将政务云平台、公共法律服务平台、网格管理平台、安全监督平台、文网卫士平台、政务公开和司法公开平台等相关信息化平台连通，实现网络互联、数据交换和共享、成果综合利用等。

四是设立终端，全面覆盖。围绕公共服务、法律监督和基层治理等方面搭建分级管理、形式多样、分布广泛、方便实用的信息终端，从司法供给侧提供更优质的法治“套餐”。

第一，建中心。全县建立起1个远程视频咨询接访中心，在乡（镇）、村、社区建立754个远程视频咨询接访终端，实现网上信访接待、矛盾集中化解、统一转接分流、实时线上反馈、持续跟踪监督等。

第二，优服务。在涉农重大项目、重点民生领域设立检察官服务站，并安装可视远程服务终端，在涉农企业安装“检企服务”平台，坚持政法跟着项目走、跟着发展转，服务重大战略、重点项目和重要企业等，促进经济高质量发展。同时，结合网格员队伍组建乡村法律监督联络员团队，实现线上线下反馈信息、调处矛盾、化解纠纷。

第三，设基地。在3所学校和1个企业设立未成年人观护基地，在87所中小学校设立了“知心姐姐”工作室，并安装具有普法教育、问题咨询、心理预警和帮扶矫正等功能的未成年人安全法治预警云平台。同时，开设“知心姐姐”法制小故事直播间、联通“校园班班通”等，定期进行远程授课，打造全方位保护未成年人的阵地。

第四，搭平台。以多功能、多用途、信息化的检务直通车打造“流动检察院”，开展“乡村法治巡诊”，综合应用于应急处突、矛盾化解、送法下乡、引导侦查、监督执法等，主动下访找问题、下村解难题。

第五，布终端。建立网上检察官机制并加载到公众号、门户网站等载体，研发掌上检察院App，整合多种功能，将检察服务放到掌上、指尖上，实现视频问检、远程服务、掌上办事。

第六，促整合。将线下检察服务大厅功能整合到网上，在1个县政务中心和54个乡镇、街道便民服务中心安装可视查询服务终端，设置网上服务大厅，实现信息查询和业务办理网上一站式完成。

第七，借载体。以互联网和移动通信为载体建平台，集网上预约、远程告知、线上发布等信息推送和法律文书送达于一体，全力推进司法公开和政务公开。

第八，施救助。将法律援助、国家司法救助、民政救助和社会救助等统合到一个平台，搭建起立体式救助体系，实现受理、核实和救助网上完成。

第九，强宣传。利用公共资源建立流动或固定的政务公开、普法宣传、警示教育LED平台等，发布动态信息，弘扬法治精神。利用党员远程教育平台和有线电视网络，建立“乡村法治夜校”，让普法教育进村入户。利用新媒体宣传发动和服务群众，拓展民生检察。

（二）“群众家门口的检察院”助推乡村治理现代化成效初显

1. 搭起联系群众的连心桥，把政策法律送到家门口

“群众家门口的检察院”借助全县村村通的党员远程教育平台，开设政策宣讲、预防犯罪、法治夜校等宣传专栏和直播间，常态化开展“法律七进”宣传教育，把党的十九大精神和脱贫攻坚、乡村振兴大政方针等远程直播到基层组织和群众身边。2017年以来，利用远程教育平台开展政策宣讲十余次，远程普法二十余次，促进了法治与党建的深度融合，成为乡村治理新的“战斗堡垒”。

“群众家门口的检察院”创新法治宣传形式，接通“村村通”广播系统，在12个中心场镇安装户外LED检务公开宣传平台，在54个乡镇（街道）设置法治宣传平台，在乡镇公共汽车LED或车体上加载二维码等，搭建起法治宣传的立体矩阵。2017年以来，利用矩阵平台发布敦促贫困户子女赡养老人公告、“扫黑除恶”和整治基层“微腐败”等内容300余篇，通过常态化、密集化的法治宣传，用法治亮明价值导向，培育文明乡风民风，让歪风邪气得到快速遏制，为乡村治理营造了良好的法治氛围。

“群众家门口的检察院”探索搭建起“网上服务大厅+掌上检察院

App + 微信公众号”远程服务体系，将检务公开、案件公开、法律咨询、业务办理、视频接访等功能加载到全县各乡镇、街道（社区）的便民服务平台、微信公众号和门户网站上，同时利用多功能、多用途的“检务直通车”打造流动的检察院，开展“法治巡诊”，让检察服务在乡村实现全覆盖、满辐射、整时段，网上办事少跑路，法治红利普惠至群众，提高群众参与乡村治理的主动性和积极性，激发基层治理的内生动力。

2. 充当基层治理调节器，视频下访送到家门口

“群众家门口的检察院”借助构建起的“一网多网、多网共享”格局，将法律监督引入化解矛盾纠纷的全过程，实现事前预防、事中监督、事后跟踪。借助全县乡镇（街道办）、村（社区）和县级机关单位建立754个视频咨询接访终端，形成矛盾纠纷化解的覆盖网，群众有事可以第一时间找到相关部门，在网上“面对面”表达诉求和寻求帮助，这一举措在方便群众的同时也为检察机关和执法司法部门拓展了工作线索来源，特别是为检察机关开展公益诉讼工作找到了突破口、开辟了新路径。全县统一设立的1个视频接访中心，在网上实现矛盾纠纷的转接分流、多方联动、跟踪反馈等。同时，将县纪委监委、法院、公安局、扶贫移民局、信访局等数十个部门接入平台，打造“网上会诊”化解矛盾新方式，促进了“矛盾纠纷化解在一线、化解在基层、化解在当地”工作局面的形成。

2017年以来，视频接受咨询1311人次，其中35%与涉法涉诉纠纷有关，通过平台收集民事行政监督线索100余条。营山县检察院依据平台收集的线索成功办理了2件刑事附带民事公益诉讼案件，发出检察建议11份，及时整改处理违法违规行政行为13起，答复疑惑、解决问题和化解矛盾共计422件次。

“群众家门口的检察院”通过平台的监测、分析、预警等功能，及时发现社会治理中存在的隐患，集中反馈违法犯罪线索并进行综合分析，全面提升对基层违法犯罪行为的打击力度、速度，防范化解重大风险。2017年以来，通过对案件线索进行大数据收集、分析和处理，发现各类刑事案件监督线索70余条，实时跟踪监督涉嫌刑事犯罪案件12件，帮助数百名农民工追回工资108万元，有力维护了社会公平正义，保障了广大乡村群众的生命财

产安全。

3. 成为乡村治理生力军，法律温暖送到家门口

“群众家门口的检察院”将线下与线上相结合，在每个行政村聘请1～2名乡村法律监督联络员持证上岗，协助收集线索、反馈问题、化解矛盾；把检务直通车开到田间地头进行“法治巡诊”，与法律监督中心远程无缝对接，主动下访搜集问题、下村解决难题；通过综合平台收集汇总线上线下信息，及时发现风险点，进行预测预警，针对性提出对策建议。2017年，向营山县委提交“扶贫产业园风险分析及建议”等4份报告，引起高度重视，联合相关部门及时介入处置，为群众挽回经济损失200余万元，有效遏制因小问题演变成群访的社会风险，维护了乡村基层稳定。

立足国家司法救助的检察职能，已与民政局、人社局等十余个单位合作构建立体救助机制，对社会救助资源进行了有效整合。通过“群众家门口的检察院”建设的视频咨询接访终端、掌上检察院App、网上服务大厅等综合服务平台，实现救助申请的网上受理、网上办理、网上协同和网上回访，为涉刑事案件贫困群众在网上开辟多条“快速通道”，让办案和援助朝着同样的方向迈进，帮助穷人，温暖人心。2017年以来，利用平台对因刑事案件致贫的166人进行网上调查，对13人进行了网上立体司法救助。

“群众家门口的检察院”将农村未成年人保护工作与乡村治理无缝衔接，依托信息化、社会化、体系化的“知心姐姐”未成年人检察工作团队，大力开展乡村未成年人保护工作，已在87所农村中小学校建“知心姐姐”工作室并安装未成年人安全法治预警云平台，远程进行谈心谈话、心理咨询、帮教救助和预防犯罪。2017年以来，“知心姐姐”团队及其志愿者利用平台开展普法宣传40余场次，对35名涉刑事案件未成年人进行了观护帮教，开展心理咨询50余次，帮助30余名未成年人重返学校或社会。

三 “群众家门口的检察院”是乡村治理的法治解决方案

中共中央、国务院在《关于实施农村振兴战略的意见》中明确提出：

“乡村振兴，治理有效是基础。必须把夯实基层基础作为固本之策，建立健全党委领导、政府负责、社会协同、公众参与、法治保障的现代乡村社会治理体制，坚持自治、法治、德治相结合，确保乡村社会充满活力、和谐有序”。新时代法治建设的基础在基层，薄弱的环节在乡村，推进乡村治理就必须坚持以人为本、以法为纲、以和为贵。“群众家门口的检察院”在充分借鉴“枫桥经验”的基础上，结合智慧检察建设对其进行升华、丰富和创新，是检察环节的“升级版”，把法律监督职责融入乡村治理，实现在服务中监督、在监督中服务，增强了乡村群众的获得感、幸福感和安全感，成为乡村治理的一个法治解决方案。

1. 坚持以人为本，激发乡村治理的内生动力

“群众家门口的检察院”在实践过程中大大缩短了服务群众的时空距离。“在过去，咨询办事跑断腿，但现在只需要一个按钮”，群众的简单描述反映了效率的提高；信息化方式让检察工作对接群众服务更加精确，有效解决乡村群众“烧香找错庙门”的问题。以习近平同志为核心的党中央多次强调：依法治国要坚持人民立场，坚持人民主导，坚持人民为中心。法治良序的形成，不仅要让广大乡村群众成为参与的主体，更要成为服务的对象。“群众家门口的检察院”推动检察机关充分履行检察职能，在为群众提供法治服务的同时让群众广泛参与，在乡村治理中没有人缺席，在享受改革红利的同时参与建设，不断释放乡村群众的内生动力，从而高质量推动脱贫攻坚、扫黑除恶、乡村振兴等民生工作，促进基层社会和谐稳定、乡村群众安居乐业。

2. 强调法治理念，促进乡村治理体系和治理能力现代化

“群众家门口的检察院”为广大乡村群众反映诉求、参与监督提供了平台，为群众了解司法程序、接受法治教育和增长法律常识提供了渠道，是乡村群众维护合法权益的生动实践，不仅能达到教育和警示目的，还能让依法治国的理念更加深入人心，让乡村群众对“有形”执法的感知和法治社会的意识得到增强。“群众家门口的检察院”充分运用法治方式，让人民群众对法治有具体的感知，从而激发群众投身乡村治理的积极性和主动性，为检

察机关开展法律监督工作提供了广泛的群众基础，形成全民监督的良好氛围和强大的治理合力，促进基层自治、德治与法治的结合，从而缓解乡村群众不断增长的法治需求与有限司法资源的矛盾。

3. 注重共建共治共享，构建乡村治理共同体

加快建设法治综合平台，是解决乡村治理最迫切、最现实问题的方式之一。"群众家门口的检察院"通过建立大数据平台，并将其他部门的执法司法网络平台接入其中，进行有效整合和综合应用，实现互联互通、数据共享、成果共用。打通部门之间的信息壁垒，破除了信息化"孤岛"现象，实现了高效沟通、协调配合，在更好地服务广大乡村群众的同时构建起了党政部门进行社会治理的共同体。同时，广大乡村群众通过触手可及的终端和平台反馈线索、反映问题、表达诉求，极大地调动了群众参与乡村治理的积极性和主动性，构建起乡村治理的大格局。

4. 准确应用信息化，提高乡村治理的智能化水平

"群众家门口的检察院"对互联网、大数据和人工智能的高度应用，建立起智慧检察扎根乡村的工作体系，网上检察官实现人机对话、远程视频咨询，接访系统实现网上"面对面"，掌上检察院 App 实现足不出户等便捷化服务，为乡村群众提供了一个远程登录办事、视频问检、24 小时"不打烊"的法治服务站，大大提高了检察工作为群众服务的质量和效率，节约了时间、节省了成本。同时，群众诉求表达和矛盾调解成为党政部门了解民情、感知民意的最好最优途径，通过对数据的储存、运算和应用，实现信息集成、动态分析、综合研判、风险预警、智能提示等，为党委政府决策提供参谋，为加强乡村治理提供参考依据。

5. 融入检察职能，探索乡村治理新样本

"群众家门口的检察院"在建设过程中，找准群众易于接受、乐于使用的方式，在司法体制改革纵深推进的大背景下，结合国家监察体制改革后检察工作的发展方向和重点，把宪法赋予的法律监督职责引入乡村治理中，在"枫桥经验"的指引下，形成"综治 + 法治 + 检察"的乡村社会治理新方式，构建起了全时全域的检察服务体系和法律监督格局，在乡村的矛盾消

融、脱贫摘帽、振兴发展等工作中形成良好法治秩序，探索新的样本，为检察机关在乡村治理中提供法治保障找到了现代化的解决路径。

四 结语

营山县建设“群众家门口的检察院”准确把握住了“枫桥经验”的本质和特征，并借助智慧检察建设推动了发展和应用，为乡村治理现代化提供了法治解决方案，坚持了党的群众路线。在未来的实践中，需要持续深化和应用已经建成的项目和成果，用好用活各类平台资源，将成果转化为成效。同时，需要加强对项目内容的深入研发，丰富内涵，追求实效，利用现代信息技术构建起更全、更大的服务体系和治理格局，把“群众家门口的检察院”切切实实建成法律监督的“千里眼”、社情民意及监督线索搜集的“顺风耳”、为民服务的“万事通”。

Abstract

The Annual Report on China's Rule of Law No. 17 (2019) gives a comprehensive summarization of the development of legislation, administration, justice and the rule of law in criminal, civil, commercial, economic and social fields in China, analyzes the situation of the rule of law in such areas as comprehensive reform of judicial system, courts' basically solving difficulties in judicial enforcement, crime situation, human rights protection, the securities market, construction of free trade ports, and the protection of natural and cultural heritages, systematically reviews the achievements and experiences in the reform of the civil and commercial law system, the labor law system and the judicial system in China in 2018, and looks into the prospect of development of the rule of law in China in 2019.

This year's Blue Book of the Rule of Law continues to feature a number of assessment reports on the index of the rule of law. Based on the information obtained from official web portals and using such methods as websites browsing, verification by phone call, and actual application for disclosure of information, the Innovation Project Team on the Rule of Law Index of CASS Law Institute has carried out assessment of the government transparency of 49 organs under the State Council after the institutional reform and the governments of 31 provinces (autonomous regions and municipalities directly under the Central Government), 49 larger cities and 100 counties (cities and districts), the judicial transparency of the Supreme People's Court, the higher people's courts of 31 provinces (autonomous regions, and municipalities directly under the Central Government), and the intermediate people's courts of 49 larger cities, the procuratorial transparency of the Supreme People's Procuratorate, the higher people's procuratorates of 31 provinces (autonomous regions, and municipalities directly under the Central Government), and the intermediate people's procuratorates of 49 larger cities, the police transparency of the public security organs of four municipalities directly under the Central Government, 27 provincial (autonomous regional) capitals and five municipalities with independent planning status, as well as the judicial transparency of ten maritime courts in China, and analyzes the related achievements, problems and trend of development.

Fengqiao Experience has been praised as a banner at the forefront of comprehensive management of political and legal affairs and proven by practice as a set of effective social governance plan. By adhering to and carrying forward Fengqiao Experience, this year's Blue Book of Rule of Law features a number of investigation reports on the national situation of the rule of law, which analyze the practice, connotation and value of Fengqiao Experience in a new era and summarize the practice of innovation and development of Fengqiao Experience in different parts of the country.

Contents

Ⅰ General Report

Abstract: In 2018, which was the 40th anniversary of the reform and opening-up and the first year since the 19th National Congress of the Communist Party of China, China has further improved the leadership system of ruling the country by law, comprehensively advanced the rule of law in such fields as legislation, law-based government, judicial reform, criminal law, civil, commercial and economic law, and social law, made rapid progresses and marked achievements in every aspect of the work of ruling the country by law in a comprehensive way. In 2019, China needs to break through bottlenecks and improve various supporting systems, so as to promote economic construction and bring grassroots governance under the rule of law.

Keywords: Ruling the Country by Law in a Comprehensive Way; Law-Based Government; Judicial Reform; Social Law

Ⅱ Special Reports

Abstract: In 2018, China has carried out legislative work in accordance with the overall arrangement of "Five-in-one" and the strategic arrangement of "Four-Comprehensiveness", revised the Constitution in good time to provide forceful constitutional guarantee to the development of socialism with Chinese characteristics, continued to carry out reform-related legislative work to ensure the orderly and law-based implementation of major reform measures, speeded up basic legislation and legislation in key areas to establish and improve a legal system compatible with modern economic system, advanced tax legislation and actively implement the principle of taxation by law, constructed in a coordinated way social, cultural and ecological legal systems, strengthened the work of recordation and review of legislation, upheld the unity of the state legal system, continuously improved the socialist system of law with Chinese characteristics, adhered to the Party's leadership over the legislative work, actively improved legislative institutions and mechanisms, coordinated the relationship between reform and legislation, advanced in a deep-going way scientific, democratic, and law-based legislation, and further improved the quality of legislation while increasing the quantity and speed of legislation.

Keywords: Legislation in China; General Situation of Legislation; Prospect of Legislation

Abstract: In 2018, which was the first year of the implementation of the Three-Year Guideline on Winning the Battle against Poverty, "poverty eradication and common development" has become the theme of the development of human rights and the rule of law in China. The poverty reduction policy and practice are rich in human rights ideas: taking the realization of rights as the objective of poverty reduction, attaching importance to the subjectivity of poverty-stricken population in the poverty reduction policy, and establishing a poverty reduction safeguarding system through education, provision of social security, and mobilization of social forces. Poverty reduction means inclusive development. For this reason, the Chinese government will continue to protect the personal right, the property right, the right to education, the right of employment, the right to health, the right to social security, and the access to justice of various disadvantaged groups, including persons with disability, women, and children, and promote the sharing of the fruits of development by all people. While safeguarding Chinese people's right of existence and right to development, China continues to contribute wisdom and resources to the common development of all countries in the world by adhering to the idea of building a community with shared future for mankind.

Keywords: Human Rights; Poverty Reduction; Inclusive Development; a Community with Shared Future for Mankind

Abstract: In 2018, violent and terrorist crimes had been on the decline and the overall crime situation in China can be described as stable, controllable and improving. An extensive campaign against organized crimes had been carried out, in which a large number of cases in key regions, key industries, and key fields have been dealt with and organizers, ringleaders and key members of criminal organizations have been severely punished in accordance with law; duty-related crimes had been found in many fields, but their growth had slowed down; crimes against food safety had become increasingly prominent, and marked results had been achieved in preventing and cracking down on crimes of telecommunication network-related fraud. In 2019, China will make continued efforts in deepening special campaigns against organized crimes and their "protective umbrellas", strengthening the prevention of crimes against public security and vicious violent crimes, curbing crimes against the environment, protecting food and drug safety, cracking down on the crime of illegal fund-raising, and preventing the resurgence of crimes of telecommunication network-related fraud.

Keywords: Crimes; Duty-Related Crimes; Crimes of Telecommunication Network-Related Fraud; Criminal Situation

B. 5 New Progresses Made by China in Deepening Comprehensive Supporting Judicial Reforms in 2018 *Qi Jianjian* / 080

Abstract: In 2018, comprehensive supporting judicial reforms had showed such characteristics as being judicially specialized, hi-tech, open, democratic and internationalized. Firstly, the results of earlier stages of judicial reform, such as the specialized court system, the personnel quota system, the criminal policy of leniency to those who plead guilty and accept punishment, and the people's assessor system, had been incorporated into laws, thereby creating new platforms for the deepening of the reform. Secondly, reforms of the personnel and asset management systems of judicial organs, such those improving the system of specialized courts, standardizing the setup of internal institutions, and strengthening the application of new technologies, had been deepened. Thirdly, the reform of the mechanism for the operation of judicial power had been carried out in a deep-going way: courts and procuratorates had been required to comprehensively implement the judicial responsibility system; reforms of the judicial administration system and public security system had been carried out continuously; the diversified dispute resolution mechanism further improved; and campaigns against organized crimes launched. Finally, measures had also been taken to safeguard the litigation right and regulate the exercise of this right, protect the property right of entrepreneurs, crack down on false litigation, and strengthen the protection and regulation of lawyers' participation in the trial.

Keywords: Comprehensive Supporting Judicial Reform; Mechanism for the Operation of Judicial Power; Safeguarding of the Litigation Right

B. 6 The Construction of a Long-Term Mechanism to Solve Difficulties in Judicial Enforcement

The Research Group of Chinese Experience for "Solving Difficulties in Enforcement" / 102

Abstract: Since the work of basically solving difficulties in judicial enforcement was carried out, courts at all levels have achieved remarkable results in enforcement field. The general execution pattern has been shaped, the execution force has been greatly enhanced, the level of execution standardization has been significantly improved, and the informatization of judicial enforcement has reached a new level. In order to achieve the goal of effective solving difficulties in execution put forward by the 4th Plenary Session of the 18th Central Committee of the CPC, great efforts should be made to develop system, build a long-term mechanism, and comprehensively overcome difficulties in judicial enforcement in accordance with the law under the framework of comprehensive rule of law. We should continue to promote the legislation of compulsory execution, so as to strengthen the foundation of execution; constantly improve the bankruptcy system and establish a suitable mechanism for those judgements which cannot be enforced; vigorously construct the social credit system and increase sanctions for credit defaulters; and continue to improve the social assistance system to solve the problems of execution concerning people's livelihoods. On the basis of the effectiveness of the work of basically solving difficulties in judicial enforcement, courts all over China should constantly consolidate the basis of effectively solving difficulties in judicial enforcement and strive to make the people feel fairness and justice in every judicial case.

Keywords: Solving Difficulties in Judicial Enforcement; General Pattern of Judicial Enforcement; Long-Term Mechanism; Fairness and Justice

B.7 The Development of the Rule of Law in China's Securities Market in 2018

Yao Jia / 116

Abstract: In 2018, China had made continuous efforts in constructing the securities regulation system, deepening the regulation of the securities market, and protecting the interests of investors in the process of developing the rule of law in the securities market. Affected by such factors as the China-US trade friction and deleverage of the real economy and the financial industry, there had been big fluctuations of the A-shares and individual shares market. At the regulatory level, China had adopted new regulations on the delisting of listed companies and on high stock dividend. The government had maintained a strong and strict regulation of the securities market, investigated and punished acts of serious disruption of market order and failure to disclose annual report by listed companies, as well as illegal acts of intermediary organs, incorporated A-shares into the MSCI Emerging Market Index, adopted a plan to create science and technology innovation board, and constructed a multi-level capital market system. In 2019, China will continue to construct a comprehensive securities market legal system, deepen the regulation of the securities market, revise the Securities Law, crack down on violations of the Securities Law, and protect the interest of investors.

Keywords: the Fluctuation of A-shares; Deleverage; Trade Friction; MSCI Index; Creation of Science and Technology Innovation Board

B.8 The Development of the Legal System of Free Trade Ports in China in 2018

Liao Fan / 127

Abstract: The year 2018 had been the first year of construction of free trade ports in China. Both China (Shanghai) Pilot Free Trade Zone, which has developed gradually on the basis of "replicable and generalizable" experiences, and China (Hainan) Pilot Free Trade Zone, which has been established as a free trade port at the outset, have aimed at the building themselves into an area of high-level openness-namely free trade port-in a new era. In general, free trade ports take "the highest-level of openness" as their target location and "being within the territory but outside the customs zone", "exemption from custom duties" and "free entry and exit" as their basic characteristics. As far as the relationship between free trade ports and existing free trade zones is concerned, the former should be the extension and intensification of the parts of the latter that are based on the unique local advantages, rather than "replicability and generalizability", and emphasize "particularity", rather than "universality". The innovative development of free trade zones in the past five years has laid the necessary foundation for the construction and development of free trade ports. In the future, China should focus on the basic connotation and characteristics of free trade ports and further reform and improve the relevant systems, especially those relating to the free entry and exit of goods, capital and personnel.

Keywords: Free Trade Ports; Free Trade Zones; Being within the Territory but Outside the Customs Zone; Exemption from Custom Duties; Free Entry and Exit

Abstract: China has rich resources of natural and cultural heritages and the legal protection of these resources is an important part of the construction of the ecological civilization and environmental protection in China. However, the current legal system of protection of natural and cultural heritages in China still has many problems in terms of the legislation, content, and effectiveness, and the phenomena of decentralized management system and soft law enforcement still exist. This report suggests that China should take the opportunity of the adoption of the Law on National Parks to integrate the existing legislations, gradually develop a legal system of protection of natural and cultural heritages by focusing on legislative ideas and institution building, adopt special legislations at appropriate times, and further rationalize the relevant regulatory and management systems.

Keywords: Ecological Civilization; the Law on National Parks; Natural Heritage; Cultural Heritage

Ⅲ 40th Anniversary of Reform and Opening-up

B. 10 Forty Years of Development of Civil Law in China

Xie Hongfei / 155

Abstract: The Chinese civil law has been developing in synchrony with the advancement of reform and opening-up in China. The 1986 General Principles of the Civil Law is a milestone in the development of the civil law in China and has played an important role in promoting the development of the market economy and protecting the right of personality. After 1992, the development of the market economy has given rise to a large number of separate civil laws, which provide for relatively detailed game rules on the market economy. Judicial interpretations and guiding cases, which combine the concrete national conditions with practical judicial experiences, have also promoted the development of civil law in China. The initiation of the civil code compilation project in 2014 and the adoption of the General Provisions of the Civil Law in 2017 indicated that the Chinese Civil Code is to be adopted soon and that the development of the civil rule of law in China will enter into a new stage.

Keywords: General Provisions of the Civil Law; Civil Code; Contract Law; Property Law; Marriage Law

B. 11 Forty Years of Development of Judicial Reform in China

Hu Changming / 171

Abstract: Since the implementation of the policy of reform and opening-up, profound changes have taken place in the judicial environment in China and many new situations and new problems have emerged in judicial work. In view of this fact, China has advanced the reform of the judicial system and judicial work mechanism in an active, steady and pragmatic way, so as to make the administration of justice fairer and more efficient. During the past 40 years, judicial reform in China has experienced three stages of development, namely the reform of the trial mode, the reform of judicial institutions and mechanisms, and the deepening of judicial reform in a comprehensive way, with the content of the reform covering the following six areas: optimization of the allocation of judicial powers, judicial professionalization, regulation of the mechanism for the operation of judicial power, reform of the trial mode, protection of the right of action and procedural rights. Through the review of the process of judicial reform in recent years, this report summarizes the content and the trend of development of judicial reform in China, examines the problems exposed in the reform, and looks at the prospect of the reform after the 19th National Congress of the Communist Party of China.

Keywords: Ruling the Country by Law; Judicial System; Judicial Reform; Objective Laws of Administration of Justice

Abstract: Since the implementation of the policy of reform and opening-up in 1978, China has been continuously improving its labor law system, which has experienced three stages of development: exploration, initial construction and improvement. In this process, a labor law system with Chinese characteristics has taken initial form, labor supervision law enforcement has been increasingly strengthened, and the labor dispute resolution mechanism has been continuously improved. In the future, China should further improve the legal mechanism for the adjustment of legal relations and the labor law system, strengthen labor administrative law enforcement, raise the level of supervision over labor law enforcement, and promote the unity of the labor law system.

Keywords: Labor; Labor Law; Labor Supervision; Labor Dispute

Ⅳ Indices of Rule of Law

B. 13 Report on Index of Government Transparency in China (2018)

—From the Perspective of Disclosure of Information on Government Websites

Innovation Project Team on Rule of Law Index, CASS Law Institute / 207

Abstract: In 2018, the CASS Center for Studies of Rule of Law Index and the Innovation Project Team on the Rule of Law Index of CASS Law Institute carried out assessment of the situation of disclosure of government information and openness of government affairs of 49 organs under the State Council after the institutional reform and the governments of 31 provinces (autonomous regions and municipalities directly under the Central Government), 49 larger cities and 100 counties (cities and districts) in such areas as openness of decision-making, openness of administrative services, openness of law-enforcement actions and their results, explanation of policies and response to public concerns, and disclosure of government information upon application. This report analyzes the progresses made and problems faced by targets of assessment in the work of openness of government affairs and puts forward suggestions on corresponding countermeasures.

Keywords: Openness of Government Affairs; Government Transparency; Rule of Law Index; Government Websites

B. 14 Report on Index of Judicial Transparency in China (2018)

—From the Perspective of Disclosure of Information through the Websites of People's Courts

Innovation Project Team on Rule of Law Index, CASS Law Institute / 233

Abstract: In 2018, with the deepening of judicial reform and the construction of Judicial Openness Platform of the Supreme People's Court, judicial openness has already become a consensus among people's courts at various levels in the whole country, the scope, width and depth of openness of adjudicative affairs has been expanding continuously, the openness of enforcement information has been playing an important role in "basically overcoming the difficulties in enforcement", and judicial reform has become increasingly transparent. In the future, in order to meet the need of deepening the comprehensive supporting judicial reform, China should further improve judicial openness with respect to detail and user-friendliness, optimize the construction of platforms through informatization, deepen judicial openness from the point of view of the public demand, further standardize the mechanisms and institutions of openness, give full play to the role of big data, strengthen the operation and maintenance of the websites of people's courts, further improve the quality of administration of justice, and raise judicial credibility.

Keywords: Judicial Openness; Judicial Transparency; Administration of Justice in Sunshine; Judicial Reform

Abstract: In 2018, the Innovation Project Team on Rule of Law Index of CASS Law Institute revised and fine-tuned the assessment index system on the basis of six consecutive years of assessment and in accordance with relevant laws and carried out quantitative assess of the openness of procuratorial affairs of the Supreme People's Procuratorate, the higher people's procuratorates of 31 provinces (autonomous regions and municipalities directly under the Central Government), and the people's procuratorates of 49 larger cities. The assessment took the disclosure of information on websites as the mainline and consisted of four parts:

basic information, guideline for the handling procuratorial affairs, procuratorial activities, and statistics and summarization. This report summarizes the results of the assessment, including the normalization of disclosure of case information and legal documents, the increasingly skillful use of new media, the eye-catching performance of some procuratorial organs in Midwest China, and explorations in the provision of convenient services to the general public and enterprises. Meanwhile, the existing problems in the work of openness of procuratorial affairs should not be underestimated: some assessment targets had made no progress in their work of procuratorial transparency, the de-identification in documentary openness still needs to be unified, some web-platforms are unstable, and the development of procuratorial openness in the country is unbalanced. China is still faced with huge challenges in the openness of procuratorial affairs.

Keywords: Openness of Procuratorial Affairs; Web Portals; Quantitative Assessment

B. 16 Report on Index of Transparency of Police Affairs in China (2018)

—*From the Perspective of the Openness on the Websites of Public Security Organs*

Abstract: The openness of police affairs is an important aspect of the deep reform of the police system, which is of great significance to regulating the law enforcement activities of public security organs, increasing the credibility of the police and enhancing the sense of security and the sense of gain of the general public. In 2018, the Innovation Project Team on National Index of the Rule of Law of the Law Institute of Chinese Academy of Social Sciences had adjusted and optimized the index system of the transparency of police affairs to meet the new social demands and embody the characteristics of police affair in the new era. An

column" and "burst mode refresh" remained very serious; and the pattern of polarization persisted. With the deepening of the reform and opening-up, the importance of maritime justice becomes increasingly apparent and judicial openness is an effective way of improving judicial credibility and influence. China should continuously increase the transparency of maritime justice and regularly issue typical cases, guiding cases, and white papers on maritime justice.

Keywords: Maritime Court; Judicial Transparency; Judicial Openness; Rule of Law Index

V　Investigation of Rule of Law

B. 18　The Practice, Connotation and Value of Fengqiao Experience in New Era: Taking Shaoxing City as an Example

Lu Fangxia / 309

Abstract: In a new era of socialism with Chinese characteristics, China is faced with many new situations and new problems in grassroots social governance, including economic transformation, change of social contradictions, the impetuous mentality, and value pluralism. Fengqiao Experience gives a timely response to these situations and problems by continuously speeding up the transformation and upgrading and, under the guidance of Xi Jinping's Thought of Socialism with Chinese Characteristics in a New Era, constantly innovating relevant institutional mechanisms, modes and methods, thereby opening up a new road of grassroots social governance with Chinese characteristics. In the new era, the connotation of Fengqiao Experience has changed from the experience of dispute resolution to a set of effective method of innovative social governance that take Party construction as guidance, the people as subject, "five-governance" as method, the grassroots as basis, and safety as objective. It highlights new values of the times and contributes grassroots forces to the road confidence, theoretical confidence, institutional confidence and cultural confidence of socialism with Chinese characteristics.

Keywords: Fengqiao Experience; New Era; Grassroots Social Governance; Four Confidences

Abstract: "Fengqiao Experience", as a classic model of grassroots disputes resolution mechanism, is of positive significance to further improving the diversified dispute resolution mechanism and promoting the modernization of social governance in China. In recent years, the People's Court of Quzhou City, Zhejiang Province has based itself on the functions of the court, adhered to the innovative development of "Fengqiao Experience", established the overall framework of diversified dispute resolution platform characterized by "court + society", "professionals + the masses of people", "modern + traditional" and "online + offline", and made useful explorations in the creation of the judicial version of "Fengqiao Experience". In order to rejuvenate "Fengqiao Experience", people's courts must adhere to the people-centered development ideology, make full use of new opportunities and outside helps, reply on and mobilize the masses of people, raise the level of informatization and intellectualization of court work, and continuously enhance the people's sense of gain, sense of happiness and sense of security.

Keywords: Fengqiao Experience; Diversified Dispute Resolution; Grassroots Governance

Abstract: Fengqiao Experience, as a historical experience and native resource of the CPC in adhering to the mass line and promoting comprehensive management of public security, has been advancing with times and continuously meeting new demands of social governance. The Government of Yuhang District of Hangzhou City has not only inherited, but also innovatively developed Fengqiao Experience, thereby creating a new approach to social governance that takes into full consideration of the actual situation and gives full play to the advantages of the district. In the process of exploring Fengqiao Experience in a new era, grassroots governments in China, represented by the Government of Yuhang District, have been faced with many difficult problems, such as outdated ideas, institutional obstacles, inadequate technologies, and the tension between traditional and modern modes of mediation. To solve these problems, it is necessary to further adjust the relations between the Party's leadership and grassroots governance, between dispute resolution mechanisms and mechanisms for preventing and coping with the aftermath of disputes, between ADR and ODR, and between social governance and ruling the country by law, and to raise the overall level of modernization of state governance system and capacity through the improvement of the capacity for diversified dispute resolution.

Keywords: Fengqiao Experience in New Era; Diversified Dispute Resolution; Social Governance

B. 21 Intelligent Procuratorial Service Promoting the Modernization of Rural Governance: Taking Yingshan County as an Example

Zhou Yonggang, Luo Wei and Wu Bo / 359

Abstract: Fengqiao Experience is a vivid practice of the Party's mass line in the field of grassroots social governance, the core connotation of which is "mobilizing and relying on the masses of people, settling disputes on the spot, making fewer arrests and maintaining good public security situation". In the process of advancing rural governance, procuratorial organs in Yingshan County have endeavored to create "procuratorates at people's doorsteps" by carrying out intelligent procuratorial work, provide efficient and convenient services by adhering to the online mass line, construct good rural social order by adopting socialized, law-based, intelligent and professionalized governance measures and service mode, establish "linkages" between Party committees, the government and the masses of people, fulfil their functions of legal supervision, provide law-based solution to the problems of rural governance, explore the procuratorial version of Fengqiao Experience in a new era, enable intelligent procuratorial work to take root in rural areas, promote the modernization of rural governance system and capacity, and enhance the sense of gain, the sense of happiness, and the sense of security of the people at the grassroots level.

Keywords: Fengqiao Experience; Intelligent Procuratorial Service; Procuratorates at the People's Doorsteps; Rural Governance

皮书起源

“皮书”起源于十七、十八世纪的英国，主要指官方或社会组织正式发表的重要文件或报告，多以“白皮书”命名。在中国，“皮书”这一概念被社会广泛接受，并被成功运作、发展成为一种全新的出版形态，则源于中国社会科学院社会科学文献出版社。

皮书定义

皮书是对中国与世界发展状况和热点问题进行年度监测，以专业的角度、专家的视野和实证研究方法，针对某一领域或区域现状与发展态势展开分析和预测，具备原创性、实证性、专业性、连续性、前沿性、时效性等特点的公开出版物，由一系列权威研究报告组成。

皮书作者

皮书系列的作者以中国社会科学院、著名高校、地方社会科学院的研究人员为主，多为国内一流研究机构的权威专家学者，他们的看法和观点代表了学界对中国与世界的现实和未来最高水平的解读与分析。

皮书荣誉

皮书系列已成为社会科学文献出版社的著名图书品牌和中国社会科学院的知名学术品牌。2016 年，皮书系列正式列入“十三五”国家重点出版规划项目；2013~2019 年，重点皮书列入中国社会科学院承担的国家哲学社会科学创新工程项目；2019 年，64 种院外皮书使用“中国社会科学院创新工程学术出版项目”标识。

S 基本子库
UB DATABASE

中国社会发展数据库（下设 12 个子库）

全面整合国内外中国社会发展研究成果，汇聚独家统计数据、深度分析报告，涉及社会、人口、政治、教育、法律等 12 个领域，为了解中国社会发展动态、跟踪社会核心热点、分析社会发展趋势提供一站式资源搜索和数据分析与挖掘服务。

中国经济发展数据库（下设 12 个子库）

基于"皮书系列"中涉及中国经济发展的研究资料构建，内容涵盖宏观经济、农业经济、工业经济、产业经济等 12 个重点经济领域，为实时掌控经济运行态势、把握经济发展规律、洞察经济形势、进行经济决策提供参考和依据。

中国行业发展数据库（下设 17 个子库）

以中国国民经济行业分类为依据，覆盖金融业、旅游、医疗卫生、交通运输、能源矿产等 100 多个行业，跟踪分析国民经济相关行业市场运行状况和政策导向，汇集行业发展前沿资讯，为投资、从业及各种经济决策提供理论基础和实践指导。

中国区域发展数据库（下设 6 个子库）

对中国特定区域内的经济、社会、文化等领域现状与发展情况进行深度分析和预测，研究层级至县及县以下行政区，涉及地区、区域经济体、城市、农村等不同维度。为地方经济社会宏观态势研究、发展经验研究、案例分析提供数据服务。

中国文化传媒数据库（下设 18 个子库）

汇聚文化传媒领域专家观点、热点资讯，梳理国内外中国文化发展相关学术研究成果、一手统计数据，涵盖文化产业、新闻传播、电影娱乐、文学艺术、群众文化等 18 个重点研究领域。为文化传媒研究提供相关数据、研究报告和综合分析服务。

世界经济与国际关系数据库（下设 6 个子库）

立足"皮书系列"世界经济、国际关系相关学术资源，整合世界经济、国际政治、世界文化与科技、全球性问题、国际组织与国际法、区域研究 6 大领域研究成果，为世界经济与国际关系研究提供全方位数据分析，为决策和形势研判提供参考。